卓越学术文库 ■■ ■

2018年度教育部人文社会科学研究青年
学校体育伤害纠纷司法审判中的利益①
2019年度河南省哲学社会科学规划项目：
学生体育伤害事故中校生权益的平衡保护研究（**2019BTY005**）

体育赛场
反暴力法律问题研究

TIYU SAICHANG FANBAOLI FALÜ WENTI YANJIU

河南省高等学校哲学社会科学优秀著作资助项目

刘水庆 著

郑州大学出版社
·郑州·

图书在版编目(CIP)数据

体育赛场反暴力法律问题研究 / 刘水庆著. — 郑州：
郑州大学出版社，2020.11
　(卓越学术文库)
　ISBN 978-7-5645-6852-8

Ⅰ．①体…　Ⅱ．①刘…　Ⅲ．①运动竞赛-暴力行为-
预防-体育法-研究-中国　Ⅳ．①D922.164

中国版本图书馆 CIP 数据核字(2019)第 274252 号

策划编辑	孙保营	封面设计	张　庆	
责任编辑	张　华	版式设计	凌　青	
责任校对	樊建伟	责任监制	凌　青　李瑞卿	
出版发行	郑州大学出版社有限公司	地　　址	郑州市大学路 40 号(450052)	
出版人	孙保营	网　　址	http://www.zzup.cn	
经　销	全国新华书店	发行电话	0371-66966070	
印　刷	河南龙华印务有限公司			
开　本	710 mm×1 010 mm　1 / 16			
印　张	17.25	字　　数	331 千字	
版　次	2020 年 11 月第 1 版	印　　次	2020 年 11 月第 1 次印刷	
书　号	ISBN 978-7-5645-6852-8	定　　价	78.00 元	

本书如有印装质量问题,请与本社联系调换。

前　言

　　体育赛场暴力是一种特殊的社会现象,它的社会关注度很高,具有一定的社会危害性。寻找合适的方法对其进行规制已经迫在眉睫,事实上,人们也一直做着努力。在全球法治化的背景下,运用法律手段来防控体育赛场暴力行为已经成为一种趋势,法律手段已经成为解决体育赛场暴力问题的一种有效的手段。基于此,本书运用文献资料法、比较的方法、历史分析法、规范分析法和案例分析法,从法学的视角对体育赛场暴力行为进行了探讨。本书主要研究了体育赛场暴力的一般法律问题,探索了法律防控体育赛场暴力的措施和实践。

　　本书共包括七部分内容。

　　绪论部分说明了本书的研究价值和意义、国内外研究现状、研究方法及论文的结构。

　　第一章界定了体育赛场暴力的基本内涵。古希腊罗马时期已经出现规制体育赛场暴力的法律雏形,运用的实体规范是“神圣休战”制度和《阿奎硫斯法》。本章在研究体育赛场和暴力的基础上界定了体育赛场暴力的概念。根据实施暴力主体的不同,体育赛场暴力的类型可以分为运动员间暴力、观众间暴力以及其他类型暴力。体育赛场暴力侵犯了体育人身权、财产权、体育消费权、体育发展权,扰乱了正常的体育和社会秩序。体育赛场暴力的治理机制包括社会控制机制和法律治理机制。

　　第二章研究了体育赛场运动员暴力的法律问题。在界定运动员暴力的基础上,说明了运动员暴力的范围、特征、成因和类型;主要分析了法律防控运动员暴力的可行性和必要性,运用案例分析法讨论了运动员暴力的法律规制现状;研究了运动员侵权责任的性质、归责原则、构成要件、抗辩事由和责任的承担。运动员暴力的侵权责任是一种人身伤害赔偿责任,使用的主要归责原则是过错责任原则。侵权责任的抗辩事由主要有受害人同意、自甘风险和受害人过错。在刑法学和犯罪学的基础上,给出了运动员间暴力刑法规制的范围和路径。体育赛场运动员纯粹暴力和非纯粹暴力可以通过

1

刑事司法来解决,刑法规制体育赛场运动员暴力的前提是建立完善的实体法制度。体育赛场运动员暴力诉讼的主要种类有两种。

第三章分析了体育赛场观众暴力的法律问题。在考察观众暴力现象的基础上,概括了运动员暴力的概念、特征和类型,同时总结了体育赛场观众暴力的形成机制和形成原因,然后提出了体育赛场观众间暴力的法律防控理念和措施。体育赛场观众暴力法律防控的原则有制度化原则、应急性原则、差别化对待原则、自主性原则和公正性原则。为了有效地规制体育赛场观众暴力,英国、意大利、西班牙、法国、比利时、巴西和阿根廷以及欧盟组织进行了针对性立法。欧洲在促进反观众暴力合作方面做出了很大的努力。根据规制运动员暴力的司法实践,运动员暴力诉讼的主要种类有三种。

第四章探讨了体育赛场上其他类型暴力的法律问题。本章研究了运动员与观众间暴力法律问题、针对体育赛场的暴力恐怖行为的法律问题和针对体育赛场安保人员暴力的法律问题,实证分析了运动员与观众间暴力的司法实践,重点研究了运动员与观众间暴力、针对体育赛场的暴力恐怖行为和针对体育赛场安保人员暴力的法律规制办法。从运动员与观众间暴力的司法实践可以看出,观众、体育赛场管理者和运动员及其所在俱乐部都可能为赛场暴力承担责任。运动员与观众间暴力诉讼的主要种类有三种。体育赛场反恐怖主义的国际公约主要有《消除国际恐怖主义措施宣言》和《制止恐怖主义爆炸的国际公约》等。英美法系国家和大陆法系国家分别采用显性规制模式和隐性规制模式来规制暴力袭警行为。

第五章说明了我国体育赛场暴力的法律问题。在分析中国体育赛场暴力的现象和形成原因的基础上,讨论了规制我国体育赛场暴力的实体法律制度。我国体育赛场暴力的规制中存在的主要问题是:缺乏针对性的立法,执法不规范,司法处理存在困难,过分依赖体育协会规制,法律监管缺乏。我国应该根据法律传统对体育赛场恐怖活动和暴力袭警进行特殊规定。完善我国体育赛场反暴力法律制度和体育制度是必要的。主要通过加强反暴力法律制度之间的衔接和协调,建立反暴力部门之间的联动机制,在人民法院设立体育专门法庭,完善法律监督体系等措施,建立和完善反暴力法律实施机制。

结语部分论述了本书的主要观点和结论,同时还提出了本书的不足之处和未来的研究趋势。

本书主要有以下创新之处:

第一,补充、深化了已有的观点。从已有体育赛场暴力法律问题相关的研究成果来看,这些研究或是较为浅显,抑或是对法学研究模式的简单套用,缺乏深入的研究。本书运用社会学、法学、心理学和体育学等多个学科领域的知识,全面解析了体育赛场暴力现象及其基本问题,利用民法、侵权法、行政法和刑法方面的方法探析了体育赛场暴力的法律规制。具体来说,本书从古希腊罗马时期体育竞技会的秩序维护开始谈起,揭示了体育赛场暴力的法律规制雏形;从词语解析、社会学、医学、生物学和法学的视角,梳理暴力的基本含义,界定了体育赛场暴力的含义,厘清了体育赛场暴力所干扰的权益;运用比较的方法,比较了不同国家和地区规制体育赛场暴力的实体法律制度和程序法律制度;在考虑竞技体育的特殊性和法治精神的情况下,解析了体育赛场暴力纠纷解决的应然趋势;利用规范分析法,对相关问题进行了分析和总结。在上述讨论的基础上,针对性地提出了完善我国体育赛场反暴力法律制度和体育制度具体措施等。这些努力补充和深化了已有的研究。

第二,深入解析了规制体育赛场暴力的司法实践,梳理了体育赛场暴力诉讼的主要种类。具体来说,体育赛场运动员暴力诉讼的主要种类有与体育技战术有关的暴力引起的诉讼和与体育技战术无关的暴力引起的诉讼;体育赛场观众暴力诉讼的主要种类有因判罚过重引起的诉讼、申请撤销足球禁止令的诉讼和无过错体育俱乐部提起的诉讼;体育赛场运动员与观众间暴力诉讼的主要种类有由体育竞技行为导致观众受伤引起的诉讼、无体育常识的观众提起的诉讼和由运动员鲁莽行为引起的诉讼。综上,本书对我国体育赛场暴力的规制进行了实证研究。

第三,以欧洲为例,解析了体育赛场反观众暴力的合作。合作的四个途径是:通过建立足球信息站,进行信息交换;建立国际警务合作制度,加强警务交流;通过足球禁令制度,做到禁令通用;依据欧洲公约,进行司法协助。

刘水庆

2019 年 12 月

目录

绪 论

一、选题的背景和意义

(一) 选题背景

《礼记·中庸》曰:"凡事豫则立,不豫则废。言前定则不跆,事前定则不困,行前定则不疚,道前定则不穷。"它施予后人一个朴实的道理,即无论做什么事情,如果能够预先确立一个诚实的态度,就一定能够成功,不能这样就不能成功①。另外,它告诉人们做事前有个准备,就可能得到一个好的结果,否则,结果将与其相背。万事"不离于宗,谓之天人",本书的选题同样受益于这一儒家经典名言。笔者之所以选择以"体育赛场反暴力法律问题研究"为题,原因有二:

首先,体育赛场暴力具有一定的破坏性,目前治理效果不好。近年来,体育赛场暴力逐渐增多,作为一种非正当行为,暴力行为长期存在于体育赛场,它不但严重破坏了正常的体育运动秩序,给青少年带来消极的影响;而且在一定程度上侵犯了人身权以及由人身权引申出来的财产权、消费权、发展权。体育赛场暴力已经成为严重的社会问题。同时,参与主体、投资主体和运营主体的权益也受到了侵犯。令人遗憾的是,虽然体育赛场暴力问题已经长期存在,相关国家也获得了一定的治理经验,但是体育暴力的法治建设还存在一些缺陷,治理效果不好,突出表现在制度不健全,法治效率较低。治理效果还有待进一步提高。

其次,对于体育赛场暴力法律问题的研究依然存在不足。突出表现在:第一,对体育赛场暴力法律问题没有进行系统研究;第二,缺乏深入客观的

---

① 戴胜:《礼记》,北方文艺出版社 2013 年版,第 352—355 页。

法学研究;第三,目前的视角单一,研究不够全面和深入。目前,学者们对体育赛场反暴力法律问题研究多有涉足,但是,研究过于浅显,不够全面,没有形成系统,还有很大的提升空间。如果能对此进行更全面、深入和系统的理论和实践研究,将对体育赛场暴力的控制大有裨益。正是基于以上考虑,笔者才将选题着落于此。

(二)选题意义

如上所述,体育赛场暴力事件时有发生,它已经成为一种严重的社会问题,为了保持和谐的赛场秩序、维护社会安定,更是为了保障人权,研究体育赛场暴力的法律问题将具有特殊的意义。

1.选题的理论意义

众所周知,理论研究能够服务于实践。如果说理论是行动策划,那么实践就是具体的实施办法。从这个意义上来说,体育赛场反暴力法律问题研究的理论意义在于,通过对体育暴力法律渊源的深层次研究,为规制体育赛场暴力提供理论支撑。具体来说,首先,通过对暴力和体育暴力的界定,可以认清体育赛场暴力的特殊内涵,为深入研究体育赛场的法律问题奠定理论基础;其次,通过对体育赛场暴力进行类型化研究,使研究更贴近于实际情况,为解决实践问题提供了理论依据;最后,通过对我国体育赛场暴力的法律问题的研究,为我国体育赛场的法律规制提供了理论支撑。

2.选题的实践意义

一般意义上讲,理论意义和实践意义兼备的选题更具有研究价值,两者同时兼具是评判选题优劣的重要标准。换言之,若一篇论著在进行深入理论探讨的基础上又推动了实践甚至发挥了实实在在的社会作用,那么,这样的选题应该属于好的选题。从这个层面上来说,"体育赛场反暴力法律问题研究"正在践行着这种模式,或者笔者正为此努力。通过调查走访和资料查阅,笔者认为,体育赛场暴力行为影响了行为相对人的权益,扰乱了正常的体育秩序和和谐的社会秩序,已经成为一个严重的社会问题,应该采用合理的方式对其进行防控和规制。

由于各种新闻媒体的介入,体育赛场暴力的社会关注度逐渐增强,社会影响力也逐渐增大。体育赛场暴力违背了体育运动的根本宗旨,已经成为破坏人类体育文明的"杀手"。笔者认为,通过深入研究体育赛场暴力法律问题,可以详细掌握体育赛场暴力的类型特征,可以合理解决体育赛场暴力纠纷提供的办法,进而为减少体育暴力行为,为维护和谐稳定的体育以及社会秩序服务。

二、国内外研究现状

(一)国内研究现状

随着体育赛场暴力现象不断的增多,我国学者开始广泛关注此类现象,体育赛场暴力相关的研究成果也逐渐增多①。

研究领域而言,囿于我国体育发展现状和学科发展状况,最初的研究成果主要集中在社会学领域,主要研究体育赛场暴力的成因、影响和规制策略。随后,从社会学角度关注国内体育赛场暴力的同时,为了学习国外经验,也开始注重对外国体育赛场暴力法律规制的研究②;随着研究的深入,目前的研究注重从法学、社会学和体育学等多角度开展体育赛场反暴力研究。

就研究模式来说,主要是以问题为中心,开展类型化研究,主要研究了运动员、观众和袭警等类型的暴力行为;从研究成果数量来说,研究成果多集中在观众暴力方面,其他类型的暴力相对较少;就研究方法而言,主要运用了比较分析法、规范分析和案例分析相结合的方法、历史分析法、文献资料法、问卷调查法、逻辑分析法和数理统计法等,鉴于体育赛场暴力的危害及其法律规制的复杂性和专业性,比较分析法和逻辑分析法被较多地使用;就研究内容而言,主要研究了体育赛场暴力行为和现象、类型、形成的原因、法律规制的方法。具体来说,主要集中在以下四个方面:

---

① 这些研究成果主要包括以下三类:第一,论文类。期刊论文如:石岩,王莹等《球场观众暴力的发展趋势、研究进展与遏制策略》,载《体育科学》2007 年第 1 期,第 25 页;向会英,谭小勇《大型体育赛事体育暴力的法律规制》,载《体育科研》2011 年第 2 期,第 74-79 页;秦旸《恐怖袭击的体育蔓延:体育中的政治、民族与宗教冲突》,载《南京体育学院学报》2014 年第 1 期。学位论文如:段荣芳《体育运动伤害侵权责任研究》(山东大学 2011 年博士学位论文);李津蕾《我国反球场观众暴力立法的可行性和必要性》(山西大学 2006 年硕士学位论文)。第二,专著类。如石岩《球场观众暴力研究》对赛场观众暴力进行了全面的研究;李智《体育争端解决法律与仲裁实务》,其中的第五章和第六章也针对体育赛场暴力进行了研究。第三,研究项目类。如康均心教授主持的国家社科基金项目"我国竞技体育刑事犯罪解决机制研究"(项目编号:10BTY023)、司法部社会科学研究项目"中国社会冲突解决机制研究——以体育竞技冲突的刑事解决机制为视角"(项目编号:08SFB2021);叶圣彬的国家体育总局课题"竞技体育刑法规制问题研究"2012 年(项目编号:1260SS08078)。

② 关于国外体育赛场法律规制的研究逐渐增多,如:王莹,石岩《Heysel 球场观众暴力事件的理性分析》,载《成都体育学院学报》2007 年第 3 期;侯迎锋,郭振《西方竞技体育身体暴力的演变》,载《体育学刊》2010 年第 11 期;石岩、高进等《欧洲球场观众暴力问题的研究进展》,载《天津体育学院学报》2003 年第 1 期;等等。

1. 关于体育赛场暴力一般问题的研究

首先,对体育赛场暴力的界定。对体育赛场暴力的界定必须依赖一定的理论基础,在理论基础上对体育赛场暴力进行界定和分类才更有说服力[①]。依据的理论不同,对暴力的界定也会不同,概念大致分为两类,即传统型和创新型[②]。其次,体育赛场暴力的类型。研究者所站立场以及研究的着眼点不同,体育赛场暴力的划分标准也会有所不同,进而也产生了不同的划分方法。就分类的根据来说,主要依据体育赛场暴力内涵和实施暴力主体进行的分类[③]。最后,关于体育赛场暴力成因的研究。研究成果主要集中在以下三类:一是社会原因。如政治、经济、文化等。二是体育项目的特性。如足球、橄榄球等项目对抗激烈。三是制度原因。一些学者认为,法律制度的不健全是体育赛场暴力产生的主要原因,尤其是,体育赛场反暴力实体制度和程序制度的不健全[④]。

2. 关于运动员暴力的研究

该领域的研究主要集中在三个方面,即运动员暴力发生的原因、防范和法律规制。具体来说,关于运动员暴力的成因方面,王晨宇的研究值得关

[①] See Galtung J, *The Specific Contribution of Peace Research to the Study of Violance: Typologies*; Jean-Marie Domenach and Henri Laborit, *Violance and Its Causes*, Paris: Unesw, 1981, p. 84.

[②] 前者认为超越体育规则和行业规范的伤害行为都是赛场暴力行为。如一些研究认为球迷或球员侵犯他人人身、财产、情感等方面的非理智行为,甚至对体育运动观念的曲解和误导以及任何收买、侵犯、偏离和歪曲体育运动概念的东西都应称为暴力。参见张金成、王家宏等:《我国球场暴力研究概述》,载《天津体育学院学报》2005年第3期,第47-50页。后者如谭红春和彭兆荣从人类学的角度对其进行了界定,着实有些新意,他们认为体育竞技是暴力原型的历史记忆与文化变迁的特殊遗产。参见谭红春、彭兆荣:《对体育"暴力"的人类学解释》,载《北京体育大学学报》2009年第8期,第18-22页。

[③] 根据内涵的不同,一些学者将赛场暴力分为偏离行为、越轨行为和犯罪行为。还有一些学者根据实施暴力的主体不同,将体育暴力分为球迷暴力、球员暴力和混合暴力。参见翟继勇、刘一民等:《对体育暴力概念的探讨》,载《辽宁体育科技》2003年第1期,第67-68页。笔者比较认同阎小良等人的分类,将体育暴力分为竞技人员间、竞技人员与非竞技人员间和非竞技人员间的暴力行为。它的优点是概括性较强,但也不无缺陷,如带有形式主义色彩。参见阎小良、王家力等:《从体育学与法学的视角对球场暴力概念的重构》,载《沈阳体育学院学报》2007年第2期,第10-12页。

[④] 一些学者认为球场暴力是社会、心理等多种复杂因素共同作用的结果,而至今没有形成完整的球场暴力社会控制系统也是原因之一。另一些学者认为,政治、文化、心理和社会等因素导致了体育暴力的产生。参见林翠娟、江水绍等:《关于体育暴力问题的研究》,载《现代服务》2008年第11期,第178-179页。笔者认为,他们的观点基本相同,只是论述方式不同而已。

注。他认为运动员暴力是由运动项目特点、竞赛规则不完善、运动伦理导向不当、运动挫折等综合因素作用的结果①。防范方面，王浩和沈时明的研究具有典型性，他们认为增强运动参与者的素质、提高裁判能力和加强体育法治等将会有效地减少运动员暴力的发生②。另外，我国学者还借鉴了外国防范体育赛场观众暴力的办法，对此也多有著述③；对于体育赛场观众暴力的法律规制，主要采用民法和刑法规制④。

3. 对观众暴力的研究

对观众暴力的研究开展得相对较早，观众暴力是竞技体育暴力研究中研究成果最多的领域，因此对其的研究比较全面、深入且成熟。总体而言，与其他领域相比，观众暴力是体育暴力研究的核心领域。对此的研究中，不乏一些资深学者，如山西大学的石岩教授长期从事观众暴力的研究，算得上该领域的集大成者。我国学者对观众暴力的研究成果主要集中在足球和篮球领域，其他专项竞赛关注得甚少；另外，对欧洲观众暴力的立法关注较多，

---

① 参见王晨宇：《运动员暴力的发生机制及控制策略》，载《体育文化导刊》2011年第5期，第147-149页。

② 参见王浩、沈时明：《职业篮球比赛中球场暴力成因及预防对策探究》，载《鸡西大学学报》2012年第4期，第143-144页。

③ 孙先洪认为NBA零忍让规则也是一种有效的办法。参见孙先洪：《NBA零忍让规则与球场暴力遏制的关系》，载《广州体育学院学报》2008年第3期，第42-44页。侯迎锋和郭振通过研究西方竞技体育身体暴力的演变，向人们揭示了竞技规则的建立体现了西方竞技体育文明进程对身体暴力的控制。参见侯迎锋、郭振：《西方竞技体育身体暴力的演变》，载《体育学刊》2010年第11期，第46-50页。与上述不同，运动员伤害也常与暴力一起研究，牛杰冠通过中美两起运动伤害案例的比较，认为美国注重人权保护，而中国多逃避法律程序运用体育内部纠纷机制解决纠纷。参见牛杰冠：《中美竞技体育运动伤害侵权典型案例对比分析》，载《山东体育科技》2012年第3期，第70-73页。

④ 高金宝认为，体育赛场运动员伤害行为具有五个特征，即主体上的特定性、体育运动空间和时间的特定化、活动的关联性、责任认定的依据上的特殊性以及侵权行为的损害后果为人身伤害。他认为自甘风险是运动伤害最适宜的免责事由。参见高金宝：《竞技体育人身伤害侵权行为研究》，内蒙古大学2011年硕士论文，第1-2页。曲伶俐和吴玉萍的研究具有代表性，他们认为，在应对运动员暴力法律问题方面，竞技体育领域采用行规代替刑罚而又收效甚微的现状，刑法应当对竞技体育暴力行为予以规制。参见曲伶俐、吴玉萍：《竞技体育暴力行为的刑法解读》，载《山东社会科学》2010年第3期，第84-88页。

也有一些中肯的评价。对观众暴力的研究主要包括观众暴力产生的成因①以及规制两个方面②。在观众暴力法律问题的研究中,有研究认为遏制球迷闹事事件,依法治理是根本③。如一些学者认为,对足球暴力的处罚,既涉及刑事法问题,还涉及民事责任以及行政管理方面的法律问题④。

4. 对我国体育赛场暴力的研究

本部分研究中突出的特点是,以问题为中心来开展研究的。譬如,重点关注我国体育赛场暴力现象及解决;另外,学者们主要关注我国职业运动开展较好、社会影响大的体育项目中的暴力问题,如足球和篮球中的暴力问题。如果前者是一些宏观方面的研究,后者可以定位于具体项目的微观探讨。一些学者认为风险事件链理论可以解释体育赛场事件的发生过程。研究成果认为,我国体育赛场观众暴力风险管理理论包括三个方面,即风险识别、风险评估和风险应对⑤。另外,一些学者还提出了学习外国经验、采用先进的安保技术、更新安保理念,利用艺术化的方式来干涉观众暴力⑥。关于我国职业足球和篮球领域暴力的研究,一些学者认为观众、运动员、教练员和裁判员是篮球场暴力发生的主要因素⑦。在我国足球观众暴力的法治中,

---

① 关于观众暴力成因的研究主要有:石岩认为观众暴力行为是一种集群行为,以场域为限,它受到场内因素和场外因素的综合影响。参见石岩:《球场观众暴力的理论阐释和因素分析》,载《西安体育学院学报》2004 年第 1 期,第 1-5 页。沈炯认为与运动项目、文化传播以及对比赛结果的期望程度有关。参见沈炯:《球场观众暴力的效应与产生原因分析》,载《北京体育大学学报》2007 年第 11 期,第 95-96 页。赵建安、张鲲的研究更有特色,他们从社会学和心理学角度进行分析,认为球迷被动地规范着自己的行为,但一旦受到外界因素的刺激,就容易产生骚乱。参见赵建安、张鲲:《足球赛场球迷骚乱和暴力成因的社会心理学探析》,载《西安体育学院学报》2003 年第 6 期,第 112-114 页。

② 关于观众暴力的规制,石岩认为应该摒弃源头预防、过程控制与末端治理等遏制模式,采用一般性举措和司法控制进行综合控制。参见石岩:《球场观众暴力的发展趋势、研究进展与遏制策略》,载《体育科学》2007 年第 1 期,第 24-40 页。符明秋、周喜华认为,建立健全法律体系、严格执法和加强道德教育是解决足球暴力问题的有效途径。

③ 参见石岩:《国内外反球场观众暴力的立法》,载《体育学刊》2004 年第 2 期,第 14-17 页。

④ 参见黄世席:《足球暴力法律规制之比较研究》,载《体育与科学》2008 年第 1 期,第 33-36 页。

⑤ 参见石岩、吴洋:《我国球场观众暴力风险发生模型及风险管理研究》,载《体育科学》2009 年第 12 期,第 19-26 页。

⑥ 参见石岩:《我国球场观众暴力遏制策略的研究》,载《体育与科学》2003 年第 5 期,第 13-16 页。

⑦ 吴畏、闫永生:《CBA 球场暴力构成因素研究》,载《广州体育学院学报》2012 年第 2 期,第 50-53 页。

一些学者论述了依法治理的必要性和意义,建议尽快进行相关立法①。

(二)国外研究现状

作为大多数体育项目的起源地,欧洲体育竞技体育整体的发展水平较高,体育赛场暴力的问题出现得较早,对体育赛场暴力法律规制的研究也相对比较早。国外对体育赛场的研究已经覆盖了法学、管理学和社会学等多个学科,研究已经处于多元化阶段。

研究方法方面,主要以案例分析法和规范分析方法为主,其他研究方法为辅。国外体育赛场暴力的研究模式倾向于类型化研究,主要研究了体育赛场足球流氓现象及其规制、运动员侵权及其诉讼、体育赛场人身伤害和损害赔偿等几个方面的问题。国外体育赛场暴力类型化研究具有不均衡性,这种不均衡性有一定的地域特点。相对而言,欧洲注重对运动员暴力的研究,欧洲国家制定了很多反球场暴力的法律,如足球暴力比较严重的英国和意大利,这些法律规范体现了欧洲观众暴力研究的水平,同时也推动了对体育赛场暴力的深入探讨。与此不同,以美国为代表的美洲国家注重对体育竞技中运动员暴力法律问题的研究。美国职业体育中经常出现运动员暴力,加之美国非常注重人权保护,这种暴力又具有特殊性,因此,美国学者对其关注较多。不同地区对体育赛场暴力研究的侧重点是不同的,究其原因,主要与体育发展程度和法律传统有关。

国外体育赛场暴力法律问题的研究成果以专著和期刊论文为主。具体来说:

1. 专著方面

虽然国外对体育赛场暴力开展了深入而广泛的研究,但是针对性的专著并不多。相关研究多集中在一些专著的部分章节里面。如 Michael J. Beloff,Tim Kerr,Marie Demetriou 主编的《体育法》(*Sports Law*,1999),其中的第五章第三节就以"侵权与体育"为题论述了体育的人身伤害与赔偿问题,这些问题与体育赛场运动员暴力有关。鉴于此书的理论和实践价值,郭树理老师还对其进行了翻译,该书已于 2008 年在武汉大学出版社出版。Simon Gardiner,Richard Parrish& Robert C. R. Siekmann 编写的《欧盟、体育、法律与政策:监管、加强监管和陈述》(*EU*,*Sport*,*Law and Policy*:*Regulation*,*Re-regulation and Representation*,2006)中,第 27 章和第 28 章论述了体育赛场暴力的法律规制问题。其中第 27 章主题是"欧洲打击跨国足球流氓行为的法律举措"("Legal Aspects of Combating Transnational Football Hooliganism in

---

① 参见杨俊东:《国内足球观众暴力的法治研究》,武汉体育学院 2006 年硕士毕业论文,第 35 页。

Europe"),第 28 章论述了"使用足球禁令打击体育比赛中的种族主义和暴力行为的合法性与有效性"("the Legality and Effectiveness of Using Football Banning Orders in the Fight Against Racism and Violence at Sports Events")。该书是全面研究欧洲体育法的专著,重点研究了体育赛场暴力法律的规制。康均心老师的课题组对该书进行了翻译,把它带到了中国读者面前。与体育赛场暴力法律问题有关的研究还有一些,鉴于论文篇幅,这里不再列举①。

2. 期刊论文方面

比较代表性的有:Kerr J H. 在 *The Sport Psychology* 上发表了"The Role of Aggression and Violence in Sport:A Rejoinder to the 1SSY Position Stand",该文从心理学角度论证了运动员暴力产生的原因。O'reilly S 在 *Risk Management:An international journal* 中发表了"World Cup 2006? An Examination of the Policing of Risk in the Context of Major Football Events"。从研究成果②的来源来说,这些成果多来自于欧美国家。究其原因,笔者认为主要与欧美地区的体育发展水平、法治建设水平和学术底蕴有关。

具体研究内容方面,国外关于体育赛场暴力法律问题的研究主要集中在以下几个方面:第一,体育赛场暴力产生的原因。1996 年 Tenenbaun G,Stewart E,Singer R N 等在 *International Journal of Sport Psychology* 上面发表了"Aggression and Violence in Sport:an 1SSY Position Stand",该文认为运动员暴力产生的原因不是单一的,而是复杂多样的。由于研究视角不同,学者们

① 与体育赛场暴力法律问题有关的国外专著还有:Lewis J,*Sport Fan Violence in North America*,Lanham,Maryland:Bowman&Littlefeld Publishers Inc,2007;[加]约翰·巴勒斯:《体育伤害的民事责任》,高燕竹译,载梁慧星《民商法论丛》(第 26 卷),金桥文化出版(香港)有限公司 2003 年版,第 509 页;Adam Epstein,*sports law*,Clifton Park,NY:Thomson/Delmar Learning,2003.

② 除此之外,其他期刊论文还有:K. Young,"Standard Deviations:an Update on North American Sports Crowd Disorder,"*Sociology of Sport Journal*,2002,No. 19,pp. 237-275;Ward R,"Fan Violence:Social Violence of Moral Panic,"*Aggressive and Violent Behavior*,2002,No. 7,pp. 543-475;Ricky Cannon,"Sensible Soccer:the Creation of the Unconvicted Football Hooligan Order,"*European Public Law*,2000,Volume6,Issue4,pp. 573-594. Jose M. Rey and Diego perez Grijelmo,"Football Hooliganism—National and International/Transnational Aspects,"*International Sports Law Journal*,2004,No. 3-4,pp. 35-37.

并没有对赛场暴力发生的原因形成一致的认识①。第二,体育赛场暴力的分类。比较典型的研究是,2003 年 S. Price 在 *Sports Illustrated* 上发表"When Fans Attack"一文,该文根据暴力的表现形式将体育赛场暴力分为言语、身体、财产和踩踏型等四个类型。第三,体育赛场暴力的法律规制。2000 年,Guy Osborn 在 Frank Cass Publishers 出版了 *Football's legal legacy:Recreation, Protest and Disorder,Law and Sport in Contemporary Society*,该书详细地论述了英国对体育赛场观众暴力的法律规制情况。2005 年,Ian Blackshaw 在 *The International Sports Law Journal* 中发表"The 'English Disease'—Tackling Football Hooliganism in England",该文论述了英国足球流氓的现状及规制策略。

当然,除了这些研究成果以外,国外对体育赛场暴力的立法也值得关注,这些立法也可以视为研究"成果",笔者将在后面进行阐述。这些立法主要包括规范社会暴力伤害行为的国内法和国际法,尤其是欧盟、欧洲各国以及美洲各国的反观众暴力法律规范值得关注。

(三)当前研究存在问题及原因

1. 当前研究存在的问题

从 20 世纪 80 年代开始,体育赛场暴力已经进入学者的研究视线,一些研究成果也相继出现,其中不乏一些有理论深度的优秀成果出现,总体而言,对体育赛场暴力已经有了很好的研究。但是,随着社会的不断发展,特别是体育职业化的发展,该方面的研究将面临新的挑战:一方面,更多的经济因素开始进入体育领域,体育与经济的联系更加紧密,体育问题成为重要的经济问题;另一方面,伴随着体育产业化进程,体育产业的规模在逐渐增大,体育与经济的关系越来越紧密,体育赛场上变化直接影响着社会经济的发展,如体育赛场观众暴力直接影响了社会的稳定与和谐,也影响了体育参与者的权益保障。因此,体育赛场反暴力法律问题研究正面临着前所未有的挑战,还有很长的路要走。

---

① 关于体育赛场暴力成因的国外研究还有:S. D. EITZEN, "Sport and Deviance," *In D. Stanley Eitzen, Sport in Contemporary Society*, New York:St. Martin Press, 1979, pp. 161 – 172;Eric Dunning, "'Figuring' Modern Sport:Autobiographical and Reflections on Sport, Violence and Civilization," *A report of Chester Centre for Research into Sport and Society of University College Chester*, 2004;Daryl Adair and Wray Vamplew, "Not so Far from the Madding Crowd:Spectator Violence in Britain and Australia," *Sporting traditions*, pp. 95–103;Arnold D. LeUnes,Jack R. Nation, *Sport Psychology:Introduction*, Chicago:Nelson-Hall Publishers, 1989;E. Dunning, P. Murphy, J. Williams, "Spectator violence at Football Matches:Towards a Sociological Explanations," *British Journal of Sociology*, 1986, No. 37, pp. 221–244.

当前研究存在的主要问题是:第一,体育赛场暴力法律问题的研究缺乏系统化。目前的研究多是分散性的研究,只是从问题的角度做细枝末节的研究,在视野狭窄情况下,容易片面地进行盖棺定论。如现在的很多研究,只关注观众暴力的问题,而忽视了运动员暴力以及相关主体暴力的联系。第二,缺乏深入客观的法学研究。目前的研究只提一些体育赛场暴力法治化的口号,模仿外国的研究成果,套用社会活动中法律规制暴力的模式。岂不知,法律是解决社会问题的工具之一,不深入进行研究,只是夸夸其谈,这样难免会给人以形式主义之嫌。第三,目前的视角单一,研究不够全面和深入。目前的研究多是在体育学、法学的视野范围内耕垦,如是说,体育问题和法律问题都是社会问题的一部分,如果能够开阔视野,从多角度进行深入而全面的研究会更具有理论和现实意义。

2. 主要原因

笔者认为,主要有以下几点:第一,与竞技体育发展程度有关。体育赛场暴力及其现象的载体是竞技体育,它是随着竞技体育的发展而逐渐出现的社会问题,具有阶段性,对竞技体育具有依附性。因此,经常会出现这样一种现象,即在竞技体育发展比较成熟的地方,体育暴力的现象会比较多,反之,会较少。第二,对体育赛场暴力的认识不够深入。体育赛场暴力作为一种社会现象,产生的时间并不久远,以观众暴力为例,就拿臭名昭著的英国足球流氓来说,也只有几十年的历史,我国观众暴力的历史更短,仅仅起源于 20 世纪 90 年代,所以,要想对其进行控制,必须深入研究这种现象,认识其内涵。第三,与学者的固有思维有关。学者所站的角度以及学术视野的不同,对问题的理解就会有所不同,当然这些也会影响学者对体育赛场暴力的认识。目前,对本领域进行研究的学者有的具有体育背景,有的具有法学背景,笔者认为,不跳出单一学科研究领域的藩篱,学者们很难在该领域研究中取得突破。

三、研究方法与结构

(一)研究方法

1. 文献资料法

体育赛场暴力是一种复杂的社会现象,现在已经引起了社会各界的广泛关注,同时也得到了一些国家和政府的重视。已有的研究成果具有一定的学术价值和开创价值,它们对于我们更深刻地认识体育赛场暴力现象,进一步规范赛场暴力的规制都具有重要意义。国内外研究成果为本书的研究奠定了基础,它是开展本研究必须要深入了解的内容;另外,各国为了防止体育赛场暴力的发生,也制定了相关的制度文件,这些文件对本书的研究尤

其是我国体育赛场反暴力法律制度的建设具有借鉴意义。通过搜集这些资料并对其进行分析将为本书的研究提供参考。具体来说,通过查阅大量的文献资料研究体育赛场暴力的历史及现状,详尽了解国内外体育赛场暴力法律规制的研究现状,通晓国内外治理竞技体育暴力的相关立法情况等,将为本书的写作提供基本的依据。

2. 比较的方法

比较方法是学术研究常用的方法,通过比较可以看出事物之间的不同。就比较的内容而言,可以分为研究成果的比较和法律制度的比较。研究成果的比较可以通过以下几个方面来进行,如研究目的、研究内容、研究价值、研究方法和研究模式等方面的比较。法律制度的比较可以包括实体法律制度和程序法律制度的比较。具体来说,可以比较各个国家体育赛场反暴力法律制度,也可以比较国际行业组织反暴力的制度规范。通过比较可以分辨出好与坏,能够看到事物之间的差距,还可以认清自身的不足,为更好地完善自身奠定基础。比较只是开展研究的第一步,它不是研究的目的。比较是一个综合性的工作,要详细了解体育赛场反暴力的法律制度及其相关研究成果,然后对其进行分析,还要认识大众、竞技体育参与人员和相关领域专家对体育赛场暴力的基本认识和规制方法,只有这样才能为深入进行研究提供基础支撑。

3. 历史分析法

体育赛场暴力具有一定的历史渊源,早在古希腊罗马时期就存在体育赛场暴力现象,并且出现了法律规制赛场暴力的制度规范,如维持体育秩序的“神圣休战”制度和追究体育伤害责任的《阿奎硫斯法》。这些制度规范是规制体育赛场暴力行为的源头,通过分析这些规范性文件和规制赛场暴力行为的措施,能够理解顺延至现代的赛场暴力规制办法,为体育赛场暴力的法律规制提供参考。

4. 规范分析法

本书的论题是一个复杂性的问题,同时也是一个综合性问题,在这样的背景下,对它开展思辨性的研究是必要的,规范分析法就迎合了这种需要。运用分析、演绎、归纳、综合等方法在整体上和宏观上把握体育赛场暴力,通过逻辑分析,对其进行评论,归纳总结,最终得出解决体育赛场暴力的办法。该方法应该和文献资料法和比较方法配合使用,只有这样才能凸显它的价值。要了解大众以及体育竞赛参与人员对体育赛场暴力的基本观点和治理意见,通晓规范体育行为、构建和谐赛场的基本做法和建议,这些是规范分析法必须做的事情。

5.案例分析法

案例分析法是法学研究常用的办法。首先,通过案例分析能够了解各国司法部门对体育赛场暴力的处理办法和基本的态度,同时也可以认识实务部门的做法和理论之间的差距,分析目前的做法是否合理。其次,通过案例分析能够了解司法部门重点保护的是什么,可以看出国家审判机关的关注重心。最后,通过分析案例能够提出规制体育赛场暴力的更好办法,以便为我国体育赛场提供纠纷的解决服务。

(二)研究结构

首先本书从体育赛场暴力的一般问题出发,主要研究了古希腊罗马时期的体育赛场观众暴力的现象和规制,主要考察了体育赛场暴力的概念、体育赛场暴力的危害和体育赛场暴力规制的理论基础。然后对体育赛场暴力开展了类型化研究,主要研究了常见体育赛场暴力行为及一般法律问题,具体研究了体育赛场运动员暴力法律问题、体育赛场观众暴力法律问题、体育赛场运动员与观众间暴力法律问题、针对体育赛场的暴力恐怖行为和针对体育赛场安保人员的暴力行为等法律问题。最后,开展了体育赛场反暴力的本土化研究,解析了我国规制体育赛场暴力过程中存在的法律问题。在类型化研究过程中,重点考察了各种类型体育赛场暴力的一般问题,如现象、概念、类型和成因等基本问题,研究了各种类型体育赛场暴力的防控机制,对体育赛场暴力的案例进行了分析,解析了体育赛场暴力法律规制的方法。

值得注意的是,本书重点解析了我国体育赛场暴力现象,探索了我国体育赛场暴力的规制及存在的问题,提出了我国体育赛场反暴力法律制度和体育制度的完善办法。当然,囿于体育行业的自治性很强,本书也在适当的板块深入探讨了体育规则和行业规范,研究了体育法律制度和体育行业管理制度融合问题,以期为我国体育赛场暴力的法律规制提供思路。

第一章

体育赛场反暴力的一般问题

公正不是德性的一个部分,而是整个德性;相反,不公正也不是邪恶的一个部分,而是整个邪恶。

——[古希腊]亚里士多德

奥林匹克运动的开展对体育运动的发展具有非常重要的意义,奥运会的举办为体育运动的开展提供了平台,推动着体育项目的发展。从第一届古代奥运会几个项目参与到现在的30多个大项的展示,在宣传和推介体育运动方面,奥林匹克委员会做出了巨大的贡献,因此,竞技体育的发展与奥运会密不可分。体育赛场暴力最早发生在古希腊罗马的竞技会中,在早期的奥林匹亚竞技会中也有体现。体育赛场暴力行为侵犯了人权,干扰了比赛的进行。更为严重的是,竞技活动中严重的暴力行为,如球迷骚乱、恐怖主义暴力活动等破坏了稳定的社会秩序,造成了社会的混乱,出现了严重的社会后果,因此,与古希腊罗马时期体育赛场暴力相比,现代体育赛场暴力具有更大的危害性。本章主要分析了古希腊罗马时期体育赛场暴力现象及其规制,在界定体育赛场暴力概念的基础上,分析了体育赛场暴力侵犯的客体,解析了体育赛场暴力的防控。

第一节　体育赛场暴力规制的源起

一、古希腊罗马时期体育赛场暴力现象

在讨论体育暴力之前,我们有必要讨论一下奥林匹克运动的起始状态,分析奥林匹克运动的起源有利于对体育暴力进行深层次解读。众所周知,古希腊是古代奥运会的发源地,这里有闻名于世的体育场地遗产,如宙斯圣

坛、赫拉神殿以及帕奥涅斯的胜利女神,它们见证了古代体育运动的起源与兴衰①。除了这些考古发现,对古希腊体育运动的记载主要来自《荷马史诗》。通过独特的撰写功底,荷马记载了古代体育运动兴盛的景象。据荷马记载,古希腊的体育运动主要由三部分组成,即米诺人的体育运动、迈锡尼人的体育运动和荷马时代的体育运动,这些体育运动各具特色,都是希腊体育运动的基本形式②。

竞技赛会是希腊体育的主要载体。据载,公元前 1100 年帕特洛克罗斯葬礼竞技会是希腊最早的竞技赛会③。除此之外,还有奈迈阿赛会、希腊皮托赛会和伊斯特摩斯地峡竞技会等,但影响力最大的赛会是奥林匹亚赛会,它起源于公元前 10 世纪④。以后经过多次的完善,第一届古希腊奥林匹亚赛会举办于公元前 776 年,它的起源来自赫拉克勒斯的攻城拔寨⑤。古希腊的体育赛会都与宗教祭祀有着密切的联系⑥。宗教是古希腊体育运动起源的原因之一,除此之外,还来自军队的训练或奴隶们的田间劳作,抑或贵族们的娱乐方式。

荷马在史诗《伊利亚特》里提到,体育的本质是:它将人类攻击性的本能转变成了一种游戏方式,通过这种游戏方式展现人的本能,然后在"合理的"外衣下活动⑦。或许,我们可以这样理解,在竞赛规则的范围内,体育运动是人们攻击行为的合理外化。希腊的体育运动总是与暴力联系在一起的。以古希腊奥林匹亚赛会为例,其体育暴力非常普遍,如公元前 708 年,第 18 届

---

① 格吉诺夫·瓦西尔:《奥运会的起源与发展》,董进霞译,北京体育大学出版社 2008 年版,第 15-18 页。

② 参见王以欣:《神话与竞技》,天津人民出版社 2008 年版,第 2-31 页。

③ 参见赵建军:《人类文明史·体育卷·野蛮与文明》,湖南人民出版社 2001 年版,第 5-20 页。

④ 参见范益思、丁忠元:《古代奥林匹克运动会》,山东教育出版社 1982 年版,第 5-7 页。

⑤ 据《奥运通史》记载,赫拉克勒斯力大无穷,建立许多功勋,最著名的是有关他的 12 件功勋:取狮子的皮毛;杀死九头水蛇;生擒赤鹿;捉野猪;打扫牛棚;赶走怪鸟;驯服发疯的牛;制服强壮而凶猛的马;夺得一个女皇的腰带;拯救国王的女儿;捉拿牛群;从怪物那里夺走金苹果;驯服地狱的恶狗。

⑥ 赵玉、陈炎:《多维视野中的奥林匹克运动》,山东教育出版社 2008 年版,第 17-22 页。

⑦ [希腊]塞莫斯·古里奥尼斯:《原生态的奥林匹克运动》,沈建译,上海人民出版社 2008 年版,第 4-5 页。

赛会有5项比赛,即短跑、跳远、投铁饼、掷标枪和摔跤①。

古希腊时期,体育赛场暴力非常猖獗。在一些项目比赛中可以任意地实施暴力行为,特别是在摔跤比赛中,造成运动员死亡的事件经常发生。随着比赛的改革,奴隶也被允许参加比赛,在一些对抗性项目中,一个奴隶运动员通过击伤甚至杀死另外一个奴隶运动员才能获胜,比赛可谓残酷至极;与之相对应,赛场下的观众也是暴力的参与者,观众可以为了心仪的运动员能够获得胜利大打出手。尤其是一些城邦的头目不惜为了一场比赛而发生战争,战争是古希腊奥林匹亚赛会暴力的又一个特殊的表现。

为了防止战争的发生,"神圣休战协定"由此产生。应该说,在城邦政治博弈的状态下,"神圣休战协定"对防止赛会暴力和城邦战争起到了一定的作用②。与因赛会竞技而产生的战争不同,因争夺赛会举办权的战争更为残酷,它不在停战协议的庇护范围之内,政治斡旋的余地较小。如据西比乌斯的《奥林匹亚年表》记载,在第30至第52奥林匹亚年期间即公元前660至公元前572年,赛会主办权由皮萨人掌控,斐东人为了得到举办权与皮萨人发生了残酷的战争③。

综上所述,体育赛场暴力现象古已有之,在古希腊罗马时期的体育赛场十分普遍,主要表现形式是运动员暴力、观众暴力和因赛会而引起的战争。

二、体育赛场暴力规制的雏形

盖尤斯《十二表法评注》第1卷中表达了这样一种思想,"任何事物中起源是重要的部分,……忽略开端并且没有寻找起源就直接进入主题是不合适的"④。这句话告诉我们:探索事物的起源对于全面了解事物本身及其发展规律是非常重要的。正是基于这样的考虑,本书的研究才从探讨体育赛场暴力法律规制的雏形状态开始。

(一)"神圣休战协定"

为了维护体育比赛举办期间的社会秩序,维护和谐的体育赛场秩序,公元前776年,在第一届古代奥运会举办时,斯巴达、伊利斯和皮萨三国签订了

---

① [俄]瓦·利·施泰因巴赫:《奥运会通史下册》,山东画报出版社2007年版,第2-22页。

② 参见朱文光、姜丽、朱丽:《奥运社会学概论——五环走向辉煌的历程》,山东人民出版社2010年版,第276-283页。

③ 参见王以欣:《神话与竞技》,天津人民出版社2008年版,第44-55页。

④ 优士丁尼:《学说汇纂》(第1卷),罗智敏译,中国政法大学出版社2008年版,第19页。

"神圣休战协定",这是一项政治制度①。任何样式的体育活动都不可能完全压制人类贪得无厌的本性,奥林匹亚赛会期间战事不断,竞技运动经常受到战争的干扰,混乱不堪。为了给宗教祭祀中的竞技活动创造一个和平的比赛环境,同时给战争一个政治回旋余地,公元前776年,在第一届古代奥运会举办时,一项特殊的政治制度——"神圣休战协定"制度,即"神圣休战"就此产生。具体到奥林匹亚赛会中,起初古希腊城邦奥运休战制度的约束力主要来自于对宗教祭祀活动的敬畏和对民主政治的追求②。

"神圣休战协定"制度的主要内容是:①时间限定。奥运会举办的前后一个月内,任何城邦都不能在圣地内开火,圣地内应该停止一切形式敌对行为的发生,如果战争已经发生了,双方应该选择停火。②严密禁令。严禁携带武器进入场地,参加赛会的人应该受到保护,参加赛会的通道应该保持畅通,禁止阻挠运动员参加竞技的行为发生,违抗上述规定者应受到严厉的制裁。由于参加比赛的城邦逐渐增多,为了给奥林匹亚赛会营造更好的环境,休战的时间延长至两个月③。③严厉处罚。如果哪个城邦敢破坏"神圣休战",就会遭到其他城邦的联合惩罚。即便如此,赛会期间仍然无法阻止战争的发生,如公元前420年和350年的两场战争都使这个制度蒙羞,当时的赛会组织者对战争参与者进行了严厉的处罚,如斯巴达人攻打了伊利斯城邦被罚20万只羊④。这是有记载历史上"神圣休战协定"制度的第一次实施。

这项制度一直延续至今,为了继承"神圣休战"的精神,1993年10月25日出席联合国第48次大会的121个国家审议并通过的《奥林匹克休战决议》,赋予了"神圣休战协定"制度新的生命⑤。这是人类对和平的向往和祈求的结果。《奥林匹克休战决议》的主要内容是:首先,在奥运会开幕前的7天到闭幕后的7天时间内世界应该停止包括战争、恐怖活动在内的任何暴力冲突活动,交战双方应该休战,双方应该根据奥林匹克宪章规定的宗旨和原则化解矛盾、保持世界和平稳定;其次,维护人类参加体育运动的权利,同时

① [希腊]塞莫斯·古里奥尼斯:《原生态的奥林匹克运动》,沈建译,上海人民出版社2008年版,第30—33页。
② [法]瓦诺耶克:《奥林匹克运动会的起源及古希腊罗马的体育运动》,徐家顺译,百花文艺出版社2006年版,第74—78页。
③ [希腊]塞莫斯·古里奥尼斯:《原生态的奥林匹克运动》,沈建译,上海人民出版社2008年版,第30—33页。
④ 刘水庆:《奥运休战协议研究》,《首都体育学院学报》2014年第5期,第463页。
⑤ 《奥林匹克休战》,http://baike.baidu.com/view/147301.html,2014年11月5日访问。

采用和平的方式解决争端问题。和平鸽是奥运会休战的象征。最后,在奥运会期间实行休战,并根据《联合国宪章》精神,和平地解决所有国际争端。

《奥林匹克休战决议》的实质不是停止使用武力这种形式,而是停止对人类情感的践踏和对人类权利的侵犯。奥运休战决议签署的方式是由奥运会举办国提议,由联合国会员国表决通过的①。"神圣休战协定"制度和《奥林匹克休战决议》对于防止当时古代和现代奥运会赛场观众暴力的发生,维护古代和现代奥运会的赛场秩序具有重要的作用。

(二)《阿奎硫斯法》

在古罗马时期,体育运动已经有了一定程度的发展。古罗马时期的体育运动表现为两种形式:一是应用于军队的训练中,通过体育运动这种方式锻炼军人的基本素质,提高作战的能力;二是体育运动及体育赛事是罗马人闲暇时娱乐休闲的一种方式②。体育竞技是古罗马社会生活的重要组成部分,鉴于频繁发生的赛场暴力事件严重影响了体育竞技的开展,采用合适的方式维护古罗马体育运动有序的发展是罗马人亟须解决的问题。为了规范体育运动,使其更好地发挥上述两种功能,古罗马最早出现了调整体育关系的法律规范。

事实上,古代体育运动最早可以追溯至古希腊时期,而规制体育暴力的专门法律规范则起源于古罗马。体育法在古代社会就已客观存在,公元前1世纪之前是其萌芽时期,之后便随着罗马法的成熟而步入成熟③。巴里·尼古拉斯的经典言论也充分说明与希腊人相比,罗马人在法律上的造诣更突出,他们有能力制定出反体育暴力伤害的法律规范。④

罗马法中,体育伤害责任的法律制度是世界上最早规制体育伤害的制度规范。研究罗马法中的体育规范,对于完善现代体育纠纷制度和体育立法都有重要的意义,这也是本书在此落墨的原因之一。优士丁尼的《市民法大全》《学说汇纂》《法学阶梯》及盖尤斯的《法学阶梯》中都存在着一些与体育运动有关的法律规范或体育法律片段,有力地证明古罗马时期已经出现了规制体育赛场行为的立法和司法实践。

---

① 参见朱文光、姜丽、朱丽:《奥运社会学概论——五环走向辉煌的历程》,山东人民出版社2010年版,第276-283页。

② 在罗马社会,体育主要服务于两个主要目的:训练士兵和给大众提供娱乐。COAKLEY J J, *Sport in Society: Issues and Controversies*, St Louis: Times Mirror/Mosby, 1990, p.47.

③ 赵毅:《驳"体育法近代产生说"》,《成都体育学院学报》2013年第7期,第6页。

④ 巴里·尼古拉斯:《罗马法概论》,法律出版社2004年版,第3页。

罗马法对体育进行调控的法令主要有:与体育相关的免税法规、保护体育同业公会的法规、为观众的座位立法和为体育目的征用土地的法令①。按照体育法令的内容进行分类,古罗马法典中体育法片段的内容主要分为两个方面,即运动员特殊的法律地位和体育伤害责任的认定②。考虑到体育伤害责任的认定与本书研究的内容有一定关系,本部分对此进行重点解析。

需要提前说明的是,在罗马法原始文献中,"D"代表的是优士丁尼的《学说汇纂》,"I."代表的是优士丁尼的《法学阶梯》,"Gai."代表的是盖尤斯的《法学阶梯》。另外,"Pr."代表头段,字母后面的数字代表引语所属的卷、题、段、款③。

罗马法中规制体育暴力伤害的条款主要存在于《阿奎硫斯法》。该法主要是关于侵权责任的立法与实践,它是现代侵权法的主要渊源,是大陆法系侵权法的立法和理论基础④。正如德国著名罗马法专家齐默尔曼认为的那样:《阿奎硫斯法》是继《十二铜表法》之后最重要的一部私法意义上的罗马市民法⑤。很显然,体育运动中伤害纠纷属于该法的研究范围。这些规范主要规定了体育伤害侵权的责任及其免责事由,从而奠定了现代侵权制度中体育免责事由的基础。

公元533年优士丁尼颁布的《学说汇纂》中,包含着一些运动伤害责任的内容,它主要集中在于《阿奎硫斯法》中,具体来说:

D.9,2,7,4。乌尔比安:《告示评注》第18卷。如果在厮打、角力或拳击比赛中,一人将他人杀死,而这事发生于公开的竞赛里,则不适用《阿奎硫斯法》,因为这种损害乃由于声誉和勇敢而被导致,并不是不法行为;《阿奎硫

① David Yale, Allan Chester Johnson, et al. *Ancient Roman Statutes*. New Jersey:The Lawbook Exchange LtD,2003,pp.48-234.

② 赵毅:《论古罗马体育法》,《体育科学》2013年第2期,第87页。

③ 根据罗马法原始文献的引用通例,D是优士丁尼的 *Digesta*(《学说汇纂》)的缩写,后面的数字分别代表引语所属的卷、题、段、款,"Pr."表示头段(principium);I.指优士丁尼的 Instinianorum(《法学阶梯》),Gai.则指盖尤斯的《法学阶梯》。参见赵毅:《〈阿奎硫斯法〉:体育伤害责任的历史之源》,《上海体育学院学报》2013年第4期,第26-27页。

④ 《阿奎硫斯法》制定于公元前3世纪末至公元前2世纪前期之间,由最初两条极其简单的规定,发展为一套涉及因果关系、损害、过错和小法等丰富内容的学理体系,为日后大陆法系侵权法的理论和立法之建构奠定了基础。参见黄文煌:《〈阿奎硫斯法〉研究——大陆法系侵权法的罗马法基础》,厦门大学2011年博士学位论文,第224页。

⑤ Reinhard Z, *The Law of Obligations:Roman Foundations of the Civilian Tradition*, Oxford:Oxford University Press,(1996),p.953.

斯法》不得适用于奴隶,因为只有生来自由的人才进行公开竞赛;但如果参加竞赛的受伤者是个家长则可适用《阿奎硫斯法》。不过如果某人伤害了退阵者,则可以适用阿奎硫斯法诉讼;《阿奎硫斯法》也适用于某人不是在竞赛中将一个奴隶杀死,除非这是其主人的怂恿——这时阿奎硫斯法诉讼不予提出。①

D.9,2,9,4。乌尔比安:《告示评注》第18卷。如果人们在投掷标枪时扎死一奴隶,即得适用《阿奎硫斯法》。不过,如果几个人在练习场上投标枪时这个奴隶由此经过,则不适用《阿奎硫斯法》,因为奴隶不应这时从标枪投掷者的练习场走过。当然如果有人故意地向他投掷标枪,那么该投掷人则理所当然地要依《阿奎硫斯法》对受害者负责。

D.9,2,llpr.。乌尔比安:《告示评注》第18卷。如果众人打球,其中一人使劲地把球掷在一个理发师的手上,而后者恰巧正给一个奴隶剃须,结果该奴隶的喉咙被用着的剃刀割开,在此情况下,有过错的人要依《阿奎硫斯法》对受害者负责。普罗库鲁斯认为,过错在理发师方面。实际上正是这样,当理发师剃须的地方是通常游戏或交通频繁的地点时,即可视其为过错。但是,某人信赖理发师,而后者的椅子置放于一危险地点,那他只有自我抱怨,这也不能说没道理。

D.9,2,52,4。阿尔芬努斯:《学说汇纂》第2卷。数人玩球,其中一人在接球时将一奴隶学徒推开,该学徒摔倒折了腿,有人问,这个学徒的主人是否可以依《阿奎硫斯法》对推倒其学徒的人提起诉讼。我回答说,他不可以,因为看上去更多的是由于偶然而不是过错才发生了这事儿。②

上述四个罗马法片段主要论述了体育伤害侵权责任的相关问题,具体论述了体育伤害侵权的构成及其免责事由。D.9,2,7,4片段中指出,在体育比赛中规则之内造成运动员死亡的,加害运动员是应该免责的。如果受害运动员已经退出比赛,加害运动员仍然不依不饶,伤害受害运动员的,应该按照《阿奎硫斯法》承担责任。D.9,2,9,4片段中讲述,比赛中的运动员过失造成观众伤害时,可以免于责任,如果运动员存在过错就应该承担责任。D.9,2,llpr.片段表明,在无过错的情况下,比赛中的运动员对赛场外的人造成伤害时,不应该承担责任。D.9,2,52,4片段中指出,在无过错的情况下,

---

① The Digest of Justinian, Vol. I, *Alan Watson ed. Rev. edn*, Philadelphia: University of Pennsylvania Press, 1998, p. 83, p. 279, p. 787.

② 米健、李均译:《学说汇纂(第九卷):私犯、准私犯与不法行为之诉》,中国政法大学出版社2012年版,第25、27、89页。

比赛中的运动员对观众造成伤害的,应该免责。

综上所述,这四个罗马法片段主要说明运动员之间以及其对观众和路人造成伤害侵权时责任承担的问题。具体来说,第一,体育比赛中,在无过错的情况下,运动员之间造成伤害的应该进行免责,受害运动员应该自担风险。反之,如果运动员存在过错应该承担责任。第二,体育比赛中,在无过错的情况下,运动员对体育赛场观众造成伤害的,运动员应该免责,观众应该自担风险。反之,运动员应该承担责任。第三,体育比赛中,运动员对场外人员造成伤害的,应该对运动员免责。责任的承担根据过错责任进行承担和分担。

按照现代侵权法的理念,人与人之间是具有注意义务,当侵害人未尽注意义务并对受害人造成损害时,应该承担侵权责任。当体育比赛中的运动员无过错时,也就没有违反注意义务,当然不应该承担责任,受害人(运动员、观众和场外人)应该承担相应风险。如果运动员存在过错,违反了注意义务给受害人造成了损害,就应该承担侵权责任。

总而言之,上述罗马法片段说明:无过错情况下,运动员对伤害不承担责任,相关受害人应该风险自负。可以肯定的是,古罗马时期的体育运动已经有了快速的发展,体育运动已经深入罗马人生活的方方面面,人类社会已经开始关注体育运动,并有了规制体育运动的相关法律制度。可以说,在一定程度上和一定范围内,罗马时期体育赛场暴力纠纷的解决也做到了有法可依。

第二节 体育赛场暴力的界定

鉴于我们讨论的是现代体育赛场暴力现象,为了使我们的讨论更加具有针对性和相对性,我们将这里的"现代"界定在第一届现代奥运会举办时,即 1896 年至今。与古代竞技体育赛会只有古希腊或罗马参与不同,现代竞技体育的盛会尤其是现代奥运会已经成为全球的运动会,它也更加职业化。随着经济的快速发展,体育产业正在逐步形成,与此同时,体育已经成为一种职业,人们通过体育运动获得收入。这些都说明现代竞技运动与古代体育运动已经有了很大的不同,不同的历史时期和不同的社会制度体系下,体育赛场暴力的表现和处理方式也会有所不同的。

一、体育赛场的概念与范围

日益标准化、规范化和专业化的体育竞赛规则和日益量化的体育评判体系在规范竞技体育行为和推动竞技体育发展方面起到了重要的作用①。本书所论述的体育赛场是一定比赛时间段内的体育竞赛场。它与运动场有一定的区别,这种区别主要体现在两个方面:

其一,在时间维度上。如果说,运动场属于一个场域范畴,在这个场域内,人们可以从事体育运动,也可以从事其他活动,也可能没有任何活动。那么,体育赛场不仅仅是一般的运动场,而是一个集聚状态下的运动场。具体来说,在这个运动场内即将、正在或者刚刚进行了一项体育比赛,运动场处于一种比赛的时间段内,或者处于比赛节奏中。另外,它不是任何时间都存在的,它是有一定时间限制的,它特指比赛时间段的竞赛场。这个时间段不是无限期的,它是有一定的限度。这个限度包括赛前一段时间、赛中和延伸到赛后一定的时间。具体的时间段范围要根据体育运动进行的规律进行确定。

其二,在空间维度上。运动场是人们进行体育运动的场所,它特指人们从事运动的空间。运动场是有一定限度的比赛场地以外的部分,如周围附属物及延伸到场外一定的区域,以及看台及其场外的台阶不是运动场的组成部分。总而言之,运动场是一个静态的概念,它可以用于一般的娱乐活动,也可以用于运动训练和比赛。与运动场不同,体育赛场具有一定的特殊性,主要包括比赛场地、看台及其附属物和场外的延伸部分。与之相比,体育赛场是一个动态的概念,它由时间和空间组合的产物。综上所述,体育赛场是指一定比赛时间段的体育比赛场域。

另外,体育赛场与球场也有所不同。两者的区别在于:

一方面,体育赛场比球场的区域更大。球场是指用于球类活动的运动场,如篮球足球场、羽毛球场和棒球场等。球场属于运动场的范畴,但是其范围更小。运动场是田径、球类、水上运动、冰上运动和自行车运动等项目运动场地的总称,球场只是其中的一种运动场地。可见,体育赛场与球场有共同的特征,它也是一个区域概念。不同的是,球类比赛的场域既包括球场运动区域,也包括球场看台及其附属物。具体来说,它有三部分组成,即竞技场地、赛场观众看台和赛场内外的附属地带。如足球赛场包括足球比赛场地、比赛场地周围其他区域、教练席和替补队员席位、赛场观众看台和场外附属区域等。当然,这也与比赛场地的配置有关。如果一个比赛场地设置不同,它的范围也会有所不同,如没有设置观众看台,可以以设置为准。

另一方面,体育赛场比球场更具时空联动特性。球场仅指静态的场域,

① 赵岷、李翠霞等:《体育——身体的表演》,知识产权出版社2011年版,第50-56页。

而体育赛场是一定比赛时间段内进行球类比赛的球场。在文明社会里,体育赛场应该体现和谐。运动员在赛场上合理地运用技战术进行斗智斗勇;看台观众热情呐喊并欣赏激烈的体育比赛,体验人类超越自我的潜力。从事体育竞技和生活中做事一样,从事体育竞技的人要有真善美的精神,只有做到这样才能更好地进行体育运动,因为生活规范是体育竞技规则的渊源之一①。体育赛场暴力行为就是一种不文明的行为,它已经干扰了体育运动的健康发展;一些暴力行为侵犯了他人的人身权益,是一种侵权行为;一些暴力行为具有巨大的社会危害性,已经构成了犯罪。笔者认为,体育赛场不是违法行为的避难所,体育赛场上的违法行为同样应该得到法律的制裁。

二、暴力的界定

暴力是一直充斥在我们生活里的,它是一个刺激性很强的词语,很容易吸引人的眼球,因此,在生活中,它具有极高的关注度。《布莱克法律词典》对暴力的定义是:非法的肢体力量;力量滥用导致侵犯人的基本权利,与法律、公共自由相违背。一般来说,暴力行为往往具有巨大的攻击性,一些暴力行为具有突发性。正是因为它有这样的特征,学界对它才有极高的关注度。

笔者认为,不同语境下对暴力的解释和界定对于全面和深入地理解暴力的内涵是有一定意义的。从界定暴力概念的层面来说,不同语境下对暴力的解释和界定也有利于我们更深入地理解体育赛场暴力的现象。具体来讲:

(一)从词语意义上来说

"暴力"是指控制力或侵害力。有学者认为,暴力具有两种意思:其一是指强制的力量或者武力,泛指侵害他人人身和财产的强暴行为;其二是指来自国家的强制力量,它是指不能用和平的方式来解决问题,常用强制手段来解决问题②。当然,按照中国汉语的解析习惯,也可以将"暴力"拆分开来进行解析:其中的"暴"可以作为形容词,如强大而突然的、过分急躁的和凶恶残暴的等;也可以作为动词,如横踢、徒手搏击和显露等。

就词语的结构而言,"暴"做动词是不合理的,它和后面的"力"有重合的地方。作为一个组合词,"力"是词语含义的核心,"暴"仅仅起到修饰作用,所以笔者认为"暴"作为形容词运用更为合理。在"暴"的三种解释中,"强

---

① 熊文:《竞技体育发展中的新理念——更真、更善、更美》,《西安体育学院学报》2004 年第 5 期,第 29 页。

② 张阳:《论"暴力"的刑法学考量》,《河南社会科学》2008 年第 5 期,第 57-60 页。

大而突然的"不符合现实社会生活的实际情况;"过分急躁的"又过于主观化,它带有一定的感情色彩,不利于词语的运用;"凶恶残暴的"相对比较客观,它具有侵害和控制的意思。

而"力"也有多种含义,可以指力量、能力、权势、控制力和作用力等。在现实社会生活中,"力"对具体的人或物产生一定作用和影响,它是动态的,并且具有客观化的特征。笔者认为控制力和作用力更符合现实生活中"力"的情景,暴力中的"力"可以是控制力,也可以是作用力。需要强调的是,作用力是物理领域的名称,直接把它运用到现实社会生活中有僵化之嫌,因此,对其进行转化是必要的。鉴于作用力在社会生活中的表现为行为人对他人人身的侵害力量,因此,在社会生活中"作用力"可以理解为侵害力[1]。

结合暴力中"暴"的解释,据此,两个词结合起来,"暴力"是指控制力或侵害力。

(二)从社会学视角来看

暴力是一种越轨行为或社会偏差行为。暴力的主要意涵是指身体的攻击,其基本特征为"不受约束"[2]。那么这里的"不受约束"是不受什么的约束呢? 分析整个社会结构后,笔者认为它主要是指不受社会规范的约束。

人类是一个群聚的社会,为了保持群聚社会稳定的社会秩序,必须有规范,常言道"没有规矩不成方圆",就是这个道理。正因为如此,社会自发形成了或社会的管理者制定了一些社会规范以维持社会秩序,如习惯、道德、宗教道义、行业规范和法律规范等,这些规范最终服务于人类利益和生活。

从这里可以看出,暴力是违反社会规范的行为,它的理解更为宽广,一反常态的行为或者状态都可以称为暴力,如语言暴力、网络暴力等。可见,生活中,暴力已经不单单是一种行动了。与之相应,从社会学的角度来说,它运用更加规范。暴力是社会学经常关注的一个问题,它是最富活力的研究对象,因为它对人身和精神伤害很大,很难弥补这种伤害。

另外,暴力在人类的生活中无处不在,学校中的暴力、生活中的暴力以及国家间的暴力等,已经覆盖了社会生活的方方面面,这样的特征吸引了很多社会学家来进行关注。社会学通常认为,暴力行为是一种社会偏差行为。社会学家莱默特(Edwin M. lement)和贝克尔(Howard Becker)的标签理论认为,有了规范才有了暴力行为的发生[3]。在社会的大环境下,当一个人贴上

---

① 黄晓亮:《暴力犯罪死刑问题研究》,中国人民公安大学出版社 2008 年版,第13-17页。

② William,*Key Words*,New York:Oxford University Press,1983,pp.329-331.

③ 朱力、肖萍等:《社会学原理》,社会科学文献出版社 2003 年版,第253-276 页。

"暴力"的标签后很难变好。

(三)从医学和生物学视角来看

1996年世界卫生组织(WHO)对暴力进行了界定,认为暴力的对象是他人身体以及群体和社会,它的主观心理是蓄意,使用的手段是力量和权力,它的方式是剥夺权益、造成身体伤害或精神伤害等①。这里的躯体的"力量和权力"属于力量的范畴,特指暴力本身,并不考虑其后果,而"自身、他人、群体或社会进行威胁或伤害"的内涵是行为。因此,可以认为,医学语境下,暴力的本质是力量和行为的综合,并且两者是统一的,这是WHO对暴力的意思表达。

从生物学方面理解,暴力可以使对方在身体上受到伤害,心理上受到影响。社会生物学家威尔逊认为,全部生物界存在7种暴力攻击方式,即征服和保卫领土、维护统治地位、对挑衅者的反击、两性间的攻击、为争夺食物、对消除敌对中的攻击和加强社会规范的道义性和惩戒性攻击②。一些研究还证明,人类进行暴力主要是由基因、染色体、雄性激素等因素造成的。与此相似,弗洛伊德的团队还认为,暴力是人类对内部压力的释放。

由此,生物学视角来看,暴力是人与人之间为了达到某种目的而相互作用的一种方式。

(四)从法学视角来说

婚姻法方面,《消除对妇女的暴力行为的宣言》中,把暴力仅仅界定在身体、心理和性暴力。我国婚姻法也将一些外力对身体和心理上造成一定伤害后果的行为界定为暴力行为③。

刑法学方面,学者认为,暴力在不同的场合有不同的含义,具体来说可以分为四类:一是最广义的暴力。它是指非法情况下对人或物行使有形力的一切情况。二是广义的暴力。它是指非法情况下对人行使的有形力,包括针对人的身体,这种力量是强烈的一种物理力。三是狭义的暴力。它是指不法对人的身体行使的有形力,没有对力量的程度进行具体的要求。四是最狭义的暴力。它是指非法情况下对人的身体实施的有形力,这种有形力足以达到对方反抗的程度④。表1-1能够更清晰地说明这一点。

① WHO Global Consultation on Violence and Health, "Violence: a Public Health Priority. Geneva," World Health Organization, 1996, p.5.
② 皮艺军:《越轨社会学概论》,中国政法大学出版社2004年版,第244-252页。
③ 司慧颖:《论刑法中的暴力》,中国政法大学2010年硕士毕业论文,第5页。
④ 张明楷:《刑法学》(第2版),法律出版社2003年版,第553页。

表1-1 暴力的含义①

分类	含义	程度
最广义的暴力	不法对人或物行使有形力的一切情况	
广义的暴力	不法对人或物行使有形力,包括针对人的身体	对人身体有强烈的物理影响
狭义的暴力	不法对人的身体行使有形力	不要求达到足以抑制对方反抗的程度
最狭义的暴力	不法对人的身体行使有形力	达到足以抑制对方反抗的程度

另外,我国刑法明文规定以暴力为手段的犯罪中,暴力有三种含义:其一,对人身实施侵害的攻击行为,如抢劫罪;其二,既针对人身实施侵害,又针对财物实施破坏的攻击行为,如抗税罪;其三,仅仅对财物实施的攻击行为,如故意毁坏财物罪。

犯罪学对暴力的研究较为全面,学术争鸣较多,学者众说纷纭。它接受了其他学科的研究成果,在暴力词义理解的基础上总结得出,在具体的犯罪中,暴力是对人的身体或具体财物实施的具有侵害和破坏作用的侵害力。目前,对暴力争论的热点主要有两个:

首先,对暴力手段的理解不同。争论的焦点在于暴力威胁是不是应该属于暴力手段。从本质上,暴力威胁是利用暴力的威力达到犯罪目的的行为,它应该属于暴力的手段。英美法系国家通常认为暴力威胁也属于暴力的范畴。与此不同,我国刑法一些条款中暴力和胁迫是并列的,说明我国是分开使用的。笔者认为,这样的争论还会延续下去。

其次,对暴力犯罪范围的界定也有所不同。争论的焦点在于暴力侵害是否一定要有危害结果,以及是否包括对物的侵害。对于前者,笔者认为暴力犯罪只要达到了现实危害的程度,不管有没有造成危害,都可以认为是暴力犯罪。如危险犯多是这样的情况。对于后者,更容易回答,暴力犯罪的实质在于对社会的危害,因此,作为犯罪的一个特殊类型,具有社会危害足矣,暴力犯罪当然不避讳对人或者是对物的侵害②。如英美法系认为,暴力必须

---

① 黄晓亮:《暴力犯罪死刑问题研究》,中国人民公安大学出版社2008年版,第16页。

② 胡绍宝:《刑法中的暴力相关基础理论梳议》,华东政法大学2012年硕士毕业论文,第5页。

以非法为前提，暴力不仅可以针对人也可以针对物，不仅针对现实中的暴力，而且包括暴力威胁，以英国为例，伤害罪、恐怖罪以及威胁罪都是暴力犯罪的种类。大陆法系中，日本直接规定的有"暴力罪"，德国规定对人的精神和心理的压制也可成立暴力犯罪。我国现行的刑法典中29个提及暴力的条款中也未对此进行区分①。

(五) 小结

从上面的讨论可以看出，暴力的词义解释突出强调暴力的表象特征，认为"暴力"一词是"暴"和"力"两个字的组合，在词义的语境里，它是一种特殊的力量，即一种控制力或侵害力。社会学以社会规范作为参照物，认为暴力是一种社会越轨行为或偏差行为。它是一种与社会规范相背离的行为，它与社会规范的要求是有偏差，从而形成社会越轨。WHO则从医学的视角出发，认为暴力是一种力量和行为的综合，强调暴力的方式可以是暴力本身也可以是威胁。生物学从中立的角度出发，认为暴力是人与人之间为了达到某种目的而相互作用的一种方式。从法学视角出发，暴力是对人的身体或具体财物实施的具有侵害和破坏作用的侵害力。从暴力行为的可惩罚性出发，暴力是一种超越法律规范的可惩罚行为。笔者认为，不同视角对暴力的界定是暴力内涵的具体化，具有一定的合理性，也具有一定的参考价值。

从社会现象的角度来理解，暴力是作为人的行为活动而存在的，事实上，暴力行为在社会上表现为一种暴力行为活动。综合以上讨论，笔者认为，暴力行为活动是行为人运用侵害或破坏性质的侵害力来损害被害人的行为活动。

三、体育赛场暴力的概念

体育赛场暴力行为是体育运动中的异化行为，它是在参与体育运动过程中产生的。实施体育赛场暴力行为的主体主要是运动员、观众，除此之外，也包括一些不确定的群体，如裁判员、教练员和与体育运动无关的人员。相对来说，前者是主要的主体，后者发生暴力的情况相对较少。体育赛场暴力的主要表现形式包括运动员暴力、观众暴力、运动员和观众之间的暴力，以及针对体育赛场的暴力恐怖行为和暴力袭警等。如果说竞技体育已经成为一种文明象征的话，那么由体育竞技直接或间接引起的暴力以其破坏性为特征，已经严重阻碍了竞技体育的健康发展，也破坏了正常的体育秩序和健康的社会秩序。

---

① 姚春艳:《论刑法中暴力的学理类型》,《湖南科技学院学报》2008年第10期,第150-153页。

根据不同的分类方法,暴力可以分为不同的类别。以实施手段为标准,暴力行为可以分为直接攻击行为和间接攻击行为。以是否有危害结果为依据,暴力行为可以具有危害结果,也可以没有危害结果。以侵害对象为参照,暴力可以是以人为侵害对象的暴力,也可以是以物为侵害对象的暴力。

同样,根据不同的标准,体育赛场暴力也有不同的分类。根据暴力主体不同,体育赛场暴力可以发生在竞技人员之间,也可以发生在非竞技人员之间,还可能发生在非竞技人员和竞技人员之间。常见的竞技体育暴力是运动员间体育暴力、观众间体育暴力以及运动员与观众间体育暴力;根据场域不同,体育赛场暴力可以发生在体育竞技场外,也可以发生在观众区域及赛场区域。另外,根据体育赛场暴力纠纷中的法律关系不同,可以分为刑事法律关系、民事法律关系和行政法律关系。在体育赛场上,暴力现象是一种独特的现象,如球员之间的打斗,观众之间的互殴和攻击,甚至教练员对球员的严重伤害,运动员和观众之间的拳脚相加,以及恐怖性的暴力等,这些现象的共同特征是有形的、强制性的。

结合暴力的内涵和竞技体育特征,笔者认为,从表现形式上,体育赛场暴力是一种有形的、强制性的行为,它可能是身体的攻击,也可能是工具型的暴力攻击。利用有形力进行侵害是体育赛场暴力的基本特征,是判断体育赛场暴力的基本依据;从侵犯的客体来说,体育赛场暴力是一种最广义的暴力,既可以针对人也可以针对物,是指不法对人或物行使有形力的一切情况;从行为的手段来说,体育赛场暴力是指行为人利用强暴的手段进行伤害的一种行为,手段可以是暴力,也可以是暴力威胁。

通过上面的论述,笔者认为,法学意义上,体育赛场暴力(行为)是指自然人(或其群体)在体育赛场区域针对被害人人身或者具体财物实施侵害性或控制性的强制力量的行为。体育赛场暴力活动是指自然人(或其群体)在体育赛场上运用上述强制力量侵害被害人人身或者具体财物的活动。特别严重的体育赛场暴力行为是违法行为,可以用法律进行规制。

四、体育赛场暴力的类别

根据体育赛场暴力的表现形式,可以将体育赛场暴力分为运动员暴力、观众暴力和其他类型暴力,其中,运动员暴力和观众暴力是体育赛场暴力的主要表现形式,其他类型暴力虽不及前两个暴力类型多,但它也是不可忽视的现象。笔者所探讨的体育赛场其他类型暴力包括运动员与观众之间的暴力、针对体育赛事的暴力恐怖行为和针对体育赛事安保人员的暴力三种。

(一)运动员暴力

通过上述分析,我们已经认识到,体育赛场暴力是自然人(或其群体)在

体育赛场上针对被害人实施的强制力量。进一步来说,作为一种人的行为活动,体育赛场暴力(行为)活动是行为人运用侵害性或控制性的强制力量损害被害人的一种活动。事实上,并非行为人所有运用强制力量的行为都是非法行为,有的行为只是一种体育行为,如拳击项目中运动员之间也运用了强制力量,但这种行为来自体育运动长期的实践,它是社会普遍认可的行为,所以这种行为不具有法律评价的意义,当然它也不能上升为一种法律问题。与之不同,体育运动中的一些行为已经超越了体育行为,甚至已经触犯了法律,法律就有可能对其进行规制,如运动员故意伤害的行为,构成民事侵权的,行为人承担民事责任;触犯刑法的,行为人应该承担刑事责任。

激烈的身体对抗,高速的比赛节奏,让英超成为当今世界最具观赏力的联赛之一。但是伴随着激烈对抗,发生了很多断腿惨剧,运动员暴力有不断增多的趋势,体育赛场暴力已经成为体育赛场上一种独特的"风景"。2010年,英超阿森纳俱乐部19岁中场拉姆塞被斯托克城后卫铲断右腿。而在拉姆塞之前,阿森纳的前锋爱德华多、中场迪亚比都曾经遭遇过断腿厄运。2000年9月,阿斯顿维拉前锋尼利斯在比赛中,与对方碰撞造成了右腿双重断裂,仅仅4个月后,便被迫选择了退役。1996年4月在老特拉福德,考文垂后卫布斯特在与曼联后卫埃尔文的一次拼抢中倒地不起,当时,布斯特的骨头甚至已经露在了外面,那次受伤结束了布斯特的职业生涯。

体育比赛中,过度使用暴力或故意利用体育动作伤害他人会被处罚甚至判刑。美国职业篮球赛(NBA)①一直吸引着篮球爱好者的眼球,是无数篮球职业运动员梦想的天堂,是体育职业化改革的典范。全球优秀的篮球人才都集聚于此,希望从这里成长为明星。运动员一次次挑战着人类的极限,在赛场上把篮球运动的魅力展示得淋漓尽致,让慕名而来的观众充满无限的期待。NBA水准很高,比赛竞争比较激烈,里面的暴力冲撞也相对较多。这里有火爆的竞技场面,当然也充斥着运动员暴力。2012年12月17日丹佛掘金队和纽约尼克斯队的队员在纽约麦迪逊花园球场发生了暴力冲突,最终10人被裁判驱除出赛场。比赛进行到第4节8分多钟时,客队丹佛掘金队已经确定了绝对的领先优势,主场作战的纽约尼克斯队不甘在主场落

---

① 前身是1946年成立的美国篮球协会(BAA),1949年改称美国职业篮球联赛(NBA)。协会总部位于纽约第五大道645号的奥林匹克塔大厦,现任总裁为亚当·萧华。NBA同时也是北美四大职业体育联盟之一,但却排在NFL和MLB之后位列第三位。NBA(全称National Basketball Association),是全球性的运动及媒体企业,旗下拥有三个职业体育联盟,分别是美国职业男子篮球协会(NBA)、美国职业女子篮球协会(WNBA)以及NBA发展联盟(NBA Development League)。参见《NBA》,http://baike.haosou.com/doc/864785.html,2015年1月30日访问。

败,但又无力回天,为了挽回面子,他们实施了下三烂的手段。当掘金队队员史密斯快速突破上篮时,气急败坏的尼克斯队队员科林斯双手扼住史密斯的脖子,将其扳倒在地。这种暴力行为在运动场上称为违体犯规,它引起了客队人员极大的不满,客队人员冲上场去教训科林斯,双方就此陷入了混战①。这场暴力殴斗中没有赢家,最终双发各有 5 人受到了 NBA 的重罚。

另外,足球赛场也有类似的案例。在英格兰足球首例铲球犯规获刑案中,特里·约翰逊直接被铲断了小腿,铲球运动员就因此被判刑②。与此相似,2004 年 4 月 20 日,一场亚洲冠军联赛中发生了球员暴力事件,这次事件被时任亚洲足球联合会主席的哈曼称为亚洲足球最丑陋的一幕③。比赛双方是科威特的卡迪斯亚队(Al Qadisiya)和卡塔尔萨德队(Al Sadd),比赛从一开始就充满了火药味,卡迪斯亚队的穆塔瓦和象牙海岸外援特拉奥里因为粗暴犯规被红牌罚下。科威特卡迪斯亚队球员对客队的怨恨在伤停补时阶段终于爆发,球员开始挥舞着拳头互殴。卡迪斯亚队穆塔瓦和萨德队阿卜杜拉赫曼是斗殴中的焦点人物,他们将两队的暴力打斗推向了高潮。在打斗中,双方运动员将飞脚、拳头、抓挠等街头流氓街头斗殴动作都使用了出来,打斗持续了 14 分钟,这 14 分钟被媒体称为亚洲足球的耻辱时刻。更让人不可思议的是,球员的打斗还吸引了科威特工作人员的加入,而他们攻击的目标是萨德队球员。事后萨德队领队萨利姆·阿里和 4 名球员被紧急送往了当地医院,其中一名叫卡瓦里的球员竟然被毒打成中度脑震荡。在处罚方面,当值裁判对卡迪斯亚队穆塔瓦和萨德队阿卜杜拉赫曼各出示红牌一张。卡迪斯亚队 6 名球员和萨德队 5 名球员被亚足联禁赛两年。

---

① 《NBA 赛场再变拳击场 掘金尼克斯两队激烈冲突》,搜狐体育,http://sports.sohu.com/20061218/n247105487.shtml,2018 年 1 月 30 日访问。

② 英格兰足球运动员马克·查普曼运用规则允许的合理技术动作铲球导致了特里·约翰逊重伤,由于受害者重伤入院,英格兰法院判定查普曼犯过失致人重伤罪,被判入狱 6 个月。陈均:《一条颠覆足坛历史的断腿 足坛首现铲球伤人获刑案例》,《东方早报》2010 年 3 月 10 日。

③ "在座的各位,你们不感到耻辱吗? 世界看到了我们亚洲足球发生了这样丑陋一幕,这就是亚洲足球的未来,我们的未来就是这样踢球,我们的未来就是把足球赛变成拳击赛!"亚足联主席哈曼 5 月 8 日愤怒地诘问。按照哈曼的意思是要严惩:"涉案"两队共计 24 名球员(科队 20 人,卡队 4 人)将在世界范围内禁赛两年。但在亚足联副主席、竞赛委员会主席科威特人塔基的力挽狂澜下,原判被禁赛的 20 名卡迪斯亚俱乐部球员一夜之间变成了 6 名,在这 6 名球员中,只有 3 名是国奥队球员(但穆塔瓦是国奥也是国家队正选前锋),而萨德俱乐部的违纪球员人数却由 4 名变成了 5 名。《"亚洲足球最耻辱一幕:赛场斗殴竟持续 14 分钟"》,北方网,http://sports.enorth.com.cn/system/2004/05/10/000780767.shtml,2018 年 1 月 30 日访问。

体育规则只是体育行业的自治规则,这种规则是通过契约或协议的形式达成的,它只在体育行业内部有效率,而法律是整个国家公平的适用。即便体育运动有自身的活动规律,但是它只要触犯法律,就应该受到法律的规制。由此可见,体育运动不属于法律规制的空白之地。

运用法律手段规制体育赛场上的运动员暴力行为,应该考虑体育运动的特殊性,考察体育赛场运动员的暴力行为是否触犯了法律,然后判定应该运用何种法律进行规制。简言之,法治是法律之治,运用法律制度治理社会的唯一依据是法律。

体育规则能否成为法院判案的依据?笔者认为,这主要取决于其是否具有法律效力。如果体育规则得到立法的承认、法院的认可,那么就具有法律效力,会被适用到司法实践中,否则不能适用。目前来看,在法律实务中,体育规则能否作为法院判案的依据还处于争论之中,法院也在犹豫。但有一点是肯定的,法律位阶是高于体育规则的,从这个层面来说,法律在公平解决体育赛场暴力纠纷中应该发挥重要的作用。

(二) 观众暴力

观众暴力是指观众在体育赛场观看比赛时所引起的暴力。观众暴力在体育领域发生得比较广泛,大型足球赛事里经常会发生球迷暴力事件,甚至会出现足球流氓混入球迷中闹事的情况,球迷暴力是观众暴力的典型代表。球迷暴力具有严重的后果,它侵犯了被害人的人身和财产权益,严重的球迷暴力事件常常出现大量的人员伤亡,有的会影响比赛的进行。在所有的暴力形式中,观众暴力影响范围大,波及的范围广,是人们最早关注的暴力形式。欧洲是世界众多体育项目的发源地,也是世界体育运动最活跃和发展程度最高的地区之一,但欧洲体育赛场的观众暴力出现较早也相对较多。伴随着体育运动的高速发展,世界范围内体育赛场暴力越来越频繁,对人类的影响也越来越大,关注并深入研究观众暴力现象并找出应对策略已经迫在眉睫。

最近几年,体育赛场观众暴力行为的危害性越来越大,给社会造成了严重的影响。"2·1"埃及塞得港球迷骚乱事件就是一起骇人听闻的观众暴力惨案。该暴力事件发生在 2012 年 2 月 1 日。在埃及东部的塞得港球场,当日比赛交战的双方是塞得港的埃及人队与埃及豪门球队阿赫利队,埃及人队主场作战,阿赫利队客场作战。主场作战的埃及人队以 3∶1 战胜了来访的阿赫利队。然而,阿赫利队球迷的一则赛场标语激怒了主队球迷,标语内容是"塞得港没有男人",这句带有侮辱性的标语让主队球迷感觉到莫大的耻辱。

比赛结束后,部分冲动的主队球迷利用退场时球场管理松散的时机攻

入客队看台,并向客队球迷发起了疯狂的进攻;客队球迷也不甘示弱,予以坚决还击。客队球迷认为主队球迷的疯狂庆祝就是对他们的挑衅,他们不愿意受这种侮辱,看台上的部分球迷朝球场内投掷焰火,一些疯狂的球迷甚至携带刀具来攻击对方球迷。顿时,赛场陷入了瘫痪状态,警察进入赛场维持秩序,但因势单力薄,也消失在打斗的球迷中。前任国际足联(FIFA)主席布拉特称:这是足球历史上最黑暗的一天。这次大规范的球迷暴力事件总共77人死亡,1000多人受伤,最让人痛心的是,球场上的球员也成为球迷攻击的对象,有多人受伤。一位暴力的目击者表示他再也不敢把孩子带入球场观看比赛。2012年3月9日,埃及法院判决参与赛场暴力的21名球迷被判处死刑①。

作为体育赛场暴力的常见表现形式,观众暴力事件已经引起了世界的广泛关注,一些国家还专门针对体育赛场观众暴力进行了立法。随着各个国家的重视,特别是法律规制方式的运用,体育赛场观众暴力将会逐步地减少。

(三)其他类型暴力

除了上述体育赛场上常见的暴力形式外,还有运动员与观众之间的暴力、针对体育赛场的暴力恐怖行为以及针对体育赛场安保人员的暴力等。这些暴力行为侵犯了人权、干扰了体育比赛、扰乱了正常的社会秩序,也同样值得关注。

运动员与观众之间的暴力方面,英国议会联赛中的暴力事件具有代表性。2013年4月英国议会联赛中,对阵球队是京达米士特队和斯托克港队,如果本场比赛失利,斯托克港队可能面临降级。比赛进行到第51分钟时,马尔邦帮助京达米士特队攻入一球,京达米士特队依靠这粒进球1∶0领先。这粒进球极大地打击了斯托克港队球迷的信心,球迷认为球队将面临降级,于是,心急火燎的斯托克港队球迷摆脱在场工作人员和安保人员的阻拦,冲入场内开始教训京达米士特队球员,这一观众暴力行为导致包括李-沃恩在

---

① 一场震惊世界的足坛惨案发生在2012年2月1日凌晨的埃及东部的塞得港。比赛双方球迷从小范围的骚乱进而发展到大规模冲突,导致至少77人死亡(也有媒体报道为74人死亡),埃及政府已宣布从当地时间周四开始,全国哀悼3天。国际足联(FIFA)主席布拉特称:这是足球历史上最黑暗的一天。2013年3月9日,埃及法院宣布了对2012年发生在塞得港足球惨案的终审结果,21名肇事球迷被判处死刑,塞得港球场的安保部主管萨马克和萨德均被判处15年的监禁。《2·1埃及塞得港球迷骚乱事件》,百度百科,http://baike.baidu.com/view/7706105.html,2015年1月31日访问。

内的多名京达米士特队球员受伤①。

针对体育赛场的暴力恐怖行为常常发生在开放的体育赛场上。由于体育运动项目的特殊性,一些体育比赛常安排在空旷的场地进行比赛,如马拉松比赛、赛车比赛和自行车比赛等。这些赛场多集中在郊区、人烟稀少的居民区甚至沙漠,这样的场地设置虽然在一定程度上满足了项目和运动员的需要,但也给比赛带来了巨大的隐患。由于是开放式的场地,赛场面积较大,一方面会给体育比赛的管理和安保工作带来很多困难,另一方面也为实施恐怖活动带来了一定的条件,它们实施暴力恐怖行为就相对容易②。2007年的达喀尔汽车拉力赛前夕,一些恐怖组织实施了恐怖活动,并造成了人员伤亡,为了防止伤亡的再次发生,赛会组委会停止了本年度赛事的举办。更有甚者,2013年波士顿马拉松赛上发生的恐怖事件造成了大量的人员伤亡。这些都说明恐怖主义活动正一步步逼近体育赛场,体育赛场恐怖活动已经成为体育赛场暴力的一种新的表现形式③。

针对体育赛场安保人员的暴力方面,苏格兰凯尔特人队球迷袭警事件是一个典型案例。在2013年11月6日荷兰阿贾克斯队主场与苏格兰凯尔特人队的欧冠比赛前,发生了一起严重的观众袭警事件。本场比赛是双方球队的第二回合比赛,阿贾克斯球迷曾在凯尔特人主场投掷爆炸物并损坏座椅。很显然,苏格兰凯尔特人队球迷对阿贾克斯队球迷的所作所为非常反感,试图找机会报复荷兰人。大赛将至,大量的凯尔特人队球迷追随自己心爱的球队来到荷兰阿姆斯特丹,虽然他们很开心这次客场之旅,但是仍然不能忘记荷兰人对他们的"侮辱"。凯尔特人球迷通过扔瓶子和棍子来袭击警察,致使8名警察受伤入院治疗。阿姆斯特丹警方新闻发言人称"警察受伤严重,其中一人被殴至昏迷,另一人鼻子被打坏"④。这次袭警事件影响很坏,严重损害了荷兰警察的合法权益。

---

① 《英足球赛场再现暴力 球迷入侵球场暴打对方球员》,网易体育,http://sports.163.com/13/0421/09/8SVPC48A00051CCL.html,2018年1月30日访问。

② 马敏跃:《从雅典奥运会看北京奥运会的安保》,《体育文化导刊》2005年第9期,第20-22页。

③ 秦旸:《恐怖袭击的体育蔓延:体育中的政治、民族与宗教冲突》,《南京体育学院学报(社会科学版)》2014年第1期,第57-63页。

④ 《球迷暴力事件致阿姆斯特丹八名警察受伤》,新华网,http://news.xinhuanet.com/sports/2013-11/07/c_125667006.html,2017年1月30日访问。

第三节　体育赛场暴力侵犯的客体

如上所述,体育赛场暴力会给体育秩序造成一定的影响,因此,合理地和有效地对体育赛场暴力进行防控已经迫在眉睫。体育赛场暴力是不法行为,扰乱了正常的体育和社会秩序的同时,也影响了人的体育人身权、财产权、体育消费权、体育发展权的获得,应该及时对其进行规制,来防止危害的发生和扩大。

一、人身权

人身权可以分为人格权和身份权,它是指民事主体依法享有的、以在人格关系和身份关系上所体现的、与其自身不可分离的利益为内容的民事权利①。体育人身权是体育参与者在从事体育活动过程中依法应该拥有的一种民事权利,这种民事权利是以应然利益为内容②。人身权虽然是人身的基本权利,但是法律上对其直接的规定并不多。

目前我国法律对其的直接规定仅仅体现在《民法通则》第五章"民事权利"中,依照我国《民法通则》规定,体育人身权主要包括生命权、健康权、人身自由权、人格名誉权和性的不可侵犯权等方面③。随着对其认识的逐渐深入,学界开始关注人身权的问题,如人身权在刑事立法中开始给予考虑,我国刑法分则第四章就是对侵犯公民人身权利的规定;另外,行政法学研究中,学者认为行政相对人的人身权也是受到保护的,行政相对人的人身权不能在行政活动中被非法侵犯④。体育赛场上的暴力行为侵害了公民的体育人身权。体育赛场暴力对体育人身权的侵犯既包括对运动员人身权的侵犯,也包括对其他体育参与者人身权的侵犯,如教练员人身权、裁判人身权。

生命权和健康权是人身权的主要内容,运动员和其他体育参与者应该无差别地享有这样的权利。由于体育赛场上存在很多不确定因素,运动员和其他体育参与者的这类人身权利容易受到侵犯。在体育赛场上,运动员的健康权经常被非法侵犯,如在上述的体育赛场运动员暴力的案例中,运动

---

① 参见魏振瀛:《民法学》,北京大学出版社 2000 年版,第 631 页。
② 参见兰薇:《体育发展权研究》,武汉大学博士学位论文 2012 年,第 121 页。
③ 参见王世洲:《我国刑法人身权保护现状和问题》,《河北法学》2006 年第 11 期,第 25 页。
④ 方世荣:《论人身权、财产权的行政法属性》,《湖北行政学院学报》2003 年第 4 期,第 26 页。

员未尽一般的注意义务导致对方运动员断腿的行为,就侵犯了受害运动员的健康权;更有甚者,一些暴力行为可能剥夺运动员的生命权。如2009年3月中旬,伊拉克巴比伦省首府希拉两支足球队正在进行比赛,最后一分钟时前锋海德·卡迪姆被一个名叫卡拉什的球迷用手枪击中,运动员当场毙命,他的生命权被直接剥夺。作为一个职业工作者,运动员在体育运动中的人身权应该给予特殊的保护,因为只有这种基本权利得到保护,运动员才能全身心地投入体育运动中来。除了运动员以外,对于体育赛场上的一般的参与者来说,赛场观众的生命权和健康权也可能被剥夺。如"2·1"埃及塞得港球迷骚乱事件就造成了77人死亡,1000多人受伤。由此可见,体育赛场暴力具有严重的危害性,直接侵害了体育竞技中相关人员的人身权。

二、财产权

财产权与生命权和自由权并列,同等重要。美国宪法第5条和第14条修正案确立了"生命、自由和财产"三种权利①,同时,德国等欧洲国家也进行了相关规定,这充分说明西方国家对财产权保障的重视,同时也在一定程度上说明财产权对于人类的重要性,对财产权的保护对于社会发展意义重大。

财产权是具有一定物质内容的、直接体现为经济利益的权益,由物权、债权、知识权等组成。就财产权的本体来说,它可以分为占有权、使用权、收益权和处分权等②。休谟对财产权有一种独特的理解,他强调财产权既包括所有权也包括对物品的处置权③。总结上述分析,笔者认为,就价值意义而言,财产权具有应获取、可拥有和能利用三个维度④。

---

① 美国宪法第5条修正案规定,未经相应法律程序,不得剥夺任何人之生命、自由或财产;非经恰当补偿,私人财产不得充公。第14条修正案第1项规定,无论何州亦不得不经恰当法律程序而剥夺任何人之生命、自由或财产。参见[美]汉密尔顿、杰伊、麦迪逊:《联邦党人文集》附录《合众国宪法》部分,程逢如等译,商务印书馆1980年版,第452页。

② 方世荣:《论人身权、财产权的行政法属性》,《湖北行政学院学报》2003年第4期,第27页。

③ 参见[英]休谟:《人性论》,关文运译,商务印书馆1980年版,第351页。

④ 从财产给予人类的情感价值来说,它包括拥有之乐、获取之乐和利用之乐三个维度。拥有之乐,表达的是财产权所具有的个人情感,目的在于建立起财产权利的边界;获取之乐,实现的是财产权的人生价值,乐在享受财产权利;利用之乐,建立在财产能力之上,体现了财产权所承载的社会意义。参见易继明:《财产权的三位价值——论财产之于人生的幸福》,《法学研究》2011年第4期,第74页。

　　各国宪法一般会对其规定不可侵犯、征收补偿和制约的条款①。一般来讲,财产权是一种消极权利,它是一种防御性权利,主要用于防范财产权被侵犯②。目前的财产权保护是静态的保护,这种对私人财产保护的方式具有"定纷止争"的功用,通过建立财产权制度,并在财产权制度的基础上,确立私人财产的排他性和自主性。

　　从现有的法律制度来看,财产权通常由宪法和民法予以保护。宪法从人权的高度进行规定,强调公民具有财产安定和受益给付的权利,而民法则是从私法的层面出发,规定了私主体财产权的界限,确认主体对财产的应有权利和现实权利。

　　由此可见,不管宪法对财产权的规定,还是民法对财产权的规定,都是对主体财产权的一种制度保障,抑或是一种防御,保障财产权的行使不受非法干扰。

　　然而,体育赛场上的暴力却非法侵犯了财产权,影响了相关主体财产的安定。体育赛场上的观众暴力容易造成受害人财产损失,尤其是赛场上一些重大的观众暴力毁坏了球场的体育设施,他们拆卸球场座椅,攻击观众的隔离网,甚至攻击球队大巴,点燃赛场区域的私人轿车等。如1985年5月29日的海瑟尔惨案就是典型的观众暴力事件,球迷推倒铁网栅,然后从铁网栅中取出铁棍,去攻击其他球迷,去毁坏他人财物③。推倒铁网栅本身就是对他人财产的侵害,利用铁网栅中的铁棍去破坏他人财物,更是侵犯了他人的财产权。这些行为是对财产权赤裸裸的侵犯,给受害人造成了巨大的经济损失。

　　对职业运动员而言,体育运动是一种职业,运动员通过打球赚钱,进而养家糊口,身体受伤后,自己的经济利益将受到严重影响。另外,职业体育俱乐部是具有公司性质的企业法人,运动员是俱乐部的主要"财产"之一,运动员受伤后,不能为球队获胜做贡献,身价会大跌,俱乐部也会有利益损失④。因此,依法保障体育运动中的体育参与者的财产权是非常必要的。

---

　　① 参见张翔:《中外宪法私有财产权保护比较研究》,《科学社会主义》2011年第2期,第70-72页。

　　② 刘剑文、王桦宇:《公共财产权的概念及其法治逻辑》,《中国社会科学》2014年第8期,第130页。

　　③ 参见王莹、石岩:《Heysel球场观众暴力事件的理性分析》,《成都体育学院学报》2007年第3期,第13页。

　　④ 参见刘水庆:《论体育伤害纠纷司法解决中的利益衡量》,《中国体育科技》2018年第4期,第31页。

三、体育消费权

消费者是指非以营利为目的地购买商品或者接受服务的人。消费者权益是指主体在消费过程中不受其他主体侵犯的权益,主要包括安全权、知情权、自主选择权和监督权等。消费者权益在各国法律中有一定的体现,它是一种法定权益。

以维权的内容为标准,消费者维权可以分为有形商品质量维权和服务质量维权。在这两种维权内容中,相对于有形商品质量维权来说,服务质量是一种无形的"商品",容易被人们忽略,因此,服务质量维权相对较少。另外,由于各个行业的服务标准具有非量化性,没有具体的数据标准,这种情况客观上造成服务质量维权相对比较困难。以上两点说明了服务质量维权容易被忽略。职业体育赛场上体育消费者的权益容易受到侵害,由于体育消费者维权意识不足,且服务质量维权客观上存在困难,体育消费者经常自己承担损失,为了弥补损失,积极去维护体育消费者权益就显得尤为必要。

随着体育赛事商品化的发展,球迷购买门票,进入球场观看比赛已经成为一种消费行为。如果赛事供应商不能提供与票价相符的赛事服务,那么它们就存在侵权的嫌疑。体育赛场暴力行为影响了赛事的观看效果,是一种侵犯体育消费者权益的行为。

体育赛场暴力对体育消费者权益的侵犯主要表现为两个方面:

第一,威胁了体育消费者的安全。在消费的过程中,体育消费者具有安全权,消费者的安全应该受到保障,消费者的安全包括人身安全和财产安全。由于体育赛事组织者的错误造成体育赛场暴力冲突,损害体育消费者权益时,他们应该承担法律责任。特别是,体育赛事的举办者往往只注重自身经济利益,只提供观看比赛机会,观众凭票到场观看体育比赛后这种交易就算完成了。由于法治观念淡漠,对一些危险没有一定的预期,往往是损害发生后,才进行整改。笔者认为,观看比赛中观众的权利被侵犯后,赛事组织者未尽安全保障义务的,组织者就应该承担相应的责任。事实上,体育赛场上的暴力直接威胁着观众的人身和财产安全。如赛场上发生球迷骚乱时,会伤害到普通的球迷,给他们的人身造成一定的伤害,严重的流氓行为可能损害和威胁了观众的财产安全。

第二,赛事组织者服务方面存在瑕疵,出现比赛质量下降和罢赛的情况。在一定意义上,体育比赛是消费者购买的商品,消费者通过购买门票进入体育赛场观看比赛的过程就是进行体育消费的过程。赛事的组织、运动员的赛场表现、比赛的精彩程度和比赛的完整性决定着商品质量的好坏,如果比赛中出现暴力并影响了比赛的正常进行,甚至造成罢赛的情况,这种情

况在一定程度上就侵犯了体育观众的消费权①。当体育赛场运动员暴力发生时,经常会出现比赛长时间暂停,甚至取消比赛的情况,这样就不能传递高质量的比赛给观众,使消费者购买的产品就存在了"瑕疵"。比赛的组织者应该采取退票或者金钱补偿的方式赔偿体育消费者的损失。

四、体育发展权

黑格尔认为:"社会和国家的目的在于使一切人类的潜能以及一切个人的能力在一切方面和一切方向都可以得到发展和表现。"②这句话充分说明发展对于人类个体和集体的重要性,国家和社会有推动人类发展的义务和责任。发展权已经成为继自由权和社会权以后当代人权的重心。奥林匹克运动推动了人类的全面发展,它号召人类自我挑战和战胜自我,对人类极限永无止境的追求,从这个层面上来说,体育的本质意指发展。

这里的发展有两种含义:一方面指的是通过奥林匹克运动,社会的整体会得到发展;另一方面是指通过参与奥林匹克运动,人类个体和群体会得到发展。发展权是人的个体和集体参与、促进并享受其相互之间在不同时空限度内得以协调、均衡、持续地发展的一项基本人权③。由发展权的定义可以推理出,体育发展权是指全体个人及集合体享有平等地参与体育运动和分享体育发展成果的权利。

另外,体育发展权的主体具有多样性,它包括个人主体、集体主体和体育产业主体。其中,体育赛场上的体育参与者,如运动员、体育俱乐部工作人员等是个人主体,体育从业者是集体主体,体育俱乐部和职业体育行业属于体育产业主体。就客体而言,体育发展权的客体是指体育发展权利赖以存在的载体和权利所指的对象。体育发展权的内容是利益。在体育赛场上,如果一种行为影响了主体获得利益,体育发展权就会被侵犯。

体育赛场暴力会侵犯不同主体的体育发展权,具体来说:

首先,对于运动员个人而言,严重的暴力行为会导致运动员伤亡的情况,受伤的运动员上场的机会相对就会减少,甚至不能上场参加比赛或结束体育职业生涯。换言之,它影响了运动员技战术的提高,可能影响运动员的收入,也影响了运动员职业的发展。

---

① 参见冯宏伟:《商业体育赛事中观众消费权益的侵犯与保护》,《西安体育学院学报》2010年第4期,第416-418页。

② 黑格尔:《美学》(第1卷),朱光潜译,商务印书馆1979年版,第59页。

③ 参见汪习根:《法治社会的基本人权——发展权法律制度研究》,中国人民公安大学出版社2002年版,第50-56页。

其次,对于体育俱乐部而言,运动员的受伤是体育俱乐部经济利益的损失。现代体育运动已经进入职业化高度发展的年代,经济已经成为促使体育快速发展的主要推动力量。体育俱乐部通过大量资金的投入来提升球队的实力,它们不惜花费以亿计资金来购买运动员,一旦运动员在比赛中因暴力导致受伤,对于体育俱乐部来说将是一个巨大的损失。如球队核心球员的受伤将会严重影响俱乐部的成绩,一定程度上也影响俱乐部的发展。

最后,对职业体育行业而言,体育赛场暴力对竞技体育行业的发展影响巨大。如上所述,人是职业体育行业重要的和必需的组织部分,没有人的参与职业体育就不复存在,人的集聚和离散直接决定职业体育行业的兴衰。这里的人大致包括三类,即参与者、观众和投资者。体育赛场暴力很容易"伤害"到这三类人,当然,参与者是首当其冲的,过多或者泛滥的体育赛场暴力直接影响体育参与者的信心,从而影响职业体育行业的发展。参与职业体育的人少了,职业体育行业也就不会有大的发展。同理,受体育赛场暴力的影响,观众开始离开赛场,当职业体育的关注度逐渐降低时,体育赛场失去人气,职业体育的投资者也会对其失去信心,这在竞技体育的职业化高度发展的今天尤其如此。因此,观众的流失和各种投资者的退出对职业体育行业的发展是致命的,体育赛场暴力会侵犯职业体育行业的体育发展权。

良好的赛事秩序可以保障体育发展权的实现。秩序是指合规律性,井井有条。社会学之父孔德认为,"秩序是进步的基本条件","所有进步最终都趋向于巩固秩序"[①]。社会学是追求社会秩序稳定的科学,它常被界定为"关于社会良性运行和协调发展的条件和机制的综合性具体社会科学"[②]。社会学者认为秩序是稳定和平衡的统一,是和平与安全的统一。因此,在一定程度上,秩序是指协调一致,是多样统一。秩序通常和社会一起出现,一般来说,社会秩序是社会得以聚结在一起的方式[③]。稳定的社会秩序是国家和谐发展的基础,也是国家的追求,提供良好的社会秩序是政府存在的基本价值。稳定的社会秩序对于社会整体及其每一个社会成员来说都是弥足珍贵的,它能够保证每一个社会成员的利益的实现,同时,在保证社会个体利益的基础上,也保障了整个社会的利益[④]。相反,当稳定和和谐的社会秩序

① 转引自刘少杰:《现代西方社会学理论》,吉林大学出版社2002年版,第42页。
② 参见郑杭生:《社会学概论新修》,中国人民大学出版社2003年版,第3页。
③ 秦扬、邹吉忠:《试论社会秩序的本质及其问题》,《西南民族大学学报》2003年第7期,第153页。
④ 参见张康之:《道德化的政府与良好的社会秩序》,《社会科学战线》2003年第1期,第173页。

遭到破坏后,社会共同体及共同体中每一个成员的利益将会不同程度地被损害或无法实现。所以维护稳定和和谐的社会秩序对于社会整体、社会共同体及其每个社会成员都是非常重要的。作为一种社会行业的秩序,体育秩序是社会秩序的一个部分,健康、和谐的体育行业秩序能够为体育行业及其参与主体提供良好的发展环境。同时,它也能为稳定和谐社会秩序的形成贡献力量,相反,无序的体育秩序会造成社会秩序的混乱。

体育赛场暴力破坏了正常的体育秩序和和谐的社会秩序。体育赛场上的运动员暴力会造成运动员的受伤,影响比赛的正常进行,扰乱了正常的体育秩序。体育赛场观众暴力会造成观众伤亡的情况,如赛场球迷的大规模骚乱和流氓球迷的行为严重威胁着社会成员的安全,会造成整个社会的混乱,特别是一些恐怖主义暴力行为和暴力袭警行为会促使社会的恐慌,这些都极大地破坏体育秩序和社会秩序,最终侵犯了体育发展权。如2013年波士顿马拉松赛恐怖袭击事件发生在公共场合,比赛现场一片混乱,对人们的心理造成了很大的影响,一度发生社会恐慌,它极大地影响了体育秩序和社会秩序。

另外,从表面上来看,体育赛场上的暴力行为扰乱了正常体育秩序和社会秩序,实质上,它是对社会公共权益、共同体和共同体中个体成员权益的侵犯。合理控制体育赛场暴力行为,维护正常的体育秩序和和谐的社会秩序已经刻不容缓。

第四节 体育赛场暴力的治理机制

一、社会控制

"社会控制"概念最早是由美国社会学家罗斯提出的。社会控制有广义与狭义之分。广义的社会控制是指社会组织体系运用各种社会规范及相应的手段和方式,对社会成员(包括社会中的个体、群体与组织)的社会行为与价值观进行约束,以保证社会秩序的过程。狭义的社会控制是指对社会越轨者进行惩罚或教育以纠正偏差的过程[1]。社会控制包括法律控制、道德控制、村规民约控制、民俗和生活习惯控制、政治控制等[2]。

---

[1] 孙丽:《论转型时期中国社会控制的功能》,《内蒙古财经学院学报》2005年第1期,第103页。

[2] 参见沈宗灵:《现代西方法理学》,北京大学出版社1992年版,第341页。

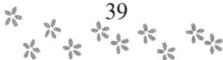

社会控制是"通过社会力量使人们遵从社会规范,维持社会秩序的过程"①。社会控制是通过一些控制手段来完成的,如法律手段、村规民约和宗教教规等。对于社会控制的各种手段来说,其控制力是不同的。一般来讲,在这几种控制手段中,法律的控制力相对较强。美国学者 E. A. 罗斯在《社会控制》一书中这样描绘了法律控制的作用,他认为法律控制具有两个特点:一是法律针对任何人和任何事都有同样的作用。这样就保证了同样的事件具有同样的处理办法,社会认同度比较高,社会控制的效率会相对较高。二是与其他控制方式相比,制裁手段更加严厉和暴力②。但是,也有人持保留意见。一些观点认为,与其他控制手段相比,法律并不是一定具有较好的控制力,道德、行业规范等控制手段在一定范围内更有效③。

关于社会控制启动的原因,塔尔科特·帕森斯认为:"如果没有'社会个体'的欲望这个固有的最基本的人格,就根本不会有社会控制的需要。"④在体育赛场暴力发生的原因中,个人的主观原因起到决定性的作用,它是体育赛场暴力发生的主要原因。体育赛场暴力已经给运动员造成了伤害,侵犯了运动员的健康权,对体育行业的发展也造成了影响,由此可见,对体育赛场暴力进行法律防控已经非常必要了。

依照控制的形式不同,社会控制包括正式控制和非正式控制。体育赛场暴力的法律防控是一种正式控制。相对于正式控制而言,非正式控制是在社会化的基础上形成的。在人的社会化过程中,家庭、学校、同辈群体、工作、宗教甚至大众媒体等因素都起到了非常重要的作用,它们属于非正式控制。通过运用非正式规范对社会进行控制,人类的生活被逐渐秩序化。体育行业的规范、学校的纪律、家庭的规矩、工作守则、宗教信条甚至社会道德等都是非正式控制的规范。非正式控制影响着我们生活的方方面面,从这点来说,它对人们生活的影响不亚于正式控制。但应该承认的是,非正式规范的强制力是有限的。与非正式控制相比,正式控制具有更大的强制力,它是国家认可的,靠国家强制力实施的。

社会控制是社会生活的规范方面,它规定了偏离行为并对其做出反应,具体规定了什么是应当的,什么是是与非,什么是违反、责任、反常或破坏⑤。

---

① 费孝通:《社会学概论》,天津人民出版社 1984 年版,第 181 页。

② 参见[美]爱德华·罗斯:《社会控制》,秦志勇、毛永政等译,华夏出版社 1989 年版,第 81-95 页。

③ 参见《云五社会科学大辞典·社会学》,台湾商务印书馆 1971 年版,第 98 页。

④ [英]马丁·因尼斯著:《解读社会控制:越轨行为、犯罪与社会控制》,陈天本译,中国人民公安大学出版社 2009 年版,第 19-39 页。

⑤ 参见 P. 索罗京:《社会动态和文化动态》第 2 卷,第 2 部分。

体育赛场暴力的主要社会控制方式是体育行业控制和法律控制。体育赛场暴力的体育行业防控是规则之治。简单而言,规则之治是利用规则来治理社会。国际奥委会及其下属组织所制定的各种规则是体育行业行业控制的主要依据。

"法律已经成为社会控制的主要手段。"①作为规则之治,体育赛场暴力的法律控制应该具有公平性和持续性。体育赛场暴力法律防控适用的法律规则本身要公平,不能根据不同对象制定不同的规则,只有公平适用的法律规则才能促进法律适用的公平。法律适用要公平,同样的情况同等对待,这样可以保持司法公正。不能持续的规则之治不是法治,时断时续的规则之治是人治。根据体育赛场暴力的不同情况而改变法律规则的适用,法律规则朝夕令改,会使人无所适从,体育赛场暴力法律控制的效率也会大打折扣。法律是社会控制的主要手段,正式控制的主要依据是法律规范。法律规范是调整人行为的社会规范,是规定权利和义务的社会规范,是出自国家并由国家保证实施的社会规范。在体育赛场暴力的法律治理中,正式控制和非正式控制要相互配合,发挥各自的优势,这样才能产生良好的治理效果。

"当非正式控制无法产生希望的控制程度时,正式惩罚充其量是备用品和权宜之计。"②作为特殊领域、特定场合的一种社会问题,体育赛场暴力已经对个人和体育行业的发展造成了一定的影响,在体育行业内部防控和社会解决存在困难的情况下,运用法律控制对其进行治理是现实的需要。因此,法律控制的核心是法律治理。

二、法律治理

从字面上讲,法治是指法律的统治。通常来说,法治是相对于人治和德治而言的。法治是规则或规范之治,它要求法律面前人人平等,要求法律无例外地适用于任何人。而人治是根据统治者的意志而治,具有随意专横的性质。古希腊柏拉图主张"贤人政治",就属于人治的范畴。德治是指用道德控制的一种社会治理手段,主要通过道德礼仪、榜样示范来实现。与后两者相比,法治推崇法律至上,限制权力,讲求民主、自由、平等和人权等价值观念。

---

① [美]罗斯科·庞德:《通过法律的社会控制》,沈宗灵译,商务印书馆1984年版,第71页。

② 参见[美]詹姆斯·克里斯著:《社会控制》,纳雪沙译,电子工业出版社2012年版,第93页。

需要强调的是,为了更好地发挥法治的优点,必须实行良法之治。对于体育赛场暴力的法律防控来说,良法之治要求法律应是符合竞技体育的规律,能够促进体育行业健康发展和社会全面发展的法律制度。只有做到良法之治,才能实现法律在维护体育秩序、保障运动自由、促进体育效率、实现正义和保护运动员权利的价值,才能真正为体育运动创造和谐的大环境。

以治理方式不同为标准,法律治理包括法律防控和法律规制。具体来说,法律防控过程是指对违法行为进行防止和控制的过程,而法律规制是对违法行为进行打击的过程。

（一）体育赛场暴力的法律防控

体育赛场暴力的法律防控主要体现在事前和事中,即事前和事中防止体育赛场暴力的发生,或减少其发生的可能性,或减轻其损害后果。通过法律防控维持运动员的权利,进而保持体育行业的正常秩序和和谐的社会秩序。

从严格意义上来讲,暴力犯罪不是一个刑法学概念,它是一个犯罪学概念。法学界皆知,刑法学是以刑法为研究对象的学科,它重视的是规范性,所以也有人认为,刑法学是刑法解释学。与之不同,犯罪学重点研究社会中的犯罪问题,分析它产生的原因,为解决犯罪问题提出对策,可见犯罪学是一门实证科学。它们是两种不同的学科,研究对象和追求是不同的。暴力是一种手段,当事人通过暴力手段达到自己想要的目的,侵犯了受害人的权利,造成了一定社会危害性。暴力犯罪问题理应属于犯罪学应该讨论的范畴。事实上,目前没有一个国家在刑法中对暴力犯罪有过明确的规定,只是泛指具有严重社会危害性的犯罪行为。从这个角度来说,本部分从犯罪学基础上探讨体育赛场暴力的法律防控是合适的。

治理犯罪的对策很多,但最根本的是预防犯罪。犯罪学角度研究体育赛场暴力,是对体育赛场暴力行为的法律评价。如前所述,体育赛场暴力具有特殊性。这种特殊性不仅指体育赛场暴力发生在特定的时间和空间,深层次上也预示着体育竞技具有特殊性。这种特殊性也决定着不能以一般暴力的标准来衡量体育参与者暴力行为,而应该根据体育赛场暴力实际情况进行相应的法律评价。这里需要重点思考的几个问题是:

1. 从实施手段来说,体育赛场暴力能否包括以暴力相威胁

通常情况下,我国学者认为暴力犯罪的方式是暴力和暴力相威胁[①]。国外犯罪学也认同这样的观点,从本质上来说,暴力威胁是犯罪人借助于暴力

---

① 杨春洗、高铭暄、马克昌、余叔通:《刑事法学大辞书》,南京大学出版社1990年版,第12页。

的威力来实现自己的犯罪目的的,从这个意义上来说,暴力犯罪的主要表现为暴力和暴力威胁。然而,具体到体育竞技实践中,运动员冲撞是非常激烈的,最终的目的是获取比赛的胜利,暴力威胁不能达到目的。另外,体育竞技的公开性很大,媒体和大众的关注度极高,给体育参与者暴力相威胁实施犯罪的空间是有限的。综上所述,体育赛场实施暴力的手段主要是暴力,不包括以暴力相威胁。

2. 从危害程度来看,体育赛场暴力是否要产生伤害结果

犯罪学认为,社会危害性是判断是否存在犯罪的重要标准。换言之,不管是否存在伤害结果,只要造成了一定的社会危害的行为就可能是犯罪。可见,从犯罪学的角度来说,没有伤害结果也可以成立犯罪。竞技体育是一个特殊的行业,在体育竞赛中经常会出现伤害的情况,如果法律对其干涉过多,不利于竞技体育竞赛的开展,因此,在判断体育赛场暴力时应该采用低于一般人暴力的标准。激烈对抗的体育比赛是人们愿意看到的,法律应该容忍一些伤害较轻的暴力行为。基于此,笔者认为,体育赛场暴力是产生严重伤害结果的行为。

3. 从暴力的侵害对象来讲,体育赛场暴力是否包括对物和精神的侵害

犯罪学学者认为,暴力犯罪可以侵犯人身权也可以侵犯财产权[1]。从犯罪学的理解来看,物也是暴力犯罪的危害对象。另外,实践中,暴力犯罪也会对受害人的精神造成侵害,如以暴力相威胁的手段侮辱妇女罪中,本身也是对妇女精神的摧残。从此可以看出,物和精神也可以作为暴力犯罪的构成要件。在实践中,体育赛场暴力侵害的对象可以是人、物和精神。体育赛场暴力可以对人造成伤害,人的基本权利会受到侵犯,人身权可以受到侵犯,人的健康和生命会受到威胁;一些体育赛场暴力可以侵犯人的财产权,如体育场设施会被损害,私人的汽车会被烧毁;当然,在人身权和财产权受侵犯后,会给受害人造成精神压力,精神是自由的载体,体育赛场暴力也限制了人的自由。

从上面的讨论可以看出,体育赛场暴力犯罪的判断标准是与一般人暴力不同的,它是低于一般人暴力犯罪的标准的。一定程度上,犯罪学关注体育赛场暴力的问题,说明它造成了一定的社会危害性,有进行法律规制的必要性和可能性。因此,笔者认为,法学有必要对其进行专门规范和专门的学理探讨,为更好地用法律规制此类特殊的社会问题奠定基础。

---

① 参见林亚刚:《暴力犯罪的内涵与外延》,《河北法学》2001 年第 6 期,第 138－142 页。

（二）体育赛场暴力的法律规制

法以规定人们的权利和义务为主要内容,权利和义务贯穿一切法律部门,贯穿法律运行和操作的整个过程。权利和义务是法律明文规定的或者可以通过法律精神和法律原则推定出来的。权利和义务是工具,而不是目的,统治阶级通过设定权利和义务来维护社会秩序,保障社会利益。利益是权利形成的动机,体育赛场暴力法律防控的主要目的也是保障体育参与者利益的实现。法通过权利和义务来实现其价值,正是通过权利和义务的宣告和落实,国家把社会主导的价值取向和选择变为国家和法的价值取向和选择,并通过国家强制力和法律程序而实现①。因此,体育赛场暴力法律防控的核心是保障体育参与者的权利,通过对体育参与者权利的维护,来实现体育行业的健康发展,进而推动国家的进步和发展。

体育赛场暴力的法律治理是通过实体法和程序法来实现的。在当代社会,法律对主管范围内的偏离行为会做出必要的回应,回应的依据就是实体法和程序法。实体法是"实然法",明确规定了体育参与者应该怎么做,违反法律后应该怎么处罚。程序法规定了进行纠纷处理的步骤和责任。程序法和实体法是法律领域两个大的部门,在法律实务中缺一不可。如果说实体法主要规定了权利和义务,与之不同,程序法主要是保证权利和义务能够实现的有关程序为主的法律。像马克思、恩格斯所描述的那样,程序法和实体法之间的关系是植物的外形与植物的血肉之间的关系。也可认为,实体法通过程序法来运行,程序法通过实体法来发挥作用②。另外,法律程序是约束适用法律者的权力的重要机制,程序能够增强法律适用的理性,减少恣意。程序正义是衡量司法公正的重要标志。

总而言之,体育赛场暴力法律防控的依据就是实体法和程序法,实现体育赛场暴力法律的合理、有效规制两者缺一不可。当然,法律总是被动的,体育赛场暴力的法律防控需要相关个人、组织和机关来开启。

本章小结

本章从法学视角对体育赛场反暴力的一般问题展开研究,分析了古希腊罗马时期体育赛场暴力的规制,界定了体育赛场暴力的内涵,说明了体育赛场暴力侵犯的客体,解析了体育赛场暴力的防控机制,得出了如下结论:

---

① 张文显:《法理学》,高等教育出版社、北京大学出版社2007年版,第140页。
② 参见孙向阳:《程序法和实体法的关系》,载《河北法学》2001年第3期,第70-72页。

第一,体育赛场暴力现象从古希腊罗马时期已有之,古希腊罗马时期的体育赛场暴力更加粗放和残忍。古希腊罗马时期的体育赛场暴力的主要表现形式是运动员暴力、观众暴力和因赛会而引起的战争。维护赛会秩序的规范是"神圣休战"制度和《阿奎硫斯法》,后者是罗马法中规范体育暴力的基本法律规范,这些内容主要规定了体育伤害侵权的责任及其免责事由。

第二,体育赛场的范围是一个区域,它由三部分组成,即竞技场地、赛场观众看台和赛场内外的附属地带。暴力行为活动是行为人运用侵害或破坏性质的侵害力来损害被害人的行为活动。法学意义上,体育赛场暴力(行为)是指自然人(或其群体)在体育赛场区域针对被害人人身或者具体财物实施侵害性或控制性的强制力量的行为。

第三,体育赛场暴力的类型包括运动员暴力、观众暴力,以及运动员与观众间暴力、针对体育赛场的暴力恐怖行为和针对体育赛场安保人员的暴力等其他类型暴力。

第四,体育赛场暴力是不法行为,它影响了人的体育人身权、财产权、体育消费权、体育发展权的获得,扰乱了正常的体育和社会秩序。体育赛场暴力的治理机制包括社会控制机制和法律治理机制。

第二章

体育赛场运动员暴力法律问题

> 法律用惩罚、预防、特定救济和代替救济来保障各种利益,除此之外,人类的智慧还没有在司法行动上发现其他更多的可能性。[①]
>
> ——[美]罗·庞德

体育赛场运动员暴力是体育赛场上的一种特殊暴力,它不同于正当体育行为,具有一定的危害性。为了维护体育赛场秩序,防止诸如运动员暴力的发生,体育行业协会制定了竞技规则。竞技规则的建立体现了西方竞技体育文明进程对身体暴力的控制[②]。虽然体育规则对体育赛场暴力有一定的控制作用,体育行业规范能够在一定程度上解决运动员暴力及纠纷,维护体育的公平,但是它并不能最大限度地维护社会的公平。与此不同,法律对此却能够发挥更大的作用。由于体育赛场运动员暴力开始从显性暴力发展到隐形暴力,对其的识别会更加困难,加之职业体育的快速发展,运动员暴力具有扩大化和泛化趋势,仅仅依靠体育规则和行业规范已经很难维护体育赛场公平和社会公平,完善体育纠纷多元化救济机制,尤其是发挥法律规制运动员暴力的优势已经势在必行。

第一节 运动员暴力的一般问题

需要强调的是,由于体育赛场运动员暴力的范围比较大,本书不能穷尽

---

① 谢冬慧:《应然与实然:法律的神圣使命——解读庞德〈法律的任务〉》,《法学论坛》2007 年第 6 期,第 31–35 页。

② 参见侯迎锋、郭振:《西方竞技体育身体暴力的演变》,《体育学刊》2010 年第 11 期,第 46–50 页。

所有的运动员暴力问题,因此,讨论本问题之前,有必要对本部分讨论的内容做出说明。本部分主要探讨体育赛场运动员之间的暴力,这种暴力仅指体育比赛中运动员之间的暴力。在体育赛场以外,运动员实施的暴力不是本部分讨论的内容;在体育赛场上,比赛开始前、比赛结束后以及中场休息时运动员之间的暴力也不是本部分讨论的内容;比赛期间运动员对观众等其他人员之间的暴力也不属于本部分要探讨的内容(这将在本书的第四章进行讨论)。

上述几种情况不能融入本部分结构的原因有两个:其一,这几种类型暴力不具有体育的特殊性,可以直接运用法律进行规制,在这里再进行讨论,稍显啰唆;其二,体育比赛中运动员之间的暴力是一种复杂的问题,通过对这一复杂的问题进行研究,凸显了针对性,能够体现研究价值,对于合理解决体育赛场上运动员暴力具有重要意义。

一、运动员暴力与竞技体育

运动员暴力发生在竞技体育比赛之中,运动员暴力与竞技体育有着紧密的联系。在讨论运动员暴力之前,对竞技体育进行解读就显得尤为必要。离开竞技体育,我们讨论体育赛场暴力将失去意义,因此,在竞技体育的范畴内讨论暴力行为会更加客观和准确,将具有重要意义。通过对竞技体育的解读可以深刻地了解竞技体育的特殊性,可以进一步认识运动员暴力发生的环境,能够为法学分析奠定基础。

竞技是夺标育人的活动方式。从本质意义上来说,夺标具有娱乐属性,育人具有教育属性[①]。竞技体育是以体育竞赛为主要特征,以创造优异运动成绩,夺取比赛优胜为主要目标的社会体育活动[②]。从竞技体育的范畴来讲,它可以分为体育比赛和体育训练。竞技体育比赛是竞技体育的重要组成部分,它体现了竞技体育的显著特征。据史料记载,竞技体育起源于英国户外运动玩耍,从英国户外运动玩耍(play)发展到游戏(game),再到竞技体育(sport)。这一演进过程体现出竞技体育特殊的发展规律:

首先,组织形态方面,由自发性、盲目性向组织性和规范性发展。其次,发展模式方面,从追求单一价值向追求多元价值发展。具体来说,从最初的追求娱乐,到现在的追求健康、竞争和社会利益等。最后,发展手段方面,竞

---

① 参见宋继新:《竞技教育学新论》,人民出版社 2012 年版,第 54-62 页。

② 《竞技体育》,http://baike. baidu. com/item/竞技体育/4200416 fr = aladdin,2018 年 5 月 9 日访问。

技体育是各种游戏的典型性发展①。竞技体育的基本形式是参与者的竞争，保持竞争的平等性和开放性，竞争对象多样性，这些是竞技体育的主要特征。

著名足球评论员张斌曾经说过："竞技体育最重要的规则是，竞技体育不能没有规则。"从中可以看出，体育规则的重要性可见一斑。竞技体育的竞争不是杂乱无章的竞争，而是有序的，主要依据是竞赛规则。竞赛规则对于竞技体育具有重要的意义，它不但要保证竞赛的公平公正，而且要保证竞赛规则的"同样的情形同等对待"，做到无差别适用。另外，竞技体育规则还控制着竞技体育的发展方向，比如在足球运动中，为了提高比赛的观赏型，足球比赛更加崇尚进攻，在攻方进攻的情况下，进攻队员受到严密的保护，一旦被犯规，犯规队员要受到体育规则的处罚，犯规地点越接近球门，处罚越严厉。竞技体育伦理的核心价值观是自主性原则、不伤害原则和公正的原则②。

竞技体育的范围比较广泛，根据不同的分类标准就可能有不同的表述。从社会学的角度来说，竞技体育可以分为组织化竞技体育和商业化竞技体育。前者主要指基本的体育社会组织遵循一定的章程和规则，根据统一的管理规定，举办的相关竞技体育活动，如大中小学校、厂矿企业、业余俱乐部等单位举办的竞技体育活动。相对于业余无组织的群众体育运动而言，组织化的竞技体育最主要的特征是由体育社会组织进行管理。根据商业目的强弱不同，商业化竞技体育可以分为非职业体育和职业体育。前者主要指各级别的奥林匹克委员会或单项体育协会主办的运动会，奥林匹克组织开展比赛的目的是推广体育项目和提高运动水平。如夏季奥运会，以足球世界杯为代表的各种杯赛，亚运会和全国运动会等。与之不同，职业体育是指一些体育企业按照相关体育章程，统一裁判标准，高度组织化的竞技体育活动。它的显著特征是极强的商业性，即以营利为目的，组织和参与比赛。竞技体育职业化是一种商业行为，代表性的职业联赛有美国的 NBA、英超（Premier League）、德甲、西甲以及中超（CSL）等。

竞技体育具有危险性、竞争性、规则性、多样性和群体性特征③。与其他特征相比，危险性是竞技体育的显著特征。竞技体育是一种有风险的运动，与一般的人类活动相比，一些体育项目，如橄榄球、足球、篮球等具有频繁的

---

① 参见卢元镇：《体育社会学》，高等教育出版社 2010 年版，第 199-223 页。

② 章淑慧：《竞技体育伦理基础理论和核心价值观研究》，湖南师范大学出版社 2012 年版，第 192-197 页。

③ 参见段荣芳：《体育运动伤害侵权责任研究》，山东大学 2011 年博士论文，第 15-17 页。

身体接触和冲撞,武术散打和拳击更是以"攻击"甚至击倒对方为胜利的项目,相当一部分体育项目具有"暴力性"。从文化人类学的视角来考虑,竞技体育的暴力性突出表现在"中间性",即强调同一个游戏规则的公正性、感性与理性的和解状态,以及"极化效应",即展现在规则范畴内的情感和身体表达的社会化认可度①。

有学者认为,竞技体育的暴力性所表现出的暴力是建设性体育暴力。建设性体育暴力是一种特殊形式的暴力,是社会的安全阀。竞技体育暴力对于社会发展具有积极的作用,如体育运动的争斗在一定程度上消除了战争;建设性体育暴力仅指体育项目本身的攻击性,是运动本源性的"暴力"。竞技体育中的"暴力性"行为是体育规范所允许的,也已经被社会接受。

与之不同,运动员暴力行为是一种破坏性体育暴力,是体育道德和体育规范不能容忍的行为。竞技体育的"暴力性"与运动员暴力是有着本质区别的。破坏性体育暴力因竞技体育而引起,是竞技体育的"副产品"。破坏性体育暴力产生了很坏的社会影响,对运动员的健康和生命造成了影响,干扰了体育行业的健康发展,也破坏了正常的社会秩序,应该规避这类暴力行为的发生②。在公平竞技的前提下,竞技体育是以强势获得对弱势的胜利,竞技体育行为具有"暴力性"并不代表一定会出现体育暴力现象,因此,在体育道德范畴之内,正规体育竞技中所产生的竞技体育"暴力性"行为不是运动员暴力。当然,这里的"正规体育竞技"特指由奥委会或各级别体育协会组织,聘请有资格的裁判员利用最新体育规则进行的体育赛事。

运动员暴力具有项目特性。体育项目是竞技体育的主要载体,竞技体育的竞赛项目众多,以2008年北京奥运会为例,参会项目有28个大项,302个小项。在这些项目中,一些项目身体接触的机会比较少,如乒乓球、羽毛球和网球等项目的比赛中处于隔网对抗的状态,因为运动员接触机会少,他们发生冲撞和身体暴力的机会就大大减少。与其相对应,一些体育项目如篮球、足球和曲棍球等在同一场地内争夺对球权的控制,客观上发生身体冲撞、摩擦甚至暴力的机会就相对较多。

从这个角度上来讲,运动员暴力的产生具有一定的项目特性。这种特性是由项目的类型和场地设置所决定的。需要强调的是,虽然一些项目中的竞技体育行为具有"暴力性",如拳击和冰球项目,但并不意味着一定会产

① 参见谭红春、彭兆荣:《对体育"暴力"的人类学解释》,《北京体育大学学报》2009年第8期,第18-22页。
② 翟继勇、刘一民等:《对体育暴力概念的探讨》,《辽宁体育科技》2003年第1期,第67-68页。

生运动员暴力。笔者认为,相对于运动员接触机会较少的竞技体育项目而言,具有"暴力性"的竞技体育项目的频繁冲撞和摩擦更容易引起运动员心理的变化,更容易引起运动员冲突和运动员暴力的发生。事实上,在体育竞赛中,绝大多数的运动员暴力的确发生在身体接触和冲撞频繁的竞技体育项目中。

至于运动员暴力容易发生的竞技体育项目有哪些,我国运动训练专家田麦久教授的"项群训练理论"描述了一个基本框架①。田麦久将运动项目的类属聚合命名为"项群","项群"是按照运动员竞技能力的主导因素对竞技项目进行分类。我们注意到,"项群训练理论"是根据项目的特点和发展规律进行分类的,与体能主导类项目和技能主导类的其他项目相比,技能主导类中的同场对抗类项目和格斗对抗类项目具有较多的竞技体育"暴力性"行为,更容易发生身体冲撞和身体接触,更容易产生运动员暴力。前者如棒球、曲棍球、橄榄球、足球和篮球等,后者如跆拳道、武术散打、拳击和摔跤等。同场对抗类项目通过身体的对抗来获得对球的控制,进球数对比是评判胜利的主要标准,因此,在高强度的竞赛对抗中极易出现运动员暴力。与之不同,格斗对抗类项目以打击或者制服对方作为输赢的评判标准,运动员暴力行为也时有发生。由于同场对抗类项目和格斗对抗类项目有更多碰撞,这些因素会促使运动员暴力的发生。应该强调的是,笔者上面的探讨是在相对意义上而言的,与其他项目相比,这两类项目发生运动员暴力的概率相对较高,其他类型项目相对较少。

二、运动员暴力的界定

(一)运动员暴力的范围

对运动员暴力进行界定是本部分的基础性问题,对它的界定直接关系到本研究的价值和理论、实践效用。在界定时要做到符合运动员暴力的实际情况,不能随意界定运动员暴力,也不能盲目圈定运动员暴力的范围,更不能忽略竞技体育运动的特殊性,应该做到客观并符合实际;另外,运动员

---

① 项群训练理论是竞技体育的一般训练理论和专项训练理论之间的一个层次,它是以不同项目的本质属性所引起的项目之间的异同点为依据,将一组具有相似竞技特征及训练要求的运动项目放在一起进行比较研究,探求项目的共同特点和发展规律。项群理论将竞技体育分为体能类和技能类两大类。在体能类中又有快速力量性、速度性、耐力性三个项群;在技能类中有表现难美性、表现准确性、隔网对抗性、同场对抗性、格斗对抗性五个项群。参见全国体育院校教材委员会:《运动训练学》,人民体育出版社2000年版,第19页。

暴力的概念应该具有合理性,运动员暴力是一个社会问题,同时也是一个法律问题,包括学术界在内的社会各界都对此有一定的关注,对此也有不同的理解。在界定时应该全面看待问题,应该从社会学、法学、人类学等多角度看待它,做到符合情理、学理和法理。

"比赛的环境和固有的惯例(包括犯规)的不同,有些在大街上所不能容许的行为可能因为标准的放松而为运动所接受。"①从中可以看出,判断运动员暴力的标准与一般人的暴力标准是有不同的,这是由竞技体育的特殊性决定的。前面我们论述运动员暴力与竞技体育的联系时,也论述了竞技体育行为的"暴力性"与运动员暴力行为的区别,这些论述宏观上的解析。体育竞技行为是竞技体育运动中使用相关技术所形成的攻击行为,体育竞技行为也可能导致对方的伤亡,它是体育竞技的暴力性体现②。体育竞技行为是体育规则之内的行为,经过几千年的发展,它已经被社会道德规范接受,也是体育行业规范所允许的行为,因此体育竞技也被人们称为文明的游戏③。要全面深入地了解运动员暴力行为同样离不开微观的解析,微观解析应该从对运动员暴力构成要件研究着手。笔者认为,厘清什么行为属于体育赛场上运动员暴力行为,什么行为属于体育竞技行为等,必须依靠体育赛场运动员暴力的构成要件。

1.体育赛场运动员暴力的主体

体育赛场上运动员暴力主体是特定的,主要表现在两个方面:第一,运动员暴力发生在比赛中双方运动员之间。这里所讨论的"运动员暴力"仅指比赛中运动员之间发生的暴力。运动员与裁判员、教练员、球场工作人员和观众之间发生的暴力冲突不是体育赛场运动员暴力,它不在本部分的讨论之内。第二,运动员暴力发生在比赛中的运动员双方。这个限定非常必要,如果不是"发生在比赛中的运动员双方"的暴力就会扩大运动员暴力的范围,也不符合运动员暴力实际的客观存在。在一场集体项目的比赛中,除了赛场上的运动员以外,还有替补运动员报名参赛,当暴力发生在对方的替补运动员与本方运动员之间时,这种暴力不属于体育赛场运动员暴力的范畴。

2.体育赛场运动员暴力的时间和空间

运动员暴力不是普适性的暴力行为,它是发生在特定场合的暴力行为。

---

① 参见古立峰、刘畅:《体育法治论》,四川科学技术出版社2008年版,第153页。

② 曲伶俐、吴玉萍:《竞技体育暴力行为的刑法解读》,《山东社会科学》2010年第3期,第84-88页。

③ 参见谭红春:《对体育"暴力"的文化人类学解读》,《天津体育学院学报》2009年第3期,第227-231期。

具体来说,运动员暴力不是漫无边际的,它是发生在特定时间和地点的行为。

首先,运动员暴力是发生在特定的体育比赛中的行为。这里的"特定的体育比赛"应该包括两个方面:其一,比赛项目必须是国家或者相关体育组织确认的比赛项目。体育组织是指国际奥委会及其下属机构承认的组织。一些地下的"野拳"等项目不包括在这个范围之内。其二,体育比赛应该是由正规的体育组织或机关组织的正规比赛。例如国际足联举办的足球世界杯就是正规的体育比赛,而几个人为了锻炼身体或娱乐组织的一场业余足球比赛就不在此范围内,运动员离开赛场之后实施的暴力行为也不是运动员暴力,如运动员在酒吧里打架,球迷之间因仇恨在其他场合的斗殴。

其次,运动员暴力是发生在体育比赛时间内的行为。体育比赛时间是指裁判员宣布比赛开始到宣布比赛结束的特定时间内①。判断的标准在于裁判是否示意比赛开始及结束或者暂停,例如,田径比赛的发令枪、足球比赛的哨音等。这里的比赛时间是狭义解释,特指比赛进行的时间,如足球比赛的上半场和下半场是比赛时间,中场休息时间就不在讨论的范围之内。赛前和赛后在体育场逗留所实施的暴力行为不是体育赛场运动员暴力行为,只是体育赛场一般暴力行为。

综上所述,体育赛场运动员暴力是有一定范围的,并不是任何发生在运动员之间的暴力都是运动员暴力,只有发生在特定时间、地点以及特定主体之间且造成重大损害后果的行为才能构成体育赛场运动员暴力。

(二)运动员暴力的特征

特征是事物具备的特殊性质,它是区别于其他事物的基本属性②。换言之,特征是一个事物区别于其他事物的不同之处。体育赛场运动员暴力是竞技体育中的非道德行为,是由体育运动直接或间接地引起的。它是发生在特定领域的行为,发生的时间、地点和致害行为主体也是特定的,这些都揭示出运动员暴力必定具有自身的特征。具体来说,运动员暴力的一般特征主要有:

1. 场域性

众所周知,竞技体育是以体育项目为基础开展活动的,而项目是在一定的区域内进行激烈争夺的,如篮球运动需要有必备的篮球场,足球运动在足

---

① 赵龙:《竞技体育的刑法基础价值理念探析》,《山东体育学院学报》2008 年第 10 期,第 70 页。

② 参见张文显:《法理学》,高等教育出版社北京大学出版社 2007 年版,第 76—79 页。

球场内进行,正规的拳击比赛需要特殊的拳击场地等,当然,这里所说的场域特指体育比赛场地。运动员暴力就发生在特定的场域之内,离开特定的比赛场地,就构不成体育赛场运动员暴力。因此,从这个层面来说,运动员暴力具有场域性。

2. 手段单一性

《大辞海·体育卷》认为球场暴力是因球类竞赛诱发的,由运动员、球迷或相关人员参与的,具有明显违背体育规范的身体攻击行为[①]。从中可以看出,突出强调肢体的攻击性以及由肢体适用工具情况下的攻击,肢体攻击及由肢体适用工具情况下的攻击是体育赛场暴力的主要手段和显著特征,因此,笔者认为,运动员暴力具有手段相对单一性。

3. 互动性

竞技体育是人从事的运动,特别是在体育竞技中,体育参与者的冲撞和摩擦是很常见的,当一些冲撞超过一定的程度,超出了体育道德,超出了体育规则的范围,就造成了重大伤亡,这种冲撞就改变了性质,就成为运动员暴力行为,这是运动员互动的结果。当然,体育赛场运动员暴力传染给球迷及教练,就可能产生观众暴力,这是球场与观众互动的结果。从中可以看出,运动员暴力具有互动性。

4. 社会公开性

近年来,竞技体育比赛正在逐步职业化,职业化的竞技体育运动中融入更多的经济因素。它与大众传播媒介共存发展,竞技体育的成绩、新闻甚至纠纷都成为大众传媒关注的内容,运动员暴力事件更成为新闻媒体关注的内容。运动员暴力更具有社会吸引力。它的社会关注度极高,在一定程度上,也增加了它的社会公开性,因此,社会公开性已经成为运动员暴力的显著特征。

5. 危害性

危害性是暴力的主要特征之一,运动员暴力具有严重的危害性。从古希腊的体育竞技到当代的体育运动,体育运动经历了数千年的历史,但是,无论体育运动形式如何变换,竞技体育活动的开展需要人的参与,人在参与体育活动中践行着"重在参与"的奥林匹克精神,促进和影响了奥林匹克运动的发展。反之,在此过程中,竞技体育也在各个方面影响着人的活动。运动员暴力危害程度难以预料,体育赛场的争斗非常激烈,比赛双方攻防变换很快,很难预料暴力发生在何时,也难以预料身体伤害的程度。最著名的当

---

① 向会英、谭小勇:《大型体育赛事体育暴力的法律规制》,《体育科研》2011 年第 2 期,第 74-79 页。

属拳王泰森"咬耳朵事件"。1997 年 6 月 28 日,泰森在向霍利菲尔德 WBA 冠军挑战时,因不满对方屡次搂抱和头撞,两次怒咬对手的耳朵[①]。运动员暴力是非常残酷的行为,一些致伤致残甚至致亡的情况时常发生,如特里·约翰逊体育赛场伤人事件就造成了严重的伤害后果,他除了接受刑罚外,还应该承担一定的侵权责任,因为在比赛中他没有尽到一定的注意义务[②]。由此可见,运动员暴力具有一定的危害性。

三、运动员暴力的成因

与以往相比,现代社会体育赛场运动员暴力更加频繁,造成的影响也越来越大,及时找出竞技体育发生的原因,针对其采取有效的措施,控制运动员暴力进一步的发生和发展已经是当务之急。如前所述,运动员暴力给运动员带来了很大伤害,有的甚至给社会造成了不稳定和混乱,利用合理有效的方法消除或减少运动员暴力,对于维护社会稳定,保护公民权利,以及对于保持竞技体育的健康有序发展都具有重要意义。

一般来说,原因和结果具有必然的联系,即二者的关系属于引起和被引起的关系。"有果必有因",从这个意义上来说,深入研究运动员暴力原因对于有效规避运动员暴力将大有裨益。石岩老师对运动员暴力原因进行了客观的评价[③],他认为,对运动员暴力原因的分析不能仅仅限制在心理学的层面,应该多学科、多视角进行审视,这样才能更科学、更客观地反映出运动员原因。

针对运动员暴力产生的原因,不同学者看法有所不同。如 Tenenbaum, Stewart,Singer & Duda 等人的文章《体育中攻击与暴力:国际运动心理学会的立场》中认为,运动项目的不同、媒体的影响以及裁判员的业务能力的不同等因素可能导致运动员暴力的发生[④]。当然,他们的观点也得到了一定反驳,如 Kerr 在 1999 年第 1 期《运动心理学家》上发表文章对其进行了针对性

① 《泰森——美国职业拳手》,360 百科,http://baike. so. com/doc/5350434 - 5585890. html,2018 年 4 月 9 日访问。

② [加]约翰·巴勒斯:《体育伤害的民事责任》,高燕竹译,载梁慧星:《民商法论丛》(第 26 卷),金桥文化出版(香港)有限公司 2003 年版,第 509 页。

③ 参见石岩:《竞技体育中的攻击与暴力:运动心理学界的一次争论》,《天津体育学院学报》2003 年第 4 期,第 1-4 页。

④ Tenenbaun, Stewart, Singer, et al, "Aggression and Violence in Sport: An 1SSY Position Stand," *International Journal of Sport Psychology*,1996,No. 27,pp. 229-236.

的反驳①。从精神分析学家弗洛伊德的理论出发,一些学者认为,人本身具有破坏的本能,运动员暴力是由心理因素和社会因素造成的;同时还认为球员价值观的不同,收入分配的不公,以及性别和种族歧视、失业压力等社会因素也可能会导致运动员暴力的发生②。一些学者认为,运动员受教育程度有限,道德观和价值观偏差,体育运动的激烈冲撞以及裁判因素,法律制度不完善等是导致运动员暴力频发的原因③。周家骥等人运用本能理论(*S. Freud*)、社会学习理论(*Bandura*)、挫折-攻击重构理论(*Berkowitz*)和道德推理理论(*Bredemeier*)等攻击理论分析了运动员暴力的原因,认为竞技赛场上的运动员产生攻击和暴力行为与下面几个因素有关:运动员的个性,对对手意图的觉察,对抱复的恐惧,目标定向和比赛的结构与环境有关④。王晨宇认为运动员暴力是由运动项目特点、竞赛规则不完善、运动伦理导向不当、运动中的挫折所致,它的发生机制是上述成因综合作用的结果⑤。上述学者的观点比较全面地概括了运动员暴力的成因,比较符合运动员暴力产生的实际情况,值得思考和借鉴。

运动员暴力可以分为不同的类型,不同类型的运动员暴力,其成因也会有所不同,规制的办法也会有所不同。研究体育赛场运动员暴力成因的主要目的是厘清运动员暴力产生的缘起,分析其产生的客观性,为更好地对其进行针对性规制奠定基础。迎合这样的目的,笔者主要从主观原因和客观原因两个方面来解析运动员暴力的成因。

具体来说,主观原因是运动员心理上具有主观侵犯的恶性、运动员道德和价值观念的偏离和运动员法治观念淡漠等;客观原因主要是竞技体育运动对抗激烈、赛场利益的诱惑、裁判的控制不当和歧视等因素。应该强调的是,在运动员暴力发生的原因中,主观原因和客观原因是紧密联系的,主观原因是导致运动员暴力发生的主要方面,客观原因在其中也发挥着不可或缺的作用。其实,运动员暴力是由综合因素共同造成的,与当事人的法治观

---

① J. H. Kerr, "The Role of Aggression and Violence in Sport: A Rejoinder to the ISSY Position Stand," *The Sport Psychology*, 1999, No. 13, pp. 83–88.

② 林翠娟、江水绍等:《关于体育暴力问题的研究》,《现代服务》2008 年第 11 期,第 178–179 页。

③ 钟晴晴:《法学视角下的竞技体育伤害问题研究》,南京师范大学 2011 年硕士论文,第 11–13 页。

④ 参见周家骥、朱学雷、杨梦竹:《体育运动中的攻击和暴力行为》,《体育科研》2002 年第 4 期,第 20–22 页。

⑤ 参见王晨宇:《运动员暴力的发生机制及控制策略》,《体育科研》2011 年第 5 期,第 147–149 页。

念、政治因素、社会因素等方面因素有关,要根据体育赛场运动员暴力的实际情况,多方面和全方位地考虑它的成因。

四、运动员暴力的类型

类型是依照事物的共同特征归纳出来的,从这个意义上来说,类型的形成过程是归类的过程。具体到体育赛场运动员暴力的分类,首先要建立一定的标准,然后根据这一标准找出有一定共通点的事物,将其归为一类。人们将具有相同特征的事物或现象归为一定类型的过程称为类型化。类型化研究属于规范研究的范畴,在一些基础性研究中,对特定事物或现象进行类型化研究是进行深入研究的基础。通过对运动员暴力的类型化研究,可以深入地认识运动员暴力各个类型的基本特征,认清运动员暴力的不同存在状态,以便厘清不同类型运动员暴力的根本区别,针对不同类型的特点,找出暴力产生的根本原因,为合理规制运动员暴力提供本源的支撑。根据不同的划分标准,运动员暴力有不同的分类。比较典型的分类有:

(1)根据运动员暴力形态的不同,可以分为偏离行为、越轨行为和犯罪行为。偏离行为是指体育比赛中运动员的动作偏离了运动技能规范。越轨行为是指球员的推搡和球场内的轻度打斗。犯罪行为是指运动员致伤致亡等触犯刑法要接受刑罚的行为①。

(2)根据实施运动员暴力主体的不同,一些学者将其分为竞技人员与竞技人员之间、竞技人员与非竞技人员之间的暴力行为②。这里的分类是一个广义上的分类,它将运动员与非竞技人员之间的暴力行为也包括在运动员暴力的范围之内。

(3)根据运动员暴力情节的严重性程度,可以将其划分为三类,即第一类是一般的超越社会道德的暴力行为,主要指运动员之间的拉扯或推搡等超越社会道德的暴力行为;第二类是一般暴力违法行为,如运动员之间的打斗造成了轻微的伤害,已经构成违法;第三类是暴力犯罪行为,运动员之间故意实施暴力行为,并造成了严重的伤害后果,它是应该受到刑法规制的行为。

(4)根据运动员暴力的"合理"与"不合理",可以分为建设性暴力和破坏性暴力。这种分类方法是由翟继勇等人提出的,建设性暴力是指规则内

---

① 张金成、王家宏等:《我国球场暴力研究概述》,《天津体育学院学报》2005年第3期,第47-50页。

② 参见阎小良、王家宏、邓仕琳:《从体育学与法学的视角对球场暴力概念的重构》,《沈阳体育学院学报》2007年第2期,第10-12页。

的合理体育行为,它对促进竞技体育的发展是有一定作用的,而破坏性暴力是严重超越体育规范的违规行为。这种分类办法大大扩大了运动员暴力的范围。

当然,运动员暴力还存在其他的分类方法,其他分类一定程度上与这四种分类有相似之处,因此,这里不重复介绍。

笔者认为,上面这些分类方法各有特点,也有一定的道理,有其合理的地方,但是也有一定的不足,突出表现在太过理论性和主观性。第一种分法是从社会学角度进行分类的,虽然很全面,但是类型之间的界限不清晰,让人难以分辨,甚至会造成偏离行为、越轨行为和犯罪行为之间的混淆,如体育赛场上运动员的越轨行为和犯罪行为本身也是竞技体育的偏离行为。这就造成运动员暴力类型之间有交集重叠的现象,对于实践中的识别是不利的。第二种分法虽然根据暴力的实施对象全面地概括了运动员暴力的基本情况,但是显得脱离实际,过于武断,存在为分类而分类之嫌。竞技人员与非竞技人员之间的暴力不应归属在运动员暴力的范畴,这不符合竞技体育的实际情况,对于开展运动员暴力的研究也是不利的,因此,这种分类方法值得商榷。第三种分类方法较为合理。首先,它突出了运动员暴力的层次性,根据运动员暴力的严重性程度对其进行了区分,分类较为妥当。其次,它把运动员暴力分为超越社会道德的行为、一般违法行为和暴力犯罪行为,这也符合运动员暴力的实际情况。运动员暴力只是行为方式,仅从行为方式是不能确定运动员暴力的性质的,这种分类方法较好地考虑到了这一点。但是,它的缺点是判断标准过于模糊,不利于人们识别。第四种分类方法扩大了运动员暴力的范围。应该承认体育竞技行为具有一定的暴力性,这里的暴力是一种建设性暴力。但运动员暴力具有一定的危害性,也具有破坏性,把正常的体育竞技行为也归于运动员暴力的范畴之内,这与运动员暴力的客观情况不符。

笔者认为,不能为了突出分类的全面性而忽略暴力存在的客观性,应该从运动员暴力的实际出发进行分类,全面和客观是运动员暴力分类中应该权衡的最重要因素。事实上,体育赛场运动员暴力行为中,有的是利用体育技战术的犯规行为,这种犯规行为非常严重,是一种过度暴力,如恶意的犯规行为;而有的暴力行为,与体育技战术没有任何关系,它们与一般人的暴力行为没有任何区别,如运动员在赛场上打架斗殴。

鉴于这种客观情况,笔者将运动员暴力分为与体育技战术有关的暴力和与体育技战术无关的暴力。

第二节　运动员暴力的规制

　　美国社会学奠基人塔尔科特·帕森斯利用 AGIL 模型理论构建了体育系统正常运转的模式,他认为,体育系统的整体要保持良好的运行状态,应该从四个方面努力,其中第二点是体育应该走行业自治的路线,这样才能实现良好的发展(Goal attainment);第三点是通过内部和外部相结合的纠纷处理模式,来实现整合的目的(Integration)①。可见体育行业自治的重要性,内、外部纠纷处理模式对维持竞技体育健康发展的重要性,因此,笔者认为,通过这两种途径来规制运动员暴力的发生同样具有重要意义。

一、体育行业规制及其困境

(一)规制

　　一般而言,体育行业内部规制运动员暴力的机构有国内体育主管部门、国际单项体育联合会(IFs)、国家奥委会(NOC)和国际奥委会(IOC)②。体育行业规制是建立在事前防控的基础之上的,体育赛场运动员暴力的规制和预防密不可分,换言之,它是一种在预防基础之上的规制。具体来说:

　　(1)体育行业对运动员暴力的事前防控主要是通过体育规章制度来实现的,制定这些体育规章制度的主体是国际奥林匹克委员会、国际单项体育联合会和国家奥林匹克委员会及其成员机构。体育规章制度对运动员暴力有明确的规定,如国际奥委会在《奥林匹克宪章》第四章第二条中明确规定:"鼓励并支持体育道德的提升以及借助体育对年轻人的教育,并努力确保在体育运动中秉承公平的原则并禁止暴力。"③体育行业是金字塔结构的管理模式,《奥林匹克宪章》(2012)是体育行业具有"宪法"性质的章程,所以它反暴力的态度也将成为下属机构制定反暴力规则的指导性文件和重要依据。正是在《奥林匹克宪章》反运动员暴力条款的指导下,国际单项体育联合会也在相关的规章中规定了反体育暴力的规范,如国际足球联合会在《国际足联纪律准则》(FDC)第 53 条明确规定:"运动员或官员公开煽动他人的

---

　　①　参见熊欢:《身体、社会与体育——西方社会学理论视角下的体育》,当代中国出版社 2011 年版,第 38-39 页。

　　②　参见黄世席:《国际体育争议解决机制研究》,武汉大学出版社 2007 年版,第 5-7 页。

　　③　国际奥林匹克委员会, See IOC Code of Ethics, http://www. olpmpic. org/Documents/Reports/EN/Code-Ethique-2012-Version-finale. pdf,2018 年 5 月 10 日访问。

敌意和暴力将被处罚停赛至少 12 个月并罚款至少 5000 瑞士法郎。"①需要强调的是,在体育暴力的事前防控方面,《国际足联纪律准则》是技术规则,与《奥林匹克宪章》原则性规定相比,它的操作性更强,对国家单项体育协会的指导性更强,对体育暴力的规制也更加具体。

(2)对体育赛场运动员暴力事中和事后的规制是指体育行业内部对体育暴力纠纷的解决和有效救济,它是体育行业内部反暴力的第二道防线。保护当事人的权利和维护竞技体育良好的发展秩序是事中和事后规制的主要目的,它一方面维护了受暴力伤害当事人的基本权益,另一方面是对暴力实施者权益的一种间接保护。国际单项体育联合会是体育赛场暴力事中和事后规制制度的起草者,同时,它也是事中和事后规制体育暴力的主体之一。以国际足球联合会为例,对体育赛场实施暴力的运动员的规制主要是依靠是裁判员、体育俱乐部、国际单项体育联合会和国家单项体育协会来完成的。具体来说,裁判员的判罚属于事中规制,裁判员根据足球技术规制和裁判员规则的要求来对暴力行为进行判决,当出现暴力情况时,运动员就会被红牌罚出场外。当值裁判对体育赛场上的运动员暴力处理以后,体育行业协会会根据纪律处罚规定对其追加处罚,这种处罚属于事后规制。当然,按照惯例,运动队或体育俱乐部也会根据自身的管理制度对赛场上实施暴力的运动员进行处罚,这种处罚也具有事后规制的性质。

(二)救济

对体育行业规制的救济主要包括体育行业内部救济、社会救济和司法救济。司法救济会在下面的章节进行讨论,这里主要分析运动员暴力纠纷的体育行业内部救济和社会救济。

在一些单项体育联合会及其国家的单项体育协会里面有自己的纠纷处理机构,如国际足联纠纷解决中心等。这些机构通过实体文件和程序性规则来保障纠纷当事人的权利,比如在处理纠纷时对当事人举行听证会,并且应该具有正规的上诉程序,在处理纠纷的过程中应受到大众的监督。体育内部纠纷处理有调节处理程序和上诉纠纷处理程序,这些体育纠纷处理程序对体育赛场运动员暴力纠纷的处理具有重要的作用。但是,由于体育行业和体育俱乐部纠纷处理机构的监督体制还不够健全,经常会出现不公平、不合理甚至不合法的情况,体育赛场运动员暴力纠纷的处理面临着一定的困难。

社会救济是体育行业内部纠纷处理的有效补充,对于竞技体育暴力纠

---

① 中国足球协会官方网站,See FDC,http://www. fa. org. cn/bulletin/gjfg/2013-08-26/418250. html,2018 年 5 月 10 日访问。

纷的解决也具有非常重要的作用。社会救济是非诉讼的处理方式,社会救济的主要手段是体育调节和体育仲裁。以调节部门为分类标准,可以分为调节机构调节、仲裁机构调节、法院调节、行政调节等,调节主要适应于民商事纠纷的处理,体育暴力造成轻微伤害的赔偿纠纷可以运用调节这种方式来解决。需要强调的是,严重的体育暴力伤害不适用于体育调节;体育仲裁是体育纠纷的主要处理手段,在美国,比较知名的仲裁机构有美国仲裁协会(AAA),它在世界仲裁领域享有盛誉,可以仲裁处理包括体育纠纷在内的各种各样的纠纷。

应该特别强调的是,国际奥委会更愿意把体育纠纷交给体育专业仲裁机构——国际体育仲裁院(CAS)来处理。国际奥委会在《奥林匹克宪章》中明确规定,在奥运会举办时发生的或与奥林匹克有关的任何争议,需依照《体育相关仲裁法典》,提交体育仲裁法庭独家仲裁[①]。从中可以看出,国际奥委会对国际体育仲裁院的信任。在国际奥委会的号召下,随着国际田联(2001)和国际足联(2002)对国际体育仲裁院的承认,国际体育仲裁院对所有体育协会都具有了管辖权,可见,国际体育仲裁院对体育纠纷的解决日益发挥着重要的作用。从成立开始,国际体育仲裁院一直在改革,从1994年9月22日起,它分为两部分即普通仲裁院和上诉仲裁院,前者管辖体育实践中民间性质的体育争议,后者具有基于运动员强制性承诺以及国际单项体育联合会的裁决的上诉管辖权[②]。仲裁约束力和强制力来源于仲裁协议,仲裁协议是当事人意思自治的反映,它是当事人的契约性约定,法律赋予执行仲裁协议的强制力[③]。

法院对仲裁具有监督作用,法院对仲裁的监督不是削弱仲裁的有效性和信誉,而是给公平公正的仲裁裁决提供法律上的保障[④]。一般认为,体育暴力纠纷经常与运动员的人身或者财产权利有关,为了维护当事人的权利

---

① 国际奥林匹克委员会, See IOC Code of Ethics, http://www. olpmpic. org/Documents/Reports/EN/Code-Ethique-2012-Version-finale. pdf,2018年5月17日访问。

② Stephan A. Kaufman, "Issues in International Sports Arbitration," *Boston University International Law Journal*,1995,No. 13,p. 527,p. 536.

③ 参见韩德培、肖永平:《国际私法》,高等教育出版社北京大学出版社2007年版,第543-545页。

④ 黄进、宋连斌、徐前权:《仲裁法学》,中国政法大学出版社2002年版,第12-13页。

和公平公正地解决纠纷,法院对仲裁进行审查是必要的①。具体到国际体育仲裁的监督,主要表现在两个方面:其一,仲裁机构已经受理的判决法院不再受理;其二,可以对仲裁裁决进行审查。前者主要是对仲裁"一裁终局制"的承认,后者主要指法院对"损害运动员的人身或者财产权利"的裁决进行审查。但是,从现有判例来看,很少见到运用仲裁方式处理体育赛场运动员暴力纠纷的案件,可见,体育赛场运动员暴力纠纷并不在 CAS 的处理范围之内。

从古希腊时期的体育竞技开始算起,竞技体育断断续续地发展已经有3000多年的历史了,它伴随着人类社会共同发展,相互作用,竞技体育活动也给人类社会留下了深深的烙印,它已经深深地影响着人类的生活方式和社会发展方式。人类通过体育竞赛来挑战自身的极限和开发自己的潜能,通过体育活动收获喜悦、增强体质。更重要的是,职业体育的参与者把体育当成职业,通过体育竞赛获得了收入,社会的组织结构也因它的存在而发生了变化。当然,除了这些积极的影响以外,也有一些消极影响的存在,笔者所讨论的运动员暴力问题就是一个典型性问题。运动员暴力问题已经成为社会广泛关注的问题,它造成了很多消极的影响,这些消极影响表现在,它直接造成了体育竞赛参与者肉体和精神的伤害,侵犯了受害运动员的生命权和健康权。在体育竞赛中实施暴力直接干涉了体育比赛的正常开展,影响了正常的竞赛秩序,这也在一定程度上亵渎了公平的精神②。

笔者认为,用法律手段来防控竞技体育领域暴力变得越来越必要。具体来说,体育行业内部救济和社会救济是存在缺陷的。具体来说:

首先,体育行业内部救济主要针对的是纪律处罚纠纷的处理,内部救济基本方式是当事人不服处罚后可以向体育行业相关部门进行申诉。这里的最大疑问是,体育行业内部处理机构是否具有真正的中立性。显而易见,当事人对纠纷处罚不服向体育行业进行申诉时,体育行业纠纷处理机构既是当事人也是纠纷的"裁判者",在监督机制不完善的情况下,这是一个明显的制度缺陷。另外,为了维护体育竞赛的正常开展,体育行业受理的申诉是有一定的范围的,一些体育竞技中严重超越体育规则的重大伤亡事件不在其管辖范围之内,它们也没有管辖权。

其次,社会救济主要运用调节和仲裁进行纠纷处理。纠纷处理中调解

---

① M. V. AIBA, *Arbitration CAS ad hoc Division*(*O. G. Atlanta*)96/006,in Matthieu Reeb(ed.). *Digest of CAS Awards* (1986–1998),Switzerland:Editions Staempfli SA,1998,at 414–415,paras. 5–12.

② 黄佳鑫:《竞技体育伤害行为的刑法规制问题研究》,河北师范大学 2014 年硕士论文,第 1 页。

机构和仲裁机构是一个中立机构,应该说,它丰富了纠纷解决的办法,也有利于纠纷的合理解决。事实上,很多体育纠纷也正是运用这样的方式进行处理的。但是,运动员暴力纠纷是否能用社会纠纷进行处理一直存在疑问,社会机构处理的纠纷也是有一定范围的,以仲裁为例,体育仲裁范围是指适用仲裁这种解决方式的体育纠纷范围①。体育仲裁主要针对的是民商事纠纷的处理,运动员暴力严重损害了当事人的权利,对于这样的纠纷,体育仲裁显得无能为力,客观来讲,仲裁机构也没有管辖权限。可以看出,由于体育行业内部救济和社会救济的缺陷所在,运动员暴力并没有得到很好的解决,人权保障、合理解决纠纷是法律的基本要求,运用法律手段防控运动员暴力是必要的。

综上所述,体育行业内部救济和社会救济都不能很好地处理体育赛场运动员的暴力纠纷,利用法律手段对其进行处理就显得尤为必要。

二、法律规制及其优势

运动员暴力已经严重侵犯了体育参与者的健康权和生命权,在一定程度上破坏了正常的社会秩序或带来了一定的社会风险,运用法律手段规制运动员暴力不仅是必要的还是可行的。具体来说:

第一,从学理上来讲,法律手段规制运动员暴力是由法治内涵决定的。法治是以民主为前提和目标,以严格依法办事为核心,以制约权力为关键的社会管理机制、社会生活方式和社会秩序状态②。亚里士多德强调:“法治应该优先于一人之治。”③英国思想家洛克认为,法治应该做到法律面前一视同仁,不因特殊情况而有不同④。由此观之,体育竞赛虽然具有一定的特殊性,但仍然是法治的范畴,竞技体育不应成为法治的盲区。运动员暴力行为可能侵犯了人权,扰乱了正常的社会秩序,当然可以用法律防控。

第二,从法律实务方面来讲,一些运动员暴力行为也运用法律手段进行了处理。根据上面的论述,按照运动员暴力情节的严重性程度,它划分为三类,即一般的超越社会道德的暴力行为、一般暴力违法行为和暴力犯罪行

---

① 于善旭等:《建立我国体育仲裁制度的研究》,《体育科学》2005 年第 2 期,第 8 页。

② 张文显:《法理学》,高等教育出版社北京大学出版社 2007 年版,第 76-79 页。

③ [古希腊]亚里士多德:《政治学》,吴寿彭译,商务印书馆 1965 年版,第 167-168 页。

④ “以正式公布的既定的法律来进行统治,这些法律不论贫富、不论权贵和庄稼人都一视同仁,并不因特殊情况而有出入。”参见[英]洛克著,叶启芳、瞿菊农译:《政府论》(下),商务印书馆 1964 年版,第 88 页。

为。在法律实务中,法律手段对一般暴力违法行为和暴力犯罪行为是可以有所作为的。具体来说,作为一种侵权行为,一些运用暴力手段造成的伤害案件得到了法律的规制,例如,美国一场垒球比赛中,垒球运动员 Dupleehin 超越体育规则伤害另一方垒球运动员 Bourque,Bourque 诉 Dupleehin 就得到了法院的支持①。运动员暴力犯罪行为本是一种犯罪行为,应该进行刑法归责,如在英格兰和威尔士橄榄球比赛中,运动员 Billinghurst 暴力侵犯了对方球员 R,法院认定其构成了犯罪②。上述从学理和实务角度的探讨说明,作为一种侵害行为,运动员暴力是可以进行法律规制的,也是可行的。

客观来讲,运动员暴力问题不仅仅是体育行业内部的问题,也是一个社会问题。要想做到合理有效地防控,体育行业内部、社会私立组织和法律部门应该互相配合,做到群策群力,法律手段当然不可缺少。上述讨论也更进一步验证了这点,运用法律手段规制运动员暴力具有必要性和可行性。

(一)运动员暴力民法规制中的侵权问题

与一般人的暴力行为相比,体育赛场上运动员暴力行为的处理以及相关纠纷解决要复杂得多。究其原因是,对体育赛场上运动员暴力行为的处理以及相关纠纷解决具有一定的特殊性。这种特殊性建立在以下基础上:

一是它存在于人类特殊的活动中。体育运动是人类文明的遗产,在人类发展的历史长河中,它对于社会的发展和进步发挥了重要作用,已经有千年以上的发展历史,与此同时也形成了相对的独立管理和纠纷解决制度,它保证了体育运动健康平稳的发展。以体育规则为例,这种规则在长时间的

---

① 2004 年 6 月 9 日,原告 Bourque 在一场垒球比赛中打第二垒,而被告 Dupleehin 作为对方球队的一名球员已经击中球并且到达第一垒。这时,被告的队友击中了地滚球并且被告开始准备第二垒球。游击手接住地滚球并掷向了站在二垒位置的原告。原告在二垒位置助跑后,将球掷向了一垒并成功实现了二次击打。在原告把球掷向第一垒后,被告以全速跑向原告,并且当他接近原告时,抬起了左臂并且撞到原告的下巴。在碰撞发生时原告正站在离第二垒位置4到5步的位置上,这一位置位于投手的方向。由于这起事故,原告的下巴发生严重的骨折。基于此,他将被告告上法庭,并寻求获得赔偿。经过审理,法庭做出了被告赔偿原告人身伤害医疗费 12 000 美元,特定损失费 1 496 美元的判决。对于赔偿数额双方没有争议。参见牛杰冠:《中美竞技体育运动伤害侵权典型案例对比分析》,《山东体育科技》2012 年第 3 期,第 70-73 页。

② 在 R 诉 Billinghurst 案中,被告 Billinghurst 在橄榄球比赛中,猛击并打碎了对方一球员的下巴。事后,虽然威尔士前国家队教练 Mervyn Davies 证明该行为在橄榄球比赛中是一种很普通的事件,但却遭到了法庭的拒绝。法庭认定该行为构成犯罪。Grayson,"The Day Sports Dies",(1988)138NLJ9;"Keeping Sports Alive",(1990)140NLJ12;GardineI,"The Law and the Sports Field",(1994)Crim LR513.

沉淀以后,已经成为社会普遍认同的规则,它类似于"习惯法",在不断的完善过程中,已经得到了社会的普遍认同。当发生纠纷时,人们也按照这种规则来行事,维护体育运动秩序。当暴力纠纷发生时,先由内部处理机构解决,司法部门也对其进行了必要的避让。

二是它常常和一般的竞技行为联系在一起。竞技行为具有一定的"暴力性",同样的一种行为,在社会上会做出否定性的评价,而在球场上会得到认同。要做到合理解决纠纷首先要对两种行为进行区分,而区分的基础就是人类普遍认同的体育规则。

正是因为上述的这两点,与一般人的暴力纠纷的解决相比,体育赛场上运动员暴力纠纷的解决才变得更为特殊。由于体育赛场运动员暴力经常涉及民事侵权纠纷,因此本部分主要论述运动员暴力侵权责任的特殊问题。

1. 运动员暴力侵权责任的性质

侵权责任是行为人实施侵权行为应该承担的法律后果。侵权行为是侵权责任产生的前提条件,没有侵权行为的发生,侵权责任也不会存在。两者的不同主要体现在构成要件上,侵权行为的构成要件是指行为人是否构成侵权应该具备的法律要件,而侵权责任的构成要件突出行为人是否具有侵权责任应该具备的法律要件。从法律效果上来看,由于法定免责事由的存在,一些符合法定免责事由的侵权行为,行为人不一定具有侵权责任。相反,符合侵权行为的构成要件,又没有法定免责事由的存在,行为人才具有侵权责任。由此也可以延伸出两者内容上的不同,侵权行为构成要件不需要考虑法定免责事由,而侵权责任的构成要件需要考虑法定的免责事由。

通过上述讨论,一方面可以更清晰地认识到两个概念的本质,这是我们展开讨论的基础;另一方面可以认清两者之间的紧密联系,这也是我们立论的主要依据。讨论运动员暴力侵权责任的前置性问题是,在体育运动中,运动员暴力行为能否构成侵权? 抑或运动员暴力是什么样的侵权行为? 笔者认为,回答这些问题都离不开对侵权行为概念的深刻认识。

关于侵权行为概念的认识,是随着对其认识的加深和人类实践的深入而逐步形成的。我国民法学家王利明认为,广义上的侵权行为是侵权责任产生的依据。这里的侵权行为包括行为和责任两个范畴,前者是因为行为人过错而导致的侵权行为,后者是由法律规定而产生的侵权责任。我国民法中的公平责任原则和严格责任原则采纳了这种观点。狭义上的侵权行为是行为人所实施的过错行为,过错是侵权行为的核心。在狭义说中,比较有代表性的3种观点是:其一,过错行为说。如日本民法通说认为,故意或者过失构成侵权行为的要件,这里的所谓过失,是指尽管能够预见某行为的结果而没有预见,因而未能避免结果发生的情况。其二,不法行为说。如英国学

者温菲尔德认为,"侵权行为的责任系由违反法律事先规定的义务引起,此种义务针对一般公民而言,违反此种义务的补救办法,就是对未清偿的损害赔偿的诉讼"①。其三,过错责任说。如中国台湾学者郑玉波认为,"侵权行为者乃因故意或过失不法侵害他人之权利或利益,而应负损害赔偿责任之行为也"②。从中可以看出,学者的主要关注点有3点,即侵权行为的过错性、不法性和承担责任性。因此,有学者认为,侵权行为就是指行为人由于过错侵害他人的人身和财产并造成损害,违反法定义务,依法应承担民事责任的行为③。笔者也赞同这种观点。

　　侵权行为是行为人由于过错侵害他人的人身和财产、违反法定义务的行为。这句话首先强调了侵权行为主要来源于过错。过错是加害人在实施行为时应该受责难的主观心理状态,这种状态是通过行为人行为的不正当和违法行为表现出来的④。侵权责任的归责原则中,过错责任原则是通常使用的归责原则,无过错责任原则也有所使用,但与过错责任原则相比,使用得相对较少。过错责任原则与无过错责任原则把责任承担归结于过错。两者之中,前者强调责任的承担主要根据行为人是否有过错,而后者看似一种严格责任,但仍然是在过错的基础上形成的严格责任,也需要考虑行为人的过错因素。具体来说,在司法实务中,后者需要考虑受害人以及第三人的过错因素,同时还不能忽略不可抗拒力的因素。正因为如此,德国学者冯·巴尔认为,从广义上理解考虑过错的责任也可以包括严格责任⑤。

　　一般来讲,侵权行为违反的法定义务主要由侵权法设定,如侵权法设定任何人不得侵害他人财产和人身的义务、作为或不作为的强行性义务等。这种义务与体育赛场上运动员暴力纠纷的处理有直接的关系。在赛场上,不管体育运动多么特殊,运动碰撞多么激烈,运动员都具有不得暴力侵害其他运动员人身的行为,这是法律义务,一旦发生暴力侵害发生,根据具体的情况,侵害人应该负相应的侵权责任。

　　除此之外,随着社会的发展,对权益保护意识的加强,侵权行为的形态被大大扩展了,学界开始关注对行为人的安全注意义务。安全注意义务首

---

①　Winfield and Jolwicz, *The Law of Tort*（ed. 9）,London,1971,p. 77.

②　参见王泽鉴:《侵权行为》,北京大学出版社 2009 版,第 238-240 页。

③　参见王利明:《侵权行为概念之研究》,《法学家》2003 年第 3 期,第 62-71 页。

④　参见王利明:《侵权责任法归责原则研究》,中国人民大学出版社 2004 年版,第 49 页。

⑤　参见[日]小口彦太:《日中侵权行为法的比较》,《法制与社会发展》1999 年第 3 期,第 30-36 页。

先在德国判决中适用,并且已经在德国长期审判实践中得到确认①。从理论上来讲,安全保护义务是一种第三人义务。具体来说,体育赛场上,当行为人运动员实施暴力行为对其他运动员造成损害时,运动员所在的俱乐部应该具有防止暴力继续发生以及防止对方运动员受到过重伤害的义务,如果运动员所在的俱乐部人员或场地管理者没有尽到这些义务,俱乐部应该具有侵权责任。抑或运动员暴力发生后,在行为人运动员不能承担责任或不能全部承担责任时,由行为人运动员所在的俱乐部或场地管理者承担适当的责任。

运动员暴力的侵权责任是一种人身伤害赔偿责任。人身伤害赔偿责任是指当人的身体权、健康权和生命权受到损害,造成伤残和死亡时,加害人以赔偿的方式进行救济和保护的责任制度②。在体育赛场上,运动员实施暴力行为没有尽到一定的注意义务,对对方运动员造成了一定的伤害,对方运动员的健康权和生命权受到了侵犯,行为人应该承担赔偿责任,加害人应该以赔偿的手段对其进行救济和保护。

当然,运动员暴力的侵权责任是有特殊性的。这种特殊性与之前谈论过的体育运动的特殊性有关,同时也体现在运动员暴力侵权责任的归责原则、构成要件、抗辩事由和承担上,下面笔者将对其一一进行深入讨论。

2. 运动员暴力侵权行为的归责原则

(1)运动员暴力侵权行为归责原则的基本理论。法律责任的归结简称归责。德国学者多伊茨(Deutsch)认为归责是指"决定何人,对于某种法律现象,在法律价值判断上应负担责任而一言"③。可见,归责是以法律规范为基准来追究侵权行为人法律责任的过程。传统意义上,侵权行为法是研究过错和责任的法律,责任和归责在其中具有突出的地位,因此,归责原则在侵权行为法的重要性是不言而喻的。归责原则是指在行为人的行为致人损害时,确定行为人侵权责任的标准和原则。归责原则主要解决的是责任归属问题,可见它解决的是民事责任的基础问题。

归责原则的体系是归责原则体例化的集合,它是在所有归责原则的基础上形成的集合体。关于归责原则体系的理论学说有三种,即三种归责原则体系学说,它们是一元、二元和三元归责原则体系。一元归责原则体系认

---

① 参见冯·巴尔:《欧洲比较侵权行为法》(上卷),张新宝译,法律出版社2001年版,第145页。

② 参见段荣芳:《体育运动伤害侵权责任研究》,山东大学2011年博士学位论文,第37-38页。

③ 参见王利明:《侵权行为法研究》(上卷),中国人民大学出版社2004年版,第193页。

为过错是追究侵权责任的原因,侵权责任因过错的存在而产生。它认为过错责任原则是追究侵权责任的唯一原则①。与之不同,二元归责原则体系扩大了归责原则的范围,将过错责任原则和无过错责任原则作为侵权行为的归责原则。两者之中,后者可称为严格责任原则,它是针对特殊侵权行为的归责原则,体现了法律对受害人权益的维护。在司法实务中,过错责任原则和无过错责任原则在举证方式上有所不同,过错责任原则要求受害人就对方的过错承担举证责任,而无过错责任原则采用举证倒置的方式,由加害人承担举证责任②。三元归责原则体系将过错、无过错和公平责任原则作为侵权行为的主要归责原则。公平责任原则追究的是一种无过错责任,它是为补救受害人的损害而形成的原则,是对过错责任原则和无过错责任原则的有效补充③。这三种归责原则体系学说中,一元归责原则体系已经过时,也与侵权行为归责原则的发展趋势相背离,很难站得住脚。学界对二元归责原则体系和三元归责原则体系也有一定的争论,争论的焦点是体系中归责原则的内部构成,相对于一元归责原则体系,二元归责原则体系和三元归责原则体系更适合社会的发展。

从归责原则的类型来说,它可以分为过错责任原则、过错推定原则、无过错责任原则和公平责任原则④。过错责任原则是以行为人的主观过错作为认定其责任的准则。过错是追究行为责任的前提,它强调无过错则无责任。过错责任原则通过评判过错的程度来衡量民事侵权责任的轻重。过错推定原则也是以过错为基础形成的。与过错责任不同,它出于保护受害人的利益,突出在行为人存在过错的前提下,由行为人进行举证,证明行为人自身是否有过错,从而决定是否存在民事侵权责任。无过错责任原则是一种严格责任,通常应用于特殊侵权行为的归责,它强调侵权责任的法定性。无过错责任原则的构成要件是,首先有损害事实的存在,其次有特殊侵权行为的法定性,再次特殊侵权行为与损害事实有因果关系。在此基础上,不强调行为人是否存在过错。公平责任原则是真正的无过错责任,它不是以过

---

①　王卫国:《过错责任原则:第三次勃兴》,中国法制出版社 2000 年版,第 185 页。转引自杜鹏瑶:《论侵权行为法的归责原则》,中国政法大学 2009 年硕士学位论文,第 9 页。

②　米健:《再论现代侵权行为法的归责原则》,《政法论坛》1991 年第 2 期,第 22 页。转引自杜鹏瑶:《论侵权行为法的归责原则》,中国政法大学 2009 年硕士学位论文,第 9 页。

③　参见王利明:《侵权行为法研究》,中国人民大学出版社 2004 年版,第 321 页。

④　参见鄂晓梅:《竞技体育人身伤害侵权行为研究》,内蒙古大学 2011 年硕士学位论文,第 18 页。

错为前提条件来追究行为人责任的准则,而是建立在公平的价值理念的基础之上的准则。它的构成要件是双方都没有过错,而又有严重损害的发生,利用其他归责原则处理又有违公平理念。公平责任原则赋予了法官更大的自由裁量权。

(2)运动员暴力侵权行为的归责原则及其适用。过错责任原则是运动员暴力侵权行为的主要归责原则。对过错责任原则的准确理解,关键是怎么看待"过错"。目前,学界对过错的解释归纳起来主要有两种:主观过错说和客观过错说。前者认为过错是行为人应受惩罚的主观心理状态①。法院在裁定具体案件时,主要考察行为的心理状态,如对于伤害,行为人是否能够预见。若能预见,行为人对损害结果有何态度;若不能预见,行为人能否预见等②。客观过错说认为过错是行为人应受惩罚的行为。过错来自行为人的行为过错,行为过错是进行归责的依据。大陆法系国家经常适用该学说,法国是典型的代表。

过错判断标准的适用是过错推定的过程,它是运用过错责任原则归责的重要环节。主观过错说只要求行为人对自身的预见结果负责,在实务中,如何考察行为人的预见能力以及怎么去证明行为人对损害结果具有预见性是一个难题,这也是它的一个缺陷。在体育赛场上,运动员实施了暴力行为并对受害人造成了一定的损害,考察运动员主观心理状态是困难的。运动员可以辩称自己的行为是体育规则允许的范围,实施行为的过程是技术动作运用的过程,并不能预见损害事实的发生,并没有主观恶意性。同时,体育比赛是在激烈的对抗中完成的,这也加大了受害运动员举证的难度。在实践中,加害运动员的暴力行为往往与他们的技术能力和运动经验等客观因素掺杂在一起,很难证其是加害运动员对损害结果的预见。笔者认为,主观过错说并不完全适合运动员暴力行为的归责。

客观过错说以客观标准来衡量行为人的行为,证明其行为是无过错的。客观过错说代表了20世纪以来侵权法的发展趋势,学者对其争鸣较多,逐渐形成了四种理论,即注意义务违反说、行为标准违反说、危险理论说和经济分析理论。在实务中,前两者被多数国家采用,具有一定的合理性,后两个理论由于缺陷明显,实务中运用较少。注意义务违反说认为,行为人因违反了注意义务,而对受害人造成的损害。正如法国学者萨瓦蒂埃所说:"过错

---

① 参见王利明:《侵权行为法研究》,中国人民大学出版社2004年版,第356页。

② 王卫国:《过错责任原则:第三次勃兴》,中国法制出版社2001年版,第259-260页。转引自胡雪梅:《过错的死亡——中英侵权法宏观比较研究及思考》,西南政法大学2003年博士学位论文,第40页。

是对一种本来能够认识到和能够履行的义务的违背。"①这里的注意义务可以是法定的义务,也可以是司法判例、习惯或者道德中规定的义务。行为标准违反说以合理人的标准为基础(这是英美法系的通说,大陆法系称为善良家父标准),认为过错是行为人违反了特定行为标准的行为。危险理论说强调行为的危险性与注意义务成正比,通常认为,若在危险性大的活动中没有尽到相应的注意义务就会存在过错。经济分析理论提倡用成本效益理论来衡量过错的存在,认为面对较大的损害付出了较小的经济成本时,行为人就存在过错。

对于运动员暴力行为的归责来说,这四个理论所代表的客观过错说存在的最大的问题是,只注重加害人行为的外部考察,忽略了对其主观意识的判断,即对故意和过失的判断。众所周知,作为过错的方式,故意和过失最后所承担的侵权责任是有所不同的。运动员暴力行为的归责中,厘清过错的方式是非常必要的,它直接关系到运动员的责任判定。从这个意义上来说,客观过错说同样不完全适合运动员暴力行为的归责。

笔者认为,运动员暴力侵权行为的归责既要考虑行为人的主观心理状态,又要考虑行为人的行为。运用什么样的过错判断标准只是方法而不是目的,运动员暴力侵权行为的归责以及过错判断的最终目的是保护受害运动员的权益,因此,笔者认为,采用何种过错判断标准不能完全拘泥于僵硬的理论,应该把理论应用于实践才能更合理地对运动员暴力进行归责。

对于运动员暴力侵权行为的归责来说,主观过错说和客观过错说都有一些可取的地方。如主观过错说对于故意过错的判断就比较有优势,作为一名体育运动的参与者,特别是一个有过多年运动经验的运动员,什么样的行为不能做,什么样的行为会产生严重的后果,什么样的行为是规则所不允许的,运动员是有一个基本判断的,这些基本经验在多年的训练实践中是应该学到或感悟到的。主观过错说认为,运动员能预见到暴力行为能够产生严重的后果,仍然具有希望或放任这种行为发生的心理,显然是有故意的存在,应该对其行为承担责任。笔者认为,主观过错说对于运动员暴力中故意的判断标准是适用的。客观过错说突出用客观标准来判断行为有无过错。其中的注意义务说对于过失的判断是有一定优势的。在运动员暴力行为过错的判断中,根据体育规则和体育道德等规范是可以完全判断运动员是否违反注意的义务的。

综上所述,笔者认为,运动员暴力侵权行为的归责和过错的判定,应该

---

① 转引自王利民:《侵权行为法研究》(上卷),中国人民大学出版社 2004 年版,第 491 页。

根据具体的情况,合理运用主观过错理论和客观过错理论,避免非此即彼。

关于过错责任原则适用中的侵权责任能力。民法通说认为,具有侵权责任能力的行为人应该对自己的侵权行为承担责任。从这个意义上来讲,侵权责任能力是行为人承担侵权责任的法律资格①。过错责任原则适用中行为人是否应该具有责任能力,各国的做法有所不同。英国、美国和法国学者通常认为,除却无责任能力行为人的监护人的过错责任外,无责任能力的行为人也应该承担过错责任②。与之不同,我国及德、日的民法规定,无责任能力的行为人不承担过错责任,由监护人承担相应的侵权责任③。这些国家立论的依据是无责任能力的行为人没有相应的识别能力和民事行为能力。在体育赛场上,无论服用兴奋剂的运动员还是未成年运动员都可能会存在识别能力受限或不具备民事行为能力的情况,服用兴奋剂的运动员因有过错的存在,当其发生暴力行为时,应该承担相应的侵权责任。至于未成年运动员,他们虽然不具备相应的民事行为能力,但由于其具备相应的运动经验,又经过了一定时间的训练,对暴力侵权行为的发生也应该承担相应的侵权责任,其监护人也应该具有连带责任。

3.运动员暴力侵权责任的构成要件

侵权责任的构成要件是指构成侵权责任的不可缺少的要件。侵权责任的构成要件一般包括行为、过错、损害事实和因果关系。与一般行为所产生的侵权责任相比,运动员暴力所产生的侵权责任具有一定的特殊性。参照一般侵权责任的构成要件,这种特殊性主要表现在侵权责任的构成要件上,即暴力行为的不法性、主客观过错的存在、损害事实的存在和暴力行为与损害事实的因果关系。笔者将在下面的案例分析中进行详细的解析。

4.运动员暴力侵权责任的抗辩事由

(1)受害人同意。受害人同意制度最初被罗马法采用,罗马法中的"同意不生损害"是它的雏形。随着社会的发展,它逐渐得到了世界各国的普遍

---

① 参见梁慧星:《民法总论》,法律出版社1996年版,第59-60页。

② 法国规定,有精神障碍的人和未成年人仍然要承担过错侵权责任。而在英美,侵权法亦责令未成年人承担过错侵权责任,因为,过失是采客观性分析方法而非主观性分析方法。转引自张明安:《过错侵权责任制度研究》,中国政法大学出版社2002年版,第247页。

③ 参见高渝生:《过错责任原则研究》,西南大学2006年硕士学位论文,第21页。

认同,特别是在英美法系国家,受害人同意制度已经被广泛适用①。虽然中国法律制度并没有采用此制度,但是在法律实践中也会考虑到它的运用。关于其理论来源,学界众说不一。其中,利益扬弃说相对合理,它认为,为了追求某些利益,在行为人及其相对人协商的基础上,个人可以把法律赋予的利益自由地分配一部分出去。它体现了个人对自身权利自由处分的意思表达,也是个人意志自由的表现,在一定程度上也体现了民法的精神。应该注意的是,在民法范畴之内,人身权利是不能随意处置的,即公民个人不能随意的让渡和赠予自身的人身权利。因此,受害人同意的范围和内容并不是任意的,它是有一定限度的,简单来讲,受害人的"同意"是有一定的条件。

首先,不能违背公序良俗和不能违反法律的强制性规定。公序良俗是人类社会正常运转的基础,它也是法律制度的主要渊源之一,人类社会的任何行为应该在公序良俗的范围内活动,违背公序良俗不能阻却其违法性。强制性规范是指必须依照法律适用、不能以个人意志予以变更和排除适用的规范。违反法律强制性规定自然就阻却了违法性。

其次,受害人应该有支配自己权利的能力,以及受害人的同意应该出于自愿和受害人同意的内容应该明确。受害人支配自己权利的能力来源于法定的行为能力,缺乏行为能力的受害者支配自己权利的能力就受到了限制,其同意就缺乏相应的效力,损害发生时就难以阻却违法性。另外,受害人的同意应该出于自愿,在个人意志自由的前提下,它要求受害人同意的意思表达是自愿的,不是所迫而至。关于受害人同意的内容应该明确,它强调行为相对人应该事先知道行为人的行为及其产生的后果,否则将不能阻却违法性。

(2)自甘风险。自甘风险是指原告在明知危险存在的情况下,主动同意自行承担被告行为可能产生的后果,从而达到免除被告过失侵权责任的效果②。自甘风险一般包括明示的风险自负和默示的风险自负。前者是通过事前的协议明确规定承担事后的损害后果,与之不同,后者是以理性人的视角,行为人明知损害后果的存在并愿意承担损害后果。两者的一个共同点是,自甘的"风险"都是显而易见的或者可以预见的。

关于自甘风险的构成要件,我国台湾学者曾世雄有着精辟的阐述,他认

---

① 如《葡萄牙民法典》第340条规定:①侵害他人权利的行为在得到他人事先同意时,就是合法的;②但倘若同意的内容违反法律或善良风俗,受害人同意不排除行为的不法性;③倘若侵害行为是给予受害人利益所为且符合其推定愿望时,视为同意。段荣芳:《体育运动伤害侵权责任研究》,山东大学2011年博士学位论文,第94页。

② 参见李响:《美国侵权法原理及案例研究》,中国政法大学出版社2004年版,第427页。

为,自甘风险由基础法律关系和冒险行为组成①。基础法律关系是行为人和行为相对人从事某项活动而形成的基础法律关系,这种基础法律关系的存在使行为人可以从事某种冒险的行为。冒险行为是指行为人能够预见行为损害结果存在,而又从事的具有不确定危险的行为。英美法系和大陆法系国家普遍采信自甘风险,在其国家的成文法中也有一些具体的规定②。

英美法系和大陆法系国家都普遍采用自甘风险制度处理体育伤害中的侵权伤害纠纷。我国虽然没有在《民法通则》和《侵权法》中明确规定自甘风险是法定抗辩事由,但是实践中它已经广泛应用于阻却体育伤害的违法性。英美法系国家最早采用了自甘风险制度,应用它处理的纠纷就是体育伤害纠纷。1929 年 Cardozo 法官认为,自甘风险应用于体育伤害纠纷的解决是合适的③。在国外的司法实践中,自甘风险制度经常应用于运动员之间的伤害纠纷和运动员对观众的伤害纠纷,两者之中,自甘风险制度对后者的应用更为广泛,特别是体育赛场上,运动员对观众的过失伤害,并且该制度对于阻却运动员的违法性发挥着良好的作用,它已经成为处理运动员伤害纠纷中应用最为广泛的抗辩事由。如赛车比赛中,赛车冲出跑道导致两名观众死亡的 Ha 11 v. Brooklands Auto racing Club 中,就适用自甘风险制度对车手进行了免责④。

(3)受害人过错。受害人过错是指受害人对损害的发生或扩大具有主观上的过错或者故意的状态。一般来讲,当受害人具有过错情形时,可以根据过错的程度,如一般过失、重大过失和故意等情节,给予加害人减轻和免

---

① 依据我国台湾学者曾世雄先生的观点,自冒风险的构成应该具有基础关系和冒险行为两个要件。参见曾世雄:《损害赔偿法原理》,中国政法出版社 2001 年版,第 88页。

② 如《美国侵权法重述(第二次)》中第 496 A 条规定,原告就被告的过失或不计后果行为导致损害的危险自愿承担的,不得就该损害请求赔偿。再如《埃塞俄比亚民法典》第 2068 条规定:"在进行体育活动的过程中,对参加同一活动的人或在场观众造成伤害的人,如果不存在任何欺骗行为或者对运动规则的重大违反,不承担任何责任。"

③ 参加体育运动,就要接受它固有的危险,因为这些危险是明显可见并且是体育运动的必然结果;这种危险的明显性和可预见性就像一个击剑者接受他的对手的剑刺的危险或观众观看球赛时极易接触到球一样。Murphy v. Steeplechase Amusement Co. ,Inc. ,250 N. Y 479,482(1929).

④ 在1993 年 Hall v. Brooklands Auto Racing Club 一案中,赛车脱离跑道,直冲向观众,致使两名观众死亡。法院判决赛车俱乐部在此次事件中,没有过失,同时,观众来观看比赛本人已经默示承认了风险。当然在此次事件中,赛事的组织者在事前已经充分做好了安全保障工作,已经尽了自己作为管理者和组织者合理的注意义务。Hall v. Brooklands Auto racing Club 246 S. W. 2d. (App. 1995).

除责任。有时也可以通过比较加害人和受害人的过错情形,根据比例原则分配责任。根据主观心理状态的不同,受害人过错可以分为故意和过失。当受害人存在主观上故意时,加害人可以全部免责,当受害人存在主观上过失时,可以根据过失的具体情况,对加害人进行部分免责[①]。当然,受害人过错制度的适用也不是漫无边际的,它也存在一定的适用条件,即受害人的过错行为仅指具有特定损害后果的行为和受害人的过错行为与特定损害后果具有因果关系[②]。

根据体育运动的特殊性,结合受害人过错制度的内涵,笔者认为,体育赛场上的运动员暴力主要出现的是混合过错的情形。简单而言,加害运动员实施暴力行为时,被害运动员也出现了一定的过错。混合过错是指加害人和受害人都对损害后果具有责任的行为。在受害人也有过错的情况下,加害人的赔偿责任应该适当地减轻或者免除。在运动员暴力行为中常常会出现混合过错的情况,即加害运动员对损害结果具有过错,受害运动员也对损害结果具有过错。根据责任自负的原则,加害人只应对自身过错的部分承担责任。与一般人混合过错的判断标准一样,运动员暴力行为可以通过比较过错程度来确定侵权责任的承担和责任的范围。而加害运动员是否能够免责或者免责的程度有多大,以及两者之间的责任如何分配,这些问题是应该重点探讨的问题。

具体来说,当受害运动员存在故意时,可以考虑免除加害运动员的侵权责任。当受害运动员具有重大过失,而加害运动员具有轻微过失时,可以免除或适当减轻加害运动员的侵权责任。当受害运动员具有一般过失,加害运动员具有一般过失时也可以免除其侵权责任。当受害运动员具有一般过失,加害运动员具有重大过失时不应该免除其侵权责任。这些情况是相对而言的,应该根据体育赛场中运动员混合过错的实际情况进行具体判断。

从上面的讨论可以看出,在一定的条件下,可以根据受害人的主观心理状态减轻或者免除加害运动员的责任。受害人过错制度是否可以作为运动

---

① 根据受害人主观状态的不同可以将受害人过错分为受害人故意和过失两种情况。在受害人故意的情况下,可以完全免除行为人的侵权责任,因受害人自己的故意造成损害结果,要求行为人承担相应的责任是不公平的。至于如果是受害人本身存在的仅仅是过失的情况下,应如何要求行为人承担责任的问题,一般侵权法理论上认为,受害人只有存在重大过失的情况下才可以免除行为人的责任。参见杨立新:《侵权法论》,法律出版社2004年版,第514页。

② 受害人有过错的行为构成损害发生的部分或全部原因,只有在这种情况下,受害人的过错才具有侵权法上的意义。参见张新宝:《侵权责任构成要件研究》,法律出版社2007年版,第495页。

员暴力的免责事由,应该根据具体的情况具体分析,应该避免其武断的适用。

(4)其他抗辩事由。

1)免责条款。免责条款是属于个人自治的范畴,它是指当事人通过事先的约定免除事后责任的条款。它一般存在于双方合同和协议之中。我国古代的武林大会开始前所签署的"生死协定"以及现代竞技比赛前签署的具有"责任自负"意思表示的协议就具有免责条款性质。"生死协定"和"责任自负"条款是当事人的意思表示。很显然,当事人想通过赛前的一纸协议来免除损害发生后的一切责任。诚然,该条款看似是当事人意志自由的体现,也符合免责条款的基本构成要件,即当事人双方的真实意思表示、双方协商同意和符合社会公益利益的要求等。但是免责条款能否作为运动员暴力的免责事由呢,笔者认为,这是一个值得讨论的问题。

这个问题的关键是,人身权利能否通过合同的形式进行处理。我国《合同法》第53条对免责条款的规定是:"合同中的下列免责条款无效:一是造成对方人身伤害;二是因故意或者重大过失给对方造成财产损失的。"可见,对人身权利通过合同的方式进行处理不是随意而为的,它是有严格的限制的。"生死协定"的免责条款是与我国宪法保护人权的宗旨相违背的,更重要的是,通过合同的方式自由处理人身权利不利于保护正常的合同交易,并且会损害合同一方或者双方的利益。从这个层面上来说,免责条款不能作为运动员暴力的抗辩事由。

2)第三人责任。第三人责任是指第三人对损害后果的发生和扩大具有作用时应该承担法律责任的状态。按照一般法理,当事人应该责任自负,这是无可厚非的。关键是,在出现第三人责任的情况下,加害人的责任是否应该免除或者重新分配,这是一个值得研究的问题。体育赛场上的运动员暴力通常会出现共同过错的情形,简单来说,损害后果的发生是加害人和第三人共同造成的。鉴于体育运动的特殊性,本部分主要结合竞技运动中的共同过错来论述第三人责任能否作为运动员暴力的免责事由。

关于过错责任原则适用中的共同过错,是指多个主体共同侵害他人合法权益,而应该承担连带赔偿责任的侵权行为。竞技体育中,一些项目是集体性项目,这些项目讲求团队协同"作战",运动员分工明确,配合密切,在这样的情境下,极易产生运动员多人实施暴力行为的情况。

运动员多人暴力侵权行为具有以下特征:首先,行为主体是二人及以上。其次,具有共同的过错、共同的行为和结果的同一性。共同的过错包括共同故意和共同过失,也可能是部分人故意和部分人过失。共同的行为指的是运动员个人的独立行为相互联系并结合在一起,都对受害运动员的损

害起了一定作用。结果的同一性是指针对同一个受害人,并且在法律上这些运动员的行为和损害结果之间有因果关系。最后,责任的连带性。它意指暴力侵权的数个运动员都应该对受害运动员负有连带赔偿责任。在责任的追究中,受害运动员可以对其中任何一个或几个加害运动员整体提起诉讼,要求其承担责任,承担侵权责任的运动员可以就超出其承担份额的部分,向其他人进行追偿。从首先保护受害人的权益出发,共同侵权运动员的行为人整体对受害运动员负有连带赔偿责任是合理的和合适的。

可见,共同过错所体现的内涵还是责任自负。加害运动员根据自身对造成侵害结果的作用不同,承担相应的责任。同时也说明,第三人责任并不影响加害人责任的承担。当然,如果因为第三人的原因造成损害发生的,加害人可以通过该制度进行免责。

5.运动员暴力侵权责任的承担

(1)侵权责任承担的主体。当侵权人的侵权责任确定以后,下一步就是讨论侵权责任的承担问题。关于侵权责任义务主体的认定,具体来说:

首当其冲的是加害运动员,这是法律的明确规定①。当然,根据体育赛场的特殊性,会存在未成年参与体育运动的情况,应该具体讨论。特别是赛场上8岁至16岁的运动员是限制行为能力的,8岁以下的运动员是无行为能力的②。对于这样的运动员来说,除了根据运动员的财产状况进行赔偿外,未成年运动员的监护人也有赔偿义务。但是,考虑到运动员经常在雇主的指导下参与训练和比赛,运动员已经与雇主形成委托监护关系,因此,笔者认为,当未成年运动员具有侵权责任时,运动员应该在其能力范围之内承担赔偿责任,不足部分由雇主承担。

其次,是运动员的雇主。运动员从事体育比赛是在雇主的管理下进行的,并且运动员通过赢得体育比赛,给雇主带来了相应的经济利益,如获得

---

① 我国《侵权责任法》第6条第1款规定:行为人因过错侵害他人民事权益,应当承担侵权责任。我国最高人民法院《关于贯彻执行民事政策法律若干问题的意见》第72条规定:因致害人的过错,使受害人遭受损害,致害人应承担民事责任。

② 我国《民法通则》规定:八周岁以上的未成年人是限制民事行为能力人,十六周岁以上的未成年人,以自己的劳动收入为主要生活来源的,视为完全民事行为能力人。《侵权责任法》第32条规定:无民事行为能力人、限制民事行为能力人造成他人损害的,由监护人承担侵权责任。监护人尽到监护责任的,可以减轻其侵权责任。

了奖金、俱乐部分红和赢得了广告收入等利益①。在与运动员雇佣关系的情况下,作为利益的获得者,体育雇主应该对经营风险承担责任。因此,雇主应该对损害的发生承担替代的赔偿责任。当然,如果损害的发生是因运动员故意或重大过失的暴力行为造成的,体育雇主和加害运动员应该一起承担连带赔偿责任,体育雇主可以先进行赔偿,然后对其责任外的赔偿向加害运动员进行追偿。但如果运动员以个人名义参与比赛中使用暴力致使对方伤亡的,加害运动员本人应该责任自负。笔者认为,运动员暴力伤害侵权责任承担主体的认定过程中,应该重点考虑:加害运动员的行为能力、加害运动员与雇主是否存在雇佣关系和侵权运动员的行为是否是雇佣活动中的侵权行为。

那么谁具有求偿权呢?根据相关法律规定,当受害人受到损害时,受害人有权要求进行赔偿。当受害人死亡时,受害人的配偶、子女、父母和其他近亲属也有求偿的权利②。据此,受害人本人以及其亲属都是法定的责任权利主体,这是无可厚非的。但是,具体到体育运动的实际情况,当运动员遭受暴力,并受到损害甚至死亡后,对其进行训练和培养支付过大量金钱的雇主,如运动员所在的职业俱乐部和体育社团组织,也遭受了巨大的损失,雇主是否具有求偿权呢?这是一个重要的问题,事实上,这也是经常被人们忽略的问题。特别是一线的主力运动员受到伤亡以后,势必对运动员队的成绩造成影响,进而间接地影响到了雇主的收益,雇主是有权利要求弥补自己的损失的,从这个意义上来说,雇主是具有求偿权的。

(2)侵权责任承担的方式。运动员暴力伤害侵权责任承担的方式通常由法律进行规定③。通过考虑相关法律的规定,结合运动员暴力伤害的实际情况,笔者认为,运动员暴力伤害侵权责任承担的方式主要是以赔偿损失为主,赔礼道歉、消除影响、停止侵害和恢复名誉为辅。

---

① 受益人责任理论考虑的最主要的因素为利益,而在实际的雇佣关系中,雇佣人所得到的经济利益以及其他物质利益直接由受雇人在受雇期间所实施的行为创造,受雇人得到报酬的根据也正是在此处。参见杨立新:《疑难民事纠纷司法对策(第一集)》,吉林人民出版社1997年版,第119页。

② 如我国最高人民法院《关于确定民事侵权精神损害赔偿责任若干问题的解释》(2001年公布)第7条规定:自然人因侵权行为致死,或者自然人死亡后其人格或者遗体遭受侵害,死者的配偶、父母和子女向人民法院起诉请求赔偿精神损害的,其配偶、父母和子女为原告;没有配偶、父母和子女的,可以由其他近亲属提起诉讼,列其他近亲属为原告。

③ 如《侵权责任法》第15条规定了承担侵权责任的八种主要方式:(一)停止侵害;(二)排除妨碍;(三)消除危险;(四)返还财产;(五)恢复原状;(六)赔偿损失;(七)赔礼道歉;(八)消除影响、恢复名誉。

(二)运动员暴力刑法规制中的相关问题

1.运动员暴力的正当化

（1）正当化事由的概论。正当化事由的理论根据主要有三种。具体来说：

其一，法益衡量说。该学说依据结果无价值理论，主要的方法是法益比较。通过法益比较，笔者认为：相对于价值低的法益来说，价值高的法益更符合社会的利益，牺牲价值低的法益来保护价值更高的法益是合法的①。它的主要缺点是过多考虑结果，忽略了行为人心理状态的考察。

其二，目的说。它是以行为无价值为基础，既考虑了行为结果，又考虑了行为手段的相当性，突出强调如果行为人的行为符合国家社会生活的共同目的，则这样的行为就是正当的。但是，该学说最大的缺点是过多强调国家立场。

其三，社会相当性说。它强调历史形成的伦理秩序内的行为就是正当行为。它规避了忽略个人心理状态和过多强调国家立场的弊端，具有相对的合理性。

由于各国的法律文化和法律传统的差异，关于正当化事由的各国立法也有所不同。以正当化事由的范围大小为标准，可以将各国的立法模式分为三种：第一种是以我国为代表的立法模式，主要规定了正当防卫和紧急避险两个正当化事由。第二种是以我国台湾地区和日本为代表的立法模式，规定了正当防卫、紧急避险、正当业务行为和依照法令行为等。第三种是以美国为代表的立法模式，规定了一些正当化事由的基础，又对竞技体育等特殊领域进行了相关规定②。关于正当化事由的分类，以法律对其有无明确规定为依据，可以将其分为法定的正当化事由与超法规的正当化事由。前者是指有刑法明文规定的正当化事由，如我国规定的正当防卫和紧急避险。后者是指可以从法律精神和原则中推断而没有刑法明文规定的正当化事由。执行公务的行为可以利用正当化事由进行规避违法性③。

关于正当化事由的具体应用，可以根据不同的法律文化进行具体的讨论。大陆法系采用三阶层犯罪论体系，它是采用递进式的模式逐渐排除犯罪的犯罪论体系。在该当性、违法性和有责性三个阶层中，正当化事由主要在判断违法性阶段时应用。从地位上来说，正当化事由主要是为了协调与

---

① 参见张明楷：《外国刑法纲要》，清华大学出版社 2007 年版，第 152 页。

② 楚晋：《体育竞技伤害行为正当化的依据及限界研究》，吉林大学 2007 年硕士学位论文，第 4-6 页。

③ 参见陈兴良：《刑法学》，复旦大学出版社 2003 年版，第 107 页。

平衡构成要件该当性与违法性的关系。英美法系没有犯罪构成的说法,它们主要采用犯罪要素来判断是否存在犯罪的情况。在犯罪的证成中,分为两个阶段:第一阶段是犯罪本体要件,证成行为的犯罪符合性;第二阶段是责任充足要件,正当化事由就在此阶段应用。关于我国的犯罪构成的四要件中,正当化事由可以在客观要件中进行考察①。

(2)竞技体育行为正当化的理论博弈。当前关于竞技体育行为非犯罪化的刑法理论主要有三种,即正当业务行为说、被害人同意说和被容许的危险理论说。正当业务说认为竞技体育行为是正当业务行为。该学说在我国和日本的法律实践中被广泛采用。尤其在日本,它是刑法学界的通说,该学说的依据是日本的刑法第 35 条对其有相关的规定②。正如大谷实教授所言,虽然竞技体育运动不是严格意义上的业务,但如果它符合一般的社会观念就应该是正当业务行为③。当然,为了更加具有说服力,日本学者还进行了细分,他们认为职业竞技者的伤害行为是正当行为,非职业竞技者的行为不能以正当业务行为论处。我国《刑法学》教材也采用了这样的说法④。正当业务行为说之所以认为竞技体育行为是非犯罪化的行为,是因为社会许可基础上的危险业务,即行为具有合法性,不应该对其进行犯罪化处理。显然,该学说认为运动员伤害是一种社会许可的危险行为。

被害人同意说依据的理论基础是在国家认可的条件下,行为人具有自由处分利益的权利,它的前提条件是这种处分权不能危害社会正常运行的秩序和他人正当权利的行使。该理论也被《德国刑法》第 228 条采用⑤。运动员参与体育竞赛实际上已经默示了自己愿意承受这种危险,只要处分行为符合一定的条件,运动员就承认了体育比赛中伤害的合法性。从这个层面上来说,该理论是具有一定的合理性的。被害人同意说在适用中应该重点关注的问题是它适用的前提条件,即行为人的行为不危害社会秩序和他

---

① 郑丽萍、于晓楠:《正当化事由基本问题探讨》,载《法治研究》2011 年第 10 期,第 29—34 页。

② 日本刑法第 35 条规定:根据法律以及正当业务而实施的行为,不予问责、处罚。参见[日]牧野英:《日本刑法通义》,陈承泽译,中国政法大学出版社 2003 版,第 86 页。

③ 参见[日]大谷实著:《刑法总论》,黎宏译,法律出版社 2003 年版,第 192—193 页。

④ 参见高铭暄、马克昌:《刑法学》,北京大学出版社、高等教育出版社 2000 年版,第 129 页。

⑤ 《德国刑法》第 228 条一方面主张被害人同意的伤害不处罚,另一方面又要求行为不违背良好的社会风俗的内在理由。参见林亚刚、赵慧:《竞技体育中伤害行为的刑法评价》,载《政治与法律》2005 年第 2 期,第 88—93 页。

人的权利,实际上强调的是不违反良好的社会风俗,只要在这样的条件下才能更有利于行为的合法化。

被容许的危险理论说是骆克信教授(ROXIN)在新康德学派的规范论和新黑格尔学派的归责思想的基础上提出的一种客观归责理论。该学说认为,被容许的危险是指立法者基于重大的社会利益或基于对特定安全措施的重视,容许具有危险倾向的行为时,其因此而造成结果,不可认为已实现构成要件①。竞技体育行为虽然具有侵害法益的危险性,但是它也具有一定的社会效益,两者相对关系上是具有社会相当性的,应该允许其存在。被容许的危险理论强调具有社会相当性范围的体育赛场上的运动员的竞技行为应该阻却其违法性,超出社会相当性范围的应该进行刑法规制。

随着对竞技体育行为非犯罪化理论研究的深入,一些学者综合以上三种理论的优势和劣势提出了"一体两翼"的非犯罪化理论主张,即以被容许的危险理论为核心,以正当业务行为和被害人同意理论为两翼②。它在充分考虑正当业务行为说的不全面性、被害人同意理论的条件限制和被容许的危险理论实践操作性不强等因素,强调了三者的相互作用。应该说,"一体两翼"的非犯罪化理论更有利于对竞技体育行为合法化的精致解读。

(3)竞技体育行为正当化理论对运动员暴力的适用性解析。本质上讲,上述理论都是关于竞技体育行为的正当化事由的理论。它们是否能证明运动员暴力行为的正当化是值得讨论的,毕竟体育赛场运动员暴力行为与竞技体育行为是两种不同性质的行为。

正当业务行为说强调被社会许可危险的业务行为是正当化行为,一种行为能否得到社会许可是判断其是否违法的依据,只有社会容许范围内的业务行为才可以应用此学说规避其违法性。被害人同意说也是有条件适用的,该学说既要求被害人对损害结果具有一定的承诺,又重视对承诺范围的考察。即便被害人对损害具有承诺,但是如果承诺超过了社会一般的观念,相应损害行为仍然可以认为是违法的。可见,社会一般的观念是判断行为能否适用该学说的依据。被容许的危险理论更是直接规定具有社会相当性的行为可以在一定条件下规避危险行为的违法性。"一体两翼"理论以被容

---

① 其理论的核心在:只有当①行为人的行为对于行为客体制造了不被容许的危险,②这个风险在具体的结果中实现了,③这种结果存在于构成要件的效果范围内时,由这个行为所引起的结果,才可以算作行为人的成果,而被归责给行为人。参见[德]骆克信:《客观归责论》,许玉秀译,《政大法学评论》第50期。

② 林亚刚、赵慧:《竞技体育中伤害行为的刑法评价》,《政治与法律》2005年第2期,第88-93页。

许的危险理论为基础,强调社会容许范围的危险行为可以通过正当业务行为说和被害人同意说规避违法性,超过社会容许范围的危险行为不具有社会相当性,应该对实施行为的人进行刑法规制①。由此可见,从深层次上来说,上述四种非犯罪化理论的适用条件是一样的,它们都是以社会容许的危险为条件的。

在判断运动员暴力行为是否超越社会容许的范围主要参考的体育规范,是在长期的体育实践中逐渐形成的,从古希腊时期的体育规范,到现在奥林匹克的体育规范,体育规范是在不同时期的社会意识基础上发展而来的。它是以人类道德为成长的土壤,符合人类特定时期社会的一般价值观念,这也是体育运动持续发展的根本原因。

笔者认为,体育规范是人类社会在体育领域的基本道德规范和一般价值观念,体育规范内的运动员行为是社会所允许的,超越体育规范的运动员暴力行为是社会所不允许的,可以根据不同的损害情况,依据相关的刑法规定追究行为人的刑事责任。

综上所述,正当业务行为说、被害人同意说和被容许的危险理论以及由其引申出来的"一体两翼"的非犯罪化理论能够解释体育竞技中的"暴力性"行为,即可以作为体育竞技行为的正当化事由,但都不能用于运动员暴力的非犯罪化解释。

2. 运动员暴力罪与非罪和此罪与彼罪的界分

(1)运动员暴力罪与非罪的界分。区分罪与非罪是一个立法问题和司法问题,同时也是一个理论问题。通过对运动员暴力罪与非罪的理论探讨,有利于指导立法和服务司法,同时也有利于保护社会和保障人权。当前国内外刑法中对罪与非罪的界分没有统一的模式,罪与非罪的界分主要学说有三种,即违警即犯罪说②、刑事违法即犯罪说、严重的刑事违法即犯罪说,我国刑法采用严重的刑事违法即犯罪说的观点,强调将犯罪与一般违法行为进行区分,"情节显著轻微,危害不大的"不以犯罪论处③。针对罪与非罪

---

① 竞技中的伤害行为可以分为两类:一是在社会容许的危险范围内的竞技伤害行为,该行为由于在社会容许的危险内,通过正当业务行为或被害人同意可以阻却该行为的违法性;二是超过了社会容许危险范围内的竞技伤害行为,由于该行为不具有社会相当性,不被社会容许,因此,实施该行为的人要承担相应的刑事责任。参见林亚刚、赵慧:"竞技体育中伤害行为的刑法评价",载《政治与法律》2005 年第 2 期,第 88—93 页。

② 如 1810 年法国刑法典明确规定:"法律以违警刑所处罚之犯罪,称违警罪。法律以惩治刑所处罚之犯罪,称轻罪。法律以身体刑或名誉刑所处罚之犯罪,称重罪。"

③ 参见杨春洗、杨敦先:《中国刑法论》(第 1 版),北京大学出版社 1998 年版,第 56 页。

的界分标准,我国学者也提出了社会危害性程度标准说、刑事违法性标准说、不同犯罪不同标准说及犯罪概念和犯罪构成标准说等观点。目前犯罪概念和犯罪构成标准说是我国罪与非罪的界分标准的通说①。

但是,随着社会的发展,学者认为应该从犯罪的本质上来界分罪与非罪,于是就把社会危害性作为判断罪与非罪的标准。鉴于此,犯罪的本质特征理解为一种以社会危害性为中心的矛盾结构状态。"以社会危害性为中心"的命题,一方面强调了社会危害性是犯罪的基本质料,另一方面引出了犯罪本质特征的结构问题,这样一个理论模式符合刑法学发展的趋势②。

从学理上来讲,大陆法系通说认为,行为无价值论和结果无价值论是致力于法益保护和人权保障的理论。一般来说,行为无价值论认为行为本身恶是违法性的根据,它是对于结果切断的行为本身的样态所做的否定评价。结果无价值论认为犯罪行为的危害结果是违法性的根据,它是对于行为现实引起的对法益的侵害或威胁所做的否定评价。两种理论争论已久,主要分歧在于行为和结果谁才是违法性的根据。

在体育赛场暴力罪与非罪的界分中,行为无价值论和结果无价值论的适用更具有特殊性,即结果无价值是直接根据,"行为无价值"是间接根据③。结果无价值理论认为一种行为是否入罪首先应该考虑伤害的结果,例如足球比赛中规则外的肘击行为造成了对方重伤或死亡可能追究行为人的刑事责任,如若只是一些轻伤或者没有使对方受伤时另当别论;行为无价值是间接根据,主要表现在社会相当性理论的应用。社会相当性的理论基础是行为无价值,社会相当性是指当某一行为在其所属的具体社会范围内具有通常性和必要性,并且从整体法秩序的角度来看也具有规范价值上的适当性时,它就属于社会相当的行为。该理论讲求只要行为具有社会相当性即便违反刑法也不会被追究刑事责任,因为这种行为具有社会相当性。如拳击比赛中,迎面击打对方头部才能得分,所以即便击打头部的行为将对方击打致死也不是犯罪行为;但是,如果你击打对方的后脑或裆部,造成对方重伤或死亡就有可能被追究刑事责任,因为这样的行为方式不具有社会相当性。鉴于行为无价值是社会相当性理论的基础,主要是基于以上讨论。

在司法实践中,法院应该结合上述理论,合理使用犯罪构成要件来处理

---

① 参见高铭暄:《新中国刑法学研究综述》,河南人民出版社 1986 年版,第 105−106 页;马克昌:《犯罪通论》,武汉大学出版社 1999 年版,第 28−29 页。

② 参见夏勇:《犯罪本质特征新论》,《法学研究》2001 年第 6 期,第 3−21 页。

③ 刘水庆:《竞技体育恶意伤害行为罪与非罪的界分研究》,《体育文化导刊》2013 年第 8 期,第 6 页。

体育赛场运动员暴力纠纷问题。犯罪的本质特征体现犯罪的法律特征,犯罪的法律特征具体体现在刑法条文中的犯罪构成,在此基础上,学界通说认为,司法中认定犯罪的唯一依据是犯罪构成。运动员暴力具有刑事违法性,以我国故意伤害罪和过失重伤罪的犯罪构成为例,一些运动员的暴力行为符合刑法中故意伤害罪或过失重伤罪的犯罪构成。应该严格按照故意伤害罪或过失重伤罪的犯罪构成来界分运动员暴力的罪与非罪。比照犯罪构成的具体标准,运动员暴力符合故意伤害罪或过失重伤罪的犯罪构成的以犯罪论处,不符合的就不是犯罪行为。

(2)运动员暴力此罪与彼罪的界分。刑法中的罪名名目繁多,各种罪名之间联系紧密,一些罪名之间有相似之处,为了更好地保护人权,界分此罪与彼罪就显得尤为重要。区分此罪与彼罪主要有两种方法,即分析的方法和比较的方法。前者主要从犯罪的本质特征和外部连接两个方面进行具体的分析。后者主要通过犯罪时间、犯罪地点、犯罪方法、犯罪方式、犯罪直接客体、犯罪对象、犯罪主体和罪过的形式为标准来区分此罪与彼罪。具体到运动员暴力此罪与彼罪的区分,应该以罪过的形式为主、其他标准为辅来进行界分。界分的具体标准是故意伤害罪或过失重伤罪的犯罪构成。具体来说,在界分运动员暴力的此罪与彼罪时:

首先,要对其犯罪构成进行详细的分析。

其一,故意伤害罪。客体是他人的身体健康权。客观方面,运动员实施暴力造成了伤害,严重的暴力行为可能伤害致死。本罪主体方面,根据我国《刑法》第17条的规定,分为两种情况:故意伤害致人轻伤的,已满16周岁的人应负刑事责任;故意伤害致人重伤或死亡的,已满14周岁的人就应负刑事责任。主观方面具有非法侵害运动员身体健康的故意。

其二,过失重伤罪。本罪的客体是他人的身体健康权。客观方面要求必须具备两个条件,即必须造成他人重伤的结果,如果是轻伤则不构成本罪;过失行为和重伤结果必须有因果关系。本罪的主体是一般主体,即年满16岁,具有刑事责任能力的自然人均可构成。主观方面是出于过失,可以是疏忽大意或过于自信①。

其次,采用分析的方法和比较的方法采用具体的标准进行分析。根据竞技体育和运动员暴力的具体情况,笔者认为,主要通过罪过的形成为标准来界分运动员暴力的此罪与彼罪。在罪过的形式方面,故意伤害罪存在非

---

① 《中华人民共和国刑法》第234条"故意伤害罪"规定:故意伤害他人身体的,处三年以下有期徒刑、拘役或者管制。第235条"过失致人重伤罪"规定:过失伤害他人致人重伤的,处三年以下有期徒刑或者拘役。本法另有规定的,依照规定。

法侵害运动员身体健康的故意,是明知会有损害结果出现而为之,而过失重伤罪是出于过失,是疏忽大意或过于自信造成的损害。两者具有明显的不同。除了罪过的形式外,在具体的界分中还要对其他构成要件进行具体的比对,只有区分清楚,才能定性准确,量刑适当,才能更好地维护人权。

3. 运动员暴力刑法规制的范围和路径

(1)运动员暴力刑法规制的基本原则。在讨论刑法规制的基本原则之前,首先应该搞清楚这样一个问题,即近些年来,虽然国际奥委会及其下属机构与国家及其各级政府等公权力机构联合举办大型赛事的机会逐渐增多,但是国际奥委会及其下属机构的性质仍然没有改变,它仍然是民间机构。作为世界上最大的民间机构,国际奥委会具有严格的内部自治规范,体育运动通过这些自治规范来维持自身的运营秩序,体育行业享有一定的私人自治权。从法哲学角度来看,民间自治行业在不违反法律的情况下,国家和个人不得对这种自主意思或者自由意愿进行强加干涉。简单而言,公权力的行使过程中要有界限意识,禁止越权行为,行业内的事让行业自身去处理。公权力可以通过让渡一些权力给行业,由其代替公权力来维护行业的发展,进而维护社会的正常运营,这样既尊重了行业意愿,也提高了公权力运营的效率。

笔者认为,运动员暴力刑法规制的过程中应该切实考虑体育行业自治和体育运动发展的客观规律,在做到保护社会权益和人权保障的情况下尽量尊重体育行业自治,给竞技体育运动创造良好的发展环境。正是在上面论述的前提下,运动员暴力刑法规制应该遵循两个原则:

第一,刑法谦抑主义原则。在西方,神学家兼法学家托马斯·阿奎那从神学的角度出发,主张运用刑罚应该慎重[①]。刑法谦抑主义原则是以刑法的补充性和经济性为基础,是一种自我约束和限制机制。它的社会根基是市民社会的发展、社会权利的兴起和公权力调整等因素影响下形成的刑法谦抑。具体到体育赛场上的运动员暴力行为,损害结果较小的,用体育规范处理和侵权法规制能够很好解决的,应该尽量避免刑法介入。只有那些不被社会一般观念接受的,不具有社会相当性的,损害结果非常严重的运动员暴力行为才对其做犯罪化处理。总之,刑法介入运动员暴力应该慎重。

第二,促进竞技体育健康发展原则。私人自治原则是私法理念的核心,它在本质上界定了私法与公法的区别,核心是尊重当事人的自主意识。公权力机构应该尊重体育行业自治。从古希腊的竞技运动到现在奥林匹克运动,体育运动一直是民间娱乐活动。竞技体育运动有其自身发展的规律,一

---

① 参见何秉松:《刑事政策学》,群众出版社 2002 年版,第 79 页。

些体育赛场上的伤害行为即便不被社会观念接受,也违反了体育相关规范,但是如果体育竞技中运动员的"暴力性"行为(正当体育竞技行为)是以体育比赛为目的的,没有造成特别严重的损害后果,刑法应该进行适度避让,这样才能更好地促进竞技体育健康发展。笔者认为,与一般人暴力行为不同,刑法规制时应该采用更低的标准,给运动员更多的自由空间。

(2)运动员暴力刑法规制的范围。通过对运动员暴力刑法规制基本原则的讨论,笔者认为不能武断地、任意地对运动员暴力进行刑法规制。在衡量能否对其进行刑法规制的过程中,一定要根据运动员实施暴力的实际情况以及竞技体育的发展历史和人类社会对体育伤害的基本观念等方面,全面地进行分析。对运动员暴力的考察中,具有社会相当性的严格禁止刑法规制,不具有社会相当性的建议进行刑法规制。

在上述讨论的基础上,运动员暴力刑法规制的范围主要集中在两个方面,即纯粹暴力和非纯粹暴力。

纯粹性暴力是运动员不以比赛为目的而实施的暴力行为,这种行为与体育技战术没有直接关系。从深层次上来说,运动员纯粹的暴力行为与一般人的暴力行为区别不大。它的具体表现形式是运动员在赛场上打架斗殴和群殴。如亚洲足球联合会成立50年之际,卡迪斯亚俱乐部与阿尔萨德俱乐部之间展开的一场对决中,双方运动员发生赛场斗殴事件,在这个特殊的日子里双方联袂奉献了一场长达14分钟的"人肉大战"。在这14分钟里,运动员大打出手,与街痞流氓暴力行为一样,场面不堪入目,双方运动员的体育赛场暴力行为造成了4人受伤。由于运动员纯粹的暴力行为不是以体育比赛为目的,对其的法律规制就不具有特殊性,就不应该适用较低的标准,应该适用一般人的标准。这样的暴力事件对社会影响极坏,法律应该对其有明确的态度。这样的暴力事件已经完全不是以比赛为目的了,可以用行政法进行规制,除此之外也可以用刑法规制①。

与之不同,体育赛场上的运动员非纯粹暴力行为使用刑法进行规制时应该更加谨慎。体育赛场上的运动员非纯粹暴力行为是超出比赛规则允许的竞技体育伤害行为,它一般与体育技战术有关,主要是一些恶意犯规行为。应该全面考察相关犯罪构成要件的符合性,充分考虑犯罪构成的情况下,对于情节轻微,危害不大的运动员暴力行为,及时做非犯罪化处理,对于情节较重,危害较大的运动员暴力行为果断入罪。

---

① 《中华人民共和国治安管理处罚法》第43条规定:"殴打他人的,或者故意伤害他人身体的,处五日以上十日以下拘留,并处二百元以上五百元以下罚款;情节较轻的,处五日以下拘留或者五百元以下罚款。"

(3)运动员暴力刑法规制的具体路径。实事求是地讲,对实施暴力的运动员进行刑法规制是一个非常复杂的问题。即便上之笔者进行了相对详尽的解读,然而应该怎样对其进行刑法规制仍然不能信手拈来。这其中的一个特殊性问题是刑法中相关犯罪的构成要件能否完全适用于运动员暴力。毕竟体育行业是一个特殊的领域,虽然本书对其进行学理探讨时,它也能满足刑法的犯罪构成,但是具体到司法实践中还是要慎重。体育行业的自治规范对赛场上的暴力伤害行为有着更专业的评价,这些自治规范的评价影响着人类社会对体育伤害的认识,在其影响下,人类已经形成了相对固定的价值观念,即运动员赛场上的伤害行为不能用刑法来调节,否则体育运动将失去本身的价值。更严格的刑法评价可能对体育运动的发展带来不利,也影响着人类挑战身体极限的信心。更重要的是,各国刑法从来没有对运动员暴力能否入罪进行具体的规定,把运动员暴力行为纳入刑法评价的范围有没有充分的法律依据,在讨论运动员暴力的刑法规制时,上述这些问题是不可回避的。

就目前的情况而言,在全面考虑社会法律治理实际的基础上,可以通过刑事司法的方式和刑事立法的方式来解决。对于一些情节严重、危害较大的运动员纯粹暴力行为可以用司法规制方式进行处理。其原因是,运动员纯粹暴力行为并不是出于比赛的目的,而是以伤害他人的身体健康权为目的,是一种赤裸裸的暴力行为,与一般人的暴力伤害行为没有任何区别,对其进行刑法规制是应当的。对于一些超越体育规范的运动员暴力行为可以考虑刑事立法来解决,把它拉入刑事立法的视野,立法机关根据竞技体育的实际情况,在充分考虑犯罪的社会危害性、刑事违法性和应受惩罚性的基础上,重新设置新的罪名,合理解决一些超越体育规范的运动员暴力行为所产生的纠纷。

第三节 运动员暴力诉讼的主要种类

一、与体育技战术相关的暴力引起的诉讼

(一)基本案情和审理结论

案件一 纳博兹尼诉巴恩希尔案①

在一场足球比赛中,比赛一方的守门员纳博兹尼被对方前锋巴恩希尔

① 伊利诺伊州上诉法院,1975 年 7 月 23 日。转引自李智:《体育争端解决法律与仲裁实务》,对外经济贸易出版社 2012 年版,第 90—92 页。

撞伤,随后倒在场地中央,不能坚持比赛,重伤离场。球队将受伤运动员送到医院接受检查,医生证实这次暴力冲撞对守门员造成了巨大的伤害,造成守门员头颅及脑部永久性损伤。

为了维护儿子的权益,守门员纳博兹尼的父亲代为诉讼,向法院提起民事诉讼,将巴恩希尔告上了库克郡法院,要求对方球队前锋巴恩希尔承担侵权责任。库克郡的巡回法庭受理此案后,进行了真正审理,认为足球运动具有激烈的对抗性,有一定的运动风险,运动员既然选择了参与其中,就已经表明具有自担风险的意识,因此,法庭做出了有利于被告的判决。原告不服,进行了上诉。与初审法院观点不同,上诉法院认为,被告的行为具有重大过失,应该承担相应的侵权责任,判决该案发回原审法院重审。

案件二 2010 年 10 月,在英国的低级别联赛中,当比赛还剩 20 秒时间时,马克·查普曼看到特里·约翰逊没有控好球,球离身体有点远,认为这是个断球的好时机,于是他利用规则进行铲球。他突然像是疯了一般飞铲向对方的左后卫特里·约翰逊所控制的足球。为了躲闪铲球,特里·约翰逊慌忙间将皮球运出了底线,然而躲闪不及的特里·约翰逊还是被马克·查普曼铲个正着,马克·查普曼总共铲了特里·约翰逊两次。如果第一次是恶意犯规的话,第二次铲人显然有恶意报复的成分,是一种主观故意,已经超越了体育行为的范畴。此次暴力行为给特里·约翰逊带来了极大的伤害,裁判员都为之震惊,立即以危险动作为由向马克·查普曼出示红牌。随后,特里·约翰逊入院治疗,医生认定特里·约翰逊小腿骨断裂。双腿是运动员的"工具",运动员通过双腿来进行工作,小腿骨断裂对于一个足球运动员来说是致命的。双腿被毁,对于吃青春饭的运动员来说,意味着运动生命的结束。

被害人马克·查普曼将特里·约翰逊告上了法庭,要求其承担法律责任。法院认为虽然足球比赛中有一定的暴力性,但这种暴力性是有一定的限度的,运动员不能接受强加给他的暴力伤害。即便是在足球赛场,也不能纵容犯罪。法官罗伯特做出判决,查普曼被判入狱 6 个月,附带民事赔偿。英格兰足球首例铲球犯规获刑案也震惊了世界体坛,这种判罚是史无前例的①。

(二)法理评析

鉴于竞技体育运动的专业性和技术性,通常情况下,体育赛场暴力纠纷的处理主要依据风险自负原则,加害人不负任何法律责任。如上述案件一

---

① 参见陈均:《一条颠覆足坛历史的断腿 足坛首现铲球伤人获刑案例》,《东方早报》2010 年 3 月 10 日。

中初审法院就是按照这种思路进行处理的。这种处理办法不区分赛场暴力的情况,采用同样的处理办法,会有武断之嫌。体育暴力纠纷处理中,不区分暴力的基本情况,不加选择地适用风险自负原则的弊端是:一是会造成体育赛场暴力的频发;二是不利于引导运动员适用合理的技术动作,会增加运动员受伤的概率,长远来说不利于体育运动的正常开展;三是武断地采用风险自负的理论,强调暴力对象的风险自担,在一定程度上增强了体育行业的自治性,脱离了外部规范的适用,会给体育行业的发展带来风险①。

正是考虑到这样的情况,近年来法院在处理体育赛场运动员暴力伤害纠纷时开始注重分析赛场暴力伤害的具体情况。公民的宪法权力高于一般公共政策,根据实际情况对运动员赛场暴力行为进行相应的处理是合理的也是合法的,案件一就体现了这一点。根据实施暴力的运动员主观状态不同,可以将暴力行为分为一般过失下的暴力行为、重大过失下的暴力行为和故意暴力行为。一般过失情况下暴力行为的处理中,会充分考虑竞技体育的特殊性,给予赛场上的运动员发挥运动能力足够的空间,运动员能够遇见的一般体育竞技行为导致的伤害会被社会和法院接受,因此,加害运动员可以利用风险自担原则来免除法律责任。重大过失行为和故意行为标准的确立与体育赛场上过度暴力行为增多有一定的关系,过度暴力行为与奥林匹克精神相违背,是超出比赛范畴且运动员难以预见的行为。重大过失行为和故意行为会被追究民事侵权责任,主要的依据是侵害人存在过错,违反了注意义务。

关于一般过失行为与重大过失行为的区别,《美国侵权法重述》(第2版)做过相关界定。它根据行为导致的伤害风险不同,可以分为一般过失和重大过失。在罗斯诉克劳瑟案中,法院给出了重大过失的判断标准,即:比赛的项目特征,参赛者的年龄,身体状况,技术水平及对比赛规则和习惯的认识程度;业余运动员和职业运动员,比赛固有的风险以及现场观众的氛围;体育装备的完好程度,比赛的激烈程度以及其应当考量的因素。

适用方法上,法院判定一种行为是否是侵权行为主要采用的是排除法,即先判断其是否属于故意伤害行为,如果不属于再考虑能否适用一般过失标准;然后判断其是否存在重大过失,判断加害人是否应该承担赔偿责任。

在体育赛场暴力行为的规制中,法院会对运动员的故意犯规行为或故意伤害行为等故意行为给出否定性评价。如运动员在体育比赛中使用暴力可以根据加拿大刑法典第244(a)条判处袭击罪,造成严重伤害的可以判处

---

① 参见李智:《体育争端解决法律与仲裁事物》,对外经济贸易出版社2012年版,第90页。

袭击致伤罪①。案件二中马克·查普曼的行为就是典型的故意行为,侵害人受到了法律制裁,这表明了法律对体育赛场暴力行为的态度。体育规则和体育行业协会规范中,严令禁止运动员暴力行为的出现,它违反了体育比赛"公平、公正、公开"的原则,也影响了体育运动的正常开展。正如一些学者所言,一些规则能确保比赛以技术竞争为导向更好地进行,而另一些规则则主要用来保护运动员免受严重的伤害。以此为依据,与重大过失行为的处理相比,法院对赛场上运动员故意行为的处理会更加有底气。

在体育赛场上,在规则范围之内身体碰撞或者合理冲撞是正当体育行为,这是法律所允许的。但运动员暴力伤害行为超越体育规则,如运动员故意犯规,对球员造成了伤害,由于过错的存在,这种行为就是一种侵权行为。笔者认为,运动员暴力侵权行为侵害的客体是法律保护和确认的权益,亦是法律"相对保护"的客体。换句话说,比赛中的运动员不是绝对不能受到侵害的,如体育竞技规则内的伤害,以及合理冲撞造成的伤害都可以被容忍,即在一定限度内允许对客体进行伤害,超过一定的限度即被认为侵害了客体。换言之,只有运动员的行为超过一定的限度时,有过错存在时,法律才给予保护。运动员暴力侵权行为就是超越限度的行为,通过对其进行法律规制,在一定程度上保护了受害者的权益,也协调了体育运动的自由。

另外,侵权行为侵害了他人的人身和财产。传统的侵权行为主要保护的是人的权利,即当他人的权利受到损害时才可能构成侵权。所以,侵权行为侵害的主要对象是财产权和人身权等绝对权利。但是,随着人们认识的加深以及对侵权行为研究的深入,受侵权行为法保护的对象已经扩展至侵害他人财产利益和人身利益的行为。正如一些学者所说,侵害的"权"不仅包括民事权利,而且包括受到法律保护的利益②。学界通说认为,侵权行为侵害的客体是法律保护和确认的权益。从保护权利到权利和利益一体保护,实际上,侵权法已经扩大了保护的范围。

首先,体育赛场上超越体育规则的运动员暴力行为对运动员身体造成伤害,侵害了运动员的人身权。其次,侵害了运动员和俱乐部的经济利益。如是说,体育运动职业化的快速发展,体育运动已经成为一种职业,作为体育运动员通过这个工作来赚钱,当运动员的身体受到伤害后,自己的经济利益就得到了侵害。另外,职业体育俱乐部是具有公司性质的企业,运动员是俱乐部的主要"财产"之一,运动员被暴力所伤,不能上场参与体育比赛保持

---

① 参见韩勇:《北美体育暴力的刑事诉讼与抗辩》,《武汉体育学院学报》2011 年第 12 期,第 31-36 页。

② 参见张新宝:《侵权行为法的一般条款》,《法学研究》2001 年第 4 期,第 49 页。

较高的竞技状态,身价会大跌,这本身就是公司财产的损失,俱乐部利益得到相应的侵害。正是在这个意义上,笔者认为体育赛场上运动员暴力行为是一种侵权行为。最后,法定义务是一种绝对义务,运动员暴力侵权行为违反了法定义务。从这个层面上讲,侵权行为侵犯的客体是当事人的绝对权。保护他人的绝对权不受损害是公民法定义务,侵权行为因损害了当事人的绝对权而导致了对法定义务的违反。任何人都应该防止别人绝对权不受损害的义务,这种义务一般称为注意义务。运动员的暴力行为是违反注意义务的行为,所以加害人应该承担责任。

关于附带民事赔偿责任的问题,应该从两个方面进行考虑:一是人身权和财产权的损害;二是由人身权和财产权产生的精神损害。对于前者,运动员暴力行为直接侵犯的是受害人的人身健康权利,比较严重的运动员暴力行为可能造成受害人死亡,也侵犯了受害人的生命权。另外,运动员暴力能导致受害人和第三人财产权益的损害。财产权益的损害是由人身损害间接引起的,它主要包括三个方面:其一,受害运动员的受伤治疗费用、伤残护理的费用、误工费以及由抚养人抚养费用的损失等。其二,受害运动员丧失劳动能力和死亡所造成了工作机会的减少和剥夺,由此所造成的损失。体育运动已经成为一种职业,很多人从事体育运动是为了获取工资和报酬甚至是养家糊口,弥补这部分损失显得尤为必要。其三,运动员培养单位、所在的俱乐部和赞助单位的损失。优秀运动员从小经过训练到最后的成名,很多单位是付出很大的"心血"的①。受害运动员遭到暴力致伤致亡给相关部门造成的经济损失应该得到补偿。对于后者,受害运动员受伤或死亡后,给运动员本身或其家属造成了一定的精神损害,如受害运动员对参与体育运动会有所恐惧、受伤后对未来自己的职业前景担忧以及其家人失去亲人的悲痛等,这些精神损害可以通过经济的形式进行相应的补偿。

---

① 俱乐部花费重金招募的运动员在合同尚未到期的情形下,即因体育致害行为发生不能继续完成合同剩余比赛之情形,接下来围绕该名受伤队员,单位或俱乐部可能会有一系列损失发生。因此,运动员的侵权行为除直接导致俱乐部或单位运动成绩受影响外,还会导致一系列包括诸如电视转播、商业赞助、门票收入等体育产品销售等方面的经济损失;一名队员的死亡,促使队里其他成员丧失因该队员转至其他球队时所可以获得其应提供的补偿金的可能性。Colmar 20 avril 1955, D. 1956. 723 et note Savatier, J. C. P 1955. II. 8741.

关于赔偿责任承担,国外判例描述了一定的范围①。当然,我国《侵权责任法》第16条也有明确的规定②。这对于运动员暴力伤害侵权责任的承担具有一定的参考价值。具体来说,运动员暴力伤害侵权责任承担的范围包括:直接支出的财产赔偿和间接财产赔偿。前者主要指医疗过程中所产生的费用及交通费用等,这些费用可以直接通过相关票据进行查证,计算起来相对简单,这里不再深入讨论。后者分为两部分,首先是造成残疾和死亡的情况。造成残疾的要赔偿残疾生活补助费和残疾赔偿金,造成死亡的要赔偿丧葬费和死亡赔偿金。当然,还要支付抚养人的生活费。其次是受伤未造成残疾和死亡的情况。主要指误工费和精神损失费。运动员受暴力侵害致伤残后的误工费应该依据受害运动员失去工资的金额进行计算。即通过计算剩余服役年限乘以每年所得到的平均收入而得出具体数值。至于受害人及其家属的精神损失费,通过参考2001年《最高人民法院关于确定民事侵权精神损害赔偿责任若干问题的解释》,笔者认为,应该重点考察的赔偿要素有:加害运动员的过错程度、侵害的具体情节、损害后果的严重性程度、雇主以及加害运动员获利的情况、雇主或加害运动员和当地经济状况等③。

对体育雇主的赔偿主要针对两个方面进行,即培训补偿和转会费补偿。对于前者,通过参考《国际足联球员身份及转会规程》,对雇主的培训补偿应该重点考虑两个要素:每年俱乐部培养该球员的花费和培训年数。即球员首次注册为职业球员时,培训补偿为新俱乐部培训费用乘以球员12周岁至21周岁期间在原俱乐部和培训单位的培训年数。转会费补偿主要通过计算运动员剩余的合同时间乘以每年平摊的转会费得出。体育雇主为运动员的训练花费了大量的费用,当运动员伤亡后,体育雇主遭受了巨大的损失,它

---

① 我国《侵权责任法》第16条规定:侵害他人造成人身损害的,应当赔偿医疗费、护理费、交通费等为治疗和康复支出的合理费用,以及因误工减少的收入。造成残疾的,还应当赔偿残疾生活辅助具费和残疾赔偿金。造成死亡的,还应当赔偿丧葬费和死亡赔偿金。

② 在Tomjanovich案中,法院判定被告须赔偿原告过去的医疗费(past medical expenses)、将来的医疗费(future medical expenses)、过去的人身痛苦(past physical pain)、将来的人身痛苦(future physical pain)、过去的精神痛苦(past mental anguish)、将来的精神痛苦(future mental anguish)、收入损失(loss of earnings)(尽管他受伤期间也有薪水)、未来收入能力的损失(loss of future earning capacity)、他妻子舒适程度下降的损失(his wife's loss of comfort)、惩罚性赔偿(punitive damages)。Tomjanovich v. California Sports, Inc., No. 78-243 (S. D. Tex. Oct. 10, 1979), appeal docketed, No. 79-3889 (5th Cir. Dec. 3, 1979).

③ 参见郭明瑞、房绍坤、唐光良:《民商法原理(三)》,中国人民大学出版社1999年版,第548页。

有权利向侵权人追偿自己的损失。

另外,引入体育保险制度的必要性。通过责任转移,侵权责任法将受害人的损害转移给加害人承担,通过责任分散,保险制度将受害人的损害分散给社会来承担。从责任的转移到责任的分散,对于维护受害人利益,合理解决社会纠纷都发挥着重要的作用。应该说,在这一点上,侵权责任法和保险制度的作用是一样的。一些体育项目具有高对抗性,容易发生各种冲撞甚至伤害纠纷,虽然通过侵权责任的追究能够弥补受害者的损失,但是在追究责任的过程中常常面临取证困难、解决纠纷事件长的问题。在这种情况下,利用保险制度,合理分配风险,多人承担责任就显得尤为重要。保险制度一方面能弥补受害人的损失,另一方面提高了纠纷解决的效率。应该说,保险制度已经成为当今世界体育损害纠纷补偿的主要制度。

相对于我国体育保险制度,国外体育保险制度已经有了较长的发展历史。美国较早就认识到了体育保险的重要性,也深刻认识到体育保险是体育侵权和保险的最佳联系点①。于是,从 20 世纪 50 年代开始美国就陆续建立了健全的体育保险机构,如美国 SO-DA 体育保险公司和 K&K 保险公司,它们推出的保险项目比较丰富,如体育项目保险、体育参与者保险和体育器材保险等②。德国的保险产品也比较多,运动员伤残险、体育场馆险以及体育管理责任险等事关比赛运作的保险产品相对较多。在英国,除了体育保险产品门类齐全外,还对单个项目进行了深入开发,如英足协对所有参赛运动员购买了职业团体基本保险,另外,英国还集中地开发了赛车类保险项目。法国也较早地对保险进入体育领域进行了法律规定③。在日本,非常重视对运动员健康的保护,多部法律中都提到体育保险的重要性和关于体育

---

① 在体育保险方面,保险与侵权之间有着密切的联系。在美国,侵权法学界有一种说法:在侵权法体系的背后往往深藏着一个保险体系。参见李响:《美国侵权法原理及案例研究》,中国政法大学出版社 2004 年版,第 201 页。

② 美国保险险种非常丰富,包括对人的保险以及对物的保险,对项目的保险以及对赛事的保险,对竞技运动的保险以及群众体育的保险,有对职业生涯的伤病赔偿,也有对运动员退役后的全面保障。参见张平、孟令忠:《中美两国体育保险现状的比较分析》,《体育与科学》2009 年第 3 期,第 55 页。

③ 1984 年 7 月法国《体育运动法》第 37 条规定:"体育运动组织为开展活动签订保险合同,为其所应负责任投保……该等保险合同应承保体育运动组织、活动组织者、被建议人和运动员的民事责任……"参见 http://www.nanfangdaily.com.cnlsouthnewsltsz-klnfdsblc_jzk/200403200347.asp,2018 年 3 月 11 日访问。

保险的规定①。

对上述国家保险制度进行分析,笔者认为,根据保险的对象不同,体育保险的类型主要分为三类:第一,人身伤害险。它主要保障体育赛事期间运动员、观众和体育参与者的人身安全,运动员的人身伤害险是最主要的保险产品。第二,重大赛事保险。主要保障赛事的正常运作,如保障财务安全、经营风险和突发事件带来的风险等。第三,责任保险。主要保障体育产品责任、雇主责任和公共责任等。综上所述,未来体育保险将有效补充体育损害赔偿和补偿制度。因此,在未来的发展中,为了使体育保险更加具有生命力,更加方便和高效,设置保险产品时应该更加注重对体育特殊性的考查,提高体育保险的针对性。

二、与体育技战术无关的暴力引起的诉讼

(一)基本案情和审理结论

1988 年 Council Bluffs YMCA 的篮球冠军联赛在 8 月 15 日举行,比赛对阵的双方是罗杰斯所在的球队和弗洛伊德所在的球队。比赛非常激烈,第一节比赛还没有结束,弗洛伊德所在球队的球员布洛就因侵犯罗杰斯而被罚下赛场。赛场火药味渐渐浓了起来,由于防守弗洛伊德时犯规,罗杰斯被判犯规,同时,罗杰斯过大的防守动作和挑衅行为正在点燃弗洛伊德及其队友的怒火。两个人在比赛中喋喋不休,随后弗洛伊德推倒了罗杰斯,之后弗洛伊德及其队友攻击了劝架的对方球员凯尼利。在混乱中,他们还殴打了场上的另一名球员和场下的对方球员。这次事件造成了麦克海尔脑溢血,罗杰·巴瑞尔受重伤,道恩·巴瑞尔被毁容。赛场的惨状不堪入目。

鉴于此案件的严重性,并且造成了严重的人身伤害,法院经过谨慎思考,依法判处被告袭击罪。根据具体犯罪事实和情节,被告被判处最高一年的监禁。

(二)法理评析

体育赛场运动员暴力的案件中,加害人常常使用"受害人同意"理论进行抗辩,但该理论并不能适用于本案的处理。"受害人同意"理论是基于受害人同意他人侵害自己可支配的权益的承诺,建立在该承诺之上的损害行为可以阻却犯罪,它溯源于罗马法学家乌尔比安"对意欲者不产生侵害"的法律格言。该理论对于免除行为人的刑事责任具有重要作用,它可以降低

---

① 如《新保险法》《健康保险法》《国民健康保险法》《老人保障法》《体育振兴法》《日本体育、学校健康重凸法》等。参见毛伟民:《国外体育保险制度模式及其对我国的启示》,《体育学刊》2008 年第 7 期,第 34 页。

行为的可责性,甚至可以排除加害人行为的违法性。在司法实践中,该理论通常被用于阻却体育竞技行为的违法性。但是,它不能应用于与体育技术术无直接关系的赛场暴力纠纷的处理,因为赛场之外,运动员并不同意自己的人身权受到侵犯,这种行为也是法律不能允许的。

另外,即便是在体育比赛中,过度暴力行为也是不被允许的。受害人同意的范围不是漫无边际的,它是有一定范围的,法院在考虑受害人同意理论适用时,既要考虑受害人同意受到侵害力量的大小,又要考虑伤害程度的如何。至于比赛内外的区分,加拿大法院认定标准是,鸣哨的目的是指以后的行为不是比赛的组成部分。

在司法实践中,首先应该识别运动员暴力的性质,即是否属于犯罪行为,然后再考察犯罪构成的符合性,因此,识别运动员暴力的性质是必要的。笔者认为应该采用递进式识别程序进行识别,具体来说:

1. 要突出层次性

层次性结构要求分层次来考虑问题,前者是后者的基础,没有上一层次的判定就不能进行下个层次的判定,递进式识别程序让识别条理更为清晰,这样就排除了平面判定中杂乱无章的判断。

2. 出罪性

递进式识别程序具有谦抑的特点,要想定罪要经过各个层次的判断,不到最后一个层次结束是不能把一种行为识别成犯罪行为的,审查一种行为是否是犯罪行为要通过全部层次的审查。具体到本论题来说,第一层次考虑体育行业自治规范的违反性;第二层次考虑犯罪构成理论的应用。体育行业自治规范是竞技体育运动的基本规范,是竞技体育运动的基础,伤害纠纷的解决首先对其进行考察是合理的,它是判断是否进入第二层次判定的依据;进行了第一层次的判定以后,才能进行第二层次的判定。从学理上来说,在第二层次的判定是大陆法系犯罪构成理论的原版即刑法"三阶层"理论的实际应用,在这个理论的指导下,先后对体育赛场运动员暴力进行三个层次的考察即构成要件的符合性、违法性和有责性。

递进式识别理论的实践应用在形式上更具立体感,体系也更加完备与合理,更重要的是更加符合竞技体育的实际情况。具体的识别标准是:

第一,体育行业自治标准:体育行业规范、项目的特点、比赛的性质等。体育行业规范是体育行业标准的核心,它主要包括各级体育组织的规章、技术规范和纠纷解决规范等①。项目对抗类型不一样产生的风险就不一样,恶

---

① 参见韩勇:《同场竞技运动员间伤害的侵权责任》,《体育学刊》2013 年第 1 期,第 48-55 页。

意伤害发生的概率也有不同,例如同场竞技型的项目就比隔网对抗型的项目发生冲撞的概率要大,前者的项目风险要大,在考察这类项目产生的伤害行为时要有更大的容忍性。比赛的性质方面,决赛和一般比赛的氛围是不能比的,前者比赛氛围更加浓烈,运动员始终处于精神的高度紧张状态中,发生伤害的机会更多,考查的标准应该更高。

第二,特殊标准:严重的伤害结果和行为目的标准。严重的伤害结果是故意伤害罪的必备条件,如果没有严重的伤害后果,体育赛场运动员暴力行为应该识别为无罪,反之,在考察上面情况的基础上应做有罪处理[①]。行为目的标准方面,竞技体育有很强的技术性,因此运动员暴力行为被判定为犯规行为后,不能直接做有罪判定,还要做内涵判定即看是否出于比赛目的。

第三,限定标准:主体及其差异性、时空标准和罪过。这三个方面应该被重点关注,因为它们考察的是伤害行为在运动中的实际状态。主体一般是指赛场上的运动员。不同级别的运动员的成熟度是不同的,一个经过百场以上的大赛经验的足球运动员与一个刚刚出道的运动员相比,更知道哪些动作更加危险不能去做,从这个意义上来说,运动员之间的个体差异应该被考虑。具体来说,应该考察运动员的年龄、比赛经验和技术水平等,特别是年龄方面。笔者认为犯罪主体应该是有刑事责任能力的运动员。时空标准多是指运动员暴力行为发生时间和地点是特定的,任何犯罪行为都有时间和地点的限制,因此犯罪的时空环境不是无边无际的,要对其进行合理限定。时间方面,主要是指比赛的相关时间,有些研究把它归结于比赛中未免太过于绝对,这里的比赛时间一般是指比赛中及中断期和赛后一定的延伸时间。空间方面,一般是指赛场地上及其附属场地,具体应用中可以参考具体体育规范中的要求。

3. 对罪过的考察

一般来说,罪过是指故意或者过失,具体考察体育赛场暴力行为时要强调行为出于故意。行为过失造成伤害的要做出罪处理。

1988 年加拿大法院审判了一起运动员暴力纠纷案件,被告人明尼苏达北部明星队队员 Dino Ciccarelli 因在比赛中用冰球棒暴力攻击枫叶队运动员被判处一天牢狱,罚款 1000 美元。据悉,该案是体育运动中第一个因适用暴

---

① 具体的标准可以参考 1990 年最高人民法院、最高人民检察院、公安部、司法部联合制定的《人体重伤鉴定标准》,考虑到竞技体育运动的特殊性,在标准的应用中建议提高一个档次进行适用。

力被判刑的案件①。可见,刑事介入具有处理运动员暴力纠纷的可能性,就弗洛伊德伤害案而言,充分说明了刑法介入的可行性。对于与体育技战术无直接关系的暴力,排除了体育特殊性的因素以外,刑法更应该大胆地介入。虽然法院依法判处弗洛伊德袭击罪,但是这与检方的控诉并不完全一致。据有关资料介绍,爱荷华州检方是以两项故意伤害罪名向法院进行的起诉,但是法院仅仅判处了部分罪名成立。很显然,本案中侵害人行为是发生在体育赛场上运动员的暴力行为,法院考虑到本案的特殊性,采用了较轻的罪名。

为了社会公共利益,法院在处理赛场暴力纠纷案件时常常考虑的原则是促进体育的自由度和活力②。这一原则尤其是在追究运动员的民事侵权责任时被考虑,因此,很多情节较轻的伤害行为常常能得到免责,这是法律对体育特殊性的考虑。其实,与体育技战术无直接关系的运动员暴力行为,侵害了人身健康权的,应该被追究民事侵权责任;实施体育赛场暴力行为的运动员触犯国家刑法时会被追究刑事责任,此时,运动员暴力行为是一种犯罪行为。

由此可以看出,民事侵权和刑事伤害是有一定的区别的。通常认为,以人身健康权为侵害客体的行为中,造成轻伤以上的伤害后果才能构成犯罪。伤害后果的严重程度是界分两者的标准之一,也是判断体育赛场运动员暴力行为是民事侵权行为还是刑事伤害行为的主要依据。

三、对运动员暴力诉讼的简评

(一)不同类型运动员暴力纠纷的处理方法会有所不同

与体育技战术直接相关的暴力纠纷解决中,需要考虑体育运动的特殊性,厘清该暴力行为是正当体育竞技行为还是违法行为。若是违法行为,要根据法律规定判断它是侵权行为还是犯罪行为,然后才进行依法判处。区分民事侵权行为和刑事违法行为的主要标准是伤害后果的严重程度;与其相比,与体育技战术无直接关系暴力纠纷的解决就相对简单得多,由于不具有体育的特殊性,通常按照一般人的标准去处理。

在体育技战术直接相关的暴力纠纷解决中,司法实务通常会遇到免责

---

① Tom Callahan, "Spilling Over into the Streets," *Time*, 1988 - 09 - 05 (47). Austin Murphy, "North Star on Ice: Minnesota's Dino Ciccarelli Went to Jail for Assaulting a Player During a NHL Game," *Sports Illustrated*, 1988, No. 5, p. 34.

② Benitez v. New York City Board of Education, 73 N. Y. 2d 650, 657, 543 N. Y. S. 2d 29, 541 N. E. 2d 29.

事由问题,加害人通常采用自担风险原则来进行抗辩。该原则在一定程度上尊重了体育运动的规律,给予体育运动中的侵害人以免责,这就为运动员腾出了发挥技战术水平的空间,这是它的优势。该原则的缺陷有两个:一是运用自担风险原则进行抗辩容易使体育运动脱离法律的规制,出现体育运动例外,不利于运动员权利的恢复,长远来说会成为体育运动健康发展的障碍;二是不加区分地将体育赛场上所有的伤害行为都适用一般过失标准进行判断,通过自担风险原则来免责,过于武断,不利于体育赛场观众暴力的合理处理。

为了合理地定纷止争,司法部门开始关注这类问题的解决,进而关注体育特殊性。在此类纠纷的处理中,主要采用具体问题具体分析的方法,根据实际情况来规制运动员暴力行为。上述案例的处理中,国外司法机关逐步确立了重大过失标准,这一做法打破了原来的"一般过失标准—故意行为"的模式,形成了"一般过失—重大过失—故意行为"的模式。在司法实践中,运动员暴力是一般过失的,可以使用自担风险原则进行免责;运动员暴力具有重大过失情节和故意的,说明加害人违反了合理的注意义务,根据具体情况追究其侵权责任;排除受害人同意抗辩事由的基础上,构成犯罪的,追究其刑事责任。

(二) 纠纷解决要旨:在体育运动特殊性与权益保障之间寻求平衡

权益保障是我国《侵权责任法》的主要目标之一,因此,司法实践中无论受害人权益,还是侵害人权益都应该依法得到保障。体育运动受害人权益保障贯穿司法活动的整个过程,从诉求提出到诉求的回应,从事实认定到法律选择,从法庭调查到宣判,都要进行权益保障。应该注意的是,对处罚相对人权益的保障是处罚权力行使的目标和界限[①],除了受害人权益得到保障外,侵害人的权益也应该得到无差别保障。鉴于体育伤害纠纷发生在体育运动之中,且体育运动具有特殊性,在司法实践中,梳理并结合体育运动独特属性,探讨权益保障就显得更有意义。

追根溯源,体育运动特殊性与体育自身价值追求关系密切。作为人类社会重要的生活和工作方式,体育运动之所以能够经历实践检验,长久地存在且历久弥新,是因为其自身具有独特的价值追求。体育自身价值追求主要体现在两个方面:其一,"更快、更高、更强"(Faster, Higher, Stronger)已是奥林匹克格言(Olympic Motto),是奥林匹克运动的宗旨之一,其内涵是不断

---

① 张文闻、吴义华:《程序正义与权利保障:国际体育组织处罚权行使的原则及实现机制》,《上海体育学院学报》2018 年第 1 期,第 38—42 页。

进取、永不满足的奋斗精神和不畏艰险、敢攀高峰的拼搏精神①。其二,公平竞赛。公平是指公正不偏袒,公平竞赛是体育行业基本追求,它关系到体育运动的兴衰存亡,影响体育运动的价值实现和功能发挥。体育自身价值追求中,"更快、更高、更强"促使体育实践活动向激烈性、高对抗等方向发展,频繁的身体接触、冲撞甚至击打动作极易造成受伤甚至伤害,也给体育参与者带来了一定的风险;"公平竞赛"要求体育运动的各个环节体现公平。如无差别地对待体育参与者,比赛过程和结果公平及体育运动纠纷处理公平等。保证竞赛公平的基础是推崇规则之治。体育独特之处在于,参与者之间有遵守体育规则的约定,因此,体育运动的各个环节要合乎规则要求,按照体育规则行事,做到体育规则无差别适用。目前,体育规则正逐步被社会接受和遵守,成为行业惯例。

综上所述,体育自身价值追求催生出体育运动的特殊性,即风险性和合规则性。妥当解决体育伤害纠纷应该在体育运动特殊性和权益保障之间进行博弈,因此,体育伤害纠纷司法解决中利益衡量的要旨是,在体育运动特殊性与权益保障之间寻求平衡。司法实践中,平衡两者之间的关系应依据以下两点:

1. 区别对待两种风险情形下的权益保障

依照风险性质进行分类,体育运动风险可分为规则范畴内风险和规则范畴外风险。规则范畴内风险,也称运动范畴内风险,是体育运动的固有风险,具体包括规则内的风险及战术性故意犯规产生的风险。规则范畴内风险造成的伤害可以免责,原因是:此类风险具有可预见性,符合社会预期,是可以接受的;作为一个理性的人,为了从运动中获益,同意让渡一部分利益,自愿承受运动风险所带来的损失。需要强调的是,体育参与者愿意承担的风险是有限度的,主要承担体育规则涵摄内的运动风险。超过此范畴的运动风险,可根据参赛双方责任大小按比例承担。

2. 区分不同衡平因素②下的权益保障

为了实现司法公正,体育伤害纠纷解决中应该具体考虑相关衡平因素,其包括项目特征和比赛性质。首先,项目特征方面,高风险项目,如拳击、武术散打等,鼓励合规则的"暴力",参与者对运动风险有足够的认识,侵害人

---

① 《奥林匹克格言》,360 百科,https://baike. so. com/doc/113248 - 119441. html,2018 年 5 月 4 日访问。

② 衡平(equity)一词起源于英国中世纪,主要含义是公正、公平、公道、正义。本书所谈的衡平,侧重于具体的衡平,指我国法官处理案件时,在准确把握法律的精神和价值的前提下,结合案件的具体事实,借助于法官的社会经验知识,从立法的主旨出发,以公平正义之心来行使自由裁量权达到公正裁判目的的一种价值取向。

不应该对体育伤害承担责任。一般风险性项目,如身体接触频繁的篮球、足球等,参与者对运动风险有一定的认识和了解,受害人应承担规则范畴内的风险,侵害人承担规则范畴外风险。低风险项目,如羽毛球、排球等,因双方不能预见运动中的风险,通常由双方分担损失。其次,比赛性质方面,竞技体育比赛中,考虑到职业运动员参与体育竞技的范围广、程度高,其运动风险(规则范畴内和规则范畴外)可以由体育组织和俱乐部给予经济补偿或通过社会保障机构赔偿①。有组织的体育竞赛不存在法律真空,如企业、机关组织的社会体育竞技活动和学校组织的学校体育竞技活动中,应该充分考虑受益情况,由受益方和保险承担规则范畴内的风险,规则范畴外的风险由侵害人承担。无组织社会体育和学校比赛中,鉴于业余比赛娱乐和消遣的目的,根据双方经济条件或过错大小进行公平分担,以此来保障体育运动中的权益。

(三)运动员暴力侵权行为的过错责任原则

从世界范围来看,各国普遍采用过错责任原则。在美国,关于运动员暴力侵权行为的归责,主要采用的是过错责任原则和比例过失原则。过错责任原则作为民事侵权行为的主要归责原则,在美国运动员暴力侵权行为归责中得到了广泛的应用。NBA 球员 Tomjanovich 被伤害案中,就是利用过错责任原则进行归责的案子②。湖人队球员 Kermit Washington 在比赛过程中与火箭队 Tomjanovich 发生摩擦,前者击打了后者的头部,造成后者重伤。法院认为,湖人队球员 Kermit Washington 存在过错,应该对其行为负责,判决湖人队赔偿原告 320 万美元。Edward J. Nabozny 诉 Nabozny 案中,也是利用过错责任原则进行的归责,不同的是,这次法院并没有支持原告 Edward J. Nabozny③。在一场足球比赛中,被告在一场抢球中踢中了守门员 Edward J. Nabozny 的头部,造成其严重残疾。按照足球规则,守门员是受到严格保护的,任何碰撞守门员的行为都是犯规的。但是,在判决中,法院认为,在体育比赛中,运动员只要不是因为故意和恶意,不应该负责。因此,判定被告不存在侵权责任。

随着社会的发展,在美国,比例过失原则在运动员暴力侵权行为的归责中也得到一定的应用。Knight v. Jewett 案中,法院认为被告已经尽到了一定

---

① 黄璐:《谈体育伤害案件中应考虑的两个问题——比赛性质和运动情境》,《体育研究与教育》2015 年第 4 期,第 10 页。

② Tomjanovich v. Califonua Sports, Inc. (1979) U. S. Dist. LEXIS 9282 (S. D. Tex. 1979).

③ Nahozny v. Barnhill, 31 Ⅲ. App. 3d 212 215 (1975).

的注意义务,原告在参加橄榄球比赛时是明知有风险存在的,属于自甘风险,应该对自己的受伤负主要责任,被告负次要责任,因此不接受原告诉求①。

在加拿大,运动员暴力侵权行为的归责主要适用过错责任原则。Agar案就是此原则的经典案例②。本案发生在冰球比赛中,被告拿球后,原告紧追不舍,用球杆勾住被告阻止其前进,被告恼羞成怒,用球杆击打原告面部,造成对方视力残疾,鼻子受伤。在针对性调查后,法院认为,被告主观故意伤害,应该对自己的暴力侵权行为负责。本案中,被告存在故意,被告行为是一种故意侵权行为,被告行为是运动员暴力侵权行为典型代表。本案也是过错责任原则适用于运动员暴力侵权行为归责的经典案例。

在英国,普遍认为,与一般侵权行为一样,运动员暴力侵权行为主要适用过错责任原则,在一些特殊的情况下,可以结合案件的实际情况,考虑适用公平过失原则。关于过错责任原则的应用中,英国法院非常关注运动员过失的存在,它认为,竞技体育中的运动员的注意标准应该低于社会生活中的注意标准③。至于应该低多少,以及竞技体育中运动员的具体注意标准是什么,法院并没有给出解释。笔者认为,这个问题是一直存在的难题,运动员注意标准的确定需要考虑很多因素,如体育项目的暴力性、项目的规制、运动员的特性和案件的具体情况等,同时,也需要大量案例的长期积累和总结,所以,这是一个长期积累的过程。关于公平过失原则的适用,Feeney v. Lyall案是一个典型的例子④。这个案例是高尔夫球赛中,被告在无意识下的击球,球下落过程中砸中了原告,因此而产生的争端,法官并没有判定过失责任的存在。这个案例与运动员暴力侵权行为有一定的距离,不在本论题的讨论范围。

在韩国,过错责任原则普遍适用于运动员暴力侵权行为的归责过程中。2007年圣诞夜印度尼西亚拳手哈里·阿莫尔一记重拳击倒韩国选手崔尧三,后者经抢救和治疗后,最终死亡。韩国法院经过审理认为,哈里·阿莫尔不负任何法律责任。韩国法院裁决的依据就是过错责任原则,哈里·阿莫尔在规则内运用技术动作,哈里·阿莫尔也尽到了一定的注意义务,因此

---

① 案例转引自郭树理:《体育判例对美国法律制度发展的促进》,《天津体育学院学报》2007年第5期,第412页。

② Agar. Canning(1965),54 W. W. R. 302 (Man. Q. B),aff'd(1966),55 W. W. R. 384 (Man. C. A).

③ Harrisno v. Vincnet(1982)TRRS.

④ Feeney v. Lyall(1991) SLT 156.

不存在过错。基于此,韩国法院做出了印度尼西亚运动员不负民事责任的判决。

(四)运动员暴力侵权的构成

1.暴力行为的不法性

这里的不法具有违法的意思,行为的不法性是认定侵权的前提,换言之,构成侵权责任必须是不法或违法的行为。那么,侵权责任构成中的违法性作何解释呢? 违的到底是什么"法"呢? 这些问题直接关系着对运动员暴力侵权责任构成要件的研究,解决这些问题是进行下一步研究的前提。

行为的违法性一般是指形式上的违法和实质上的违法。前者指的是违反了法律的具体规范;后者在表现上并没有违反法律的具体规范,而在深层次上是对法律精神或道德的违反。"违法性的实质不仅是违反法律的明文规定,而且是指违反整体法秩序的精神目的。"①我国法律规定,民事主体的合法权益受法律保护,任何组织或者个人不得侵犯。本条款就是行为实质性违法的典型体现。本条款的言外之意是,任何个人有保护"他人"民事权益的义务,防止其他人的权益受损害的注意义务。这种义务可以是来自一般法律规定,也可以是一般的道德规范,抑或是一般的行业规范。

可见,运动员暴力侵权责任构成之违法性要件的特殊性还在于,除了考虑运动员违反法律制度外②,还要分析其对体育道德和体育规则的违反。

其一,体育道德方面。道德是人们共同生活及其行为的准则和规范。由此可以简单地推断,体育道德是体育活动中的行为准则和规范。体育活动是人类重要的生活形式之一,规范体育行为的体育道德和社会道德是一脉同源的。运动员作为普通社会的一员,应该遵守社会道德;作为运动员,也要遵守体育道德。公平竞争是体育精神之一,它是开展体育竞赛的前提和基础,因此,在赛场上,公平竞争是最重要的体育道德。美国职业篮球联赛体育道德风尚奖(NBA Sportsmanship Award)就是为了弘扬体育道德而设立的奖项,说明体育竞赛对体育道德的渴望和重视。赛场上体育暴力已经超越了体育竞技的范围,对体育道德规范的违反,损害了其他运动员的权益,造成了体育参与者竞争的不公平,违反了公平竞赛的精神。

其二,体育规则方面。在体育赛场上运动员行为犯不犯规的主要依据

---

① 参见黄海峰:《违法性、过错与侵权责任的成立》,梁慧星主编:《民商法论丛》第17卷,金桥文化出版(香港)有限公司2000年版,第8—9页。

② 《中华人民共和国侵权责任法》第6条规定,行为人因过错侵害他人民事权益,应当承担侵权责任,根据法律规定推定行为人有过错,行为人不能证明自己没有过错的,应当承担侵权责任。

是体育规则。运动员暴力侵权责任构成之违法性是指运动员对体育规则的违反,一般称为犯规。根据对体育规则违反的程度不同,犯规可以分为轻微犯规和严重犯规。根据犯规是否存在恶意,它可以分为无恶意犯规和恶意犯规。

笔者认为,运动员暴力行为主要表现为严重犯规和恶意犯规。为了防止体育暴力的出现,维护健康的赛场秩序,《国际足联足球竞赛规则》对于"严重犯规及暴力行为"也有相关的规定,它把侧后方铲球规定为严重犯规,把明知不能碰到球而暴力性铲球动作称为暴力行为①。

2. 主观过错的存在

主观过错是构成侵权责任的要素之一,对主观过错的认定主要包括两个方面,即对故意和过失的认定。运动员暴力中故意的认定主要采用主观说的理论,也就是通过考察行为人的心理状态来认定是否存在过错。深层次上讲,要考证运动员对于损害结果是否能够预见,是否追求或者放任结果的发生。根据这两点,笔者认为,认定运动员暴力是否存在故意可以从两个方面考虑:第一,运动员实施暴力行为时能否完全预见损害结果的发生。这一点可以通过咨询赛场裁判或者体育专家得出结论。第二,证实运动员行为的目的与比赛无关,即运动员追求或放任与比赛无关行为发生的意思表示。运动员是一个有多年运动经验的专业人士,一些动作的危害结果是能够独立判断出来的,这些对一些体育专家来说并不在话下。笔者认为,仅仅抓住以上两点是可以完全认定运动员暴力的主观故意的。

需要注意的是,如果运动员在实施暴力的过程中具有停止损害发生的意思表示时,这种情况算不算故意。笔者认为,这种情况不是故意。故意的本质在于,行为人对损害结果具有故意或者放任的态度,其目的是使行为相对人合法权益受到损害。如果行为人有停止损害的意思表示,就说明行为人并没有放任行为的发生,因此不是故意,但是并不能完全排除行为人的过错。

主观过错中对过失的认定相对比较困难。过失是指行为人能够预见损害结果的发生而没有预见,或者已经预见但是轻信结果不会发生,而导致损害结果发生的主观心理状态。实施暴力的运动员可能预见损害结果发生,能够预见会出现犯规的情况,但是由于疏忽大意而导致损害结果的发生。

---

① 参见饶广平、麻雪田:《世界足球大全》,人民体育出版社2001年版,第1860页。

运动员实施暴力中出现重大过失时应该追求其侵权责任的①。重大过失暴力行为是运动员的心理状态的反映,有了实施暴力的心理才会有行为,总的来说,利用主观说来证成运动员的过失是可行的。但是,体育比赛非常激烈,运动员集中精力在比赛中,无法控制身体动作和估计其他人也是正常的②。怎样才能判断体育比赛中的主观心理状态是一个难题,解决该问题主要利用主观客观化的原则。在此原则的运用中,主要利用体育规则、体育行业规范和体育道德等行为标准考察运动员的行为,因此客观说也是不可或缺的。

　　综上所述,笔者认为,主观说和客观说相结合来认定其是否存在过失会更合理和可行。在司法实践中,认定实施暴力的运动员的重大过失应该注重以下两点:一是运用主观说,考察运动员是否存在极端疏忽或极端轻信的一种心理状态。二是运用客观说,考察运动员的行为是否违反比赛规则、惯例及习惯。同时还要考虑运动项目的特性和行为实施的时间,这是由体育的特殊性所致的。当一种行为没有违反比赛规则、惯例和习惯时,说明它是合理的技术动作,运动员运用合理的技术动作实施行为时本身不具有侵犯其他运动员的心理状态,是没有侵权责任的。鉴于体育运动的特殊性,一些身体接触频繁的运动项目中,因为赛场对抗激烈,运动员的注意义务应该低于一般人,与之相对,身体接触较少的体育项目中运动员的注意义务应该和一般人一样。同理,赛场上激烈对抗时段,应该考虑降低运动员的注意标准,给运动员更大的自由。在 Agar v. Canning 一案中,法院认为:"一名运动员在比赛最激烈的阶段的行为是本能的,并且不是适用调整普通社会交往的标准来进行判断。"因此,在认定运动员过失时,应该充分考虑体育运动的特殊性,只有这样才能在保护受害人利益的情况下,给体育运动更大的自由,这样对体育运动的健康发展更为有利。

---

　　① 在英美,古老的普通法规则也根据行为人的主观意志和注意的程度而将过失分为三类,即:轻过失、一般过失和重大过失。在我国,学者将过失分为三种,即重大过失、一般过失和轻微过失。当一个行为极明显地不合理并损害他人,即使一个疏忽大意之人也能够加以避免,如果连这种注意也没有尽到,即为重大过失,它表现为行为人的极端疏忽或极端轻信的一种心理状态。参见高渝生:《过错责任原则研究》,西南大学 2006 年硕士学位论文,第 12 页。

　　② "高度紧张、刺激的比赛氛围很难要求行为人每次行为都作慎重的考虑,运动员在场上会集中注意力于自己的运动,以至于根本不会顾及旁边的第三人。"参见[德]克雷斯蒂安·冯·巴尔:《欧洲比较侵权行为法》(下),焦美华译、张新宝审校,法律出版社 2001 年版,第 37 页。

3. 损害事实的存在

简言之,损害事实是指行为致使权利主体人身权益受到损害的客观情况。法律对人身权益的范围有明确的规定,它们是法定的权益①。因此,认定受害人的损害事实对于确定加害人的侵权责任是非常必要的,直接关系到侵权责任的成立和追究。

根据相关法律规定,结合运动员暴力造成损害的实际情况,笔者认为,运动员暴力的损害主要包括两个方面:第一,人身权利和财产权益;第二,因人身权利和财产权益受损所带来的精神损害。

4. 暴力行为与损害事实的因果关系

因果关系在侵权责任的构成中具有重要的作用,是侵权责任构成中不可或缺的要件,在大陆法系和英美法系理论学说和实践中对此有共同的认识②。学界通说认为,暴力行为与损害事实的因果关系是一种必然因果关系。因果关系永远是现象之间的这样一种联系,其中,一个现象(原因)在该具体条件下,必然引起该种后果(结果)③。在认定因果关系时,国外普遍采用相当因果关系说,我国侵权责任认定的主流学说也倾向于相当因果关系说。该学说认为,不应要求行为与损害结果之间具有直接因果关系,只要行为人的行为对损害结果有相当关系,行为人就应当负责。它在无形之中扩大了保护的范围,实现了民法的社会价值。相当因果关系必须符合两个要件:一是该行为是损害发生的不可欠缺的条件;二是该行为客观上增加损害发生的可能性。

具体到体育赛场暴力行为与损害事实的因果关系判断中,首先要判断损害事实产生的条件,即事实因果关系的存在;其次,判断是否存在相当性。在实践中,应该做到:其一,确定损害发生的全部条件。除了考虑运动员实施暴力是导致损害发生的这一重要条件外,还要考虑是否存在第三人的行为、受害运动员自身的原因以及自然因素等。其二,利用过错因素确定因果

---

① 如我国《侵权责任法》第2条规定:侵害民事权益,应当依照本法承担侵权责任。本法所称民事权益,包括生命权、健康权、姓名权、名誉权、荣誉权、肖像权、隐私权、婚姻自主权、监护权、所有权、用益物权、担保物权、著作权、专利权、商标专用权、发现权、股权、继承权等人身、财产权益。

② 作为欧洲所有法律制度的共同特征,因果关系不仅归属于侵权行为法的基本规定内容且构成了其他几乎所有赔偿责任构成要件的基础。参见[德]克雷斯蒂安·冯·巴尔:《欧洲比较侵权行为法》(下),焦美华译、张新宝审校,法律出版社2001年版,第552页。

③ [苏联]格里巴诺夫、科尔涅耶夫:《苏联民法》,法律出版社1984年版,第506页。

关系。在实践中,运动员的过错往往是导致损害发生的原因,因此,在确定因果关系时必须充分考虑行为运动员的过错,如行为运动员对损害的预见和对损害后果的认识等。其三,周全考虑各种的原因对损害结果的作用。民事侵权法通说认为,行为人的行为应该承担相应的侵权责任,不是行为人所造成的损害不应该由其承担责任。一般情况下,不同参与原因所发挥的作用是不同的,因此,在实务中,要充分考察不同的原因对损害结果的作用,公平分配责任。

(五)抗辩事由应该根据具体情况来确定

关于风险自负原则与受害人同意原则的适用,应该根据客观情况灵活适用。这两个原则是有区别的,这种区别可以从两者之间的含义中进行界分。一般来说,风险自负原则强调对侵害有模糊的认识,同时不希望风险发生。而受害人同意原则强调赛前对风险有明确的认识,同意侵害行为的发生。

从中可以看出,自担风险原则只要求体育参与者对体育运动中的风险做到知情,并不强调对竞技体育的"暴力性"有清晰的认识。在司法实践中,更适合做社会体育参与人暴力纠纷、比赛中的运动员对观众暴力伤害纠纷的抗辩事由。与自担风险原则相比,受害人同意原则强调对体育风险有清晰的认识,更适宜在运动员暴力纠纷中进行抗辩。体育赛场上运动员的一般过失造成的民事侵权时,通常运用自担风险原则和受害人同意原则来免责。

应该强调的是,虽然两者都可以进行免责,但是两者适用的范围和具体的运用是不一样的。如果体育赛场暴力行为违反体育规则,又造成了严重的伤害行为,两者都不能作为抗辩事由进行抗辩。因为运动员参与比赛时,能够自负的伤害风险是有一定的范围的,仅限于比赛中众所周知的、明显的和合理预见的伤害。受害人同意原则中,受害人的同意也是有一定的范围的。

具体到运动员暴力的实践中,与一般人的标准不同,由于一些体育运动项目身体接触和冲撞比较激烈,在考虑上述条件的基础上,运动员的同意范围和限度会有所扩大,这些因素需要在实践中酌情考虑。但无论如何,在实务中应该坚守一个底线,即除了不能违反法律强制性规定外,运动员应该遵守体育规范,这里的体育规范指体育道德规范、体育协会规范、体育竞赛规范和体育技术规范,否则抗辩事由就不能成立。

关于受害人应该有支配自己权利的能力。笔者认为,由于体育运动具有一定的特殊性,一些没有行为能力的运动员也可以参与到体育运动中来,如一些青少年运动员参与的比赛,如果出现运动员暴力的情况发生,即便存

在受害人同意的情况,仍然不能作为加害人的抗辩事由。另外,受害运动员的同意应该出于自愿,事前一切利用胁迫或者其他不正当手段迫使受害运动员同意的情况,它都不能阻却加害运动员的违法性。

最后,并非所有的运动项目都应该扩大运动员同意的范围和限度。一些身体接触比较少的运动项目中,如羽毛球、乒乓球和排球等项目中,要适用一般人的标准,这是具体问题具体分析的结果,因为只有适用一般人的标准,才能防止过分扩大受害运动员的范围。这也是为了维护受害运动员的权利所必须的。

在界定运动员暴力时,前文已经提到运动员暴力是一种超越体育规范的行为,因此,在实践中,这就严重压缩了受害人同意的适用空间,事实上,当实施体育暴力的运动员进行抗辩时,受害运动员也经常运用其行为"超越体育规范"来阻却抗辩。由此可见,受害人同意制度并不是阻却实施体育暴力运动员的合适抗辩事由。

本书前面已经提到,自甘风险制度最早适用于运动员之间的伤害纠纷的处理,并且也起到了一定的作用,但是该制度是否能无限制地适用于运动员之间的伤害纠纷呢? 笔者认为,这是值得思考的问题。

自甘风险中的"风险"是可以预见的风险,简单来讲,运动员自愿承担的非法定"风险"是本人赛前已经知道的或者可以预见和想象的或者体育规范范围之内的风险,运动员对这样的风险进行默示。体育赛场上的一些故意伤害行为甚至暴力行为不是受害运动员应该承受的风险,当然,受害运动员也不会对其进行默示。另外,当受害人的过错或者不受控制所产生的行为,已经扭曲了自甘风险适用的条件,也不能适用该制度。

正是在这个意义上,笔者认为,自甘风险制度的适用是有条件的。具体来说,其一,体育赛场上,加害运动员故意和恶意犯规以及重大过失的行为不能利用自甘风险制度进行豁免;其二,受害人存在违反体育道德和风序良俗等过错行为,也不能适用自甘风险制度,可以适用其他制度来处理纠纷。

至于自甘风险能否作为运动员暴力的抗辩事由呢? 答案是不能。这是显而易见的,体育赛场上,运动员实施暴力行为具有故意或者重大过失的情节,即使受害运动员愿意承担这样的风险,法律上也是不允许的。事实上,在法律实务中也印证了这一点,如在一场足球比赛中,前锋因实施暴力行为伤害到对方守门员的"Nabozny v. Barnhill"中,法官就排除了自甘风险制度的适用①。

---

① 参与者不能因以下行为而受到的伤害适用自冒风险:首先这种行为是意想不到的;其次这种行为是在其他参与者不顾其安危的情况下非一般人所能做出的鲁莽行为。

（六）运动员暴力的犯罪化考量

1.运动员暴力的社会危害性

社会危害性是指行为对国家竭力维护的以既成状态存在的社会关系或法益之侵害,造成或可能造成这样或那样的损害及危险是其常见客观特征①。行为具有一定的社会危害性是犯罪最基本的特征②。根据各国刑法规定的不同,社会危害性包括不同的方面,如危害国家安全、危害经济秩序和危害人身权利等。运动员暴力行为可能导致受害运动员伤亡的发生,因此,它主要是对人身权利的危害。一些国家的刑法也明确规定了侵犯公民人身权利的行为是犯罪行为③。运动员暴力行为对人身权利造成了损害,是具有社会危害性的行为,是可以以犯罪论处的。

需要强调的是,并不是具有社会危害性的行为都是犯罪行为,只有那些达到一定程度的社会危害性行为才能构成犯罪。运动员暴力能否达到犯罪所规定的社会危害性程度,可以通过其社会危害的大小进行证成。运动员暴力是一种伤害他人的有形的、强制性的、具有重大损害结果并超越体育规范行为。它具有一定的社会危害性:

首先,运动员暴力的手段凶狠和后果严重。虽然体育行为具有"暴力性",也可能出现伤亡,但是正当的体育行为是体育规范所允许的,也是被社会一般观念接受的。与之不同,运动员暴力是超越体育规范,是不被社会观念接受的。它不以比赛为目的,直接或间接针对的是受害运动员的身体,使用凶狠的暴力手段,损害了受害运动员的人身权利。暴力能够造成受害运动员严重伤害,极其严重的暴力可能导致受害运动员死亡,因此,它的社会危害程度比较大。

其次,实施暴力的运动员有罪过。罪过是行为人的主观方面,它主要包括故意和过失。作为一个具有一定运动经验的运动员来说,对运动规范是具有一定的理解的,什么样的动作是符合体育规范的,什么动作是不应该做的,运动员心知肚明。在这种情况下,运动员在体育赛场上实施暴力行为会存在两种情况,即故意和过失。在实践中,运动员的故意或者恶意犯规就是运动员暴力的具体体现。当然,在体育赛场上,运动员也可能存在重大过失致人伤亡的情况。笔者认为,通过运动员的主观心理状态也可以反映出运

---

① 参见康树华、张小虎:《犯罪学》,北京大学出版社 2004 年版,第 67-79 页。

② 参见高铭暄、马克昌:《刑法学》,北京大学出版社、高等教育出版社 2007 年版,第 51 页。

③ 如我国《刑法》第 13 条规定,一切侵犯公民的人身权利的行为,依法应罚处罚者,都是犯罪。

动员暴力具有较大的社会危害性。

2. 运动员暴力的刑事违法性

一行为不仅具有社会危害性,同时违反了刑法,才可被评价为犯罪①。一定程度上来说,刑事违法性是社会危害性在刑法上的表现。当然,如果一些行为虽然具有一定的社会危害性,但是如果具有阻却违法性的事由也可以规避其刑事违法性。笔者在论述竞技行为非犯罪化理论对运动员暴力的适用性中已经做过探讨,正当业务行为说、被害人同意说和被容许的危险理论以及由其引申出来的"一体两翼"的非犯罪化理论不能阻却运动员暴力的刑事违法性,因此,运动员暴力是不存在阻却违法性事由的。以我国刑法为例,根据运动员暴力具体情况,结合我国刑法中各罪的犯罪构成,运动员暴力可能违反刑法中的故意伤害罪和过失致人重伤罪。应该受到刑法规制的行为有:其一,出于故意和恶意的超越体育规则损害他人的行为,由于存在主观的故意,又直接或间接造成了对方运动员的伤害,可以构成故意伤害罪。其二,超越体育规则情况下,由于重大过失的严重损害了对方运动员身体健康的,可以以过失致人重伤罪论处。

3. 运动员暴力的应受惩罚性

一般情况下,犯罪是应受刑罚处罚的行为。构成故意伤害罪或过失重伤罪的运动员暴力行为具有应受惩罚性,这一点是无可辩驳的。构成犯罪就应该进行刑罚,但是可以根据具体情况,减轻或免于刑事处罚,正如马克思所言:如果犯罪的概念要惩罚,那么实际的罪行就应该有一定的惩罚尺度②。

问题的关键是,构成故意伤害罪或过失重伤罪的运动员暴力行为是否具有减轻或者免于处罚的情况。根据刑法理论,是否减轻或免于刑事处罚主要考虑犯罪情节和自首或立功的表现。笔者认为,如果运动员暴力主观方面虽然具有运动员身体健康的故意,但是客观方面的损害结果是轻伤害的,可以考虑减轻或免于刑事处罚。需要强调的是,运动员免于刑事处罚的情况并非不应受惩罚。运动员不应受惩罚是因为运动员暴力不符合犯罪构成,它不是犯罪行为,所以才不予惩罚。与之不同,免于处罚是指运动员暴力行为已经构成了犯罪,考虑到具体的犯罪情节轻微或者有自首和立功的情况从而才不应受惩罚。这是两者之间的本质区别。

通过对运动员暴力的犯罪化考量,即对运动员暴力的社会危害性、刑事

---

① 参见杨春洗、杨敦先、郭自力:《中国刑法论》,北京大学出版社2008年版,第30—34页。

② 《马克思恩格斯全集》(第1卷),人民出版社1956年版,第140页。

违法性和应受惩罚性的分析,笔者认为,在一定的条件下,运动员暴力是具有构成犯罪的可能性的。

本章小结

本章通过对体育赛场运动员暴力法律问题的研究,界定了体育赛场运动员暴力的一般问题,解析了体育赛场运动员暴力的法律规制,探索了体育赛场运动员暴力诉讼的主要种类,得出了如下结论:

(1)体育竞技行为具有一定的"暴力性",它与运动员暴力行为有所不同。运动员暴力具有一定的项目特性,运动员暴力是有一定范围的,只有发生在特定时间、地点以及特定主体之间且产生一定损害后果的行为才能构成运动员暴力。它具有场域性、互动性、单一性、社会公开性和破坏性的特征。体育赛场运动员暴力的成因是综合性的,与当事人的法治观念、政治因素、社会因素等方面原因有关。

(2)根据运动员暴力与体育技战术的关系,可以将其分为与体育技战术有关的暴力和与体育技战术无关的暴力。在实践中,体育赛场运动员暴力主要通过体育行业和法律手段进行规制,由于体育行业内部规制存在明显的缺陷,运用法律手段规制运动员暴力具有必要性和可行性。

(3)运动员暴力的侵权责任是一种人身伤害赔偿责任。过错责任原则是运动员暴力侵权的主要归责原则。运动员暴力侵权责任的构成要件是暴力行为的不法性、主客观过错的存在、损害事实的存在和暴力行为与损害事实的因果关系。运动员暴力侵权责任的抗辩事由主要有受害人同意、自甘风险和受害人过错。运动员暴力伤害侵权责任承担的方式主要是以赔偿损失为主,赔礼道歉、消除影响、停止侵害和恢复名誉为辅。在未来,体育保险制度将成为最主要的体育损害赔偿和补偿制度。

(4)正当业务行为说、被害人同意说和被容许的危险理论以及由其引申出来的"一体两翼"的非犯罪化理论都不能用于运动员暴力的非犯罪化解释。运动员的暴力行为符合刑法中故意伤害罪或过失重伤罪的犯罪构成的应该进行入罪。应该严格按照故意伤害罪或过失重伤罪的犯罪构成来界分运动员暴力的罪与非罪以及此罪与彼罪。运动员暴力刑法规制的基本原则是刑法谦抑主义原则和促进竞技体育健康发展原则。运动员暴力刑法规制的范围主要集中在两个方面,即纯粹暴力和非纯粹暴力。运动员暴力的刑法规制可以通过刑事司法的方式和刑事立法的方式来进行。在司法实践中,可以运用递进式识别程序进行识别,首先考察体育行业自治规范的违反性;其次考察犯罪构成理论的应用。

（5）体育赛场运动员暴力诉讼的主要种类有两个,即与体育技战术有关的暴力引起的诉讼和与体育技战术无关的暴力引起的诉讼。运动员暴力的主观方面存在一般过失的,可以使用风险自负原则进行免责;运动员暴力具有重大过失情节和故意的,说明加害人违反了合理的注意义务,根据具体情况追究其侵权责任的;排除受害人同意抗辩事由的基础上,构成犯罪的,追究其刑事责任。

第三章

体育赛场观众暴力法律问题

法律确定了任务、关系和意见,确定了人们据以谈论的立场和聆听谈话的听众,而且它把材料和方法给予我们,就像讨论中的发言人一样。[①]

——埃尔金

观众暴力是体育赛场常见的暴力类型。与一般运动员暴力相比,观众暴力的危害性更大,致伤致亡的情况时有发生,观众暴力的主要表现形式包括:球迷骚乱、流氓球迷的活动、足球流氓行为、球场踩踏行为和打砸抢烧行为等。欧洲是体育赛场观众暴力的重灾区,目前有记载的大规模观众暴力事件,如海瑟尔球场惨案和希尔斯堡球场惨案均发生在欧洲。随着世界体育运动的快速发展,体育赛场观众暴力逐渐向世界各地蔓延。观众暴力侵犯了人身权、财产权、体育消费权和体育发展权,同时还会对社会秩序产生很大的破坏。体育赛场观众暴力会产生严重的社会问题,及时有效地防控观众暴力的发生是当务之急。在发挥法律作用的基础上,防控观众暴力的发生需要各种制度共同配合,只有这样才能产生良好的效果;同时,体育赛场观众暴力,特别是足球流氓行为正逐步全球化,这就需要世界各国共同努力,精诚合作来防控和规制观众暴力事件的发生,不给其预留发展空间。

[①] 王建新:《以法治权的内在机理和价值意蕴》,《求实》2007年第6期,第150页。

第一节 体育赛场观众暴力的一般问题

一、体育赛场观众暴力现象

众所周知,体育赛事对社会的依存度很高,离开社会的关注,体育比赛本身就失去了社会意义。作为人类文明的成果,体育赛场已经成为社会的聚焦点,它吸引了大量观众到现场观赛,观赛过程逐渐形成了一定的球迷文化。观众群聚是球迷文化形成的主要方式之一。

在体育运动中,人们始终追求着"更快、更高、更强"的奥林匹克格言,挑战人类极限,这体现了人类不断进取、永不服输的奋斗精神。作为奥林匹克文化的直接体验者,观众在赛场上体会了这种精神,享受了体育竞技的独特魅力,娱乐了身心,同时也收获了快乐和泪水。体育赛场上塑造了很多体育"英雄",这些英雄被球迷尊称为偶像,如足球巨星梅西、C罗。为了追随自己心目中的英雄,很多体育粉丝不远千里跟随球队去观看比赛。由于战绩卓越以及球队的魅力,一些球迷深爱着自己信奉的球队。在比赛中,他们不遗余力地为球队呐喊,维护着球队的利益。总之,他们在赛场上的一切行为构建起了独特的观众文化。

在体育赛场上,除了这些积极的、充满正能量的观众行为外,也会有一些消极的球迷行为出现,观众暴力事件就是一种比较典型的代表。体育赛场观众暴力不是一个国家和地区的问题,它是一个全球性问题,各个国家都不同程度地存在。观众暴力已经成为一个值得关注的社会问题。

在欧洲,比较典型的观众暴力事件是海瑟尔惨案。1985年5月29日,1984—1985赛季欧洲冠军联赛在欧洲足球两大豪门利物浦和尤文图斯间展开,欧足联把本赛季欧冠决赛的举办地放在了比利时首都布鲁塞尔海瑟尔球场。在体育比赛期间,双方球迷及混在球迷队伍中的足球流氓互相谩骂和推搡,最终演变成了球场观众大战,造成数十人伤亡,体育球场设施受到一定程度的损坏,现状之惨烈,震惊了整个世界①。

在非洲,2001年发生在加纳的观众暴力事件同样震惊了世界。2001年加纳足球赛在科托科队与橡树队之间展开,因为两队是当地的明星队,双方球迷众多,当天给比赛加油的观众挤满了赛场。比赛最终以科特科队失利而告终。比赛的结束并不意味着赛场彻底安宁,失利方的球迷情绪非常激

---

① 《海瑟尔惨案》,360百科,http://baike.so.com/doc/5195298.html,2017年11月29日访问。

动,他们主动挑衅引起了体育赛场的混乱。双方球迷厮打在一起,场面之混乱令人窒息,最后警察只能采用催泪瓦斯制止打斗,这次观众暴力造成了126人死亡。非洲一直是观众暴力的多发区,如1969年刚果比卡球场惨案造成27人丧失,1974年埃及开罗球场惨案造成48人死亡,1991年南非奥科尼球场惨案造成42人丧生,1996年赞比亚球场惨案导致9死52伤,2000年津巴布韦球场惨案导致13人死亡,2001年民主刚果布姆巴什球场惨案49人丧生①。

在南美洲,观众暴力同样猖獗。2009年阿根廷足球联赛中,博卡青年队和阿根廷人队球迷数百人斗殴直接导致一名85岁妇女和一位55岁男子受伤,且两者均为无辜路人。据不完全统计,阿根廷的球场观众暴力已经造成300人死亡②,社会影响极坏。

在亚洲,观众暴力事件在一定范围内开始出现,比较知名的观众暴力事件是发生在中国的"5·19"事件。1986年世界杯亚洲区外围赛于1985年5月19日在中国北京工人体育场进行,在比赛中,香港足球代表队在比赛中以2∶1击败中国国家足球队,赛后失望的球迷发生了打砸行为,虽然没有造成人员伤亡,但是严重扰乱了正常的社会秩序,影响了社会的稳定③。

总之,大量的球迷惨案说明,观众暴力事件已经严重影响到了社会秩序,严重的观众暴力事件可能引发社会动乱。同时,观众暴力事件也侵犯了当事人的法定权益,对社会产生很大的消极影响。体育赛场观众暴力属于群体性事件的范畴,其已成为影响社会治安和社会安定的隐性因素④。及时采取切实有效的措施对其进行合理的规制,已经成为摆在政府和司法部门面前急需解决的问题。

二、体育赛场观众暴力的界定

(一)体育赛场观众暴力的概念

由于学者们立场和视角的不同,国内外学者对体育赛场观众暴力现象

---

① 《加纳足球惨案》,360百科,http://baike.so.com/doc/6562105.html,2017年11月29日访问。

② 《世界足坛在"流血" 球迷暴力子弹横飞》,京华网,http://happy.jinghua.cn/347/c/200903/17/n2444960.shtml,2014年11月29日访问。

③ 《5·19事件》,360百科,http://baike.so.com/doc/5396557.html,2017年11月29日访问。

④ 朱小平:《足球暴力作为产生的原因及对策》,载《武汉体育学院学报》1998年第2期,第102-104页。

并没有形成统一的认识,甚至对"观众暴力"现象的称谓也没有形成统一的认识。关于"观众暴力"现象的称谓,多数学者以实施暴力的主体为标准,将其称为观众暴力;也有一些学者用体育暴力、球场暴力、看台暴力、球迷骚乱、足球流氓行为等来表达观众暴力现象。这至少可以说明两点:其一,体育赛场观众暴力问题确实存在,并且该问题已经引起了学者们的广泛关注;其二,学者们的研究还处于个案阶段,还没有进入系统化研究的阶段。囿于本部分预想做深入细化的研究,于是就以学者们广泛接受的称谓,即以暴力实施主体入手,以观众暴力为名展开讨论。

随着对观众暴力研究的增多,国内外学者的研究中,与观众暴力相关的界定也逐渐增多,比较有代表性的界定是:

国外学者方面,"暴力是一种最强烈的生活经验,对那些让自己经历暴力的人,这是一种极强烈的快感,群殴是他们的良方"①(Bill Buford,2004);"本质上是观众调整不满情绪的一种合理行为,并不是无思想的、四肢发达的行为"②(Cunneen,Chris Cunneen,Mark Findly,Rob Lynch & Vernon Tupper);一些学者认为,体育赛场上观众暴力行为产生的原因是综合性,不是单一的③(Eitzen,1979);"体育暴力是个人对他人从身体上、语言上、姿势等几方面进行的不友好的恶意伤害"④(Le Unes & Nation,1989)。

国内学者方面,对观众暴力的界定主要有:"观看球赛的观众在赛场内外实施的,以殴打、侮辱、破坏或者其他手段对受害人造成身体、精神或者财产上的损害,妨碍赛事的组织管理与正常进行,并造成一定后果的行为。"⑤(石岩,2011)"一种激情犯罪行为或违法行为。球迷暴力冲突属于当比赛场看台上的双方支持者在感情激动的情况下,当某一方采取过激行动的情况

---

① Eric Dunning,"'Figuring' Modern Sport:Autobiographical and Reflections on Sport,Violence and Civilization",A report of Chester Centre for Research into Sport and Society of University College Chester,2004.

② Daryl Adair and Wray Vamplew,"Not So Far from the Madding Crowd:Spectator Violence in Britain and Australia,"*Sporting traditions*,pp.95-103.

③ D. S. Eitzen,"Sport and deviance,"*Sport in contemporary society*,New York:St. Martin Press,1979,pp.161-172.

④ Arnold D. LeUnes,Jack R. Nation,*Sport psychology:introduction*,Chicago:Nelson-Hall Publishers,1989.

⑤ 参见石岩、黄鑫:《球场观众暴力突发事件应急管理的理论研究》,载《天津体育学院学报》2011年第2期,第93页。

下发生的一种体育纠纷。"①(郭树理,2004)"运动场上的群体性骚乱行为已经一种违法行为。"②(李津蕾,2006)"球场观众暴力是一种较为特殊的集体越轨现象。"③(刘晖等,2004)

从上述的界定可以看出,国内外学者对球场观众暴力的界定可以分为单一型界定和混合型界定。单一型界定是从与体育赛场观众暴力有关的因素来对其进行界定,即从引起观众暴力的原因、行为模式、行为性质或突出危害结果等单个方面进行界定,如 Bill Buford 突出观众暴力的行为模式,郭树理从法学角度出发,通过给观众暴力行为定性的方式对其进行界定。与之不同,一些学者对观众暴力的界定是一种混合型界定。混合型界定是从上述两个以上因素界定观众暴力。有的界定规定了行为模式和行为产生的原因,如 Eitzen 的界定;有的界定描述了行为模式和行为的危害结果,如石岩的界定。笔者认为,学者们学科视角不同产生了不同的界定。

从内涵上来讲,概念是反映在概念中的对象的本质属性④。本质是现象的依据,决定着现象,现象是本质的具体反映,现象的变化从属于一定的本质,因此,现象和本质是相互联系、辩证统一的。从中可以看出,现象是事物本质的具体表现,体育赛场观众暴力的概念是观众暴力现象的抽象化,换言之,在界定球场观众暴力的概念时,首先要关注观众暴力现象,在此基础上进行抽象化,形成概念。

结合国内外学者对球场暴力所做的界定,笔者以法律为视角,认为体育赛场观众暴力是指体育赛场上观众对特定对象实施的,包括身体、精神和财产方面等妨碍体育比赛的组织管理和进行,对正常社会秩序造成一定影响的不法侵害行为。

(二)体育赛场观众暴力的特征

体育赛场观众暴力是体育赛场上的一种独特的现象,这种现象依附于体育运动,换言之,在相关组织的推动下,体育赛场上体育运动以其特有的魅力引起了社会的广泛关注,社会将目光聚焦于此,一些运动迷出于不同的目的集聚于此,体育赛场暴力是在集聚的人群中发生的。体育赛场观众暴

---

① 参见郭树理:《体育纠纷的多元化救济机制探讨——比较法与国际法的视野》,法律出版社 2004 年版,第 49-75 页。

② 李津蕾:《我国反球场观众暴力立法的可行性和必要性》,山西大学 2006 年硕士学位论文,第 16 页。

③ 参见刘晖、侯本华:《球迷骚乱行为成因探析及管理对策》,《吉林体育学院学报》2004 年第 2 期,第 91-92 页。

④ 参见张天敏:《定义概念与被定义概念是内涵不同的两个概念吗?》,《中州学刊》1983 年第 3 期,第 19-21 页。

力具有其本身特有的内在属性,这种内在属性与其他事物具有根本的不同,体育赛场观众暴力与其他事物具有明确的界限。通过与其他事物进行比较,笔者认为,体育赛场观众暴力存在以下特征:

1. 主体和客体具有特定性

体育赛场观众暴力的主体和侵害对象不是漫无边际的,而是特定的。以本书前面提到的海瑟尔惨案为例,在利物浦队和尤文图斯队进行的欧冠比赛中,双方球迷以及混在队伍中的足球流氓发生了严重的暴力冲突,比利时布鲁塞尔海瑟尔球场陷入了混乱中,这次观众暴力造成了 39 人遇难,600 多人受伤。在这次暴力事件中,实施暴力的主体是观众,这里的观众是一个宽泛的概念,它没有偏好和职业之分。具体来说,无论他们有无支持的球队,也无论他们是英格兰球迷、意大利球迷,还是其他中立方球迷,只要来到了赛场观看比赛,他们就是体育赛场的观众。另外,体育赛场的观众也没有职业之分,在现实生活中无论他们从事什么职业或者有没有职业,只要来到球场观看体育比赛,在特定的场地和时间内,他们就充当了观众的角色。从这个角度来讲,体育赛场实施观众暴力的主体是特定的,具有特定性。

体育赛场观众暴力侵害的客体也是特定的,侵害的对象包括人身健康权和财产权。体育赛场观众实施暴力时,首先,对人身造成了损害,海瑟尔惨案中造成多人伤亡的情况就直接说明了这一点,这是对人身健康权的侵犯;其次,在球场观众暴力过程中也可能对私有财产和公共设施造成损害,如球场的座椅和看台附属设施。另外,在世界各地的职业体育联赛中经常可以看到,在一场激烈的比赛结束后,一些情绪高亢的球迷也可能攻击对方球队的大巴。这是对财产权的侵犯。

2. 手段多样性

体育赛场观众暴力的手段是多种多样的,多数是通过肢体和手持器械来完成的。体育赛场观众肢体暴力主要是指观众通过肢体的强制力来达到自己的目的,比如通过推搡、击打头部和拳打脚踢的手段来进行攻击。除了对人的击打以外,还有一些观众通过焚烧体育场馆设施和毁坏公共设施的方式来进行泄愤,一些极端的观众通过焚烧对方的国旗来进行挑衅。如2006 年 6 月 22 日德国世界杯英国队和西班牙队的比赛中,英国球迷拥入德国,在特拉法尔加广场实施暴力,共有 40 辆汽车被毁,7 幢建筑物遭到破坏,23 名群众受伤,当天晚上将近 200 人被捕[①]。多人暴力中,往往会出现群殴的场面,群殴会导致大量的伤亡,布鲁塞尔海瑟尔惨案就是一个典型例子。

----

① Eric Dunning, *Sport Matters*, *Sociological Studies of Sport*, *Violence and Civilization*, London and New York: Routledge, 1999, pp. 130–159.

手持器械实施暴力也是体育赛场观众暴力的一种方式。一些不怀好意的观众利用体育场馆管理上的漏洞,通常将矿泉水、台球甚至枪支等赛场禁止携带的物品带到赛场,利用赛场混乱的局面实施暴力。一些观众通过毁坏体育场馆设施,利用看台的座椅作为武器来攻击其他观众。在赛场外,为了达到自己的目的,一些球迷常常通过石块和砖头等物品来袭击对方球队、球员、球迷或者不相关人的车辆,毁坏公共设施。总之,体育赛场观众暴力的手段是多样的,具有多样性。

3. 群体性

观众以集群的方式来到赛场,不同的观众具有不同的目的。有的是出于对这项运动的喜爱,有的是出于对某支运动队、球员和教练员的好感来到赛场观看比赛,还有一些观众是出于娱乐、缓解压力和制造混乱等其他目的来到赛场。可见,观众的目的是不同的。

就组织形态而言,球迷来到赛场观看比赛可能是经过球迷协会组织结伴而来,也可能是几个要好的朋友结伴而行,当然也可能是单独出行,因为一些共同的爱好组成一个新的团队。总之,赛场看台上的观众是以"大杂居小聚居"形式分布着。

在观看比赛过程中,因为体育竞技场上的、赛场看台上的一些原因,可能导致小范围暴力的发生。由于观众来赛场的目的是不同的,且又以团队的形式分布着,如控制不好,小范围暴力极易发展到大范围的群体性的暴力事件。事实上,在现实生活中体育赛场暴力事件也多表现为群体性暴力形式,从海瑟尔惨案到一些国内联赛骚乱都表现出了这样的特征。

体育赛场观众暴力的主要表现形式是群体性暴力。第一,赛场观众区域客观上存在着价值观念对立的球迷群体。不同球迷团体之间的矛盾由来已久,不可能短时间内得到调和,这就为群体性暴力的发生埋下了隐患。第二,体育赛场观众中存在一定的歧视现象。地域歧视、种族歧视等容易激起群体性的激愤,为观众暴力的发生提供了条件。第三,流氓团伙的加入。这些团伙不以观看比赛为目的,专门以制造混乱和群聚闹事为目的,会把体育赛场搅得不得安宁,引起纠纷事端并参与到赛场暴力中来。

4. 后果不确定性

由于暴力的程度、实施方式和实施对象的不同,体育赛场观众暴力的后果也有所不同,且后果具有不确定性。根据暴力的程度不同,暴力的损害结果也会有所不同,如1974年5月在巴塞罗那举行的欧洲国家杯决赛,大量英国格拉斯哥"徘徊者"队的球迷闹事,与西班牙警方发生激烈冲突,结果造成1人死亡,150人受伤。1984年,闻名世界足坛的布鲁塞尔惨案,因为观众暴力行为迫使数千人伤亡,球场秩序混乱不堪。1989年英足总半决赛中发生

的希尔斯堡惨案使 95 名利物浦球迷丧生[①]。

实施方式不同,体育赛场暴力的损害结果也会有所不同。如果针对人进行的攻击,使用器械的方式和直接的肢体对抗,其损害结果是不同的,相对而言,使用器械的损害结果会更大。另外,暴力对象不同,损害后果又会有所不同。针对人身的暴力,可能会导致人员伤亡的情况出现;针对物的暴力,会造成相关主体财产权的损失。由此可见,体育赛场观众暴力的后果是不确定的,不能一概而论。

三、体育赛场观众暴力的成因

(一)体育赛场观众暴力形成依赖的因素

体育赛场观众暴力的形成并不是偶然的,也不是无缘无故的,它的产生与一些因素有关。这些因素有主体因素、环境因素、心理因素和行为因素。

1. 主体因素

体育赛场观众暴力的实施主体是赛场观众。依照社会学家布鲁默在《集群行为》中的分类,体育赛场观众主要分为偶合观众、常规观众、表意观众和行动观众[②]。偶合观众是偶尔来看球的观众。这类观众不是真正的球迷,是临时赋闲,或是陪伴他人来观看比赛的球迷,这类观众一般不参与暴力。常规观众是有明确计划而结合在一起的观众。这类观众有一定的目的性,真正喜爱观看体育比赛,因为喜爱比赛才集合在一起。这类观众有良好素养,观看比赛和在比赛中享受快乐是他们来到赛场的主要目的,这类观众一般不会参与有组织的暴力活动,但是不排除一些激进分子因为某些原因而参与体育赛场观众暴力的可能。表意观众是一些手舞足蹈的观众。这类人把观看比赛视为生活中重要的组成部分,当比赛结果和过程不能让他们满意时,这些观众容易激动,容易被别人挑逗和利用。在一定条件下,表意观众能转化为行动观众,他们是正在参加暴乱和暴力的观众。行动观众是球场暴力的直接制造者。这类观众中一些人来源于常规观众,一部分来自痴迷的表意观众,还有一部分是所谓的"流氓球迷"。

2. 环境因素

环境因素主要指体育赛场观众暴力实施的时间和空间。体育赛场观众暴力的时间依附于体育比赛的时间,赛场观众暴力可能发生在赛前、赛中和

---

① 《20 世纪世界足坛百件大事》,《环球体育》2003 年第 1 期,第 41 页。转引自郭树理:《体育纠纷的多元化救济机制探讨——比较法和国际法的视野》,法律出版社 2004 年版,第 71-72 页。

② 周晓红:《现代社会心理学》,上海人民出版社 1997 年版,第 398-407 页。

赛后的任何一个时间点。按照竞技体育比赛的规律,体育赛场观众暴力一般发生在国际体育比赛日或者周末。体育赛场观众暴力的空间是指观众暴力发生的地点。一般来讲,观众暴力的空间可以是球场内也可以是球场外,有的体育赛场观众暴力发生在赛场上,如足球比赛的足球场及其看台。另外,体育赛场领域的马路和广场等观众聚集的地方,也是体育赛场观众暴力实施的主要空间。

3.心理因素

心理因素主要包括从众心理、暗示心理和感染心理[①]。具体来说:

从众心理是一种盲目跟从和没有主见的主观心理状态。体育赛场暴力实施者具有一定的从众心理,主要特征是盲目性。在体育赛场的热烈的氛围中,一些观众或者球迷失去了自我,别人大声呐喊时,在球场气氛的渲染下,一些球迷也会选择跟随。当体育赛场出现观众暴力时,受到外界的影响,一些球迷也会在从众的心理作用下参与进来。

暗示心理是对外界的信息不加选择地接受,进而进行模仿的心理状态。在体育赛场的喧闹氛围中,观众处于一种自由的状态中,平时不敢说的话,平时不敢大声呐喊的,以及平常压抑的情绪都可以在这里进行宣泄,当外界实施暴力时,在暗示心理的作用下,一些观众也会参与其中。

感染心理是观众受到外界的感染后具有渴望参与其中和积极参与其中的心理状态。受到暴力氛围感染的观众容易失去理智,具有参与到体育赛场观众暴力中的期望。

4.行为因素

除了心理因素外,观众在外界刺激作用下,容易造成情绪失控而爆发暴力冲突。这里所描述的外界刺激就是一种行为因素。一般来说,行为因素包括外界的刺激、情绪波动、模仿和爆发暴力冲突等因素。观众在观看比赛时受到刺激,如裁判的判罚不公和对方球迷的挑逗等,会逐渐引发情绪的波动,心理逐渐不平衡,随着各种刺激源的持续作用,心理波动加大直到处于"窝火"状态,这个时候很容易受到外界的感染。特别是在一些流氓球迷的挑逗下,观众会模仿流氓球迷攻击他人的动作,随着模仿暴力攻击的观众逐渐增多,就会演变成一场大规模的体育赛场观众暴力事件。

(二)体育赛场观众暴力的形成机制

来到体育赛场看比赛的观众具有不同的心理状态,据研究,根据观众的心理状态的不同,可以将其分为求知型、审美型、娱乐型、求同型、发泄狂热

---

① 参见郑欣:《集群行为:要素分析及其形成机制》,《青年研究》2000年第12期,第34-36页。

型和不法分子①。群体心态和群体行为具有一定的联系,在一定程度上,群体行为是群体心态的反映,群体心态促使着群体行为的产生。具体到体育赛场暴力实际情况,发泄狂热型观众和不法分子是体育赛场暴力的主要参与者。前者由于对体育比赛和喜爱的球队的疯狂热爱,暴力实施者的心理状态不太稳定,容易引起观众暴力的发生。后者是借助体育赛场实施暴力的群体或个人,暴力实施者的目的不完全是为了观看比赛。

从社会心理学角度来看,体育赛场观众暴力的形成需要经历四个阶段,即集群行为的形成、群体意识的形成、场内外因素的影响和观众暴力的发生。具体来说:

1. 集群行为的形成

集群行为的形成具有一定的规律性。作为一种集群行为,体育赛场集群行为的形成符合一般集群行为形成的基本规律。一般集群行为的形成需要满足以下条件,即大众态度、共同信念和集群机会的出现,这三个条件缺一不可。

大众态度是社会群体对客体共同的、比较稳定的心理倾向,它是集群行为产生的前提条件②。观众来到球场集群,主观方面主要是出于对这种运动项目的热爱和精神需要,当然也有一些观众如足球流氓是出于一些不可告人的目的;客观方面主要受到社会舆情、社会群体和社会控制体系的影响。社会舆情让观众对体育比赛或体育暴力有了基本的认识,受社会群体的价值取向和目标影响,体育观众会产生集群看比赛的心理倾向。社会控制体系是观众生活中的社会规范体系,体育赛场的规范体系是社会控制体系的一部分,良好的社会控制体系会促使观众赛场集群。上述方面是影响体育赛场观众群体大众态度形成的主要因素。观众的大众态度对赛场观众暴力的产生具有基础性作用。

共同信念是群体对于理想坚定不移并力求加以实现的共同心理倾向,它是集群行为发生的动力来源。体育观众一旦形成对某种运动项目的喜爱或具有了钟情的球队或球星,就会产生共同的信念,然后集群到赛场来观看比赛。这也是一些球迷不远千里跟随喜爱的球队到客场观看比赛的主要原因。

集群机会的出现是集群行为发生的直接推动力。比赛的举办是观众进行集聚的机会,每逢重大的体育赛事举办时,大量的球迷会拥入赛场观看比

---

① 参见赵建安、张鲂:《足球赛场球迷骚乱和暴力成因的社会心理学探析》,《西安体育学院学报》2003 年第 6 期,第 113 页。

② 参见徐俊文:《集群行为研究》,武汉出版社 2001 年版,第 95 页。

赛。同时,当体育赛场上发生各种突发性事件时,如喜爱的球员受到严重的侵犯、裁判误判和暴力事件时,观众也可能在一定的地点再次发生集群。上述这些要素的出现都可以称为集群机会的出现。

2. 群体意识的形成

群体意识的形成需要经过四个阶段:

(1)体育赛场观众受到参照群体的影响,观众会对自身进行重新评判。谢里夫认为参照群体是个体作为其中一分子与之建立联系或在心理上想与之建立联系的群体(Sherif,1968)①。著名心理学家费斯汀格(Leon Festinger)认为人类有机体具有评价自身意见和能力的本能驱力。体育赛场观众的参照群体是个人所在的球迷群体,通过与参照群体的比较和选择,现场体育观众会有相对的剥夺感。体育赛场观众如何认识自己、评价自己,很大程度上依赖于自己所在的球迷群体。在现代的体育赛场上,观众通过球迷群体对于球队和球星的热爱,会逐渐渗透到观众的心理和生活里。

(2)通过这样的程序,观众会逐渐形成群体认同感,进而认同群体的理念,认同球员和运动员的形象为自己的形象。当比赛失败后,被视为自我形象的威胁,关注过度的观众就会具有发泄的欲望。

(3)体育赛场观众通过自我归类逐渐去人格化。在观众群体理念认同的基础和周围观众群体的影响下,观众的心态会发生一定的变化,会产生自我归类的倾向。欣赏同一个球队或者同一个球员或者具有同样比赛期待的观众会逐渐聚集在一起,在集聚的团队中,观众会进一步认知自己,改变自己的信念或人格。其实,就这个改变过程来说,本质上就是一个去人格化的过程。

(4)长时间的群聚,观众会形成相似的群体意识,即强烈的认同感会产生强烈的群体意识,而这种群体意识包括两个重要方面:一是强烈的归属感;二是不同群体之间的相互敌视。研究发现不同的群体倾向于夸大他们之间的不同之处②。

3. 场内外因素的影响

具有群体意识的观众极易受场内外因素的影响。这些影响的因素主要有:场外的因素,如媒体的各种消极的报道、国内外球迷暴力的场景和本方球迷的消极言论等;场内的因素,如对方球迷的挑衅行为、观众的不理智行

① 参见乐国安、汪新建:《社会心理学理论与体系》,北京师范大学出版社2011年版,第91页。

② 徐群、雷宏:《体育迷暴力行为之心理初探》,《武汉体育学院学报》1993年第4期,第62页。

为、赛场上喜爱的运动员受到侵犯、裁判有争议的判罚、流氓球迷的挑拨和鼓动等。特别是有组织的流氓团伙的暴力行为和鼓动行为对具有群体意识的观众影响较大。场内外因素共同作用下，会促使不同球迷团体关系逐渐恶化，增加观众暴力发生的概率。在促使体育赛场观众暴力发生的场内外因素中，相比较而言，场内因素是主要方面，它对暴力的发生具有直接的推动作用；场外因素是次要方面。

4.观众暴力的发生

"领导人"行为的驱动，促使体育赛场发生观众暴力。观众群体领导人的出现，也在促成暴力发生中具有重要的作用。特别受到场内外因素的影响后，观众的不满达到顶点的时候，群体领导人的行为将直接影响暴力是否发生。这里的"领导人"，主要由三类人构成，即观众群体中极其亢奋者、不怀好意的流氓个人或团体和观众群体的实际组织者。在现实中，观众群体中极其亢奋者和不怀好意的流氓个人或团体的暴力行为最容易引起大规模的赛场观众暴力事件，观众群体的实际组织者通常由观众推选产生，一般是具有一定素养和品质高尚的人。这些人加入群体并充当领导的主要目的是出于对运动项目或者球队的喜爱，他们具有一定的忍耐能力，一般不会发生不理智的行为，引导观众实施暴力。当然，也不排除一些激情派的观众领导促成观众暴力事件的可能性。

（三）体育赛场观众暴力成因的理论基础

对于体育赛场观众暴力的形成原因，抑或是什么原因导致了赛场观众暴力的出现，学者们进行了大量的探索。体育赛场观众暴力的形成是一个复杂的问题，要对其进行深入的研究，着眼点有两个：其一，搞清楚体育赛场观众暴力形成的依据，这是在学理上的探索；其二，揭示赛场观众暴力形成的实际原因，这是在实证基础上的探索。事实上，从现有的研究来看，国内外学者也正是针对这两点进行了相关的探索。

在学理的探索方面，学者主要借助社会学和社会心理学的理论开展研究，在众多的研究成果中，主要运用的是群体行为理论、暴力的形成理论及群体暴力产生的理论来解释赛场观众暴力现象。实证研究方面，国内外学者们深入暴力发生的现场，主要采用实证调查和访谈的方法开展研究，找出体育赛场观众暴力发生的社会的、文化的、生理机制的以及人种上的具体原因。应该说，这些有益的探索为本书的研究奠定了良好的基础，本部分的研究也是在前人研究基础上形成的。

1.对相关研究的评价

下面本书将对这两方面的研究做一个简要的梳理：

对于前者，这里主要针对国内外学者运用相关学科理论解释体育赛场

观众暴力成因的述评。社会心理学家艾森(Eistzen)在群体行为的研究中多有著述,专门针对赛场观众暴力进行了研究。遗憾的是,艾森只是简单地界定了观众暴力的几个类型,并没有直接对其成因进行深入的研究。但从艾森对观众暴力的定义中可以看出,观众流氓行为的成因是对长期积攒起来的压力的发泄。这里的压力主要来自政治、经济、宗教和种族所带来的社会紧张。

徐群和雷宏认为群体行为理论、传染理论、辐合理论和紧急规范理论可以分析观众暴力产生的原因。首先,在分析这些理论的基础上,他们引用了西蒙斯和泰勒的体育观众暴力行为社会心理模式,认为政治、经济、地域、新闻媒介以及社会规范是引发观众暴力行为的促发因素[①]。其次,徐群和雷宏仅仅运用这些理论进行了简单的分析,至于这些理论是否适用于赛场观众暴力的解释,要么进行了直接的否定,要么不置可否直接引用。再次,徐群和雷宏对西蒙斯和泰勒的体育观众暴力行为社会心理模式进行了细致深入的分析,有一定的参考价值,但这也仅仅是立足于社会经验的基础上对赛场观众暴力形成过程的解读。最后,徐群和雷宏提出了观众暴力行为的促发因素,但是也没有对其进行深入的分析。

石岩运用集群行为的理论对赛场观众暴力行为进行过精细的解读,运用多米诺骨牌理论(Domino Theory)和能量释放理论(Energy Release Theory)解析了观众暴力突发事件"能量失控"的过程,认为比赛的激烈程度、裁判误判、比分、球员的非理智行为以及观众的心理失衡等因素导致了观众暴力的发生,社会环境因素、心理因素和赛场外因素等能量模块聚集到一定程度,达到了临界值就会促使观众暴力事件突发。石岩还运用James Q. Wilson和George L. Kelling(1982)的"破窗理论"论述了赛场观众暴力升级的过程,认为警察对体育赛场观众暴力应对不及时和不恰当会导致观众暴力的升级[②]。另外,石岩还运用了本能论、价值累加理论及传染理论对观众暴力的成因进行了分析,特别是在本能论中,采用勒庞和弗洛伊德的理论,认为群体中人容易处于无意识的状态,容易激动冲动,以及群体中的领导者的出现等这些因素促使了球场观众暴力的产生[③]。石岩的这些研究对观众暴力成因的研

---

① 参见徐群、雷宏:《体育迷暴力行为之心理初探》,《武汉体育学院学报》1993年第4期,第59-62页。

② 参见石岩、黄鑫:《球场观众暴力突发事件应急管理的理论研究》,《天津体育学院学报》2011年第2期,第94页。

③ 参见石岩:《球场观众暴力的理论阐释和因素分析》,《西安体育学院学报》2004年第1期,第2页。

究意义重大。

对于后者,主要是针对赛场观众暴力成因的实证研究成果评析。对于赛场观众暴力的研究不能仅仅停留在思辨和形而上学的层面上,没有实证研究方法的介入,就不会有科学的成因论证。英国精神病医生 John Harrington 认为观众暴力仅仅是由于精神失常造成的,但他的研究有很多难以回答的问题,因此一直饱受诟病。Ian Taylor 从社会的视角出发,分析了观众暴力产生的真正原因是社会不平等和阶级压迫。研究结论虽然有一定的合理性,但是它太过绝对,难言合理。英国伯明翰大学学者 John Clarke 和 Stuart Hall 认为观众暴力是一种亚文化现象,同时认为媒体在其中起到了推波助澜的作用①。意大利学者 Alessandro Roversi 认为,球迷的格斗是一代又一代的球迷积攒下来的恩怨,球迷简单地将祖辈的对手当作自己的敌人。德国学者 Hahn 从亚文化和寻求认同结合的角度来解释观众暴力,认为观众暴力是通过亚文化所倡导的目标,通过一些激进的行为、反抗来打破旧的传统制度②。荷兰学者 Van der Brut 认为,观众暴力问题都是由缺乏有效的家庭教育和"令人置疑"的教育经历两个主要因素造成的③。

由于欧洲是体育赛场观众暴力的起源地和高发区,为学者开展实证研究提供了一定的基础,因此关于欧洲学者的研究成果相对较多。从这些研究中不难看出,家庭教育、文化原因、社会的不平等及经济原因是造成体育赛场观众暴力的主要原因。

2. 笔者的观点

学术研究的终极目标不是对恶行的"报复性反应",而是通过事实探明恶最初的发端并扼制它。因此,合理地解释赛场观众暴力的成因就显得特别的重要。然而,体育赛场观众暴力成因具有复杂性,难以使用单一的理论做出圆满的解释,同时在不同的层次论述同一问题又显得比较凌乱。鉴于此,笔者认为,对赛场观众暴力的合理解释必须在不同层次使用多个理论进行集中论述。只有这样才能更加全面、深入和客观地说明这一特殊现象的成因。

---

① See E. Dunning, P. Murphy, J. Williams, "Spectator Violence at Football Matches: Towards a Sociological Explanations," *British Journal of Sociology*, 1986, No. 37, pp. 221-244.

② See Gunter A. Pilz, "Social Facxors Influencing Sport and Violence: on the 'Problem' of Football Hooliganism in Germany," *International Review for the Sociology of Sport*, 1996, No. 31, pp. 49-68.

③ 石岩、高进、张凯飞:《欧洲球场观众暴力问题的研究进展》,《天津体育学院学报》2003 年第 1 期,第 12-17 页。

正是在这种情形下,笔者认为进行多理论的分层研究,具体来说,主要在不同学科的视角下,按照一般到特殊、宏观到微观的标准把越轨理论进行分类,勾勒出了体育赛场观众暴力的宏观理论、中观理论和微观理论。

(1)宏观理论。宏观理论主要是在宏观层次对赛场观众暴力进行解释,从生物学和自然环境两个方面论述观众暴力的成因。

生物学认为,基因、染色体、雄性激素等生物元素能够导致暴力的发生。以雄性激素为例,古德(J. Goodman,1987)通过对 7 名具有攻击性行为的女性进行研究后,发现有 6 人在童年时受过雄性激素的影响①。事实上,有学者研究证实如果养父和生身父亲都犯过罪,儿子犯罪的比例就达到36.2%②。这说明遗传因素也影响着个体暴力行为的产生。可见,这些生物因素已经广泛地被犯罪学家关注,确实对暴力和攻击行为的产生有一定的影响。

自然环境是导致暴力发生的另外一个因素,社会统计学之父阿道夫·凯特勒曾断言:"侵犯人身的犯罪往往发生在气候温和的地带。"③由此可见,闷热天气是可能导致赛场观众暴力发生的。在现实的生活中,一些恶劣的极端天气容易导致人们出于精神紧张和思维混乱的状态,人们会显得暴躁不安,实施暴力行为的可能性会大大增加。因此,笔者认为,生物学和自然环境因素已经成为赛场观众暴力形成的不可或缺的因素。

(2)中观理论。中观理论主要运用社会学和社会心理学的理论从社会交往的角度来解释体育赛场观众暴力的形成原因。具体来说:

首先,失范理论和社会解组理论。美国社会学家 R. K. 默顿认为人们对现在规范缺乏广泛的认同,从而使社会规范丧失了控制人们的权威和效力。R. K. 默顿认为社会失范是文化目标与制度化手段的不平衡,文化目标是社会认定某些社会事物是值得存在的、有价值的东西。制度化手段是社会认可的、合法的获得文化目标的手段④。人们选择越轨行为是对文化目标失去了兴趣,或是制度化手段设置不合理甚至阻止了人们获得文化目标。失范理论告诉我们,赛场观众暴力行为的成因来自于个人和现有制度尤其是赛场管理制度的不合理。社会解组理论最初是从福德·肖(Clifford R. Shaw)

---

① 参见[英]R. 布莱克本:《犯罪行为心理学:理论、研究和实践》,中国轻工业出版社 2000 年版,第 132 页。

② 参见[德]汉斯·约阿希姆·施耐德:《犯罪学》,中国人民公安大学出版社 1990年版,第 401 页。

③ [美]弗克斯:《犯罪学概论》,中国矿业大学出版社 1989 年版,第 55 页。

④ 参见高和荣:《越轨社会学》,吉林大学出版社 2007 年版,第 46 页。

和亨利·麦凯(Henry Donald McKay)研究青少年违法犯罪开始,他们认为美国犯罪学从欧洲早期犯罪学传统中摆脱出来做出了巨大的贡献①。芝加哥社会解组学派认为,人的冲动应该受到社会的制约,当社会制约不当时就会出现大量的越轨行为。由此可以看出,社会解组学派把越轨的矛头同样指向了社会控制制度的不合理。

其次,亚文化群理论。亚文化与主流文化相对应,是包含主流文化之中并与主流文化相区别的,是某一群体享有的价值和行为方式②。生活在底层社会的人们,在充满流动人口和败坏的环境下,经常寻求着各种刺激,与酒精和毒品为伴,这种亚文化会经常促使他们实施暴力行为③。这类亚文化也可能导致赛场暴力的发生。由此可见,亚文化的产生与施暴者生活的家庭环境和生活环境有着密切的关系,社会环境中的家庭环境和生活环境对暴力行为有大的影响,也是导致赛场观众暴力的原因之一。

最后,差异交往理论。在承认亚文化理论的基础上,萨瑟兰(A. Sutherland)经过大量的实验和调查后,认为包括暴力在内的犯罪是可以习得的,是通过在亚文化中学习而获得的。在个性差异巨大的人群中,人们为什么会学习亚文化中的不好的行为而不学习好的行为呢?萨瑟兰的结论是:接触亚文化时的年龄越小,接触次数越多、越频繁,越容易变成越轨者,学习的内容包括暴力的方法和技术。差异交往理论告诉我们,体育赛场施暴的观众群体,特别是一些"流氓球迷"的行为直接影响着周围的球迷,观众的暴力行为形成与"流氓球迷"的恶性有直接的关系。

(3)微观理论。微观理论主要从赛场施暴观众的心理层面来剖析暴力产生的原因。运用的主要理论主要有:

第一,社会交换理论。社会交换理论是由美国社会学家乔治·卡斯帕·霍曼斯(George Caspar Homans)提出的。George Caspar Homans通过对动物行为的研究,认为通过动物研究得到的心理学理论是可以应用并解释人类的行为的④。学者认为交换理论主要是在人们互动的成本与收益原则、边际效用递减的原则和社会互动中得到的收益取决于个人向他人提供的利益基础上形成的。霍曼斯认为成功命题、价值命题、刺激命题、剥夺饱和命

---

① Mark S. Gaylord and John F. Galliher, *The Criminology of Edwin Sutherland*, by Transaction, Inc. 1988, p. 88.

② 参见皮艺军:《越轨社会学概论》,中国政法大学出版社2004年版,第150页。

③ 参见许春金:《犯罪学》,台湾三民出版社1991年版,第310页。

④ 参见张雄、王晶雄:《新编现代西方社会思潮》,上海社会科学院出版社1999年版,第294页。

题、进取认可命题和合理性命题可以解释人类一切行为。由此可以看出,人类的利己主义和趋利避害心理是导致暴力行为发生的原因,这对于研究赛场观众暴力的成因有一定的启发作用。

第二,本能说。弗洛伊德利用精神分析法进行了分析,并在此基础上将人格分为本我、自我和超我。本我是人与生俱来的潜意识结构,它由欲望、本能和冲动组成。自我受潜意识支配,按社会一般原则活动;超我通过道德内化实现。三者之间相互联系、自成一体。当本我没有受到自我和超我监管时就会出现越轨。本能说告诉人们,暴力发生的原因是人的本能。

第三,学习理论。学习理论越轨来自人类向社会的学习,虽然学习理论扎根于对反社会人格的研究,但是最后却逐渐偏离这一重心转向了对越轨者学习环境的研究。学习理论的起初固守的理论认为,暴力等越轨行为形成的原因是个人的反社会人格。后来的研究中,该理论认为社会环境对越轨者影响很大。尤其是社会舆论环境,具体到实际生活中,电影和电视台中一些球迷暴乱的视频,特别是一些夸大的媒体报道可能会加速赛场观众暴力的出现。从这个层面上来说,学习理论是有一定的现实作用的,它引发了我们对赛场观众暴力成因的全面思考。

第四,挫折-攻击理论。该理论主要研究人们受到挫折后会不会产生攻击行为。研究期间,以很多理论为基础进行过不同的解释,最初运用弗洛伊德的理论认为挫折后发生攻击是天生的,后来又对其进行了否定,但始终没有找到合适的办法来解读挫折和攻击之间的关系①。最后,多拉德给挫折增加了许多条件,如经济窘迫、职业不理想、教育失败、智力问题、青春期影响、种族歧视、婚姻失败,以及相貌和身体缺陷等,认为惩罚程度低,挫折和惩罚之间的差距增大时会增加攻击的发生率,即当挫折大、惩罚程度低时更容易产生攻击行为。挫折-攻击理论给我们提供很好的思路,在惩罚力度有限的情况下,影响挫折程度增加的家庭的、社会的及经济的因素达到一定程度,是可能促使赛场观众暴力的发生的。该理论把攻击行为归结为挫折是值得人们思考的。

应该强调的是,上述宏观理论、中观理论和微观理论之间并不是具有绝对的界限的,一些理论还会有重叠的情况。笔者认为这是不重要的,因为没有绝对不重合的独立理论,只要能从大致范围上对其进行归类,能够相对明了地界定清楚它们之间的差异,就达到了致用的目的了。

(四)体育赛场观众暴力的成因梳理

体育赛场观众暴力形成的原因是复杂多样的,为了全面认识观众暴力

---

① *Understanding Violence*,J. B. Lippincott Company,1979,p.231.

发生的具体原因,对其进行一定的梳理是必要的。区分观众暴力成因标准的不同,会产生不同的分类情况,以观众暴力施暴的主体来划分,可以分为个人的原因和观众群体的原因。以赛场区域为界限,可以分为赛场区域内的原因和赛场区域外的原因。以社会为视角,可以分为社会原因和非社会原因。这些分类方法都有一定的合理之处,也为本书的分类提供了一些有益的见解。

笔者一直主张,一个合理的分类标准一定要根据事物的实际情况及其存在的实际状态来衡定,切勿为了有利研究之便而率性而为,更不能闭门造车而主观臆断。体育赛场观众暴力不是一种普适性的暴力行为,它发生的时间和地点是特定的,暴力的参与者是有一定范围的,最重要的是,观众暴力行为是与体育运动有关,可见它是具有特殊性的。正是出于这些考虑,在上述理论分析的基础上,笔者以观众暴力成因的实际情况为标准,认为体育赛场观众暴力的形成原因是整体性的、层次性的和动态性的,具体分为宏观方面的原因、中观方面的原因和微观方面的原因。具体来讲:

1. 宏观方面的原因

生物机体和自然环境是从生物机体本身和个人所处的自然环境方面对赛场观众暴力成因做的解释,它是用超社会的方式来解释观众暴力的成因。这两个方面已经被国内外学者逐渐关注,一些观众生性好斗,容易对其他人或事物发生攻击,这与生物机体的遗传因素有着直接的关系。犯罪学家认为:"如果整个人类的行为中存在着基本的相似之处,而又不受同文化类型的影响,那么这个共同特点便是我们由遗传继承的共同遗产。"[①]另外,犯罪生物学家也通过大量的生物实验,发现生物体中雄性荷尔蒙水平与暴力有关,这就不难理解为什么观众暴力实施者多为男性。上面的论述中,阿道夫·凯特勒断言炎热的天气也是导致暴力发生的原因。通过这些研究,我们不难发现,生物机体因素和自然环境因素是可以导致赛场观众暴力的产生的,虽然这看起来有些绝对,但体育赛场观众暴力发生是很多复杂因素引起的。从其成因整体性的角度来看,笔者认为生物机体因素和自然环境因素是导致体育赛场观众暴力发生的间接因素之一。毕竟它们的解释角度已经脱离了形而上学的社会学范畴进入科学探索的领域。

2. 中观方面的原因

通过对失范理论、社会解组理论、亚文化群理论和差异交往理论的解析,我们已经认识到了社会因素对于暴力越轨行为形成的重要作用。通过

---

① [美]杰克·D.道格拉斯,弗兰西斯·C.瓦克斯勒:《越轨社会学概论》,河北人民出版社 1986 年版,第 42 页。

分析,笔者认为,影响体育赛场观众暴力发生的社会因素主要集中在两个方面,即赛场区域以外的社会因素和赛场区域以内的社会因素。

前者主要包括:社会经济因素、社会文化因素、社会制度因素、政治因素和传媒因素等。社会经济的状况直接影响着社会的稳定,当经济状况不好时,会出现大量的失业人员,失业人员的生活得不到保障就极易出现社会暴力,失业观众是赛场观众暴力发生的潜在隐患。与主流文化不同,一些亚文化影响下的群体常常表现消极的行为,暴力是他们的行为方式之一,这些人酗酒和吸食毒品。据研究,在英超联赛 2000—2001 赛季被逮捕的 928 名球迷中,有 27% 的犯罪与酗酒有直接关系[①]。亚文化不单影响着他们的生活,同时也对社会的年轻人造成影响,这些消极的亚文化是赛场观众暴力形成的间接原因之一。另外,受地域文化的影响,一些球迷具有强烈的地域观念,对其他地域的观众具有敌视和暴力倾向。社会制度影响着社会的基本运行状态,阶级社会中,通常出现阶级压迫,压迫的存在就难免发生暴力反抗。政治腐败现象是一个不可忽视的因素,在腐败高发的国家中,人们对政府失去希望和信心,可能借助赛场暴力的形式进行反抗。社会传媒也影响着一些赛场观众暴力的发生,特别是一些电视报道为了吸引眼球过分夸大赛场观众暴力,一些激烈的暴力场面也间接影响着观众赛场上的行为取舍[②]。

后者主要包括:体育项目因素、体育竞技中的因素、看台因素和赛场管理因素。体育项目中的拳击、橄榄球、足球和篮球等项目身体接触频发和对抗性激烈,一些观众就是为了享受这份刺激来到赛场观看比赛。观众在观看比赛的同时,也受着这些激烈对抗的影响,激烈对抗的"暴力性"直接影响着观众的情绪,影响着观众的行为,在其他多方面因素的共同影响下,也是发生观众暴力的诱因。

体育竞技中的因素包括比赛的激烈程度、比赛中球员的受伤、裁判的不公正判罚和球员的暴力等[③]。这些情况是身在赛场的观众直接感受到的,当这些因素反复出现时增加观众的情绪波动,容易引起看台上的不同立场观众的对峙,为赛场观众暴力的发生起了推动作用。看台因素主要包括观众

① See Statistics on Football-related Arrest & Banning Orders, Home Office for the U. K., 2002, Aug. 7.

② Brett Hutchins and Murray Phillips, "Selling Permissible Violence: The Commodification of Australian Rugby League 1970 – 1995," International Review for the Sociology of Sport, 1997.

③ Eric Dunning, Sport Matters, Sociological Studies of Sport, Violence and Civilization, London: Routledge, 1999, pp. 130–59.

的挑衅行为和不理智行为、观众的流氓行为、不怀好意观众的挑唆和各种歧视行为等,这些情况直接发生在观众的身边,抑或被观众直接感受着、亲身体验着,它们直接冲击着观众的心理防线,是引起暴力发生的主要因素。赛场管理因素主要包括球场设施的设计、建设和维护状况、进入赛场的检查、赛场观众人数的管控、赛场秩序的维护和突发事件发生后的应急管理等,赛场管理的缺失可能造成观众的骚乱和暴力的发生。具体来说,如体育赛场设施中观众之间的间隔围栏是否存在以及围栏是否完好、赛场设计的容纳人数和实际入场人数是否匹配、入场观众是否持有具有损害性的物品、赛场观众突发性事件的初始阶段是否进行有效的管控和管理人员的配置是否合适等,这些都要进行认真的思考,管理要做到万无一失,不然就会存在发生观众暴力的隐患。可能引起体育赛场观众暴力的原因很多,但它们都是促使观众暴力发生的间接原因。

3. 微观方面的原因

外因是通过内因起作用的,探讨体育赛场观众暴力产生的微观原因是非常必要的。微观的原因主要包括天生好斗、模仿和挫折感。

(1)天生好斗。正如本书前面所提到的,弗洛伊德把犯罪的原因归结于人性,虽然过于绝对,有片面之嫌,但是也不能完全否定。事实上,在赛场观众暴力多发的欧洲地区,除了宏观和中观方面的原因外,欧洲强悍的民族个性是不可忽略的。在一些地区确实存在着彪悍的民风,人们天性好斗,容易发生暴力行为,这些彪悍的气息是民族个性的体现。然而,我们没有直接证据证实这些情况,也不会存在一个地区的人们全部都具有好斗的习性,但是,至少可以肯定,社会上确实存在天性好斗的人。只能说,当这些人拥入看台时,体育赛场存在暴力的风险就比较大。

(2)模仿。观众对赛场群体行为的模仿也是引起观众暴力的原因之一。应该承认,赛场上的群体行为确实感染着在场的每一位观众,从观众进入这个群体以后,会在群体的影响下,逐渐认同群体的理念,产生群体认同感以后,会审视自己的行为和想法,然后对自己重新认识,自己的部分个性会逐渐地被消磨,发生去个性化的过程。受一些因素的影响,群体成员的攻击性暴力行为也会被习得,产生暴力的倾向,甚至会直接参与或者进行暴力攻击。这是西蒙斯和泰勒的赛场观众暴力的社会心理学模式告诉我们的。

(3)挫折感。当人类发生挫折后,会不会进行暴力性攻击是学者长期研究的课题。社会科学家通过动物实验和行为研究最后提出了挫折-攻击理论,该理论也验证了,当挫折感比较强烈,而惩罚力度较小时,人们发生暴力攻击的可能性较大。因此,笔者认为,当一些因素导致观众挫折感达到一定程度时,是可能发生赛场观众暴力的。观众的挫折感已经成为观众暴力发

生的不可忽视的因素。与宏观原因和中观原因相比,微观原因在促使赛场观众暴力的发生方面作用更大,它是观众暴力发生的直接原因。

事实上,法社会学、社会学及社会心理学只是对社会现象成因的解释,它们并不会给出最终的价值判断。但是,笔者相信,通过分析体育赛场观众暴力的成因理论和具体原因解析,合理解决它的最佳方案才会逐渐显露出来。

四、体育赛场观众暴力的类型

随着人们对体育赛场观众暴力认识的不断加深,学者们开始关注体育赛场观众暴力的类型化研究。类型化研究是对赛场观众暴力的精细化分类。对体育赛场观众暴力进行类型化研究能够更加清晰地认识赛场暴力的表征和内涵,对于深入研究其成因和合理规制具有重要的作用。对体育赛场观众暴力进行分类的主要依据是体育赛场的观众暴力现象和表现形式,其分类的主要方法是比较。在具体的分类过程中,确定体育赛场暴力性质的基础上,运用比较的方法分析不同表现形式的观众暴力行为,设置不同观众暴力的界限,进而对其进行类型化。

需要强调的是,体育赛场暴力类型化的划分标准并不是统一的,学者所站的角度不同,立场不同,划分的标准也会有所不同,观众暴力的类型也会不同。一般来讲,对球场观众暴力的划分并不是类型化研究的最终目的,通过研究为体育赛场观众暴力的防控和规制服务才是其主要目的。

参考以前的探讨,笔者认为,不同的判断标准会产生不同的分类办法。比较典型的分类有:Eitzen 将体育赛场观众暴力分为流氓、狂热的庆祝和骚乱①。球场观众暴力研究领域的集大成者石岩依据暴力形式的不同,将其分为言语暴力和身体暴力②。按照事件的规模可以将球场观众暴力分为个体型观众暴力、小群体型观众暴力和大群体型观众暴力③。S. O'reilly 根据球场观众暴力突发事件的组织化程度,将球场观众暴力分为偶发性观众暴力

---

① D. S. EITZEN,"Sport and Deviance,"*Sport in Contemporary Society*, New York:St. Martin Press,1979,pp. 161-172.

② 参见石岩、王莹等:《球场观众暴力的发展趋势、研究进展与遏制策略》,《体育科学》2007 年第 1 期,第 25 页。

③ 参见石岩、黄鑫:《球场观众暴力突发事件应急管理的理论研究》,《天津体育学院学报》2011 年第 2 期,第 94 页。

和预谋性观众暴力①。Jerry M. Lewis、S. Price、Kevin Young 和 Russell E. Ward 根据赛场观众暴力的表现形式将其分为言语攻击型暴力、身体伤害型暴力、财产侵害型暴力和拥堵踩踏型暴力②。根据体育赛场观众暴力发生的场所不同，汪怡婷将其分为赛场内观众暴力和赛场外观众暴力③。学者们根据暴力的形式、暴力的规模、暴力的组织化程度等标准对球场观众暴力所做的分类，对观众暴力分类的研究有一定的借鉴意义。同时这些分类也能让人们更清晰地了解体育赛场观众暴力的各种形态，使人们对体育赛场观众暴力的认识更加深入。

在上述讨论的基础上，笔者根据体育赛场观众暴力的参与人数和组织化程度，将其分为个体性观众暴力、偶发的群体性观众暴力和有预谋的群体性观众暴力。个体性观众暴力是指观众个体在体育赛场相关的地方实施的暴力行为，包括对自己实施的暴力和对他人实施的暴力。偶发的群体性观众暴力是指观众群体无组织化实施的暴力。有预谋的群体性观众暴力是指观众群体组织化实施的暴力。当然，这三者是相对而言的，它们之间没有绝对的界限，在一定条件下，个体性观众暴力是可以向后两者发生转化的。结合体育赛场观众暴力现象和相关研究可以看出，一些偶发性的观众暴力往往不能形成很大的规模，它造成的破坏性也很有限，暴力实施者受到外界的阻力后暴力会很快结束。与偶发性暴力不同，预谋性观众暴力特别是预谋性群体观众暴力的实施者具有一定的组织，是一种有目的的破坏行为，它的破坏性相对较大，不容易得到有效的控制。

第二节　体育赛场观众暴力的防控

一般而言，防控一词经常与风险同时使用，风险防控是常见的表达方

---

①　See S. O'reilly, "World cup 2006? An examination of the policing of risk in the context of major football events," *Risk Management: an International Journal*, 1999, No. 1, pp. 21–23.

②　Jerry M. Lewis. Sport Fan Violence in North America, Lanham Maryland: Bowman & Littlefeld Publishers Inc, 2007; S. Price, "When Fans Attack," *Sports Illustrated*, 2003, No. 98, pp. 48–53; Kevin Young, "Standard Deviations: An Update on North American Sports Crowd Disorder," *Sociology of Sport Journal*, 2002, No. 19, pp. 237–275; Russell E. Ward, "Fan Violence: Social Violence of Moral Panic," *Aggressive and Violent Behavior*, 2002, No. 7, pp. 543–475. 转引自黄鑫:《CBA 联赛球场观众暴力突发事件应急管理研究——以山西汾酒队主场为例》，山西大学 2006 年硕士学位论文，第 6 页。

③　参见汪怡婷:《体育暴力的预防与控制》，西南大学 2012 年硕士学位论文，第 8 页。

式。风险防控通常是指,有意向性地通过计划、控制等活动的开展来防止风险的发生及解决风险带来的危害。风险防控的最终目的是使风险危害最小化。防控是防和控的组合,它具有一定的时间特征,事前通常突出对风险的预防,事中和事后强调对体育暴力的控制和解决。

一、观众暴力的防控体系

(一)社会控制的一般理论

美国社会学家爱德华·A.罗斯(E. A. Ross)认为,社会控制是一种有目的有意识的社会统治,其目的是限制人们发生不利于社会的行为①。就实施社会控制的主体而言,实施社会控制的主体主要是社区、社团组织和国家等社会集合体。与法治不同,人治是通过人来进行社会控制,它是社会控制的一种表现形式,从本质上来说,人对社会控制的背后是组织。以我国古代社会的人治来说,其实际控制的主体是国家。除了国家以外,国际组织、社会团体、企事业单位等都可以通过制定一些相应的制度规范来实行对社会的控制,它们也是社会控制的主体。

社会控制的对象是社会行为。这里的行为可以做扩大化的解释,包括人的行为和组织的行为。在控制良好的社会里,任何社会行为都应该在社会控制体系下运行。

社会控制的终极目的是维持社会秩序。这里的社会秩序主要包括社会的稳定秩序、社会生产、生活秩序和社会的发展秩序。

社会的稳定是社会活动发展的根本保障,以社会利益为核心的社会控制首先保障的是社会利益,保障社会利益为人类的发展提供了基础,在一定程度上也保障了人类的利益。从这个层面上来说,维护社会稳定是非常重要的。在人类的生产和生活的过程中,由于人类利益追求的多元化,追逐个体利益的同时可能会妨碍他人利益的获得,甚至会妨碍他人利益。当追逐个体利益发生矛盾时,就可能发生冲突,从而影响正常社会生产和生活秩序,此时进行社会控制就变得非常必要。社会控制化解了社会矛盾,维护了正常的社会生产和生活秩序,为人类权利的获得提供了保障。社会的发展能够化解很多社会矛盾,能够使人类在高层次上享受生活,它是人类追求的目标之一。社会控制能为社会发展提供规范的保障,特别是法律制度保障,它为社会发展创造了空间。

进行社会控制所运用的工具是社会行为规范。不同的社会控制有不同

---

① 参见高和荣:《越轨社会学》,吉林大学出版社 2007 年版,第 55 页。

的社会行为规范,出自国家的社会控制规范主要是国家的法律制度和政府的规章制度。一般来说,出自国家的社会行为规范具有强制性。另外,生活中的惯例、道德规范、风俗习惯、宗教道义和团体纪律等规范也在社会控制中起到了一定的作用。

社会控制的类型有很多种,这里只探索与本论题相关的几个类型。依据社会控制方式的不同,它可以将社会控制分为正式控制和非正式控制。前者主要表现在社会控制的规范上,它的控制规范比较具体、合理,成系统化,易于人们去执行,同时,具有成文、成书的制度化规范。例如国家的法律,明确规定了法律的目的、形式、原则、作用和实施规则。与正式控制不同,非正式控制没有明确的制度化规范,主要是在生活经历、经验基础上而形成的控制,它的显著特征是没有明文规定,如生活中的道德规范。

根据社会控制的强制程度,可以分为强制性的控制和非强制性的控制。强制性的控制表现在控制手段上的社会强制力,强调用社会强制力来实施社会控制。比较典型的强制性控制规范是国家法律制度、政党的政策、纪律和政府性规章制度。非强制性控制不强调用强制手段进行社会控制,它重视控制规范的内化,通过内化来指导人类的行动。非强制性控制规范主要有道德规范、宗教道义和风俗习惯等。

另外,根据社会控制的层次,还可以分为宏观控制和微观控制,鉴于论题的限制,这里不做深入的探讨。

(二)体育赛场观众暴力的社会防控体系

体育赛场观众暴力行为已经干涉人们的生活和正常社会秩序,及时对其进行防控是必要的。体育赛场观众暴力行为和成因是复杂多样的,这就决定着,不能以单一的方式进行控制,应该建立一个控制主体多样化、控制方式多元化、控制规范多层次的社会控制体系。

本书主要利用目标-手段分析法进行构建,即首先确定体育赛场观众暴力控制的总体目标,在目标的基础上选择社会控制手段即确定控制的主体,然后根据社会控制各主体的目标确定具体的控制手段。

体育赛场观众暴力防控的总体目标是维护正常的赛场和社会秩序、保障人的基本权利。体育赛场观众暴力事件是一种突发性的暴力事件,一些暴力行为的社会危害性很大,完成观众暴力控制的总体目标需要进行正式控制和强制性控制。就社会控制的主体而言,需要以公权力为主导、相关部门配合的控制体系。建立以公权力为主导、相关部门配合的控制体系有着一定的现实意义。

首先,公权力是人类社会和群体组织有序运转的指挥、决策和管理能力。公权力来源于公众,它形成的基础是社会公共利益,维护公共利益是它

的目的之一。其次,现实生活中公权力也发挥着重要的作用。公权力具有一定的强制力,在赛场暴力发生时,警察的出动确实起到了扼制暴力发展的作用。另外,赛场观众暴力事件的复杂性,仅仅依靠公权力进行控制是不够的,相关部门的控制也是一种必要的控制,公权力部门和其他相关部门的配合将提高赛场观众暴力的控制效果。公权力部门包括国家公权力部门和社会公权力部门,前者主要包括立法机关、司法机关和各级政府的公共管理部门等,后者主要是指法律和政府授权负责服务和管理社会事务的部门,如体育协会和志愿者协会等。其他相关部门主要是指球场管理部门、体育俱乐部和社会公益组织等。

根据社会控制阶段的不同,可以分为事前控制、事中控制和事后控制。事前控制阶段主要是对赛场观众暴力的预防,预防的手段主要是制定社会行为规范,如立法及赛场的相关规范。通过制定相关社会行为规范,让观众知道什么样的行为是允许的,什么样的行为是禁止的。事前控制主要发挥导向的作用,是观众暴力控制的主要阶段。事中控制是在观众暴力发生及其过程进行的控制,它的主要作用是对观众暴力进行调控和管制。进行控制的主体主要是赛场的管理部门和政府公共安全部门。事中控制能够及时控制住暴力的发展形势、让暴力消灭在萌芽状态和防止事态的扩大化,是观众暴力控制的关键环节。事后控制阶段是对球场观众暴力发生的解决阶段,及时解决观众暴力行为造成的纠纷、恢复和减少观众暴力造成的损害是这一阶段的主要任务。事后控制的主要主体是司法部门和社会公益机构,通过这些部门的努力及时修复观众暴力造成的损害。从这个意义上来说,该阶段的主要作用是损害修复。

二、体育赛场观众暴力的防控理念

本书是从法学角度来关注体育赛场观众暴力问题,认为一些体育赛场观众暴力具有不法性。体育赛场观众暴力的侵害客体主要是人身权、财产权和社会秩序。在体育赛场上观众通过实施暴力侵犯了人权和社会权益,严重的观众暴力会导致人员伤亡出现,公民的健康权和生命权受到侵犯;有一些私人财产受到损害,如汽车被烧后,人们的财产权受到了侵害;特别是一些严重的观众暴力事件会出现打砸抢烧的现象,除了人权受到侵害以外,正常的社会秩序也受到了破坏,严重侵害了社会权益。社会秩序受到破坏,社会既得利益群体的权益也就无法得到合理的保障,这是世界各国重视体育赛场观众暴力管控的主要原因。一些有组织的观众暴力对社会秩序的破坏是比较大的,这些组织往往具有严密的分工,由领导者、执行者和主要成员组成,这些团队为了不可告人的目的进入球场,伺机而动,通过引导和挑拨等手段制造混乱,进而实施暴力。

(一)体育赛场观众暴力防控的理论依据

凯·埃里克森(Kai Theodor Erikson)认为:越轨不是某些行为固有的特性,而是直接或间接知道这些行为的观众赋予这些行为的一种特性①。这句话告诉我们,越轨并不是越轨行为的本质特征,而是人为的一种标定。事实上,仅就一种越轨行为来说,立法是立法机关对越轨行为的一种标定,司法的过程是司法机关对越轨行为人进行标定的过程。如1937年以前在美国服用大麻是合法的,在联邦大麻印花税对该行为进行规定以后,该行为才是非法行为②。可见,越轨行为人是首先被立法者贴上越轨标签,并被描述为越轨者,然后才被送到司法机关的③。上述社会现象最先被社会学家关注,被称为标定理论。

标定理论的核心内容主要有两点:第一,越轨行为或犯罪行为是社会互动的产物。在人类互动过程中,人类对该行为进行标定,并冠以越轨标签,这样就导致了越轨者持续越轨行为的发生。第二,针对不同的团体,法律被有差别地适用,特别是会对弱势群体不利④。法律有利于强势群体,而不利于弱势群体,使弱势群体较容易被标定为越轨者和犯罪者⑤。如在法律上也可以看出对白领犯罪的偏袒和对街头越轨的严厉⑥。

经过上述分析,笔者认为,体育赛场观众暴力法律控制应根据具体情况进行具体分析。对于一些不带有团伙性质的、危害较小的偶发性观众暴力进行宽容对待,对实施者进行教育和社会防控为主,不对其进行法律控制;对于一些实施危害较大的观众暴力"领导者"、流氓球迷及其团伙及时运用法律手段进行控制。在立法和司法过程中应该根据上述情况,不同类型观众暴力进行不同的对待,进行合理标定,这样才能使赛场观众暴力的法律控制达到良好的效果。

---

① Kai Erikson, "Notes on the Sciology of Deviance," *Social Problems* 9, 1962, No. 9, pp. 397-414.

② 参见[美]杰克·D.道格拉斯,弗兰西斯·C.瓦克斯勒:《越轨社会学概论》,河北人民出版社1986年版,第42页。

③ 参见吴忠宪:《西方犯罪学史》,警官教育出版社1997年版,第715页。

④ 参见皮艺军:《越轨社会学概论》,中国政法大学出版社2004年版,第192-204页。

⑤ Joan Petersilia, "Racial Disparities in the Criminal Justice System: A Summary," *Crime and Delinquency*, 1985, No. 31, pp. 15-34.

⑥ Chilton Ronand and Jim Galvin, "Race, Crime and Criminal Justice," *Crime and Delinquency*, 1985, No. 31, pp. 3-10.

(二)体育赛场观众暴力防控的原则

1.制度化原则

体育赛场观众暴力法律防控的制度化原则是指立法部门通过立法的手段对赛场观众暴力行为进行规定,为合理规制赛场观众暴力提供依据。体育赛场观众暴力是一种独特的社会现象,有很大的社会危害性,及时地、合理地对其进行规制需要有一定的法律依据。然而,现有的法律是一种普适性的法律,并没有考虑到体育赛场观众暴力的特殊性,如体育赛场暴力行为发生在集群活动中,而这种集群活动是经常发生的;同时受体育球迷文化的影响,一些行为是受赛场氛围的影响而发生的。按照普适性的法律对其进行处理是不合理的,因此对其进行立法是必要的。同时,随着体育职业化的发展和体育营销的影响,可以预言这种现象会频繁发生,对社会的影响也会逐渐加大,因此对其进行单独立法也是必要的。在体育赛场上,观众暴力防控应该走制度化之路,通过制度化建设,首先可以让规制观众暴力的行为有法可依,其次可以通过立法起到预防观众暴力发生的效果。

2.应急性原则

体育赛场观众暴力法律防控的应急性原则是指法律控制赛场观众暴力时要考虑轻重缓急,根据事态发展的情况,紧急的暴力情况要紧急处理。体育赛场观众暴力有其自身发展的规律,如经常随着体育竞技比赛的进行和发展而发生变化,在进行法律控制时要根据观众暴力发生的规律采取相应的办法。法律执行部门要时刻关注赛场观众区域的秩序状况,在体育赛场观众暴力发生初期阶段及时采取果断的措施进行控制,以免大规模、群体性观众暴力的发生。特别是对经常闹事的观众、流氓球迷要时刻进行监控,密切注意他们的动向,当他们出现暴力苗头时果断介入。

应急性原则是体育赛场暴力法律控制的主要原则,它是对观众暴力的调控和管制,在观众暴力控制的事中阶段起到了重要的作用。

3.差别化对待原则

体育赛场观众暴力法律防控的差别化对待原则是指法律控制要具体情况具体分析,合理解决观众暴力问题。该原则的核心是法律控制的客观性,它主要体现在三个方面:第一,在观众暴力立法的过程中要体现差别。立法要考虑观众暴力的具体情况,对观众暴力进行明确的界定,清晰地表述不同赛场观众暴力的类型及其基本特征,厘清每种类型暴力的处理办法,避免主观臆断。第二,在观众暴力的执法过程中要严格按照法律的规定,理解不同暴力类型的特征,严格区分观众一般暴力行为与严重暴力行为,做到区别执法。第三,在司法过程中要深刻理解法律精神及其实质内涵,根据观众暴力目的、伤害性等具体情节合理进行判定,确实构成犯罪的依照刑法处理,存

在违法的非犯罪行为根据具体情况运用行政法和民法规制,不符合上述情况的不做违法判定。

4.自主性原则

体育赛场观众暴力法律防控的自主性原则是指在法律防控的过程中要尊重社会私权利,进行合理的避让。公权力和私权利具有相对性,在法律防控过程中要避免越权行为的发生。体育赛场观众暴力是一种复杂的社会现象,对其进行控制时需要公权力部门和私权利部门进行紧密的配合,不能顾此失彼。

在体育市场化的过程中,很多企业也逐步地进入了体育市场,特别是在职业体育中,赛事的运作是由体育运营公司、体育俱乐部、志愿者协会和举办地政府共同完成的。体育运营公司和体育俱乐部是赛场的主要管理者,赛场的安全应该由它们负责。它们有自己的赛场管理规定和处理办法,要充分尊重它们的权利。同时一些参与赛场秩序维护的其他机构,如志愿者协会和举办地政府,也要给予它们维护赛场秩序的空间。另外,在处理体育赛场观众暴力事件过程中要相互配合。在配合时,关键是建立良好的沟通机制和预警机制,确保执法活动在法律制度下运行。

5.公正性原则

体育赛场观众暴力法律防控的公正性原则是指法律控制过程中要做到公平正义。在体育赛场观众暴力的法律防控过程中,充分考虑社会利益是必要的,但是也不能忽略对利害关系人和暴力实施者利益的保护。公正性原则要求法律防控要对观众暴力中利害关系人进行公平对待,法律面前人人平等,任何人不能享有特权。特别是不能先入为主,对于一些社会低阶层的人提前进行标定。

进入体育赛场观看比赛的人群中,有很多是生活在社会底层的观众,甚至有很多还是青少年,由于世界观没有完全形成,对体育赛场观众暴力认识不足,受到体育赛场氛围的影响,可能会参与到赛场暴力中来,如果法律控制中把他们的行为标定为观众暴力行为,会对他们的心理产生深刻的影响。根据本书上面所提到的标定理论,被标定为体育赛场观众暴力行为后,他们会逐渐认同这样的标定,长远来说,这样的标定会促使该行为的持续发生。从这个意义上来讲,体育赛场观众暴力的法律防控中坚守公正性原则是非常必要的。

三、防控体育赛场观众暴力的措施

(一)体育赛场观众暴力防控的理论基础

应该承认的是,体育赛场中一些严重的观众群体性暴力性事件的危害

性是非常大的,前面提到的几起观众暴力事件已经说明了这一点。它导致大量的人员伤亡,侵犯了公民的人身权益,破坏了正常的社会秩序,损害了社会利益,有时也影响了体育赛事的正常运作,影响了体育行业正常运转及既得利益群体利益的获得。损害发生后及时进行法律防控,并恢复或补偿社会、个人和行业所遭受的损失是必要的,它能使社会秩序重回良好的运行状态,能够使个人和行业的损害在一定程度上得到修复。可以肯定的是,在体育赛场观众暴力造成的损害发生后,通过法律手段对损害进行及时补救是有重要意义的,这是非常重要的一点。

从另外一个角度来看,如果在体育赛场观众暴力发生之前或者发生的初期阶段就及时把它消灭在萌芽状态,社会、个人和行业的损失就可以降低,甚至可以避免。从投入和产出的关系来看,选择对体育赛场观众暴力进行提前预防和初期阶段的调控,法律投入的成本会大大降低,法治效率也会更高。从这个层面上来说,法律的事前预防和事中调控比事后的治理更为重要。

本书主要是采用情景预防的理论来对体育赛场观众暴力行为进行事前预防和事中调控的。情景预防理论的基础是"个体-情景"交互作用的理论,该理论认为,个体主要根据主观情景因素和客观情景因素选择某种行为,个体对某种行为选择的过程是主观情景因素和客观情景因素互动的过程。换言之,个体在主观情景因素和客观情景因素互动中选择行为。

客观情景因素具有客观性,不受行为人主观心理状态的影响。每个人做出行为选择所面对的客观情景因素都是客观存在的,如体育赛场观众暴力中,体育赛场观众区域的基本情况,暴力受害人的情况等。主观情景因素是行为人的认知因素,是个体对行为对情景的解释,对行为能力的衡量、对行为手段和实施行为周边环境的心理评估、个体价值观等,同时行为人的生理特点和家庭因素等自身情况是通过主观情景来影响客观情景,进而形成个体与客观情境的互动。

近年来,情景预防理论逐渐被犯罪学家采用,形成犯罪情景预防理论。由于情景预防理论以及犯罪情景预防理论所依赖的理论基础——"个体-情景"交互作用理论是一样的,同时,主观情景因素和客观情景因素的互动是每个行为选择中都要考虑的要素,所以运用犯罪情景预防理论并不影响本书对体育赛场观众暴力法律控制措施的讨论。

美国犯罪学家德瑞克·科尼西和罗纳德·克拉克的"理性选择理论"告诉人们,犯罪人总是根据行为代价和行为收益选择行为,通过分析代价、风险和收益来决定行为和行为方式。行为耗费理论以"理性选择理论"为基础分析了犯罪的具体情景模式:第一,当行为耗费大于行为收益时,行为人实

施犯罪的可能性就会减小。行为耗费不是一个金钱的概念,也不是一个客观上已经存在的耗费,而是行为人实施行为前主观评估出来的行为耗费。具体来说,它是个体主观上对选择某种犯罪行为过程中所消耗的脑力、体力、资源和选择该行为时其他选择造成的损失①。行为收益是行为人主观评估出的行为收益。第二,当实施某种违法行为容易被抓获和所受的惩罚重时,行为人实施犯罪的可能性也会减小。如果行为人被抓获,行为不但一无所获,而且要受到相应的处罚,行为人也会对被抓获的风险和惩罚程度进行评估。当然,上述讨论是理性人的基础上分析的,对于一般人的暴力行为的法律控制是有益的,对于一些激情犯罪来说,会起到一定的作用,但并不完全适合。

通过行为耗费理论的分析,可以得出这样的结论:对体育赛场观众暴力法律控制的方法是增加观众实施暴力的难度、增加观众实施暴力的风险和减少观众暴力实施者的收益。对于流氓团伙的暴力行为和一些激情型观众实施的暴力行为的法律控制中,应该在上述控制办法的基础上,增加特殊的方法,即排除实施暴力的借口和减少观众实施暴力的刺激。笔者认为增加这种防控办法是必要的,因为这样的观众是有一定规模的,同时,激烈的体育比赛也会增加他们的激情,需要对他们进行特殊对待。况且,流氓团伙和激情型观众受体育赛场内外各种因素的影响,有些不理性的人具有不理性的时刻,不能完全按理性选择的标准来评判他们,应该区别对待。通过排除观众实施暴力的借口和减少实施暴力的刺激因素,在一定程度上就减少了暴力发生的概率。

综上所述,笔者认为,全面而合理地控制体育赛场观众暴力的方法是增加观众实施暴力的难度、增加观众实施暴力的风险、减少观众暴力实施者的收益、排除观众实施暴力的借口和减少观众实施暴力的刺激。可见,在体育赛场反观众暴力法律制度建设过程中应该从以上几个方面做出努力。

(二)防控体育赛场观众暴力的具体措施

1.增加观众实施暴力的难度

增加观众实施暴力的难度主要采取的措施有三个,即体育赛场出入口的控制、体育赛场观众区域的控制和控制暴力促进因素。这三个措施主要由赛场管理人员、体育赛事运作公司和警察来完成,前两者发挥主要作用,警察起辅助作用。

(1)体育赛场出入口的控制主要通过两个方法来完成。第一,在一定的

---

① 参见杜军:《犯罪行为控制论》,中国检察出版社2002年版,第16页。

期限内,禁止具有赛场暴力案底的观众进入赛场观看比赛,消除潜在的暴力源。第二,控制观众携带伤害性的物品入场,增设物品存放处来保管观众的物品。具体实施过程中,在球场入口处增设金属探测器,只允许观众携带软包装饮料入场。

(2)体育赛场观众区域的控制应该从两个方面着手。其一,设计方面,保持合适的排距、增设看台覆盖物和看台监控设备①。保持合适的排距能够让观众感觉更加舒适,避免了拥挤造成的心理上的压力,一定程度上可以减少观众暴力的发生。增设看台覆盖物能够减少天气变化对观众的影响,也是暴力的预防措施之一。看台监控设备可以及时了解赛场观众的动态,为暴力的控制和暴力纠纷的解决提供技术支持,同时也对暴力实施者有一定的震慑作用。其二,观众布局方面,实行不同球队支持者的观众分别进场和出场,同时,把不同球队支持者的观众安排到不同的区域。另外,不同的观众区域增设安全带或者空置一定的区域,让暴力嫌疑人没有接触的空间,从而达到预防观众暴力发生的效果。

(3)控制暴力促进因素主要通过净化赛场环境和加固赛场设施来完成,净化体育赛场环境主要通过美化赛场环境,对体育赛场进行彻底清理,避免赛场上留下实施暴力的物品和工具。对体育赛场设施进行加固,如固定观众的座椅,保证座椅的质量,使观众不能轻易地拆卸及用其实施暴力。另外,对比赛的显示屏幕加设防护设备,防止其成为攻击的对象,消除体育赛场观众暴力发生的诱因。

2.增加观众实施暴力的风险

增加观众实施暴力的风险可以参考克拉克《情境犯罪预防》中增加犯罪风险的做法,即通过改变具体场景,使得犯罪一旦实施,其被抓获的可能性大大增加,从而消除潜在犯罪人的侥幸心理,以期达到较好的预防效果②。具体操作中,增加观众实施暴力的风险可以通过正式监控、减少匿名和职员监控三种方式来进行。

正式监控主要是利用警察来监控观众的一举一动,警察通过进入观众的队伍中维持现场秩序,同时也起到了监控的作用。从实践来看,正式监控对于控制体育赛场观众暴力发挥着重要的作用,在世界各国被广泛使用。减少匿名是指通过比赛入场券实名制的办法来增加观众实施体育赛场暴力

---

① 参见吉慧:《公共安全视角下的体育场馆设计研究》,华南理工大学 2013 年博士论文,第 73-78 页。

② Ronald V. Clarke, *Situational Crime Prevention: Successful Case Studies*, Albany, New York: Harrow and Hesston, 1997, 2nd edition, pp. 200-226.

的风险,以此来消除体育赛场观众暴力。减少匿名能够给观众一定的警示,让他们时刻注意自己的言行。职员监控主要是指加强雇员监督,通过体育场自行雇用专职的安检、保安人员扩大监控的范围,挤压体育赛场观众暴力发生的空间,进而达到消除体育赛场观众暴力的目的。

另外,做好情报信息工作,在提前得知情报的情况下,实行先发制人的战略,把体育赛场观众暴力消除在萌芽状态。

3. 减少观众暴力实施者的收益

按照理性选择理论,个体在实施暴力之前首先对投入和收益会有一个衡量,减少观众暴力的收益就是通过减少观众暴力的收益,降低对潜在暴力实施者的吸引力。

减轻观众暴力实施者收益的基本方法就是使暴力的对象变得不再有价值,或将对暴力实施者有价值的目标置于其控制之外。在赛场上观看比赛;观众的主要目的是希望自己所支持的球队获得胜利,希望能够感受赛场的氛围,希望进入赛场观看比赛,如果不能进入赛场,观众的任何目的都不能达到。因此,要想控制观众暴力应该从源头开始,将一些经常在赛场观众区域闹事的观众建立一个资料库,禁止他们在一定的时期内进入体育赛场观看比赛。同时,给予他们一定的考核制度,当达到一定的考核要求才能观看比赛。

另外,对一些流氓观众,实施一定的措施,不但控制他们进入国内赛场观看比赛,而且在国外大型比赛的时间段,没收他们的护照,让他们不能去国外体育赛场观看比赛,这样就在一定程度上减少了观众暴力实施者的收益,进而达到减少观众暴力的目的。

4. 排除观众实施暴力的借口

排除观众实施暴力的借口主要是通过直接的控制和间接的控制两种手段来完成的。具体来说:

直接的控制主要是通过一定的手段对观众直接实行控制,排除观众实施暴力的借口。最有效的直接控制手段是禁止饮酒的观众进入球场。饮酒的观众由于受酒精的影响,脑子处于一种亢奋的状态,容易实施暴力行为,应该严禁此类人员进入赛场观看比赛。

间接的控制主要是通过立法和起草赛场观众管理规范来给体育赛场观众暴力实施者一定的警示。法律是国家权力机关制定的制度规范,它是由国家保证实施的,具有一定的强制性。通过对体育赛场观众暴力进行特殊性立法,观众会清楚什么样的行为可以做,什么样的行为不可以做,对观众是一种教育作用。起草体育赛场观众管理规范可以给观众一定的教育和警示作用,在赛场观众管理规范制定出来以后,可以通过在体育赛场外宣传栏

里进行张贴,让前来观看比赛的观众知晓。同时,也可以在赛前、赛后和赛中的一段时间通过体育赛场广播反复播放,让观众知道实施体育赛场观众暴力的后果。

5.减少观众实施暴力的刺激

对一些激情型暴力来说,一个小的刺激都可能引起观众暴力的发生,因此控制刺激源就显得非常重要。减少观众实施暴力的刺激可以通过以下方式来达到,即减少挫折与压力、减少情绪挑逗和阻止不良模仿。

减少挫折与压力的手段包括:提高服务质量,增设服务窗口让球迷减少排队时间,顺利通过进出口。另外,保持赛场周边交通顺畅,改善服务态度,让观众保持一种愉快的态度来看球。同时,增设座位,播放舒缓的音乐愉悦观众身心,消除观众的紧张压力。

减少情绪挑逗主要通过两个办法来完成。具体来说:第一,对新闻媒体进行严格监督,禁止播放一些失实的赛场观众暴力的视频和文字报道,从而减少对观众的刺激和挑逗。第二,现场的主持人应该适用文明用语,维持现场良好的形象。同时,现场主持人和观众互动或者解说节目时,应该站在中立的角度客观地对比赛进行解说,避免使用过于偏激的词语,减少对观众情绪的挑逗。

阻止不良模仿主要通过现场的警察和球场管理人员来实现。在现实生活中,观众暴力的发生往往是从个别的行为开始,然后更多的人加入暴力行列形成群体暴力,最后其他观众通过模仿,发生暴力传染,形成赛场观众暴力事件。从暴力发展模式可以看出,警察和球场管理人员对体育赛场进行严密的监视,及时阻止不良模仿,防止事态的扩大化。

第三节　体育赛场观众暴力的规制

公共场合群体性暴力并不只发生在体育赛场上,演唱会和集会上也常发生暴力事件,由于公共场合的暴力具有相似性,因此其防控和规制的办法会有雷同。这里必须强调的是,与其他公共场合暴力相比,体育赛场的观众暴力社会关注度较高、暴力的参与群体较为广泛、波及的范围比较广、社会影响力较大、破坏较大且具有连续性,因此对其规制的办法也会有所不同。这是对本部分开展专题研究的主要原因之一。随着体育赛场观众暴力行为的增多且影响力的增强,世界各国尤其是职业体育比较发达的欧美国家开始对其进行规制,并取得较好的效果,其规制办法值得深入研究。鉴于此,本部分除了分析体育行业规制现状外,还分析了典型性国家的法律规制办法,如英国、意大利、西班牙和法国、比利时和瑞士、巴西和阿根廷。

一、体育行业规制

体育行业协会具有一定的自治权,它在规制体育赛场观众暴力行为方面具有一定的作用,且这种规制具有很强的针对性,在论述体育赛场观众暴力的立法规制之前,应该对其进行简要的介绍。

体育行业协会具有规制体育赛场观众暴力规范,以欧足联为例,《欧洲足球联盟纪律规定(2006 年版)》明确规定:①协会及俱乐部成员对其支持者的行为负责;②主办协会及俱乐部对赛前、赛中、赛后体育场内及周边的秩序和安全负责。主办方要对各种事件负责,能够接受纪律处分,并且遵守指令。另外,该规定的第 11 条指出,如果观众拥入或者尝试拥入比赛场地、乱抛物品、点火或者体育场的秩序和纪律不能得到保证,协会和俱乐部可能会受到惩处。这些惩处措施以罗列的方式出现于第 14 条,主要包括警告、训诫、罚款、取消比赛结果、宣布重新比赛、扣分、由于对方弃权而赢得比赛、禁止参加公开比赛、关闭体育场、禁止参加本国比赛、取消继续比赛或者以后比赛的资格、取消冠军或者奖励、撤销执照。该规定的第 14 条第 2 款中增加了罚款的界限,即不能低于 500 瑞士法郎,不能超过 1 000 000 瑞士法郎。根据第 11 条第 2 款的规定,联盟任何协会或俱乐部,如果其支持者参与有色人种、种族、民族或者民族血统歧视,或者任何极端主义思想宣传活动的将被处以至少 30 000 瑞士法郎的罚款。上述规定的主要目的是让比赛主办方和参与的协会或俱乐部意识到其在比赛前、比赛中和比赛后保护体育场人员与设施安全的责任和义务。

《欧洲足球联盟纪律规定(2006 年版)》的前身是《欧洲足球联盟安全规范》。该安全规范主要规定了三个内容:第一,规定了相关主体之间的关系。在总则部分规定由每一个协会或俱乐部任命一名安全协调员来处理协会、俱乐部与球迷团体之间的关系。第二,规定了体育赛场的管理办法。具体规定了体育赛场观众暴力的预防,如对门票、观众的删选与搜查、酒精饮料配送、观众入场及场内控制等特殊领域进行了详细规定。第三,阐述了体育赛场暴乱发生后的应急处理措施。如对观众隔离与群体疏散战略、挑唆行为以及种族主义等行为都在规范中进行了特别的规定。

二、法律规制

(一)英国

1. 英国体育赛场观众暴力的多元化规制措施

英国是体育赛场观众暴力频发的地区。足球运动在英伦三岛比较盛行,英国人为自己球队的胜利而狂欢,为比赛的失败而落寞,也有人为一场

球赛而涉嫌体育赛场观众暴力。英国有厚重的足球文化,也有阴暗的足球亚文化现象——观众暴力,足球赛场暴力对英国社会造成了很大的影响。足球是英国人生活的重要组成部分,足球赛场秩序的破坏将在一定程度上影响英国的社会秩序,因此,英国非常重视对足球赛场观众暴力的管控。

对付足球流氓行为,必须采用政府、警察、足球管理机构和球迷协会等多部门合作的综合治理机制。足球观众暴力是一个非常复杂的问题,与很多因素有关,它的管控牵涉国内多部门甚至国际合作,因此,英国采取了多元化的措施来对其进行规制。目前来看,英国规制体育赛场球迷暴力主要采用三种方式:

(1)国内相关部门相互配合,联手对其进行规制。具体来说,政府负责赛场的管理、服务和协调工作,警察主要负责赛场区域秩序维护、情报搜集工作和与异地警察合作。英国国家犯罪情报信息部(NCIS)专门设有足球情报处,主要负责收集、分析、评估与识别足球流氓的情报信息。英国法院和警察部门负责处理足球暴力纠纷,给情节严重的嫌疑人颁发足球禁令。足球管理机构和球迷协会主要负责赛场安保工作,建立了完备的球场设施,如全座席的座位配置、全方位的监控设施和完备的通信设备对暴力及时做出反应等。英国通过采用政府、警察、足球管理机构和球迷协会等多部门合作的综合治理机制模式,各个部门发挥各自优势,相互配合,管控体育赛场观众暴力行为。

(2)加强国际合作。国际合作主要体现在两个方面。首先是警察部门的合作。通过互换情报,英国警方负责整理和提供到达国外看球的观众的具体信息,东道主警方负责英国球迷的秩序和人身安全。其次是加强国际司法协助。通过司法协助及时处理体育赛场观众暴力事件,维护赛场的长久安定。

(3)对观众暴力进行立法规制。法律在处理观众暴力方面具有独特的优势,法律是国家制定的,国家强制力保证实施的,一定程度上对于体育赛场观众暴力的规制会更高效。从 20 世纪 70 年代开始,英国对足球观众暴力的立法就多达 15 部,从中可以看出英国规制赛场观众暴力的决心。同时,通过相关立法活动的开展,也取得了一定的效果,英国赛场观众暴力在逐渐减少。与以往相比,2003—2004 赛季赛场观众暴力事件减少了 10% ,2004—2005 赛季比前一赛季观众暴力事件减少了 11% [①]。

2. 规制英国体育赛场观众暴力的立法

---

① See Ian Blackshaw, "The 'English Disease'—Tackling Football Hooliganism in England", *The International Sports Law Journal*, 2005, No. 1-2, p. 95.

由于英国具有足球运动的传统,英国民众对足球有着独特的情感,在各种因素的共同影响下,英国足球场上的暴力也相对较多。有时英国球迷也会追随着自己心爱的球队来到国外,体育赛场观众暴力也随着英国球迷来到了国外。英国球迷的暴力行为对世界影响比较大,世界各地都知道英国球迷的疯狂,英国球迷在世界上的口碑并不好。为了更好地规制英国观众暴力,英国立法部门采取了很多措施进行应对,其中立法是它们经常采用的措施。

在英国,关于体育赛场观众暴力的立法分为两类:间接性立法和直接性立法。间接性立法是关于公共安全的立法;直接性立法是直接针对体育赛场观众暴力的立法。

(1)间接性立法。英国法律中有 8 个法规与体育赛场观众暴力有关:

第一,早在 1608 年英国曼彻斯特城的法院就开始对体育运动进行立法,立法主要考虑体育运动对公共安全的影响,因此,从 1608 年开始英国就设立禁止在大街上踢足球的法律制度①。

第二,1975 年颁布的《体育场地安全法案》(Safety of Sports Grounds Act)是针对足球职业俱乐部的安全问题所做的专门立法。它是职业俱乐部体育场地安全规范,主要规定了两个方面的内容,即首先规定体育比赛场馆必须获得体育场馆安全证书,只有这样才是合法运营;其次规定了当地政府有对体育赛场进行管控的权力。如果认为过多观众进入体育场馆会存在风险,可以向场馆办法禁止性通告,以防止潜在的危险。

第三,为了进一步维护体育场馆的安全,1978 年颁布了《体育场所安全与消防安全法》(Fire Safety and Safety Places Sport Act),进一步规范场馆的管理,防止火灾的发生。

第四,1980 年制定的《执照许可法案》中明确规定了禁止球场骚乱分子进入球场观看比赛。

第五,1986 年的《公共秩序法案》(Public Order Act)是一个规范公共场合行为的基本法律规范,作为一种重要的公共娱乐活动,体育观众的群体活动被该法案广泛关注。该法案中一些条款明确规定:对体育场馆内观众暴力行为的实施者实行禁止令,禁止频繁违规者进入赛场观看比赛②。

第六,1994 年颁布的《刑事审判和公共秩序法案》(Criminal Justice)中,

---

①　Guy Osborn, *Football's legal legacy: Recreation, Protest and Disorder, Law and Sport in Contemporary Society*, London: Frank Cass Publishers, 2000, p. 55.

②　参见李津蕾、石岩:《英国反足球观众暴力立法的变迁历程与内容透视》,《中国体育科技》2005 年第 4 期,第 56-58 页。

关于体育的条款内容有两点:其一,倒卖国内足球比赛球票是一种违法行为,严禁没有球赛预授权的组织和个人倒卖球票;其二,授予警察一定的权利,即允许他们对一些可疑的观众采取一定的措施。这在一定程度上防止了赛场观众暴力的发生,对赛场观众暴力的发生有一定的预防作用。

第七,1998 年的《犯罪和骚乱法案》规定一些体育赛场观众行为是犯罪行为,应该受到刑法规制[1]。

第八,2003 年颁布的《禁止反社会行为法》中的第 86 条强调了 2000 年《反足球(骚乱)法》的规定,并在此基础上进行了具体规定。《禁止反社会行为法》明确指出颁发足球禁令的依据,即境内外的法庭起诉记录、任何阻止进入体育场馆的记录以及街头从事观众暴力的监控视频等都可以作为给球迷颁发足球禁令的依据。

(2)迸接性立法。英国颁布了 8 个直接针对体育赛场观众暴力的法规:

第一,为了保持稳定的赛场秩序,英国颁布了禁止酗酒的观众进入场内观看比赛的法案。

第二,1985 年,英国颁布了《体育竞赛(控制酒精)法案》。该法案一方面规定,观众不能酗酒及携带酒精饮品入场,同时也规定政府公共安全部门应该禁止赛场周边没有出售酒精饮品的商户出现;另一方面规定不允许观众携带烟火和烟花等喷溅式物品进入赛场,否则将构成违法[2]。

第三,为了应对体育赛场观众暴力严峻的形势,1989 年英国颁布了《足球观众法案》(Football Spectators Act),该法案规定具有赛场违法行为的球迷不能到比赛现场观看比赛,在重大比赛的时期,暴力嫌疑人应该立即向当地警察部门报到。

第四,1991 年的《反足球犯罪法案》(Football Offences Act)规定,向赛场和观众区乱扔投掷物、种族主义谩骂和随意进入竞技场三种行为是违法行为。

第五,1992 年《足球竞赛(控制酒精)修正法案》在 1985 年的基础上增加了处罚力度。

---

① 刘永刚:《英国对足球流氓行为的法律规制及其启示》,湘潭大学 2007 年硕士学位论文,第 12-16 页。

② 1985 年法案第 2 条第 1 款还规定下列行为违法:在指定的赛事期间或者是入场或者是试图入场的时候,持有"任何物品或物资,其主要的目的是喷射火焰来发光或是发信号(与点火柴与打火相对)或者是喷射烟雾或者能看见的气体……(包括)炫口弹、烟幕弹、用作散布或者喷射用途的小球或胶囊,但是不包括火柴、香烟、打火机"。如果携带的物品是烟花同样构成违法。参见 Michael Beloff,Tim Kerr,Marie Demetriou:《体育法》(Sports Law),郭树理译,哈特出版社 1999 年版,第 83-85 页。

第六，为了应对观众暴力严峻的形势，1999年英国颁布了《足球犯罪及骚乱法案》，该法案在英国规制体育赛场观众暴力的历史上有重要的影响。《足球犯罪及骚乱法案》将1989年的《足球观众法案》(Football Spectators Act)中的限制令更改为国际足球禁令，将以前的排除令改为国内足球禁令①。在国际足球禁令中具体规定了受制约的人在规定的时间到指定的警察局报道，同时，还规定在英国境外的大型比赛开赛前5天应该向英国国家犯罪情报部下属的足球禁令管理处上交护照，因为后者是国际禁止令的颁发机关。国际足球禁令的有效期是6至10年，违反禁令的规定后将受最长6个月和5000英镑的罚款。与之不同的是，国内足球禁令仅仅规定国内联赛，禁令的有效期也只有1至3年。

第七，为了规范执法，提高法治效率，2000年英国颁布了《反足球骚乱法案》(Football Disorder Act)。《反足球骚乱法案》取消了国际足球禁令和国内足球禁令的划分方法，统一规定了反足球骚乱法案。该法案第14条赋予了法院和治安法庭更大的权力，只要警方认为有必要，就可以向法院申请足球场禁止令，禁止潜在的暴力实施者进入球场观看比赛，或者随时拘留施暴者。该法案第21条规定：警察有权在国外大型赛事开始前5天向足球禁令获得者收取护照②。

第八，为了持续地治理足球赛场观众暴力和骚乱，2002年的《足球骚乱修正法案》规定，足球场禁止令在2000年法律规定的基础上延长5年。

3. 英国关于体育赛场观众暴力的立法特点与问题

(1)英国关于体育赛场观众暴力的立法有自身的特点。第一，绝大多数立法是关于足球赛场观众暴力的规范。虽然在前期的赛场安全法令中有一些是关于赛场防火的规范，看似是英国体育赛场的法令，其实，英国立法部门法令起草的动因多是足球场存在的安全隐患。这充分说明英国对足球场安全的重视。第二，现有的足球赛场观众暴力规范分为两类：一类是关于公共安全的法令，这些法令中有部分条款对观众暴力进行了规定，如《公共秩序法案》。另一类是针对足球观众暴力的规范。这些规范的颁布说明英国对足球观众暴力问题的重视，以及消除足球观众暴力的决心。这些规范以《足球犯罪及骚乱法案》《足球观众法》和《反足球骚乱法案》为代表。

(2)英国虽然制定了相当多的反足球观众暴力的法令，一些法令确实在

---

① House of Commons Library, the Draft Football(Disorde)Bill, http://www.parliament. uk/commons/ lib/research/rp2000/rp00-070, 2018年4月20日访问。

② the Queen's Printer of Acts of Parliament, Football(Disorder)Act 2000, http://www. opsi. gov. uk/acts/acts2000, 2018年4月20日访问。

实践中也起到了一定的效果,但并不是完美的。它也存在一定的问题,具体来说:

其一,足球禁令可能干涉人们的自由。通过《足球犯罪及骚乱法案》可以看出,足球禁令主要由法院颁发,颁发的目的是预防足球观众暴力的发生。给某人颁发了足球禁令仅仅是因为他之前有过体育赛场暴力的记录,并不是因为他现在正在实施暴力才颁发足球禁令的。得到足球禁令后,体育观众的自由会受到一定的限制,特别是在国外大赛期间,不能自由地出入国门。这种限制是一种特殊的限制,在大赛期间,无论有暴力前科者是不是为了观看球赛,都不能走出国门,这一做法严重干涉了公民活动的自由。因不能及时走出国门造成了重大损失,就可能出现纠纷。笔者认为,足球禁令这种办法过于刻板,应该考虑用其他灵活性的办法进行代替。

其二,足球禁令与相关法律存在冲突。给公民颁发护照是英国王室的特权,此项王室特权由英国内政大臣和外交大臣共同行使,法院是无权收回护照的。特别是1971年英国移民法明确规定了英伦三岛居民有自由居住和出入国门的自由,这些自由不受任何权力的干涉。显然,足球禁令与该项制度相冲突。在国际条约和欧盟法方面,足球禁令与欧洲理事会73/148决议、欧洲理事会64/221决议和《公民权利和政治权利国际公约》相冲突,它们都规定了公民有自由出入国门的权利①。同时,当一些行为违反公共政策和国家安全时,自由出入国门的权利也会受到限制,但这种限制是有限度的,即遵守比例原则。不根据实际情况,武断地利用比例原则在一定程度上干涉个人权利的实现。

总之,为了预防体育赛场观众暴力的发生而颁发足球禁令,这妨碍了公民自由权利的获得,已经违背了比例原则的内涵。

(二)意大利

1.意大利体育赛场观众暴力的应急措施

应急措施是指为了保护人民的利益,最大限度地减少突发性事件所带来的损害而临时采取的措施。作为一个足球运动比较发达的国家,意大利在足球运动繁荣发展的同时,也遭受了严重足球赛场观众暴力的困扰。与英国足球观众暴力不同,这种困扰更多地发生在国内足球职业联赛期间。

为了应对足球观众暴力的发生,特别是为了更好地对足球暴力进行预防,意大利政府主要采取的应急措施有两个,即重视情报信息工作和体育赛场安全保卫工作。具体来说:

---

① Ricky Cannon, "Sensible Soccer: The Creation of the Unconvicted Football Hooligan Order", European Public Law, 2000, Volume 6, Issue 4, pp.573-594.

（1）情报信息工作方面。情报信息工作是意大利警方非常重视的工作。通常来说，意大利警方的情报收集工作从足球职业联赛的赛季初就开始了，通过分析联赛各个球队的基本情况、球员的配置、场地条件和交通等情况评估这个赛季赛场的安全性。另外，在每场比赛的开始前，意大利警方又会对本场比赛进行认真的布置，收集本场比赛球队、球员、球迷和球场的基本信息，然后提供给球场管理系统，由管理部门分析这些情报后采取具体的措施①。

（2）体育赛场安全保卫工作方面。意大利的赛场安全保卫工作主要由球场管理者、俱乐部和警察共同合作完成，其中警方担负的职责更大，主要负责赛场内外的安保工作和突发事件的处理。如意大利警察在执法过程中，严禁各种危险品进入赛场，防止体育赛场观众暴力事件的发生。

事实上，这些措施是在意大利赛场防暴力实践中总结出来的。应急措施只是事情的一个方面，仅仅做好这一个方面是不够的。笔者认为，制度的生命力在于执行，如果实践中不能严格执行这些措施，措施只是一张白纸，并不能发挥作用。要想根本上消除足球观众暴力，还在于应急措施的严格执行。

2. 意大利体育赛场观众暴力的立法规制

意大利体育赛场观众暴力的法治化道路并不平坦，意大利人没有表现出足够的信心，似乎有点"朝三暮四"，因此，意大利并没有取得像英国防控足球赛场观众暴力那么好的效果。意大利体育赛场观众暴力的立法进程是这样的：

2001年10月意大利颁布了《反足球暴力法案》，该法案运行不到3年，被国会以违背人权和宪法为名取消，但是为了应对足球观众暴力的紧迫形势，2003年2月意大利颁布了第88号法律，随后，2007年2月专门在新制定的反暴力法中加入了反足球观众暴力条款。为了进一步打击足球流氓，意大利政府于2007年2月7日颁布了最新的《反暴力法》，其中明确规定："严禁携带任何危险物品进入球场，如果违反将面临最长15年的监禁处罚；肇事者禁止入场看球的最长期限延长到7年；拘留时间从36小时延长到48小时；暴力行径可以判刑入狱5～15年。"②上述相关立法与意大利足球赛场观众暴力的发展形势有关，随着足球观众数量的逐渐增多、危害性越来越大，

① 参见黄世席：《足球暴力法律规制之比较研究——以英意西为例》，《体育与科学》2008年第1期，第34页。
② 罗恒等：《基于危机管理视域下的意大利足球暴力成因研究》，《体育科技文献通报》2014年第9期，第3页。

意大利对体育赛场观众暴力更加重视,对其立法的决心更坚决,立法的内容也更具体。

2001 年,意大利颁布的《反足球暴力法案》的主要内容是:第一,规定了足球观众暴力的具体表现形式。意大利政府认为,在赛场上实施暴力是典型的观众暴力表现形式,另外,煽动他人进行暴力、携带攻击性物体进入球场、场内张贴歧视标语和攀爬围栏等具有引起暴力的行为也是违法的。第二,规定了处罚措施。根据不同的情节,分为经济处罚、受到警察监视和最多 3 月的监禁。

2003 年第 88 号法律规定:无票进入赛场观看比赛要受到罚款,对于在观众区域抛投固体物伤人,携带或燃放烟花,煽动、鼓励、教唆他人使用暴力的行为,根据具体情节和危害程度,给予相应处罚。除此之外,2003 年 88 号法律还对球场的管理进行了相关规定。如加装监视设备、检票口安装金属工具探测器和门票编号等,以防止足球观众暴力的发生。

2007 年反暴力法中足球观众暴力条款部分,主要加大了处罚的力度。如在赛场实施观众暴力的,可以判处最高 15 年的刑期。在赛场闹事的以及携带危险品进入赛场观看比赛的观众可以 7 年禁止进入赛场观看比赛①。另外,还对体育赛场的基础设施进行了规定,设施不完善、不达标的场馆会给观众提供暴力的机会,应该及时整改,场馆不达标不能向观众开放。

此外,意大利司法部门能够受理与体育赛场观众暴力方面的纠纷。令人遗憾的是,近年来意大利政府及其法院规制体育赛场观众暴力的决心出现了动摇,为了维护人权和宪法权威,意大利法院取消了《反足球暴力法案》。但可以预言的是,随着意大利对赛场观众暴力规制的深入,尤其是立法的增多,足球赛场观众暴力的纠纷会逐渐增多,意大利司法部门介入观众暴力的机会也会大大增加。

(三)西班牙和法国

1. 西班牙

在欧洲,虽然西班牙和法国在体育运动领域具有很高的水平,它们也盛行足球运动,甚至西班牙和法国的国家队以及足球甲级联赛都有着不错的成绩,但是西班牙和法国的观众暴力事件不是很多。与英国和意大利相比,西班牙和法国防控赛场观众暴力的压力相对较小。近些年来,受到其他方面的影响,西班牙和法国的体育赛场上也出现了暴力集团和暴力行为。为了严厉打击这种行为,把观众暴力消灭在萌芽状态,在吸取其他国家规制体

---

① 《意甲开门意甲关门》,《体坛周报》,http:// sports. tom. com/ 2007 - 02 - 08/ 030L/03492486. html,2017 年 11 月 9 日访问。

育赛场暴力经验的基础上,西班牙采用立法的形式来规制体育赛场观众暴力行为的发生。

西班牙法律中防控体育赛场观众暴力的规范有两个:

(1)1990年10月15日颁布的《西班牙体育法》。《西班牙体育法》制定的依据是1978年颁布的宪法和西班牙组织法。西班牙宪法和西班牙组织法中的一些条款内容对赛场观众暴力有明确的规定,如西班牙宪法规定了政府有设立警察机关保护公共安全的义务。西班牙组织法规定警察有保护公民人身权利和维护娱乐场所公共安全的责任,当出现重大事件时,警察可以决定体育赛事如何举办的具体事宜[①]。根据这些规定,西班牙颁布了体育法。《西班牙体育法》中对观众暴力有明确的规定,即反体育暴力委员会的设置、赛场观众暴力的类型及其预防措施和规制办法[②]。《西班牙体育法》规定体育委员会主要负责搜集赛场观众暴力的各种资料,然后加以分析形成赛场观众暴力报告,针对报告提出相关的治理办法,为观众暴力的法律规制提供信息。它与俱乐部进行沟通和合作,联合规制赛场观众暴力行为。

(2)2006年3月17日颁布的《反体育种族歧视和暴力法》。由教育部和内政部联合起草的《反体育种族歧视和暴力法》不是反体育赛场观众暴力的专门法案,这个法案包括反歧视和反暴力两个目的。它强调成立反体育种族歧视和暴力委员会,该委员会负责打击体育歧视和暴力的领导,以此来控制体育运动中种族歧视和暴力兴起的势头。该法案的主要目的是维护安定的社会秩序,以此为目的,根据具体情况,制定了反体育暴力和歧视的相关措施[③]。在马竞与拉科鲁尼亚赛前球迷斗殴事件导致一人死亡后,西班牙足球界决定重手整治球场暴力。新的反球场暴力条例于2014年12月15日施

---

① 1978年的西班牙宪法第149(Ⅰ)(29)条规定:"国家对公共安全事务具有专属管辖权,自治区在其地方法规中有设立警察部队的权力。"西班牙组织法第8条规定:"所有的具有公共性质的娱乐表演和活动在下述情况下都应当接受政府采取的治安管理措施的约束:保障公共安全免遭人身或者财产伤害,而其可能是由活动组织者的行为或者过失引起的,不用考虑有关的伤害到底是由观众还是活动参与者造成的;当有关的活动处于危险之时保障不出现混乱;有关的饮酒场所和类似设施必须获得许可,不要进行被禁的活动;在必要的时候规定娱乐表演和体育活动的组织、门票销售和开始结束时间的条件限制。"转引黄世席:《足球暴力法律规制之比较研究——以英意西为例》,《体育与科学》2008年第1期,第34页。

② Jose M. Rey and Diego Perez Grijelmo, "Football Hooliganism – National and International/Transnational Aspects", *International Sports Law Journal*, 2004, No. 4, pp. 35–37.

③ 《西班牙通过〈反体育种族歧视和暴力法〉法案》,新华网,http://news. xinhuanet. eom/sports/2006–03/18/content 4314878. html,2017年11月22日访问。

行,条例规定:那些对球场暴力予以宽容的俱乐部将可能遭到罚款、关闭看台、罚分甚至降级的处罚。

其实,在西班牙,关于体育赛场观众暴力的法律规范并不多,就现有的这些与观众暴力相关的这些法律规范来说,里面并没有详细的规定,甚至也没有制定反观众暴力的专门立法。笔者认为,这是由西班牙观众暴力发生的形势决定的。这些法律是否能在反赛场观众暴力中发挥功效,我们只能以观后效。

2. 法国

与西班牙体育赛场反暴力立法相比,法国的立法相对简单。1993 年法国制定了《阿可里奥特·玛丽法案》,该法案中有部分条款针对体育赛场观众暴力进行了规定,这为其对观众暴力进行法律规制提供了依据。[①] 据悉,为了提高打击观众暴力的针对性,法国准备起草反足球观众暴力法案。另外,法国法律还规定,法院会向有体育赛场观众暴力记录的暴徒颁发体育场禁令,该禁令规定一定的期限内阻止其去国内外赛场观看比赛。

(四)比利时和瑞士

1. 比利时

比利时体育赛场观众暴力的法律规制起源于 2000 年颁布的《比利时足球法》。比利时非常重视体育赛场观众暴力的法律规制,主要从立法和司法两个层面着手对观众暴力进行规制。立法是比利时赛场观众暴力法治化的基础,比利时足球法中的部分条款对赛场观众暴力进行了规定,其中一部分是关于体育赛场管理的法律规定,主要规定球票的销售、赛场的安全管理、监控设备的配置和安保人员的招聘等方面;另一部分是关于足球流氓的规定。足球法要求警察部门与其他相关部门进行配合,建立足球流氓档案,提高打击观众暴力的针对性。司法方面,根据体育运动的特殊性,比利时尝试建立体育暴力的司法体制,为赛场观众暴力纠纷提供司法制度保障。

2. 瑞士

瑞士是国际奥委会和国际体育仲裁院总部的所在地。作为国际性的非政府组织,国际奥委会通过制度化规范来管理全球体育事务;同时,为了维护全球体育的发展秩序,促进全球体育纠纷的合理、高效解决,国际奥委会将体育争议交与外部仲裁机构——国际体育仲裁院来解决。尽管瑞士具有管理和防控体育赛场暴力的技术支持以及解决体育赛场暴力纠纷前沿优势,但是面对逐渐增加的体育赛场暴力事件,特别是瑞士巴塞尔球场事件以

---

① 参见石岩:《国内外反球场观众暴力的立法》,《体育学刊》2004 年第 4 期,第 15—16 页。

后,瑞士果断采取了针对性的措施。

瑞士防控体育赛场暴力的举措是以立法为重点、突出各部门协作和强调国际合作,具体来说:首先,为了确保2008年欧洲足球锦标赛在瑞士的比赛的顺利举办,2006年3月24日瑞士议会对国内安全措施进行了针对性的修改,修改的重点是增加反体育赛场暴力的法律条款,立法的目的是为有效规制赛场暴力行为提供法律依据。2009年10月1日,瑞士联邦政府批准该修正案实施。其次,在实施过程中,以行政执法为主导、各部门配合为补充。瑞士联邦警察局与体育管理部门、赛会的组织部门及球场的经营部门合作,建立了体育赛场流氓球迷数据库,做到信息共享,严格执行准入制度,以及比赛期间积极配合制止暴力的大面积发生。最后,通过与国外警方合作,如通过互享数据库和共同合作打击体育赛场暴力分子,实行体育赛会期间的报道制度,禁止其前往体育赛事举办国和赛场观看比赛。仅2008年就有300多名球迷收到警方的传讯令,体育赛场秩序得到一定程度的改善,瑞士的方式对于防控体育赛场暴力发挥了一定的作用①。

(五)巴西和阿根廷

1.巴西

巴西是足球的王国,足球运动非常普及。为了维护良好的足球运动秩序,保护观众的合法权益,巴西非常重视对足球赛场观众暴力的法律控制。2003年巴西通过的《体育粉丝保护法案》中对足球观众暴力进行了明确的规定。《体育粉丝保护法案》是一个保护球迷权利的法案,它规定了体育粉丝的消费者地位,并设立了体育粉丝保护法院制度②。由于足球赛场观众暴力的存在对球迷权利的获得是一种威胁,以及体育俱乐部和球迷协会冲突的不断加剧,出于这样的考虑,巴西把规制足球观众暴力的条款规定放到了《体育粉丝保护法案》之中。

《体育粉丝保护法案》规定,在足球赛场实施暴力的球迷将会被判处1至2年的有期徒刑,法院也有权禁止暴力实施者最多3年时间不能进入球场观看比赛。该法案具有行政法和刑法性质③。该法案的目的是预防或抑制球场观众暴力的发生,因此法案中的条款主要对球迷的行为进行了详细的

---

① 《瑞士各州警方向有暴力倾向的足球流氓发出警告》,新华网,http://news.xinhuanet.com/sports/2008-05/10/content_8139414.html,2018年1月20日访问。

② 参见姜世波、彭蕴琪:《巴西"体育粉丝保护法案"对中国体育粉丝权利保护的启示》,《武汉体育学院学报》2014年第3期,第40页。

③ Lawrence Friedman, *Perez-Perdomo R and Manuel Gomez, Law in Many Societies:A Reader*, Stanford University Press, 2011.

规定,如进入球场时,不能携带烟火烟花,不能捎带违禁的物品、物体或液体进入场内;在赛场内,不能自带摄影设备进行录像、不能张贴歧视色彩的条幅和播放挑衅性的歌曲,违者可能受到体育粉丝保护法案的处罚。从内容可以看出,该法案主要通过规范观众行为的方式来预防暴力的发生。该法案虽然有一些值得商榷的地方,如禁止携带摄影设备,但它毕竟是巴西法律规制赛场观众暴力的制度规范,对巴西消除赛场观众暴力发挥着重要作用。

2. 阿根廷

为了规范赛场观众的行为,防止体育赛场观众暴力的发生,阿根廷主要颁布了《体育活动安全法》。该法于 1998 年颁布,在 2002 年又增加了犯罪条款,该条款明确规定禁止携带凶器和武器进入赛场,否则将构成携带凶器罪,违反该罪最高可以判处无期徒刑。由此可以看出,阿根廷对法律规制体育赛场观众暴力的重视。

1998 年颁布的《体育活动安全法》主要规定了两个方面的内容:其一,规定了治理赛场观众暴力的部门。安全法规定成立足球安全委员会和反足球暴力委员会,这两个机构隶属于阿根廷内政部,主要负责足球赛场观众暴力的搜集,并形成资料库,供安全委员会和暴力委员会参考。其二,对体育赛场管理进行了具体规定。具体来说,主要是对体育比赛组织者和体育场馆的管理者进行了规定。体育竞赛的组织者应该通过一切必要措施来维护体育赛场的安全和活动秩序;体育俱乐部及体育比赛场馆的管理者,应该安排安全管理人员管理赛场。该法规定体育场馆的管理部门应该负责赛场入口的检查、维持赛场秩序,入口检查要严格,防止携酒水、烟花和金属工具及凶器入场观看比赛。当赛场发生暴力事件时,体育场馆的管理部门有采取紧急措施防止暴力扩大化的义务。

三、规制体育赛场观众暴力的国际合作:以欧洲为例

(一) 倡导合作的组织

欧洲理事会(European Council)是欧盟的最高决策机构,由各成员国元首或政府首脑及欧委会主席组成。欧洲理事会的主要目标在于加强民主、人权和法治,它是第一个国际性的、政府间的组织。为了欧洲体育事业的发展,它主动采取措施,修订法律文书,构建体制框架。欧洲理事会对欧洲体育运动的发展做出了巨大的贡献,从其制定的制度性文件就能看出它的努力,这些文件有《欧洲体育宪章》《竞技体育伦理守则》《欧洲反观众暴力公

约》和《反兴奋剂公约》①。欧洲理事会希望通过体育公约来控制体育运动的消极方面,如体育领域的暴力行为和兴奋剂问题。体育赛场的暴力问题是长期困扰欧洲理事会的一大问题。早在 1983 年,由于球场内外暴力事件的增多,欧洲理事会就决心采取行动予以抵制,海瑟尔惨案更是增加了这一工作的紧迫性。

19 世纪 80 年代以前,作为一个经济和政治区域一体化的组织,欧盟(European Union)对体育运动的态度是任其自由发展,出现问题以后再进行治理,对其不进行过多的干涉。但是随着职业体育的发展,体育运动中融入了很多的经济因素后,尤其是博斯曼转会案以后,欧盟开始关注体育运动,并且开始对体育运动制定一些政策和法规,以便使体育运动有序发展的同时,能在欧洲一体化中扮演重要的角色。1985 年 5 月 29 日发生的海瑟尔惨案震惊了世界,英国、意大利、西班牙以及法国纷纷关注体育赛场观众暴力的影响,并开始着手对其法制化。海瑟尔惨案也引起了欧盟的重视,欧盟一方面制定了相关的措施,防止类似事件的发生,另一方面建议媒体遵守新闻守则,防止一些歪曲的报道挑逗球迷的情绪②。

随着体育运动国际化的发展,球迷流动的范围也逐渐加大,一些球迷跟随球队来到他国观看比赛,由此也带来了社会混乱和暴力冲突,体育赛事相关国家合作和联合打击体育赛场观众暴力也变得尤为必要。在国际合作方面,欧洲较早地做了探索,值得深入研究这种合作模式及其相关制度。

(二)制度性规范

在欧洲规制体育赛场观众暴力的过程中,海瑟尔惨案是一个标志性事件,之后的一段时间里,欧洲一直致力于制定相关的规范通过合作的方式来规制体育赛场暴力。这些制度性规范包括不具有法律约束力的规范和具有法律约束力的规范。

1. 不具有法律约束力的规范

具体来说,不具有法律约束力的规范主要是欧洲政策性制度和文件为主,法律约束力是有限的,发挥的作用也相对有限。尽管如此,也不代表它们是一无是处的,这些政策为欧洲合作规制体育赛场观众暴力积累了经验,

---

① Hans Mojet, Robert C. R. Siekmann. "Legal aspects of combating transnational football hooliganism in Europe", See Simon Gardiner, Richard Parrish and Robert C. R. Siekmann, *EU*, *Sport*, *Law and Policy*: *Regulation*, *Re - regulation and Representation*, The king of the Netherlands: T. M. C. Asser Press, 2006, pp. 504–505.

② Resolution of the European Parliament on the Tragedy at the Heysel stadium in Brussels, UK Parlrament, 13 June, 1985.

为观众暴力的法治化道路探索了道路。这些规范主要有三个：

其一，打击体育赛场观众暴力行为的 Larive 报告。该报告是由荷兰的 Larive Groenendaal 女士于海瑟尔惨案以后起草的。在该次惨案的背景下，欧盟认识到体育赛场观众暴力的危害性，该报告在分析观众暴力的基本情况后，提出了一系列预防观众暴力的措施，如国际合作、酒精饮料的销售、赛场检查、足球场的设计、门票的管理，球场座位的安排和娱乐场所的管理。同时，该报告提出了两个建议，一是建立反观众暴力公约，二是制定媒体行为守则。

其二，1996 年的罗斯报告。德国议员罗斯针对体育赛场观众暴力提交了一份报告，欧盟在此基础上提出了规制观众暴力的决议。决议认为，监视并控制具有潜在威胁的暴力实施者是一种可行的措施。为了提高治理效率，他们应该成为重点关注的对象，而不是把国籍作为主要的关注重点。

其三，警察手册。该手册于 1999 年由欧盟部长理事会通过，随后又在2001 年对其进行了修改①。警察手册主要规定了欧盟成员国警察部门的任务和赛事组织者的责任。对于前者，在规制观众暴力时，特别是欧盟区域的警察活动中，要求欧盟成员国警察部门团结协作。同时，警察部门要与管理部门精诚合作，做到信息互通。另外，建立欧盟足球信息站。分阶段信息管理中，做到覆盖赛事的整个过程，即比赛前从战略层面向足球信息站申请本场比赛的信息，比赛中从操作层面对本场的信息进行综合分析，重点关注风险地带，赛后对本场比赛观众整体表现进行评估，评估结果输入信息库，为以后规制体育赛场观众暴力提供参考。

另外，欧盟还针对门票销售和体育场禁令进行了规定。实行门票销售制度，欧盟区域内的比赛实行严格的座位分配政策，严查伪造门票行为。在球票安排中按照支持球队和观众国籍进行区分，将对立方球迷进行有效隔离。在体育场禁令方面，2003 年 11 月 17 日欧盟成员国讨论并通过了体育场馆禁令，该禁令类似于足球禁令，欧盟通过颁发体育场馆禁令的方式禁止潜在的暴力实施者进入体育赛场观看比赛，另外，有违禁令者将受到一定的处罚。同时，2007 年 11 月，在布鲁塞尔召开的"欧盟反体育暴力行动规划"中通过了组成联合警察部队和禁止球场潜在肇事者自由流动的决议。决议强调，在适当的时候，可以吊销球场暴徒的护照②。体育场禁令逐步得到了

---

① Resolution of the European Parliament on the Community and Sport, UK Parlrament, 6 May, 1994.

② Motion for a Resolution Tabled by Mr McMahon on Hooliganism and Violence by Football Supporters at European football Matches, UK Parlrament, Doc. 1–734/84.

欧盟成员国的普遍认可,一些国家开始通过给体育赛场暴徒颁发体育场禁令的方法来规避球场观众暴力的发生。颁发体育场禁令的作用主要体现在,通过控制体育赛场观众暴力的主要制造者、消除主要威胁的方式,达到快速且高效地控制赛场观众暴力的目的。

关于体育场禁令的评价,这里存在两种截然相反的观点,即力挺体育场禁令和反对颁发体育场禁令。前者认为体育场禁令维护了社会公共利益,预防了犯罪的发生,颁发禁令有利于高效地控制体育赛场观众暴力,同时也保护了赛场其他观众的基本权利。禁止颁发体育场禁令的学者也从人权出发,认为禁令侵犯了赛场潜在暴徒的权利。要知道颁发体育场馆禁令的主要依据来自于预测,而不是因为既成事实的暴力。禁止颁发体育场禁令的学者认为这种做法是不公平的,它侵犯了人权。《欧共体条约》《欧洲人权公约》和《申根协定》等一系列欧洲的公约都强调欧洲一体化,强调人员的自由流通。体育场馆禁令与这些公约基本要求是相矛盾的。因此,是否应该颁发体育场馆禁令一直存在着争论。

2. 具有法律约束力的规范

具有法律约束力的规范主要包括一个公约、一个行动和一个决议,即《打击体育比赛中的观众暴力和不当行为欧洲公约》《反对足球流氓的联合行动》和"2002 年的欧盟理事会决议"。

欧洲委员会颁布的《打击体育比赛中的观众暴力和不当行为欧洲公约》是一个有法律约束力的文件,该公约是欧洲打击足球流氓行为的"宪法性"文件。该公约颁布于 1985 年 8 月 19 日,目前得到了 41 个国家的认可。它是一个欧洲各国联手共同反观众暴力的合作约定,认为观众暴力直接影响到欧盟各国利益,合理规制体育赛场暴力是欧盟各国共同的责任,与一国单独治理相比,各国合作将更能具有治理的效率。公约提议建立各国共享的信息资料库,在资料库的基础上,各国形成规制观众暴力的联动机制。另外,公约还在球票销售、赛场设计和赛场观众管理等方面做了规定①。

在规制观众暴力方面,欧盟颁布的首个具有法律约束力的规范是《反对足球流氓的联合行动》。1997 年 5 月,欧盟部长理事会通过了该法令。该法令主要强调欧盟成员国内球迷信息的区域共享,这些信息包括球迷团队的人员构成、出发地和目的地、行进路线以及入住酒店等详细信息。这些信息必须输入足球信息库,以便各成员国共享。

---

① Dr. Robert Siekmann and Others, *Football Hooliganism with an EU Dimension:Towards an International Legal Framework*, Agis Programme 2003, T. M. C Asser Instituut, The Hague;The Netherlands, 2004, pp. 13–17.

欧盟具有法律约束力的第二个文件是"2002年的欧盟理事会决议"。该决议于2002年4月25日通过,是在2001年警察手册的基础上形成的法律规范。该决议重申了建立国际足球信息站的内容,并把它上升到法律高度,强调了建立足球信息站的重要性和实际操作办法。强调信息交流中要严格遵守国内法和国际法。在信息分类上,以时间为标准,反观众暴力的信息分为赛前、赛中和赛后的信息,以信息的内容为标准,可以将信息分为反观众暴力战略战术信息和反观众暴力实际操作信息。

从上面的讨论可以看出,欧洲反观众暴力的合作主要通过《打击体育比赛中的观众暴力和不当行为欧洲公约》《反对足球流氓的联合行动》[①]和2002年的欧盟理事会决议[②]建立起来的,这三个规范是欧洲反观众暴力合作的制度框架。

(三)合作的途径

从现有的研究资料上可以看出,欧洲体育赛场反观众暴力主要通过四个途径来完成。

(1)通过建立足球信息站,进行信息交换。欧盟一直非常重视反观众暴力中的信息交换工作,这项工作在多次会议中都讨论过,1997年5月通过的《反对足球流氓的联合行动》和2002年的欧盟理事会决议对其进行了明确的规定。建立足球信息站的主要目的有三个,即为各国警务合作服务;通过信息站进行风险分析;指导赛场管理。足球信息站的信息可以分为一般信息和个人信息。一般信息包括安全风险方面的信息、对暴力事件相关问题做出正确分析的信息和事故的周边信息。个人信息主要是指获得足球禁令个人的信息和潜在威胁人的信息。建立足球信息站还有一定的约束机制,该机制要求各成员国提供最低限度的信息,以防建立足球信息站时出现"敷衍"的情况发生。另外,建立足球信息站应该遵守的原则是个人数据的交换必须遵守相关国家及国际社会对个人数据保护的立法。

(2)建立国际警务合作制度,加强警务交流。2002年通过的欧盟理事会决议对警务合作制度进行了详细的规定。国际警务合作制度主要有四个内容,即信息交流(如上述)、警务合作的准备、警方组织合作和警方与管理部门合作。国际警务合作要做好对情报的搜索、侦查与发现工作,将人群置于警察的监督之下。警方的信息交流工作要做到比赛组织者和警方的行为符

---

① 该联合行动是以《欧盟条约》第K.3款为依据建立的,因此,它具有很强的约束力。

② 该决议的基础是欧盟条约第30条第1款第1项和第2项及第34条第2款第3项。

合警务信息交流工作的要求。警务合作的准备工作要求比赛组织者和警方尽可能早地组织各参赛国的警力参与准备工作,比赛组织者和警方要满足国际警务合作组织的要求。警方与管理部门合作中,为了保证最大限度上的合作,要安排专人对球迷加入球迷协会进行监督,严格把关,以防足球流氓和暴力嫌疑人入会。为了提高合作的效率,2008 年以来欧盟开始注重警务合作的培训,警务合作的培训也促使反观众暴力的合作更加全面而深入。

（3）通过足球禁令制度,做到禁令通用。对实施赛场暴力的观众实施足球禁止令主要是通过两次会议来确定的。2003 年 11 月 17 日,欧盟理事会通过足球禁令的决议。该决议指出,欧盟成员国要颁布相关法令来保证足球禁令在各成员国相互通用。2007 年 11 月,在布鲁塞尔会议上,又对其进行了修改,最后由欧盟各成员国表决通过。在这个具有约束力的文件中,欧盟各成员国可以通过撤销护照、被控制人比赛期间向警方报告的制度来保证体育场禁令的有效实施。就体育场禁令的性质而言,主要有三种类型:其一,刑事性的,主要由法院颁布,典型的代表是法国。其二,行政性的,主要由警察机关向法院申请体育场禁令。其三,行业自治性质的,主要由体育协会和体育管理部门颁发,典型的代表是荷兰。应该说,这三种类型并不是绝对分开的,并且,在一些国家这三种类型也是混合使用的。比如,英国的体育场禁令就是前两种类型的结合,即英国的体育场禁令可以来自法院直接颁发,也可以由警察机关向法院申请颁发。

（4）依据欧洲公约,进行司法协助。根据《打击体育比赛中的观众暴力和不当行为欧洲公约》第 5 条的规定,缔约国应该:一是将体育赛场中实施观众暴力或其他犯罪行为的被捕人员转移到其居住国进行起诉;二是对体育赛场中实施观众暴力或者其他犯罪行为的人的引渡;三是将实施体育赛场观众暴力的罪犯转移至国内服刑[①]。

（四）对合作的评价

欧洲尤其是欧盟在打击体育赛场观众暴力中做了大量的工作,对于推进反观众暴力的合作做了很大的努力,它的愿景是:通过各成员国之间的经验交流和实践活动,建立安全和公共秩序的统一标准;在遵守信息保护规则的前提之下,加强对危险或潜在危险球迷的信息交换与合作。

应该承认,这个愿景是美好的,但是还有很长的路要走,究其原因有三个:第一,具有法律约束力的法律文件太少。目前仅有《打击体育比赛中的

---

① Simon Gardiner, Richard Parrish and Robert C. R. Siekmann, *EU*, *Sport*, *Law and Policy*: *Regulation*, *Re-regulation and Representation*, The kingdom of the Netherlands: T. M. C. Asser Press, 2006, pp. 529-530.

观众暴力和不当行为欧洲公约》《反对足球流氓的联合行动》和 2002 年的欧盟理事会决议,要想让反观众暴力的合作持续、有效地开展下去,建立有法律约束力的规范必不可少。第二,各国的法律文化、法律制度体系是不同的,欧洲理事会和欧盟的相关决议未必能够得到各成员国的支持,这就在一定程度上限制了反观众暴力合作的范围和力度。第三,由于欧洲特别是欧盟各国体育传统以及足球发展水平的不同,对反观众暴力合作的支持程度也会有所不同,这为反观众暴力的合作埋下了隐患。

第四节　体育赛场观众暴力诉讼的主要种类

本部分主要分析观众暴力法律规制的典型案例——R. V. Gornall (Joshua) 案、McFarlane v. Nisbet 案、Gough & Smith V. Chief Constable of Derbyshire 案和 Feyenoord Rotterdam v. UEFA 案。第一个案件由上诉法院刑事法庭审理,是上诉人不服法院初审判决的上诉案;第二和第三个案件由上诉法院民事法庭审理,是申请撤销足球禁令的案件;第四个案件解析了体育赛场观众暴力的俱乐部责任。欧洲是球迷暴力高发的国家,欧洲法院对球迷暴力的法律规制探索较早,也取得了一定的成功经验,本部分试图通过上述案例来解析欧洲对体育赛场观众暴力行为的规制办法。

一、因判罚过重引起的诉讼

R. v Gornall(Joshua) 案① 是上诉人不服初审法院判决的上诉案,是因判罚过重引起的诉讼,该案具有一定代表性。

(一)案件介绍

英超伯恩利足球俱乐部(Burnley) 的球迷预谋与英超布莱克本足球俱乐部(Blackburn) 的支持者进行一场群殴。事件发生在 2009 年 10 月 18 日下午,比赛结束后,两队球迷的暴力对抗一触即发。伯恩利足球俱乐部的球迷 Porter、Hartley、Tempest 和 McDonough 预谋已久,经过精心的策划,准备在比赛结束后"兵分两路"对布莱克本足球俱乐部球迷进行攻击。第一路球迷号称"敢死队"(Suicide Squad),在 Hartley 和 Tempest 带领下从伯恩利市赶往球场,一行 20 人乘坐租来的车辆前往布莱克本市。布莱克本警方对于第一路球迷的行动早有察觉,当队伍行进到赛场附近时被警方阻拦,遇到警方阻拦后,Hartley 带领队伍极力反抗。警察控制得当,驱散了人群,逮捕了

---

① 　[2011] EWCA Crim 1402;[2012] 1 Cr. App. R. (S.)36.

Hartley 等主要分子。第二路球迷由 Porter[他是《敢死队》(Suicide Squad)一书的作者,该书是一本关于足球流氓的书]指挥,Porter 始终与第一路球迷保持着联系。当 Hartley 的团队受阻后,两人通过电话联系商定增加"兵力",随后,Porter 立即带领 7 人乘出租车来布莱克本支援,不过,已经部署好的警察以涉嫌滋事对他们也进行了控制。

在这次事件中,因扰乱公共秩序、涉嫌拘捕等行为,双方共有 12 人被捕。被捕者中,除了伯恩利球迷的主要组织者以外,还包括部分的布莱克本球迷。由于警方的精密部署,果断采取行动,布莱克本球迷也被警方驱散,部分组织者被捕。此次事件中,等待与伯恩利球迷进行群殴的布莱克本球迷共有 50 人,主要由当地有名的足球流氓组成。

此次密谋群殴的被捕人员分别是:Porter,43 岁,具有 7 次实施暴力行为的案底。2002 年因涉嫌暴乱,被判三年监禁,Porter 还获得过一次足球禁止令。Hartley,25 岁,曾经在球场使用器械伤人,具有暴力犯罪记录,获足球禁令 2 次(2005 年和 2008 年)。Daniel Tempest,28 岁,曾经 3 次聚众斗殴,具有暴力犯罪记录。Sean Widdop,23 岁,没有犯罪前科。Mark Hamer,28 岁,具有多次犯罪记录,其中,1999 年和 2003 年实施过暴力威胁行为,2002 年、2003 年和 2007 年涉嫌赛场暴乱。Joshua Gornall(21 岁)、Stuart William Craig(21 岁)、Ian Grice(36 岁)、Scott Anthony Page(25 岁)、Thomas Edward McDonough(22 岁)、Steven Ball(17 岁)、Joshua David Slade(17 岁)等人都不同程度地参与或实施过体育赛场暴力。

(二)初审法院判决

2011 年 1 月 18 日,英国普雷斯顿(Preston)的刑事法庭做出一审判决,判决暴力实施者犯合谋暴乱罪。具体判罚如下:伯恩利球迷的组织者 Porter 被判有期徒刑 5 年,足球禁令 10 年;Hartley 被判有期徒刑 4 年,足球禁令 10 年;Daniel Tempest 被判有期徒刑 4 年,足球禁令 10 年;Sean Widdop 没有相关的前科,被判有期徒刑 4 年,足球禁令 8 年;因为年龄偏小,Steven Ball 被判有期徒刑 14 个月,足球禁令 6 年;Joshua David Slade 被判有期徒刑 12 个月,足球禁令 6 年。其他人(根据是否有前科)被判 21 个月至 42 个月的监禁。

布莱克本球迷分别被判处 6 到 16 个月的监禁,根据暴力实施者的参与程度,所有暴乱实施者获得了 6~7 年的足球禁令。

(三)上诉

伯恩利队涉嫌合谋暴乱罪的 12 名球迷对普雷斯顿(Preston)刑事法庭的判罚有异议,不服一审判决,随即进行了上诉。作为 Porter 的诉讼代理人,Mr. Sastry 代表 Porter 进行诉讼,Mr Nuttall 代表其他 11 人进行诉讼。上诉理

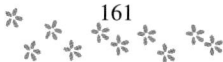

由是法院的判罚过重。

两位诉讼代理人在法庭上发表了以下意见:第一,Mr. Sastry 参考了以往的案例①,认为法院最高刑期的适用上是有问题的。Mr. Sastry 指出,Porter 带领的伯恩利球迷团从伯恩利到布莱克本只是为了观光,并不是制造暴乱,因此,Porter 的行为不属于违法行为,不应以合谋暴乱罪论处。同时,Mr. Sastry 还认为,队伍行进过程中存在一些混乱,这些混乱是发生在比赛结束以后,即便判处合谋暴乱罪,也不符合该罪的加重情节。鉴于此,法院对 Porter 的处罚过重。第二,判罚尺度不统一。伯恩利球迷和布莱克本球迷并没有实质性的接触,伯恩利球迷并不是集群而来,球迷到达球场的时间是有间隔的,这不是群聚的暴乱活动。另外,在最后的判罚上,布莱克本球迷普遍判罚较轻,而伯恩利球迷判罚较重,代理人认为这是不公平的。第三,代理人强调,法官应该重点考虑量刑的情节。首先,Burnley 球迷并没有携带攻击性武器来到现场,攻击性意图是不明显的;其次,Porter 并没有发挥推波助澜的作用,Hartley 和 Widdop 也没有鼓动球迷制造混乱,在警方逮捕过程中,他们积极配合,在之后的审讯中认罪态度良好,也主动交代了球迷活动的情况,因此,应该酌情减轻处罚。

(四)上诉法院的判决

上诉法院法官 Maddison 认为,此次球迷的暴力活动扰乱了公共秩序,给社会治安带来了潜在威胁,社会影响很坏。伯恩利球迷活动是有组织、有预谋的,这一点是不会改变的。法院的具体意见是:Porter 在前期的策划中发挥了重要的作用,并且有暴力犯罪前科,具有加重情节,对他适用最高刑期是恰当的;Hartley 和 Tempest 在这次事件中鼓动球迷暴乱,起到了推动作用,并且 Hartley 具有犯罪前科,初审法院的判罚是准确的;Widdop 虽然没有犯罪前科,但是在事件中发挥了重要作用,而且携带有攻击性的台球,对他的判罚是合理的;Hamer 虽然不是球迷暴力的煽动者和组织者,但是不要忘记他具有严重的暴力前科;对于其他上诉人,因为他们不是主要组织者,犯罪情节较轻,可以适当地减刑。

---

① See Bright[2008] EWCA Crim 462;[2008] 2 Cr. App. R. (S.)102 (p.578). Sir Igor 法官(王室庭总裁)表示,犯罪是一个极其严肃的问题,最高刑期的适用应该做到准确。

上诉法院聆听了上诉人的辩护意见后,参考了以往的判例①,经过认真合议,进行了宣判。法院驳回了 Porter、Hartley、Daniel Tempest、Widdop、Hamer 的上诉,维持原判。法院充分尊重了上述人的意见,认为其他上诉人在球迷暴乱过程中所起的作用相对较小,同时暴力的发生和使用武器没有超过一定的限度,综合考虑以上情况,其他上诉人的罪行减少了约25%。

(五)法理评析

随着体育运动的快速发展及体育实践的深入,体育市场化的步伐也逐渐加大,一方面,体育市场的开发和运营者竭尽全力来吸引社会关注,吸引观众到体育赛场观看赛事;另一方面,由于体育赛事运营、管理制度和纠纷解决制度的不健全,体育赛场观众暴力事件逐渐增多,相关纠纷也逐渐增多。公正、合理地解决体育赛场观众暴力纠纷已经成为一个重要的问题。

本案的焦点集中在量刑问题上,法院的判决是否量刑过重? 本案中,法院判决上诉人的行为构成合谋暴乱罪,上诉人对法院的定罪以及是否颁发足球禁止令并无异议,只是认为相对于犯罪情节,法院的量刑过重。关于该问题的解释,法院按照普通法系传统,在参考了相关判例基础上做出了最后的判决。在本案的处理上,尤其是在合谋暴乱罪的量刑中,法官主要强调了三点内容:第一,主要考虑伤害后果。对此,本案法官参考了 Green 案的法庭判决②。Green 案法官 L. J. Judge 认为,虽然法律规定合谋暴乱罪最高刑期是5 年,但如果犯罪情节较为严重,特别是造成严重的人身伤害时,可以有更高的刑期,5 年的最高刑期不是绝对的,而是相对而言的,具体判多长时间的刑期要根据具体情况来决定。第二,考察犯罪情节是要查明是否存在预谋。在考虑该问题时,本案法官主要参考了 2004 年的一个案例——Greenall and others 案③。该案也与体育赛场球迷暴力有关,该案的法官 Brown J. Douglas认为,在体育赛场观众暴力的规制中要注意三点,即观众暴力事件是否是一种有计划的行为、计划是否详细而周密和要严厉打击足球场观众暴力行为。Brown J. Douglas 强调,有预谋的体育赛场观众暴力对社会大众和社会秩序有严重的损害,不管行为人的暴力计划是否得到了实施,都要对有预谋的观

---

① Green〔1997〕2 Cr. App. R.(S.)91;Greenall and others〔2004〕EWCA Crim 3430;〔2005〕2 Cr. App. R.(S.)46(p.276);Rees〔2005〕EWCA Crim 1857;〔2006〕2 Cr. App. R.(S.)20(p.143);Bright〔2008〕EWCA Crim 462;〔2008〕2 Cr. App. R.(S.)102(p.578);Goodridge and others〔2008〕EWCA Crim 2259;〔2009〕1 Cr. App. R.(S.)101(p.573).

② Green〔1997〕2 Cr. App. R.(S.)91.

③ Greenall and others〔2004〕EWCA Crim 3430;〔2005〕2 Cr. App. R.(S.)46(p.276).

众暴力行为进行严厉的打击。第三,要注意球场暴力实施者的年龄特征。对此,本案法官主要参考了 Rees 案的判决①。负责审理该案的法官 C. J. Woolf 认为,年轻人的暴力实施者参与赛场暴力的情况越来越多,受到社会亚文化的影响,年轻人的暴力实施者大量地饮酒,麻痹了自己的神经,在流氓球迷的煽动下或受赛场大氛围的影响,最后从事了赛场暴力活动。在处理有年轻人参与的暴力案件时要考虑到处罚的社会影响以及处罚对他们心理的影响程度。笔者认为,上述的三个观点丰富了观众暴力规制的司法实践,值得借鉴。

二、申请撤销足球禁止令的诉讼

(一)McFarlane v. Nisbet 案②

1. 案件介绍

在观看一场足球比赛时,由于过于投入,看台上的 McFarlane 向足球场抛投了一个纸杯,这一行为引起了警方的警觉。警察认为他的行为违反了赛场秩序,对其进行了逮捕,警方例行检查时,从他的口袋里搜出了一个 knuckleduster(指节金属套,一般用作武器)。在接受盘问时,McFarlane 解释自己的口袋里装有 knuckleduster,并不代表他使用了它或者试图去攻击体育赛场里的其他人,但是,警方并不认同他的看法。警方认为 McFarlane 携带 knuckleduster 来到赛场就已经表现出"从事暴力和暴乱"的意图,再加上向足球场投掷了纸杯,这些行为已经影响到了体育赛场的安全与稳定。在上述事实的基础上,法院依照苏格兰《警察、公共秩序和刑事司法法案》(2006)第 51 条第 4 款的规定,对其实施了一个 18 个月的足球禁止令。

McFarlane 认为法院的判决是不合理的,立即向法院进行了申诉,上诉的理由是法院对足球禁止令的判罚是过重处罚。McFarlane 表示,根据苏格兰《警察、公共秩序和刑事司法法案》(2006)第 51 条第 4 款的规定,仅仅当行为人"从事暴力和暴乱"的活动,并且该活动干扰和违反公共秩序时才能对其颁发足球禁止令。根据该条款,在足球赛场上,观众被搜查出拥有进攻性武器,只要这种行为没有干扰和违反公共秩序,就不能认定为涉嫌"从事暴力和暴乱"活动,当然也就不能向暴力嫌疑人颁发足球禁止令。

2. 上诉法院判决

上诉法院支持了上诉人的意见。法院认为判罚足球禁止令主要依据嫌疑人是否"从事暴力和暴乱"犯罪活动。嫌疑人的行为符合该行为特征的要

---

① [2006] 2 Cr. App. R. (S.)20.

② [2013] HCJAC 81;2013 S. C. C. R. 388.

颁发足球禁止,否则就不用颁发。具体来说,要深刻理解条款的内涵,"从事暴力和暴乱"不能做扩大解释,不能将其覆盖所有的不符合规范的行为。法案中明确规定了"挑起""使用"或"显示"等对"从事暴力和暴乱"犯罪活动的限定,要根据法律规定合理地使用它。虽然 knuckleduster 常常与暴力联系在一起,但是 McFarlane 把它藏在口袋里的行为并不代表"从事暴力或暴乱"。在足球禁令的适用中要充分考虑一个法定条款,即该行为是否干扰公民的人身自由,任何法律解释要限制在一定的框架内,而不是扩展的范围或应用程序的规定。

(二) Gough & Smith v. Chief Constable of Derbyshire 案①

本部分通过解析一个典型的案例——英国高等法院审理的高夫和史密斯诉德比谢尔警长(Gough & Smith v. Chief Constable of Derbyshire)案,以此来考察英国体育赛场观众暴力的司法实践。

1. 案件介绍

本案件由上诉法院民事法庭审理,它是一起申请撤销足球禁令的案件。1998—1999 年赛季,Gough 和 Smith 曾经在体育赛场观众区域有过球迷暴力行为,已经被警察关注,并且在警察局留有案底。最近他们再一次违反了《反足球骚乱法案》,于是被法院颁布了足球禁令,该禁令剥夺了他们现场观看国内外足球比赛两年的权利。Gough 和 Smith 对此不服,向法院申请撤销足球禁令②。

Gough 和 Smith 申请撤销足球禁令的理由有三个:其一,足球禁令与理事会73/148 号决议和《公民权利和政治权利国际公约》相冲突。理事会决议和国际公约都规定公民有自由流动和离开自己祖国的权利相冲突,足球禁令恰恰限制了这种自由,它与上述两个法令相冲突。其二,足球禁令与欧洲经济共同体的比例原则相背离,同时也违背了欧共体法案,并且其中的标准也没有经过欧洲立法机关的批准,应该及时撤销。其三,法院所施加的足球禁令程序违反了欧洲人权公约的有关规定,因此足球禁令不能生效。

2. 法院判决

法院根据相关立法,驳回了原告的诉讼请求③。法院认为虽然 Gough 和 Smith 诉德比谢尔警长一案没有采用正确的证明标准,但是也有充分的理由向两个上诉人施加禁止令。具体的理由是:其一,足球赛场观众暴力严重影

---

① ［2002］EWCA Civ 351,［2002］2 All ER 985,［2002］3 WLR 289.

② Gough v Chief Constable of Derbyshire(2002)2 All ER 985.

③ Football Spectators Act (1989):s. 14A, s. 14B;Football Disorder Act (2000):15;Public Order Act (1986):15,s30,31,s32,33;European convention on human rights:7,8.

响了公共利益。公共利益是理事会 73/148 号决议和《公民权利和政治权利国际公约》的例外情况,任何人没有绝对的权利离开自己的国家,因此,采用足球禁令是合适的。其二,有充分证据可以证明 Gough 和 Smith 确实已经两次在观众区域实行骚乱行为,上诉人再一次违反了《反足球骚乱法案》,给予颁发足球禁令也符合比例原则,法庭给予颁发足球禁令是合理的。其三,足球禁止令类似于刑事指控,它的证明标准符合《欧洲人权公约》第 6 条和第 8 条,给予 Gough 和 Smith 颁发足球禁令是合理的。另外,根据《欧洲人权公约》第 8 条第 2 款的规定,当公共秩序受到破坏时,通过颁发足球禁令来预防公共秩序的破坏是正当的[①]。

(三)法理评析

McFarlane v. Nisbet 案和 Gough & Smith v. Chief Constable of Derbyshire 案是申请取消足球禁止令的案件,McFarlane v. Nisbet 案中上诉人的请求得到了法院的支持,Gough & Smith v. Chief Constable of Derbyshire 案中上诉人没有胜诉,这足以看出足球禁止令问题的复杂性。上述两个案例牵涉的主要问题有两个:一是足球禁止令设置是否合理,二是足球禁止令实施制度是否存在缺陷。第一个问题与足球禁止令的立法有关,主要涉及足球禁止令的条款是否与其他法律规范存在冲突,以及条款是否具有合理性和可操作性。第二个问题是足球禁令在实施过程中存在的问题,主要涉及实施制度的实体问题以及程序问题。具体到这两个案件,争议也集中在这两个问题上。

第一个案件牵涉足球禁止令的适用问题,上诉人认为初审法院颁发禁止令的依据不足。事实上,上诉人向球场抛投纸杯以及随身携带 knuckleduster 的行为并没有违反相关法律,依据苏格兰《警察、公共秩序和刑事司法法案》(2006)第 51 条第 4 款,该行为也不具有"从事暴力和暴乱"的行为特征,因此,上诉人不应该被颁发足球禁令。本案从另一个侧面也反映出足球禁止令的相关条款不够详细和明确。笔者认为,根据相关规定明晰观众暴力的行为特征,完善足球禁令的条款是下一步应该做的工作。

第二个案件中上诉人指出足球禁令与理事会 73/148 号决议和《公民权利和政治权利国际公约》相冲突、颁发足球禁令违反欧共体法案。通过上述分析,笔者认为,本案的实质问题是行动自由与权益保障的博弈,一方面依据《欧洲人权公约》行为人具有行动自由,另一方面不受限定的行动又会干扰他人或社会的权益。因此,如何平衡两者关系才是足球禁止令制度能否

---

① Ian Blackshaw, "The 'English Disease'—Tackling Football Hooliganism in England," *The International Sports Law Journal*, 2005, No. 1–2, pp. 90–95.

发挥实效的关键所在。另外,在足球禁令的颁发过程中,在程序上存在问题及证明标准不明确的问题,也说明足球禁止令在实施过程中存在的困难。笔者认为,在禁止令的适用过程中,不能照搬其他法律制度,应该充分考虑体育赛场观众暴力的特殊性,制定针对性的制度,并合理地去适用它。

客观来讲,标定理论打破了以往的研究视角,从另外一个角度论述了体育赛场暴力的成因,笔者认为有必要再重新审视一下体育赛场观众暴力行为,合理颁发足球禁止令。其实,"体育赛场观众暴力"是被人为标定出来的,以前并不存在赛场观众暴力这样的说法,而是随着赛场上观众暴力现象的逐渐增多,学者们或立法部门根据观众暴力的基本表象,通过理论中暴力现象的比对,把赛场观众的这种越轨行为标定为体育赛场观众暴力的。立法者在综合理论和实践的基础上,最后把该行为进行否定性评价,写入了法律,就逐渐成为人们的惯常称谓。体育赛场暴力行为被标定以后,其实对赛场越轨者本人来说并没有直接的影响,重要的是,这种标定会影响社会公众,当一种行为被标定为暴力行为时,社会公众就会对这种行为和行为的实施者有所看法。当社会大众对该标定形成共识时,体育赛场暴力的实施者就会永远带着这种标签生活,即便是没有暴力意图的初次参与者也将逐渐接受这种看法。

事实上,一些体育赛场观众暴力实施者是被挑唆和鼓动的,或者被赛场氛围感染后而一时兴起才参与,此时将其标定为观众暴力的实施者或足球流氓,他们将永远背负这个标签生活,承受社会压力,这样势必影响其心理和以后的行为。对体育赛场观众暴力的实施者,特别是对青少年暴力实施者来说,被标定为赛场暴力以后就会出现两种情形:其一,他们接受这样的标定,持续进行暴力;其二,公共安全部门和司法部门会对他们进行差别执法。因此,完善足球禁止令制度,做到精准适用,才是发挥该制度实效的努力方向。

三、无过错体育俱乐部提起的诉讼

Feyenoord Rotterdam v. UEFA 案①是由无过错俱乐部提起的诉讼,本案牵涉严格责任原则的合理适用问题,具有一定的典型性。近年来此类案件逐渐增多,已经成为体育赛场观众暴力诉讼的主要类型,值得我们持续关注。

(一)案件介绍

在欧联盟杯比赛中,荷兰费伊诺德俱乐部(Feyenoord Rotterdam)球迷煽

---

①　Feyenoord Rotterdam v. UEFA,20 April 2007,CAS 2007/A/1217.

动闹事,令人匪夷所思的是,国际体育仲裁法庭做出的判决没有处罚闹事球迷,而是对荷兰费伊诺德俱乐部进行了处罚,禁止费伊诺德俱乐部参加欧联盟杯剩余的比赛。

这一判决争议的焦点问题是俱乐部对其球迷的行为是否负有严格责任? Feyenoord Rotterdam 认为,俱乐部不应因球迷在南锡的暴力行为而受到惩处。主要理由包括五个方面:

(1)俱乐部本身并没有过错,因此该案不能适用欧联盟处理球迷不当行为的基本原则——严格责任规则。

(2)取消 Feyenoord Rotterdam 在欧联盟杯中的比赛资格的决定是不公正的。在南锡事件中要对自己不当行为负责的是 Feyenoord Rotterdam 球迷,而不是俱乐部。Feyenoord Rotterdam 指出这些人来到南锡就是为了胡作非为,与球队本身并没有任何法律上的关系。

(3)负责南锡体育场的警方存在过失。赛前 Feyenoord Rotterdam 已经告知南锡警方,该俱乐部球迷队伍混入了大量足球流氓。在收到 Feyenoord Rotterdam 告知的情况下,南锡体育场的警方没有足够的重视,由于他们审查的漏洞,大批有票和没票的球迷进入体育场观看比赛。

(4)体育场管理人员存在过失。体育场管理人员座位安排不合理,将一些流氓球迷安排在与 Feyenoord Rotterdam 球迷相邻的部分,如此一来就造成球场看台持续的不稳定状态。明知球场看台的观众中有人以前有荷兰体育场的禁令,管理人员仍然没有恰当地隔离"好的"球迷与"坏的"球迷,管理人员的过失也是观众暴乱发生的原因之一。

(5)欧足联上诉机构的判决缺乏相称性。此次惩罚意味着 Feyenoord Rotterdam 将会错过欧联盟杯下一轮比赛,俱乐部由此可能损失一大笔收入。

欧足联回应了 Feyenoord Rotterdam:无论俱乐部对于预防球迷暴力的发生是否做过努力,只要存在球迷暴力事件的发生,Feyenoord Rotterdam 就应该对其球迷的行为负责。对于俱乐部来说,这条规则是一条严格责任。这也意味着,对 Feyenoord Rotterdam 实施的警告和其他惩罚措施只与结果有关,与俱乐部行为无关。

(二)法庭判决

体育仲裁法庭驳回了 Feyenoord Rotterdam 的申诉。体育仲裁法庭认为欧足联法规和指令中的纪律规范是一个至关重要的工具,它允许欧足联创制组织内的法令,允许通过制定赛场行为标准对暴力分子进行制裁,从而确保体育赛场秩序的稳定。基于此,法庭引用了欧足联纪律规定第 6 条:在欧足联及国内足球协会组织的比赛中,足球协会和足球俱乐部应该对其球员、官员、会员、支持者、发挥了作用的人所实施的行为负责;主办的协会及俱乐部对赛前、赛中、赛后体育场内及周边的秩序和安全负责。主办方要对各种事件负责,并且应该遵守相关法令,否则,会受到纪律处分。

法庭认为,根据以上条款,Feyenoord Rotterdam 对其支持者的行为负有严格责任。本案争议的焦点问题是哪些人可以称为"支持者"。关于这个问题,法庭觉得欧足联并没有给"长期支持者"一个明确的定义,也没有对"长期支持者"进行严格的限定,如种族、国籍、居住地或者是否购买了某场比赛的门票等方面的限定。但有一点是肯定的,看台球迷不仅与种族、国籍、居住地无关,也与个人是否买票没有关系,只要球迷坐在了俱乐部球迷区域的看台,俱乐部就应该对其行为承担责任。法庭特别提到了一个案件,在欧洲冠军联赛的一场比赛中,PSV 因为其支持者针对对方球员的种族主义行为而受到了惩处[①]。

根据判例法,"处分不能与所犯罪行有明显、严重的不相称"。对此,Feyenoord Rotterdam 就处罚不符合比例原则向国际体育仲裁法庭提出了申诉:取消其参赛资格与其所犯过错缺乏相称性。法庭做出回应:欧足联上诉法庭做出的处罚与所犯之罪并无不相称之处。理由有三个:一是欧足联有权做出取消参赛资格的处罚决定。二是 Feyenoord Rotterdam 有加重处罚的因素。在加重因素的判定方面,法庭指出,Feyenoord Rotterdam 球迷的行为已经多次发生,在之前的比赛中 Feyenoord Rotterdam 球迷为了攻击对方球迷曾经打破体育场内的墙壁,向人群投射物品的情况,欧足联已经多次注意到 Feyenoord Rotterdam 球迷的恶行。法庭还认为,球迷们的不当行为使得 Feyenoord Rotterdam 成为"累犯",在过去的五年中,共有 12 起违反纪律案件直指 Feyenoord Rotterdam。三是取消参赛资格具有"义正视听"的作用。本判决能够保证在欧洲联盟杯接下来的赛季中不会出现类似 Feyenoord Rotterdam 事件的发生。因此,南锡方面在售票时可能出现了错误,法国警方给闹事者进入比赛场馆的机会,使他们混进了 Feyenoord Rotterdam 的球迷中,这些都被认定为与该案件无关。

(三)法理评析

在 Feyenoord Rotterdam v. UEFA 案中,国际体育仲裁法庭适用了欧足联纪律规定第 6 条第 1 款。根据这一规定,欧足联的成员和俱乐部应该对任何违反欧足联规则的人承担责任。毫无疑问,在这一规定下,各成员协会和俱乐部要对尚未具体定义的第三方的行为承担严格责任,这一规定没有给 Feyenoord Rotterdam 留下任何回旋的余地。由此才会出现,欧足联成员协会

---

① PSV Eindhoven v. UEFA,3 June 2003,CAS 2002/A423.

和足球俱乐部在没有过错的情况下,为其支持者的不当行为承担责任。从法庭判决可以看出:Feyenoord Rotterdam 采取措施来防止骚乱的努力并不能改变俱乐部对其支持者的责任。

这是一个无奈之举:欧足联并没有一个直接惩治俱乐部球迷的办法,故而把所有的措施都集中于它有权惩治的足球俱乐部身上。国际体育仲裁法庭也承认,欧足联惩罚这些俱乐部的主要目的在于规范俱乐部球迷的行为。欧足联通过惩治球迷支持的俱乐部来间接达到控制球迷行为的目的。由此可见,欧足联纪律规定第6条的目的在于,阻止和预防支持者的暴力行为,而不是惩罚俱乐部的恶行。鉴于这一目的,严格责任的适用才应运而生。应该承认的是,去国外参加比赛的俱乐部控制俱乐部球迷的能力是有限的。

笔者认为利用"严格责任"原则来规制无过错俱乐部是不合适的,因为它与"责任自负"的精神是背离的。我们应该坚定一个信念,任何一种行为应该在法治的框架下活动,同时还要兼顾足球比赛安全,只有这样,对严格责任原则的适用才是合理的。足球流氓一般都不是俱乐部的支持者,真正的球迷及其组织是与官方俱乐部保持正式联系的,他们是球队的第十二人,是俱乐部坚定的支持者和拥护者。目前来看,Feyenoord Rotterdam 能做的唯一的事情就是要求政府暂停"申根协定",从而可以以公共秩序为由进行边境检查,就目前的形势而言是很有难度的。

可以肯定的是,随着欧洲对足球赛场观众暴力规制的力度加大,与其相关的纠纷也会逐渐增多,特别是与第一和第二个案件类似,球迷请求法院撤销足球禁令的案件会大量出现,这其中一个重要的原因就是制度缺陷,即足球禁令与现代法治理念是有冲突的。另外,对于一个曾经实施过足球赛场观众暴力的人来说,是不能完全判定其会再一次实施赛场暴力的。法院为了预防观众暴力的发生,"粗暴"颁发足球禁令,这样的做法严重干涉了公民的合法权利。现代法律制度保护的核心利益是人权,为了维护法律制度保护的核心利益,在颁发足球禁令时要充分考虑与人权相关的法律制度,切不可顾此失彼。就第三个案件而言,法院的主张有不合理的地方,尤其表现在对公共利益原则的适用中。公共利益原则已经成为法律适用中的广泛性原则,因为它的实体规范过于简单,程序规范不够具体,适用中又不易完全被否定,所以当法律出现适用困难时,就用公共利益原则来进行搪塞。

本章小结

本章通过对体育赛场上观众暴力法律问题的研究,界定了观众暴力的基础性问题,研究了体育赛场观众暴力的防控,探讨了体育赛场观众暴力的

规制,分析了体育赛场观众暴力诉讼的主要种类,得出了如下结论:

(1)体育赛场观众暴力是指体育赛场上观众对特定对象实施的包括身体、精神和财产等方面的,妨碍体育比赛的组织管理和运行,对正常社会秩序造成一定影响的不法侵害行为。体育赛场观众暴力的特征是暴力主体和侵害对象的特定性、手段多样性、暴力方式群体性和暴力后果不确定性。体育赛场观众暴力的形成主要依赖主体因素、环境因素、心理因素和行为因素。它的形成需要经历四个阶段,即集群行为的形成、群体意识的形成、场内外因素的影响和观众暴力的发生。体育赛场观众暴力的成因可以运用宏观理论、中观理论和微观理论进行解释。根据体育赛场观众暴力的参与人数和组织化程度,可以将其分为个体性观众暴力、偶发的群体性观众暴力和有预谋的群体性观众暴力。

(2)体育赛场观众暴力预防的理论依据是情景预防理论。体育赛场观众暴力预防的原则有制度化原则、应急性原则、差别化对待原则、自主性原则和公正性原则。增加观众实施暴力的难度、增加观众实施暴力的风险、减少观众暴力实施者的收益、排除观众实施暴力的借口和减少观众实施暴力的刺激4个合理地控制体育赛场观众暴力的方法。

(3)目前主要通过三种方式对体育赛场观众暴力进行规制,即体育行业规制、法律规制和国际合作规制。英国规制体育赛场观众暴力的主要立法有《足球犯罪及骚乱法案》《足球观众法》和《反足球骚乱法案》;意大利制定了《反足球暴力法案》,法院为了维护人权和宪法权威取消了该法;西班牙在《西班牙体育法》和《反体育种族歧视和暴力法》中规定了反观众暴力条款;瑞士通过修改《瑞士安全法令》增设了关于体育赛场反暴力的条款;《比利时足球法》和《阿可里奥特·玛丽法案》也对体育赛场观众暴力有所规定;巴西和阿根廷制定了《体育粉丝保护法案》和《体育活动安全法》来规制体育赛场观众暴力。欧洲理事会和欧盟在促进反观众暴力合作中发挥了重要作用。欧洲反观众暴力的合作主要通过《打击体育比赛中的观众暴力和不当行为欧洲公约》《反对足球流氓的联合行动》和2002年的欧盟理事会决议来实现。合作的四个途径是:通过建立足球信息站,进行信息交换;建立国际警务合作制度,加强警务交流;通过足球禁令制度,做到禁令通用;依据欧洲公约,进行司法协助。

(4)在司法实践中,体育赛场观众暴力诉讼的主要种类有:第一,因判罚过重引起的诉讼;第二,申请撤销足球禁止令的诉讼;第三,无过错体育俱乐部提起的诉讼。申请撤销足球禁止令的诉讼中主要关注的问题:一是足球禁止令设置是否合理,二是足球禁止令实施制度是否存在缺陷。

第四章

体育赛场其他类型暴力法律问题

法律的目的是创造一个稳定的、可以理解的行动结构,在这个结构中个人能够执行其计划并多少意识到可能产生的结果。①

——[美]斯蒂芬·L.埃尔金、卡罗尔·爱德华·索乌坦

除了运动员间暴力和观众间暴力以外,体育赛场上还存在一些特殊的暴力事件,如运动员与观众间暴力、针对体育赛场的暴力恐怖行为和针对体育赛场安保人员的暴力。在这三种暴力形式中,运动员与观众之间的暴力行为最为常见,波及的范围广,社会影响比较坏。以主观方面为分类标准,它可以分为无意行为和故意或过失行为。前者主要指意外情况下运动员与观众间的暴力伤害,如比赛中,运动员投掷标枪时无意中的暴力伤人;后者主要指运动员与观众间发生的故意伤害行为和两者之间的互殴行为。体育赛场中暴力恐怖行为与世界的外部环境紧密联系,随着影响世界的不安定因素增多,体育赛场上的暴力恐怖行为也逐步增多。针对体育赛场安保人员的暴力主要体现在暴力袭警上。根据一些国内法规定,袭警行为是一种犯罪行为。体育赛场变幻莫测,容易风云突变,会给体育参与者心理上造成一定的影响,再加上在体育赛场管理不羁,很容易发生体育参与者的袭警事件。这些暴力行为会侵犯人身和财产权益,也可能侵犯国家的利益,扰乱了稳定的体育和社会秩序,应该采用法律手段进行规制。

---

① 杨晓萍、何源章:《试析宗教与法律的良性互动》,《世纪桥》2009 年第 6 期,第 5 页。

第一节 运动员和观众之间的暴力

一、运动员与观众间暴力的表现

在体育比赛中,运动员与观众间的暴力是一种常见的现象。在体育历史上,不乏伤亡惨重的事件发生,体坛中臭名昭著的运动员与观众间典型暴力事件是发生在 NBA 赛场上的奥本山宫打架事件。该事件发生于 2004 年 11 月 19 日,发生地是活塞队主场美国密歇根州底特律市奥本山宫殿球场。事件由阿泰斯特和本·华莱士的冲突引起。在步行者与活塞队的比赛中,当比赛还剩下 45.9 秒时,步行者队的阿泰斯特对活塞队的本·华莱士有一个犯规,本·华莱士报复性地推搡了阿泰斯特,双方愤怒的火苗溅起,但由于控制及时,冲突并没有发生。

阿泰斯特被劝回裁判席上休息,在休息的过程中,看台上的一个球迷向其抛投了一个啤酒瓶,运动员与观众间暴力就此产生。整个暴力过程分为三个阶段:第一个阶段,阿泰斯特还击。步行者队的阿泰斯特受到啤酒瓶攻击后,跃上看台暴打了向其抛投酒瓶的球迷,其队友见状,受到场面"感染"也加入了暴打球迷的行列中。此时,球迷也不甘示弱,向步行者队员进行了还击,双方厮打在一起。第二阶段,警方控制局势。警方及时出现,控制局势,暴力双方的运动员和观众情绪稳定了下来。但是,此时活塞队(主队)的两个小球迷又对步行者队的阿泰斯特发起了挑衅,阿泰斯特暴怒报复了两个小球迷。第三阶段,步行者队员退场。步行者队员退场时,杀红眼的看台球迷纷纷向他们抛投物品,被惹怒的步行者队员在走廊里又和球迷厮打了起来,混乱的场面持续了一段时间后又被警察控制。奥本山宫打架事件总共造成了 9 名球迷受伤,两人被送入医院。

NBA 内部处罚方面,参与暴力事件的步行者队球员阿泰斯特禁止参加 2004—2015 赛季剩余的 73 场常规赛和 13 场季后赛,此项处罚使阿泰斯特共计损失了 499.5 万美金的薪水。步行者队球员史蒂芬·杰克逊停赛了 30 场,小奥尼尔 25 场,约翰逊 5 场,米勒 1 场。法院判罚方面,阿泰斯特、杰克逊和约翰逊被判一年的察看期、60 小时社区服务,以及 250 美元罚款。向阿泰斯特抛投啤酒瓶的现场观众约翰·格林被监禁 30 天[①]。

奥本山宫事件是运动员与观众间暴力的典型案例,该案例是由赛场观

---

① 《奥本山宫打架事件》,http://baike.so.com/doc/5388289-5624864.html,2017 年 12 月 31 日访问。

众约翰·格林向阿泰斯特投洒啤酒所引起的,因此,约翰·格林除了被监禁30天外,还被判终身不能进入体育场馆观看体育比赛。这次事件中,运动员和观众处于群殴的状态,是运动员和观众间暴力的主要表现形式。这次事件不仅造成了观众的人身损害,而且影响了正常的社会秩序。

除了上述表现形式,运动员与观众间的暴力还表现为运动员利用体育器械对观众造成的伤害。从广义上来说,这种伤害也是暴力的形式,也可以称为运动员与观众之间的暴力。1953年在阿根廷举办的F1大奖赛中,出于对F1赛车的喜爱以及对阿根廷车手的支持,众多的赛车迷来到F1赛场观看比赛,然而这次比赛并没有让观众们如意。取代精彩的赛车比拼,一场赛车惨案的发生让观众瞠目结舌。意大利车手法利那驾驶的法拉利赛车在激烈的比赛中冲出了赛道,直奔观众看台区域而去,直接造成了9名观众死亡和40名观众受伤。同样还是F1大奖赛,在1961年意大利举办的大奖赛上,运动员赛车造成了14名观众死亡。在比赛中,英国车手克拉克的赛车与特里普斯的法拉利赛车在第2圈帕拉波利卡入弯处相撞,赛车直接进入人群,造成了这次惨案的发生①。

其实,F1赛场观众惨案只是运动员器械伤害观众的一个缩影。除此之外,还有很多运动员器械致使观众人身受到伤害的情况,如在标枪或铁饼比赛中,运动员标枪或铁饼投掷到观众区域,造成赛场观众伤亡的情况;曲棍球砸中赛场观众的情况等。上述的体育器械伤人事件,从主观方面来说,运动员不存在故意和过失,绝大多数事故是一种意外事故。但是,也不排除运动员具有故意的情况,如故意用体育器械来伤害观众。

当然,在赛场上也存在观众使用暴力攻击运动员的情况,与前两者相比,这种情况虽然不是普遍存在,但是仍然不可忽视。观众暴力攻击运动员多数会被球场安保和警察制止,一般不会出现大的损害后果,但在特殊的情况下,也会出现致运动员死亡的事件发生。如2014年8月在提济乌祖进行的阿尔及利亚甲级联赛中,客队USM阿尔及尔2∶1逆转主队JS卡比利亚,愤怒的主队球迷把自己的怨气撒到了客队球员身上,球迷向退场的客队球员抛投了一块重物,致使客队喀麦隆籍球员艾伯斯当场死亡,年仅24岁②。

观众使用暴力攻击运动员主要表现为两种方式:第一,比赛中,观众主动攻击体育竞技中的运动员;第二,赛后,观众主动攻击退场或返程中的运

---

① 《F1惨案历历在目:塞纳丧命伊莫拉 库比卡曾惊魂》,搜狐体育,http://f1. sports. sohu. com/20090725/n265482639. html,2018年1月4日访问。

② 《喀麦隆球员比赛中被球迷石块砸死 为足球史上首次》,南都网,http://paper. nandu. com/nis/201408/26/261556. html,2018年1月4日访问。

动员。这两种情况都普遍存在,它们给运动员造成了一定的人身损害,应该对侵害观众进行惩罚。

综上所述,根据暴力形态的不同,体育赛场上运动员与观众间的暴力主要有三种类型,即运动员与观众相互暴力攻击、观众暴力攻击运动员和运动员使用体育器械暴力伤害观众。在这三种暴力中,运动员与观众相互暴力攻击是比较常见的类型,后两者发生得较少,但也不能忽视它们的存在。

二、对运动员与观众间暴力的规制

(一)规制办法

在体育赛场上运动员与观众间暴力的三种类型中,运动员与观众相互暴力攻击和观众使用暴力攻击运动员这两种暴力形式不具有体育的特殊性,它们与一般人暴力一样,因此,当这两种形式的暴力发生后可以直接运用一般的法律标准进行处理,不用考虑其是否发生在体育赛场而对其进行特殊的处理。在这两种类型暴力纠纷处理中,运动员与观众间暴力触犯相关行政法规定时,可以对其进行行政处罚。当两者之间的暴力构成侵权的,相关当事人应该承担民事赔偿责任。当两者之间的暴力符合犯罪构成要件,构成犯罪的,应该追究相关当事人的刑事责任。由于这两种类型的暴力不具有体育的特殊性,这里不再进行详细的论述。

运动员体育竞技行为导致观众受伤是一种比较特殊的暴力现象。下述的 Hall v. Brooklands Auto racing Club 案和 Wiks v. Cheltenham Homeguard Motor Cycle & Light Car Club 案是与其有关的典型案例。与前面两个类型暴力的处理方法不同,运动员体育竞技行为导致观众受伤的处理办法具有一定的特殊性,这与该种类型暴力的表现形式有关。根据运动员对观众实施暴力主观方面的不同,它可以分为故意或过失的暴力和无意的暴力。由于这两种形式的暴力表现形式不同,因此它们的处理方法也有所不同。另外,运动员对观众实施暴力的隐蔽性很强,特别是体育运动具有"暴力性",运动员对观众的暴力现象可能是一种无意的行为,如 Hall v. Brooklands Auto Racing Club 中,由于比赛激烈,赛车选手的赛车冲入了观众区域,造成了观众伤亡,这种情况就与体育的特殊性有关。在具体的考察中,应该具体问题具体分析,不能硬套一般的法律规范。正是由于体育特殊性的存在,因此对此种类型暴力进行深入分析就显得尤为必要。

(1)运动员体育竞技行为导致观众受伤,多数是无意中实施的,比如在特殊环境下,田径比赛中投掷标枪或铁饼时投中了观众、赛车偏离跑道造成观看比赛的观众受伤、网球击中观众和赛马撞向观众造成其受伤等,这种类型的暴力与体育竞技风险有很大关系。换言之,运动员本身没有侵害观众

的故意,侵害是体育竞技风险造成的,因此,当其给观众造成损害时,一般根据自甘风险的原则,观众本人承担相关的风险。

(2)当运动员存在故意或过失的情况时,由于运动员在比赛中没有尽到合理注意的义务,给赛场观众造成损害时,运动员应该承担相应的法律责任,运动员所在的俱乐部也应该承担连带责任。这种观点在一些案例中已经达成了共识:一般情况下,当加害运动员对受害者没有尽到合理的注意,具有放任的态度时,他就应该承担相应的法律责任,运动员所在的俱乐部也会有相应的替代责任①。在追究加害运动员法律责任时,受害观众应该证明运动员存在故意或过失,而自身不存在过错,只有这样才能胜诉。威尔克斯状告切尔滕纳姆地方志愿军摩托车与微型车俱乐部案就是例证。

(3)当赛会组织者出现一些过失的情况下,赛会的组织者也应该承担一定的法律责任。Schentze 状告费城棒球协会一案就证成了这一点。

应该强调的是,上述第一种情况中,损害是由体育运动的固有风险造成的,观众来赛场观看比赛,已经对这种风险有所了解,就默认了愿意承担观看体育比赛的意外风险。因此,观众受到相应的暴力损害,而赛会的组织方和运动员不存在过错的情况下,受害者本人应该对损害承担风险。目前,自甘风险原则是"运动员体育竞技行为导致观众受伤"纠纷的基本处理原则,很多案例都揭示了这一点。与第一种情况相比,后两种情况处理不用过多地考虑体育运动的特殊性,体育伤害是由相关主体的过失造成的,存在过失就应该对损害承担责任。构成过失侵权必须满足三个条件:首先,原告需要证明被告对他人有注意的义务;其次,被告违反了这项义务;最后,被告违反义务导致了损害的结果②。合理的注意是建立在"邻居"原则(neighbour principle)基础上的理论,体育运动的参与者应该合理地预见自己行为的危险性,为避免损害的发生尽到一定的注意义务,否则就应该承担相应的侵权责任。

由此可见,运动员与观众之间暴力中,相关责任人应该承担侵权责任的基础之一是存在过失,主要体现在没有尽到注意义务。当然,如果运动员与观众之间暴力触犯了刑法,还应该追求相关责任人的刑事责任。

(二)抗辩

运动员与观众间的三种暴力类型是否牵涉抗辩,以及存在什么样的抗辩事由是值得讨论的问题,因为一旦存在抗辩事由,就会存在减轻责任甚至

---

① Clerk and Lindsell on Torts,17thed (1995) at para. 5-20ff.
② 参见[英]米歇尔·贝洛夫、蒂姆·克尔、玛丽·德米特里:《体育法》,郭树理译,武汉大学出版社 2008 年版,第 119-121 页。

无责任的情况。同时,抗辩事由的适用也关乎法律的公平公正,所以在此部分来讨论抗辩事由是非常必要的。具有抗辩事由的情况下,运动员与观众间暴力纠纷的处理存在以下三种状态:

(1)在故意状态下,由于运动员故意违反合理注意,因此,运动员应该承担一定的法律责任,其责任的大小与是否存在抗辩事由有一定的关系。从学理上分析,此种状态下,运动员的抗辩事由是受害者具有过错和过失。通常认为,当暴力发生时,若受害观众存在过失;将可以减轻加害运动员的责任;若存在重大过失,可以免去加害运动员的责任。

(2)在无意的状态下,运动员在专注比赛的过程中,意外对观众造成暴力伤害时,由于参赛者没有违反对观众的注意义务,因此,此种类型造成的损害通常由观众自己承担,Hall v. Brooklands Auto Racing Club 案和 Wooldridge v. Sumner 案就说明了这一点。这种情况受害观众必须证明运动员存在过错,如果不能证明这些,观众只能独自承担风险。

(3)在过失的状态下,运动员及雇主应该对损害承担一定的法律责任。这种情况下,运动员及雇主通常运用抗辩事由来规避法律责任。一般情况下,此种状态下运动员通常采用的抗辩事由主要是共同过失,即此类伤害事故中,不仅运动员存在过失,受害人也存在一定的过失。一般认为,共同过失的存在可以减轻对相关运动员的法律处罚。Wiks v. Cheltenham Homeguard Motor Cycle & Light Car Club 案就是典型例证,需要强调的是,抗辩事由是否成立要根据案件的具体情况进行判断。

就同意的范围而言,裁决 Wooldridge v. Sumner 案的大法官迪普洛克(Diplock)认为:这里的"同意"不是同意对一切损害承担风险,而是同意承担尽到合理注意后的风险。这就要求原告在做出同意的意思表示之前应该充分了解将要承担的风险的性质和程度①。迪普洛克的观点至少说明两个意思:第一,体育赛场上观众的同意不是漫无边际的,它是有一定限度的。具体来说,观众进入体育赛场来观看比赛,在一定程度上已经默示承担赛场上的风险,因此,当风险发生,且运动员及其雇主没有违反合理的注意时,观众应该独自承担风险。如果风险(损害)是由运动员及其雇主违反了合理的注意造成的,这种风险不应该由受害观众进行承担,运动员及其雇主应该对损害负责,承担相应的法律责任。第二,做出同意的意思表示之前要充分了解承担风险的性质和程度是非常必要的。在运动员与观众间暴力中,当观众进入赛场观看比赛之前充分了解将要承担的风险的性质和程度时,观众就可能承担体育赛场的风险。与之相反,如果进入赛场观看比赛之前没有观

---

① Quire v. Coates〔1964〕SASR 294.

赛的基本常识或经历,观众就不用承担赛场受到损害的风险。这两点与体育比赛密切相关,也经常被作为抗辩事由来进行使用。例如威尔克斯状告切尔滕纳姆地方志愿军摩托车与微型车俱乐部案中,相关当事人就试图采用"已经尽到了合理的注意义务"进行抗辩。该案发生在赛车比赛中,比赛进行过程中,威尔克斯被切尔滕纳姆地方志愿军摩托车与微型车俱乐部的赛车选手撞伤,威尔克斯随即进行了维权,将赛车手告上了法庭。在法庭上,赛车俱乐部试图运用赛车选手尽到了合理的注意进行抗辩,但是法院经过调查后认为,赛车手的行为过于鲁莽,且存在过失,没有采用它的抗辩。

Schentze 状告费城棒球协会案和 Ingersoll v. Onondaga Hockey Club 案中,侵害者所采用的抗辩事由都与"是否了解赛场的风险"有关,但判罚结果却大相径庭。Schentze 在赛场观看比赛时被棒球运动员打击的棒球击中而受伤,于是她将费城棒球协会告上了法庭。在法庭上,费城棒球协会认为,Schentze 具有棒球比赛的基本常识,明知棒球比赛存在风险,还来赛场观看比赛,说明其同意接受比赛中风险,所以费城棒球协会不应该对受害人负责。法庭没有采信费城棒球协会的抗辩事由,判处其承担责任。Ingersoll v. Onondaga Hockey club 案中,Onondaga Hockey Club 同样适用"自甘风险"进行抗辩,与其相反,法庭采信了这样的抗辩事由。原因是 Ingersoll 的丈夫和儿子都是球迷,Ingersoll 不可能对赛场上的风险一无所知,因此,法庭推定其知晓体育赛场上观众面临的各种风险。

由此可见,观众是否了解承担风险的性质和程度不但可以作为抗辩事由,而且直接关系到法庭的判罚结果。

三、规制运动员和观众间暴力的司法实践

(一)由体育竞技行为导致观众受伤引起的诉讼

1. 基本案情和审理结论

案件一 Hall v. Brooklands Auto Racing Club 案是一个经典案例,该案发生在 1993 年的一项赛车比赛中[①]。在比赛中,赛事的组织部门和管理部门针对相关风险采取了一定的措施,措施得当,尽到了一定的注意义务。比赛开始后,车手们进入了激烈的比赛状态中,比赛进入了白热化。正在这时,一辆赛车冲出了跑道,由于事发突然,车手来不及采取任何措施,赛车快速地冲向观众区域。该事故致使两名观众死亡。随后,两名观众家属将赛车运动员告上了法庭。

---

① Hall v. Brooklands Auto Racing Club 246 S. W. 2d. (App. 1995).

法院处理了该案件,主要考察了相关事实后认为,原告来赛场观看比赛,就表明其愿意承担赛车冲出跑道带来的风险,原告来观看比赛的行为是自甘风险行为。

案件二　Wooldridge v. Sumner 案(沃尔瑞德状告桑姆勒案)是摄影师状告运动员的案件。1963 年在英国进行的"重量级猎手"(heavyweight hunter)赛马比赛中,运动员桑姆勒骑着赛马"艺术品"(Work of Art)在赛场上奔驰,当赛马奔跑到一个角落时,由于速度过快,赛马摔倒在场地中。由于赛马受到惊吓,径直踏过赛场周围的盆景,进而冲倒了赛场边的摄影师沃尔瑞德,摄影师受伤倒地。为了维护自己的合法权益,沃尔瑞德把赛马运动员桑姆勒告上了法庭。

刚接到这个案子时,法院感觉很困惑,甚至有点束手无策,因为这个案子涉及运动员对观众的伤害,之前并没有相关案例可以参照。在认真调查该案的案情,并结合法官 Lord Atkin 判决多诺霍诉史蒂文森(Donoghue v. Stevenson)的判例①,大法官迪普洛克(Diplock)认为,作为一个旁观者,摄影师沃尔瑞德既然进入赛马场观看比赛或者摄影,就已经知道赛马运动的危险,并且已经接受了赛马场的危险,来观看比赛属于自甘风险的行为。在本案中,法庭支持了赛马运动员 Sumner,认为 Sumner 已经尽到了注意义务,不用对受害人摄影师承担赔偿责任。

2. 法理评析

上述两个案件相同点:都是运动员对观众造成暴力伤害的案件,并且都是运动员在无意识的情况下对观众造成的伤害,牵涉的主要法律问题都是民事侵权问题。不同的是:伤害的对象虽然都是比赛的关注者,但也有一定的区别。Hall v. Brooklands Auto Racing Club 案中,受害者是普通观众,而沃尔瑞德状告桑姆勒案,受害者是摄影师。与一般的比赛关注者相比,摄影师来到赛场上的主要工作是摄影,这种工作使他们受到运动员伤害的概率更大。这就决定了在追求侵权责任时,两个案件考虑的细节会有所不同。

具体来说,排除比赛组织者和赛场管理者的责任以外,案件一需要考虑运动员的侵权行为及其免责;而案件二判决中,除了考虑运动员的侵权行为及其免责外,还要考虑摄影师是否存在过失,例如是否严格按照体育赛事的管理规范来进行摄影或报道、是否离开赛事主办方划定的摄影区域等。

---

①　该案件树立了"邻居"原则,即"当原告和被告之间存在某种特殊关系,或者被告是某种危险源的开启者时,则被告就对原告负有注意义务"的规则。案件基本事实是:多诺霍喝了由史蒂文森制造的一瓶姜汁啤酒。由于啤酒瓶里存在蜗牛的肢体,卫生不达标,造成了多诺霍患上了胃肠炎,于是他向法庭起诉了史蒂文森。

在责任的追究过程中,法院主要考察了加害人是否尽到注意的义务。两个案件主要适用过错责任原则来进行归责。在运动员和比赛组织者或管理者尽到注意义务时,即不存在过错或过失时,受害人应该责任自担。除此之外,在案件中还可以采用自甘风险原则来进行抗辩,就上述两个案件而言,法庭也支持了被告的抗辩。

具体来说,案件一中,由于体育赛事的管理部门已经采取了相关的安全措施,尽到了一定的责任,以及赛车选手没有存在过失,也尽到了注意义务,因此,法院没有支持原告的观点。案件二中,赛马比赛是一个快速和有竞争力的运动,比赛中的骑马人将注意力集中在比赛中,而不是旁观者。作为一个参与者,运动员和赛马在快速移动的竞争过程中,桑姆勒可能判断失误,但只要损害不是运动员故意或者过失造成的,比赛中的运动员就不应该对观众的伤害承担责任。由于运动员没有故意或过失,因此就不具有相应的法律责任①。但是,如果运动员存在过错或者有重大过失,运动员应该承担侵权赔偿责任,也可能承担精神赔偿;当然,运动员的所属俱乐部或者工作单位也具有连带赔偿责任,可以代为支付赔偿金,然后向加害运动员进行追偿。

(二)无体育常识的观众提起的诉讼

1. 基本案情和审理结论

在一些运动员与观众之间的暴力纠纷中,往往会出现受伤观众状告赛会组织者或单项协会的情况。Schentze 状告费城棒球协会案就是一个经典案例。Schentze 在球场观看棒球比赛的过程中被棒球击中而受伤,为了维护自己的合法权益,她把费城棒球协会告上了法庭。

Schentze 认为费城棒球协会应该为人身损害承担责任,理由有两个:其一,费城棒球协会是赛事的组织者,因此协会应该具有保护观众人身安全的责任。棒球是一种对观众有危害性的体育项目,在看台上应该给观众足够的保护,特别是在接球手和击球手的后方应该设置一定比例的屏障以保护观众的人身安全。Schentze 强调自己的人身伤害就是保护屏障设置不合理造成的。其二,作为一个不常进入棒球场观看比赛的女性观众来说,Schentze 强调自己对棒球的基本知识并不是非常了解,因此不能用自甘风险原则来规避被告的责任,被告应该承担相应的责任。

被告答辩认为,赛事主办方设置的保护屏障是合理的,不存在过失,又鉴于原告并不能拿出足够的证据证明球场保护屏障的设置存在不合理,因

---

① Wooldridge v. Sumner[1963]2QB43.

此,被告认为 Schentze 的第一个主张不成立;对于第二个主张,被告同样给予了反驳,赛事主办方认为原告既然已经踏入球场观看比赛就已经接受了赛场上可能出现的风险,受害者进场观看风险性比赛的行为是自甘风险行为。

经过慎重考虑,法官支持了原告的主张。法院认为,作为一个初入赛场看台的人,对棒球风险并不了解,缺乏对体育项目风险大小的基本常识,因此赛事主办方不能用自甘风险原则进行抗辩。与之相反,类似的案件中,如果有证据证明受害观众具有体育运动的基本常识时,法院就会改变自己的立场。

2. 案件评析

上述判例显示,观众的体育认知程度有所不同,对纠纷的解决也会有所不同。以观众对体育项目风险的认知程度为分类标准,赛场观众可以分为:对体育项目风险有一定认知的观众和对体育项目风险没有认知的观众。通常情况下,"对体育风险有一定认知的观众"而言,只要受害观众不能举证体育赛场组织者或赛场管理者存在过失或者某种特殊情况,即体育赛场组织者或赛场管理者尽到了注意义务时,一般情况下,可以认为受害观众自愿承担球场上观看比赛的风险,现在这种观点已经成为一种常识和惯例,尤其是在美国已经广泛认同这种观点。但是,如果体育赛场组织者或赛场管理者存在一定的过失时,就必须对损害承担赔偿责任。当然,如果比赛中的运动员存在过失或过错,也应该承担一定的责任。"对体育项目风险没有认知的观众"而言,法院以受害观众对观看的体育项目没有一定了解为由,武断地适用风险自负原则就会缺乏合理性。上述 Schentze 状告费城棒球协会案就是一个典型的案例,因为被害观众对所观看的体育项目没有足够的认识,因此,最后法庭支持了受害观众。

应该承认的是,随着人们权利意识的增强,运动员与观众间暴力侵权纠纷中考虑的因素也会逐渐增多。为了维护判决的公平公正,除了考虑体育赛场组织者或赛场管理者的情况外,还要考察受害观众的基本情况。Ingersoll 状告 Onondaga Hockey Club 案就体现了这一观点。当年 47 岁的 Ingersoll 女士被曲棍球击中后,向法院申请维护自己的人身权利。法院调查了她的家庭后,认为她的丈夫和孩子都是球迷,经常观看比赛,Ingersoll 也应该具有相关的常识,她应该知道球场上的危险并且也能够接受这些危险[①]。

Schentze 状告费城棒球协会案只是一种特殊的情况,法庭虽然维护了受害观众的权益,从长远来说,这样的判罚会打击体育组织者和赛场管理者的

---

① 参见岳明:《竞技体育中运动员对赛场观众权益的侵权行为》,《科学与财富》2012 年第 11 期,第 114—115 页。

积极性,不利于体育活动的开展。法院应该全面考虑体育发展的实际情况,为体育赛事运营营造良好的发展环境。

(三)由运动员的鲁莽行为引起的诉讼

1.基本案情和审理结论

体育伤害事故中,如果运动员存在放任和故意情形时,案件判决就应该另当别论。放任状态下运动员暴力伤害观众方面,威尔克斯状告切尔滕纳姆地方志愿军摩托车与微型车俱乐部案(Wiks v. Cheltenham Homeguard Motor Cycle & Light Car Club)是运动员暴力挫伤现场观众的经典案件。

1966年9月25日,摩托车爬坡赛在"长桥"举行。出于对摩托车运动的喜爱,Wilks夫妇带着女儿杰奎琳一家三口来到了爬坡赛的现场观看比赛。按照大赛组委会的要求,Wilks夫妇和女儿杰奎琳站在观众警戒线的外面观看比赛,两条警戒线以内3米的地方为比赛跑道,赛车不能超越跑道,应该在比赛跑道上行驶。超越跑道后将被称为犯规。在比赛期间,赛车手J. Ward先生驾驶赛车在赛道上行驶,即平行于观众警戒线行驶着。由于比赛过于激烈,再加之操作失误,Ward的赛车直接冲出了赛道并冲向观众区,造成Wilks和女儿杰奎琳受伤。在这次事故中,Wilks的女儿杰奎琳受到了轻伤,经过救治已经痊愈,目前已经返回学校读书。令人痛心的是,Wilks受到了重伤,已经4个月没有上班,并且可能失去在农场工作的机会。为了维护自身权益,Wilks夫妇向法院提起诉讼,状告赛车手所在的俱乐部和车手,让其对自己的人身损害承担法律责任。

1967年11月20日,原告杰奎琳·安·威尔克斯(Jacqueline Ann Wilks)向法院提起诉讼,状告切尔滕纳姆地方志愿军摩托车与微型车俱乐部和赛车选手J. Ward先生,称被告在1966年9月25日进行的赛场比赛中对自己造成了人身损害,损害是由俱乐部和赛车选手的疏忽造成的,被告应该承担损害赔偿责任。

然而,1970年7月21日,法官J.佩恩(J. Payne)并没有支持原告的观点,法院驳回了原告的诉讼请求。法官认为,原告并没有直接证据证明赛车俱乐部和赛车选手忽略了观众的安全或者存在过失,即没有证据证明骑手是违反赛车选手的注意义务,也就说明赛车选手不具有法律责任。

原告Wilks表示不服,进行了上诉。再审法院审理后,1971年3月24日做出以下判决,驳回原审法院判决,支持了原告。再审法院认为被告应该为损害承担法律责任。法院的基本观点是,在体育比赛中,如果所有组织或个人没有尽到相应的注意义务,观众就有可能受到损害。这种损害是由相关人的过错造成的。法院认为,这样的事故要么与俱乐部没有采取适当的安全防范措施有关,要么是骑手有勇无谋和存在过失造成的。

如是说,即便观众来观看比赛的行为是一种自愿承担风险的行为,是对赛场危险的一种默认,但是观众所承受的风险是有一定的限度的,这种限度不能规避所有的运动员行为。当一个赛车运动员的行为超越一个理性运动员的行为时,即运动员存在故意和放任的情节时,运动员应该对这种损害担负一定责任①。该案中,法庭认为车手所在的车队俱乐部应该承担损害责任。

2.法理评析

法官认为切尔滕纳姆地方志愿军摩托车与微型车俱乐部和赛车选手J. Ward先生应该对此次事件承担责任。

对于第一被告,法院指出俱乐部对观众具有安全保障义务,如果未尽到该义务且造成了人员伤亡,赛车俱乐部就应该承担法律责任。本案中,在硬件方面,一方面赛场的赛道设计是符合基本的设计规范的,无论直道的长度或是赛道的坡度,以及无人区设置的密度都是符合要求的,并且观众的警戒护栏也是按照标准设计的,在事故发生时,赛场设施也是完好的。另一方面,赛车俱乐部提供安全防范措施,如已经设置了"观众警戒线",加强了警戒线的管理并保持绳索拉紧。软件方面,对观众进行了必要的提醒,提供证据证明自己工作是没有疏忽的。这些做法都是非常合理的。问题在于,赛车俱乐部没有采取更加严格的措施来预防事故的发生,这是法院判罚其承担责任的主要原因。

对于第二被告,法院认为,"由于判断失误——作为一名理性的体育世界的人士,一名理性的选手是不会犯这样的错误的"②。在当时的路况条件下,体育赛车选手根本不可能通过一次跳跃横穿两道标志杆,专业的赛车选手是能意识到这一点的,但是赛车手还是做了尝试,显然这样的尝试并没有尽到合理的注意。另外,按照当时的车速,赛车选手完全可以把赛车停在警戒线以内,但是并没有做到,最后才造成了原告的受伤。对于一个23岁的赛车手来说,J. Ward年富力强并且有3年的赛车经验,应该能够对损害有所判断的,但是没有做出正确的选择,因此赛车手是鲁莽的。这是赛车手承担责任的主要原因。

赛车选手J. Ward认为这样的判决是不公正的。他指出,以前的判例并没有表明比赛中的运动员具有法律责任,该判决是没有判例支持的。同时,针对该判决,他还认为,没有证据证明上述法院的意见是合理的。比赛中J. Ward的车速是每小时32～40千米,赛车冲入观众区域的车速是每小时16千米,这样的车速根本算不上非常快的速度。很显然,当时赛车手失去对赛

---

① Wiks v. Cheltenham Homeguard Motor Cycle & Light Car Club[1971] 1 WLR 668.

② Payne and Payne v. Maple Leaf(1949)1 DLR 369.

车的控制,并冲入观众区域的主要原因不是鲁莽或没有尽到合理的注意,而是因为比赛太激烈造成了赛车失控。该伤害事故是由于体育运动的特殊性造成的,赛车选手不存在过失或故意,因此,不应该对损害承担法律责任,原告应该独自承担损失。

然而,法庭认为,在体育比赛中,运动员应该对观众具有合理的注意义务。对于一个有一定运动经验的运动员来说,虽然比赛非常激烈,"全力以赴"去获得胜利,但是仍然应该注意保障现场观众的人身安全,不应该蛮干。同时,法官还强调本案与沃尔瑞德状告桑姆勒案(Wooldridge v. Sumner)是不同的。Wooldridge v. Sumner 案情显示,赛马运动员桑姆勒(Sumner)已经尽到了注意的义务,不存在疏忽大意。

总之,如果一个运动员为了获得胜利,不择手段,并且完全不顾观众的安全,那么他就应该对自己的疏忽大意承担相应的法律责任。具体到本案中,法院认为,赛车选手是鲁莽的,没有尽到合理的注意。正如被告 J. Ward 口供里所说:"当时的车速非常快,又加上我在绵延起伏的赛道上行驶,我已经失去了对赛车的控制。为了赢得比赛,为了出人头地,我必须不惜一切代价地疯狂驾驶。"

笔者认为,本案的焦点问题是被告对观众的赔偿责任问题。判定其赔偿责任的依据体现在:对于赛车俱乐部而言,其一,是否按照了摩托车赛道建设标准来修筑赛道;其二,是否尽到了对赛道的维修和赛场管理的责任。对于赛车选手来说,是否做到了对观众负责,是否存在鲁莽的行为。如果赛车俱乐部和赛车选手的行为在这两个方面不够合理,就应该对观众的损害承担法律责任。

关于故意状态下运动员暴力伤害观众方面,John Mcenroe 案是一个典型案件。1983 年美国网球公开赛上,因前排观众过大的加油声干扰其比赛,愤怒的 Mcenroe 向该观众脸上喷洒锯末,最后被观众告上了法庭。法院认为 Mcenroe 这一行为是直接故意的暴力性攻击行为,这种行为对观众造成了一定的人身伤害,事实清楚,证据确凿,应该对自己的行为承担法律责任。

通过上述讨论可以看出,体育赛场观众、体育赛场管理者和体育赛场运动员及其所在俱乐部都可以作为法律责任承担的主体。

第二节　针对体育赛场的暴力恐怖行为

一、恐怖主义及体育赛场暴力恐怖行为

关于恐怖主义的起源,主要存在两种说法。第一,产生于公元 1 世纪六

七十年代的犹太战争时期。当时的奋锐党人(Zealots)为了改变生活状况发起了"西卡里"(Sicarii)运动。在运动中,奋锐党人手持匕首大开杀戒,没有明确的目标,不分对象,甚至相互残杀,它是记载最早的恐怖主义活动①。第二,发生在 18 世纪法国大革命时期。人们通常把法国大革命时期雅各宾派采用暴力手段维护政权的行为称为恐怖主义。1793 年雅各宾派开始上台执政,当时政局还立足未稳,新成立的政权正遭受来自各方面的抵抗或压力,为了稳定政局,雅各宾派以保障国家安全为借口,采用凶残的手段排除异己。雅各宾派声称实行暴力恐怖手段消灭一切阴谋分子,此次恐怖手段最终造成了 2 500 万人受牵连,迫使 50 万人入狱,12 000 人在非法的状态下处以极刑。这些都体现了执政党对反对派的暴力镇压②。这两个事件是恐怖主义的雏形,指引人类开始关注恐怖主义。

对恐怖主义进行深入研究,抑或说明体育赛场恐怖主义暴力的表现和成因,或者体育赛场恐怖主义暴力的法律规制等问题的基础是对恐怖主义概念的界定,只有对恐怖主义及其暴力做出了合理的界定才能使本部分的研究更有针对性。同时,也只有在恐怖主义暴力概念界定的基础上,才能把恐怖主义行为与其他行为区分开来,才能形成统一认识,且有利于统一标准的建立,才能够促进立法并拓展法律规制暴力的办法,从而也可以避免打击恐怖主义暴力时的权力滥用。

关于恐怖主义的概念,学界还处于争论状态,目前还没有形成统一的认识。定义者的立场不同,对恐怖主义的界定也会有所不同。通过对相关资料的考察以及对相关研究成果的梳理,对恐怖主义的定义主要来自学者的界定和法律的规定。

(一)学界的界定

学界通说,恐怖主义起源于政治斗争。在政治斗争中,为了获得政权或者维护政权,具有相同政治利益的一方以暴力的方式打压另一方或者互相打压,这种方式一般称为国家恐怖主义,上述的 18 世纪法国大革命中雅各宾派的暴力专政也体现了这一点。亚历克斯·帕·私密德(Alex P. Schmid)和阿尔伯特·吉·乔门(Albert J. Jongman)等美国学者一直专注于对恐怖主义的研究,通过分析 109 个恐怖主义定义,从中归纳出定义中的核心要素和共

---

①　这次恐怖主义活动极其惨烈,"引起恐慌比灾难本身更让人吃惊。人们就像在战场上一样,时时想到死亡。他们远远监视着自己的敌人,甚至不信任向他们走来的朋友"。转引自孟庆顺:《恐怖主义与中东政治》,西北大学出版社 1991 年版,第 35 页。

②　Tim Dunne, *The Road To Contemporary Terrorism*, Ottawa: Canadian Security Intelligence Service Public Report, 1999, p. 5.

同要素。

一些学界认为,恐怖主义是有组织有计划的、具有政治性的行为,它的主要手段是暴力行为、直接针对的对象是社会大众,它违背了人道主义精神且造成了社会的恐慌①。有社会学界学者认为,恐怖主义主要通过暴力手段达到一定的政治目的,即恐怖分子通过暴力手段对非武装人员进行限制从而达到对政治的影响②。法学界学者在对恐怖主义进行界定时,强调恐怖主义是一种犯罪行为,认为它的目的是扰乱社会秩序或要挟社会,且其手段恶劣,如采用杀人、放火、爆炸等危险手段。③ 应该说,学者们通过调查走访、实地考察和文献资料等方法,对恐怖主义做了大量深入的研究,也客观反映了恐怖主义的基本特征,对于认识恐怖主义暴力具有重要的意义。

(二)法律的规定

目前,国内法以及区域和国际公约已经对恐怖主义进行了规定,这些规定至少说明了两点:其一,恐怖主义的巨大破坏性对社会造成了一定的影响,已经引起社会各界的广泛关注;其二,这种影响非常大,已经引起了权力部门的重视,并开始采取法律的手段对其进行规制。法律对恐怖主义概念的界定反映了社会公权力机关对恐怖主义的认识和态度。比较典型的立法主要有:

1. 国内立法

《外国信息情报监控法》(Foreign Intelligence Surveillance Act, 简称 FISA)对美国恐怖主义立法有一定的示范作用,是美国法律中较早对恐怖主义进行界定的法律规范。该法案颁布于 1978 年,强调恐怖主义是发生在美

---

① 从统计分析中,可以总结出恐怖主义概念的共性:第一,暴力行为是恐怖主义的基本手段;第二,恐怖主义活动具有鲜明的政治目的性;第三,恐怖主义的打击目标为非战斗目标;第四,恐怖主义是一种有目的、有计划、有组织的行为;第五,恐怖主义活动是违背人道主义精神的行为;第六,恐怖主义活动会引起众多人的恐惧。Alex P. Schmid and Albert J. Jongman et al, *Political Terrorism*, North-Holland Publishing Company, 1988, p. 28.

② 恐怖主义是基于政治目的对非武装人员有组织地使用暴力或以暴力相威胁的行为,其目的是以特殊手段把一定的对象置于恐怖之中,逼迫其做原来不会做的事情。转引自王逸舟:《恐怖主义渊源》,社会科学文献出版社 2002 年版,第 12 页。

③ 参见刘仁山、尹生等:《国际恐怖主义法律问题研究》,中国法制出版社 2011 年版,第 2-17 页。

国以外或跨国间的违反刑法、通过恐吓社会大众要挟政府的暴力行为①。美国关于恐怖主义的立法还有很多，除了 FISA，比较典型的还有美国《刑法》《移民法》《安全法》等。

2001 年 12 月正式实施的加拿大《反恐怖主义法》认为实施"恐怖活动"和支持"恐怖团体"是新恐怖主义犯罪的基础②。该法在第 83.01(a)项规定，恐怖活动指在加拿大境内外实施的作为，加拿大境内实施的暴力可以用刑法典第七条定罪处罚。

为了合法规制恐怖主义，2000 年英国颁布了《恐怖主义法案》，该法案第 1 条规定恐怖主义是全部或部分出于政治、宗教或意识形态目的、目标或原因。

2.国际公约和区域立法

作为世界上重要的政治、经济一体化组织，欧盟非常重视对恐怖主义势力的打击，为突出其对恐怖主义问题的重视，2001 年年底欧盟颁布了《对恐怖主义威胁评估报告——2000 年 9 月至 2001 年 9 月》，该法令认为对欧盟威胁较大的恐怖主义主要有三种，即传统恐怖主义、生态恐怖主义和极权恐怖主义③。

1988 年阿拉伯国家联盟签署的《阿拉伯国家反恐协议》认为，恐怖活动是指为了给社会造成损害而使用暴力或暴力威胁的行为，这种损害包括对个人生命和财产安全、社会环境和公共设施安全、国家安全等方面的损害④。

伊斯兰会议组织方面，在 1997 年 7 月颁布了《打击国际恐怖主义公约》。该公约中明确指出："以任何暴力行为或威胁从事针对个人或集体的犯罪活动，其目的是以恐怖行为来威胁伤害或危害他人的生命、声誉、自由、

---

① 《外国信息情报监控法》定义恐怖主义是：①违反美国或任何其他国家刑法的暴力行为，或者在美国或任何其他国家都属于触犯刑法的行为；②故意恐吓、威胁贫民，或通过恐吓、威胁影响政府政策，或者通过暗杀、绑架影响政府行为；③采取的手段或途径、恐吓或威胁的对象、行为发生地、寻求庇护场所位于美国以外或跨国之间。参见 50 U.S.C. § 1801ⓒ (2000)。

② 参见［加］肯特·罗彻：《论加拿大新恐怖法》，赵秉志审校，周露露、郑延谱译，载《新加坡法律研究》2002 卷，第 122-148 页。

③ 参见杨洁勉等：《国际合作反恐：超级地缘政治的思考》，时事出版社 2003 年版，第 172 页。

④ "恐怖活动是指无论何种形式的动机或目的，凡是使用暴力或威胁使用暴力，制造个人或集团犯罪行为。其目的是，或在人群中制造恐怖情绪，或对人群进行恐吓和威胁，或破坏人民的生活、自由和安全，或破坏环境。或霸占公共设施、私人财产，或危害某一国家资源。" *International Instruments related to the Prevention and Suppression of International Terrorism*, United Nations Production, 2001, p.154.

人身安全和权利;或者胁迫任何公共设施或公共和个人财产;或危害国家资源、国际设施;或者威胁国家主权和安全、领土完整和国家统一。"[1]1937 年的《防止和惩罚恐怖主义公约》中定义恐怖主义是为了反对国家,而对个人、团体或公众制造恐怖的犯罪行为[2]。

3. 小结

国内法以及区域和国际公约中关于恐怖主义的定义说明,全球及各地区、国家已经开始关注并重视恐怖主义暴力行为,达成了初步共识,并实实在在地开展了立法。

从上面的讨论可以看出,学者对于恐怖主义的界定与立法中对于恐怖主义的界定是不同的,学者内部和国内法之间关于恐怖主义的界定也不尽相同。主要表现在:第一,社会学界的学者和法学界学者的立场方面,前者强调恐怖主义的政治目的,后者强调恐怖主义的违法性;第二,不同立法机关的界定方面,国内法站在国家安全的角度来定义恐怖主义,地区和国际公约规制恐怖主义的目的是维护地区和全球安全。

笔者认为,虽然在恐怖主义界定的细节上存在一些不同,但是制定的基本思路是相同的,具体来说:多数定义都没有具体规定恐怖主义的主体,实施恐怖主义的主体具有不确定性;恐怖主义的目的是制造混乱或破坏设施或报复社会、国家、个人或政党,多数具有一定的政治目的;恐怖主义的手段主要是暴力或暴力威胁;恐怖主义暴力的主要表现形式包括损害人、财、物,如杀人、抢夺、放火、爆炸等行为。

体育赛场是一个相对开放的领域,只要没有被颁发禁令,只要获得进入赛场观看比赛的资格,任何人都可以去赛场观看比赛,这就为恐怖主义暴力的发生埋下了隐患。对于一些户外的项目更是如此,如马拉松、赛车、高尔夫等项目的比赛中,观众的准入门槛更低,为了更好地推广该项运动,体育管理者对赛场的管理更为宽松,这就为制造恐怖分子实施恐怖活动提供了机会。另外,体育比赛的社会关注度较高,在赛场实施恐怖活动可以更好地达到既定的目的,扩大恐怖主义造成的影响,更容易炫耀恐怖分子及组织的破坏能力,因此,恐怖活动更容易在体育赛场上发生。

综上所述,体育赛场的暴力恐怖行为也可称为恐怖主义活动,是指体育比赛过程中恐怖分子运用恐怖袭击的方式、手段和方法在体育赛场区域对特定人员或场所进行的,达到影响体育赛事的组织及其正常运行的攻击行

---

① 参见刘仁山、尹生等:《国际恐怖主义法律问题研究》,中国法制出版社 2011 年版,第 188 页。

② 参见高叶峰:《集团犯罪对策研究》,中国检察出版社 2001 年版,第 379 页。

为。体育赛场的暴力恐怖行为主要以暴力或暴力威胁为手段,以破坏比赛进行、制造混乱、报复报复社会、国家、个人或政党为目的,表现为对体育运动参与者和观众及其财物和赛场设施的损坏。

二、体育赛场暴力恐怖行为的表现和成因

(一)体育赛场暴力恐怖行为的表现

近年来,随着体育运动的快速发展,体育运动对社会的吸引力逐渐提高,一些突发性事件也逐渐增多,恐怖主义事件就是典型的代表。1972 年 9 月 5 日,慕尼黑奥运村出现 8 名不速之客,8 名巴勒斯坦恐怖分子袭击了以色列运动员的住所,这一事件造成了 2 名运动员身亡,9 人被作为人质。后来,人们把这次恐怖事件称为奥林匹克历史上最黑暗的一页。

恐怖主义活动与重大体育赛事的举办具有紧密的关系。为了阻止 1988 年汉城奥运会的举办,恐怖分子专门部署了对韩国航空公司的攻击。恐怖活动发生在 1987 年 11 月,攻击的主要目标是大韩航空班机。此次恐怖活动采用的主要方式是使用炸弹进行攻击,爆炸事件造成 104 名乘客和 11 名机组人员全部遇难。1997 年瑞典人满怀信心地为 2004 年奥运会的举办资格而努力着,但是,哥德堡的乌需维球场恐怖主义炸弹袭击彻底地改变了瑞典人的命运,这次恐怖主义事件让他们与举办奥运会擦肩而过。再如,2002 年 5 月 1 日,欧洲冠军杯的比赛在西班牙的伯纳乌球场举办,当人们正在期待当时两队球员身价过亿欧元的比赛时,伯纳乌球场附近一声爆炸声,让人们开始思考要不要去体育赛场观看比赛,这次暴力事件造成了包括警察在内 11 人受伤①。大量事实表明,恐怖势力开始把"黑手"伸向体育领域,开始针对体育活动组织恐怖活动。

体育赛场恐怖主义事件主要包括两种形式。

1. 表现为暴力的形式

体育赛场恐怖主义暴力的主体具有不确定性。多数情况下,恐怖分子伪装成观众进入观众区域,择机实施恐怖攻击。比如,2013 年 4 月 15 日,历史悠久的美国波士顿马拉松赛迎来了第 117 届的比赛,比赛在美国马萨诸塞州波士顿的街道上举行。当观众们都在期待精彩纷呈的激烈比拼,运动员为获得优异的成绩而挥汗如雨时,当地时间下午 2 时 50 分赛场突然遭到恐怖分子炸弹袭击。引爆的两枚炸弹设置在马拉松比赛的终点,其中一枚在观众区,一枚安放在体育用品店,两起爆炸相距 45 米至 91 米之间。这次恐

---

① 参见秦旸:《恐怖袭击的体育蔓延:体育中的政治、民族与宗教冲突》,载《南京体育学院学报》2014 年第 1 期,第 57—60 页。

怖袭击共造成 4 人死亡,183 人受伤,受伤民众中 17 人病情危急。2013 年 6 月 27 日美国波士顿爆炸案嫌犯焦哈尔因多项罪名被正式起诉,被指控 30 多项罪名,其中的 17 项罪名足以判处其死刑。恐怖主义活动给这项古老的马拉松赛事留下了诸多遗憾①。

恐怖分子不仅可以伪装成观众,也能伪装成运动员进入运动队伍,进而实施恐怖活动。2008 年 4 月 6 日,在斯里兰卡首都北部一个小镇维利瓦拉亚举办的一场马拉松比赛上发生了恐怖炸弹袭击。斯里兰卡非常重视这场马拉松赛事,把该场赛事放在传统节日期间来举办,并聘请政府要员来主持马拉松的开幕式。在马拉松赛事报名阶段,由于审查不严,有一名犯罪分子混入了运动员队伍。当比赛刚刚开始,该名犯罪分子就引爆了炸弹,负责开幕式的政府要员成为直接的受害者,直接死亡。除此之外,恐怖爆炸还造成了近百人伤亡,令人痛心的是,还有一名参加奥运会的运动员②。

2. 表现为暴力威胁的形式

暴力威胁也是恐怖主义的主要形式。近年来恐怖威胁逐渐增多,也影响了体育比赛的正常开展,甚至造成了巨大的精神压力和经济损失。如 2004—2005 西班牙甲级联赛展开了第 15 轮的争夺,皇家马德里队与皇家社会队激情正酣,突然警察接到报警,称恐怖组织"艾塔"在球场安有炸弹。为了确保个人和球场的安全,比赛只能暂停,警方要求 75 000 名球迷离场并对球场进行了彻查。经过数百个部门配合,搜查得出的结论是炸弹袭击子虚乌有,即便如此,但这次暴力威胁却造成了巨大的经济损失。为了确保比赛的安全进行,这场比赛只能延期,在做好赛场安保后,这场球赛几经周折,在 2005 年 1 月 5 日才得以完成③。

(二)体育赛场暴力恐怖行为的特征

从上述表现可以看出,体育赛场暴力恐怖主义事件具有独特的属性。具体来说:

(1)体育赛场恐怖主义活动主要集中在大型的体育赛事中。从波士顿马拉松比赛中的恐怖主义炸弹事件到西甲皇家马德里队与皇家社会队中的恐怖威胁事件,这些事件都集中在大型的体育赛事中。与中小赛事相比,大

---

① 《美国波士顿马拉松爆炸事件》,http://baike. baidu. com/view/10459396. html,2018 年 1 月 16 日访问。

② 《斯里兰卡马拉松赛遇恐怖袭击 斯公路部长遇难》,腾讯网,http://sports. qq. com/a/20080407/000050. html,2018 年 1 月 16 日访问。

③ 宋长青:《恐怖主义事件——现代体育的一颗毒瘤》,载《新西部》2010 年第 12 期,第 237 页。

型赛事的规模大,影响力大,现场参与人数众多,容易出现管理漏洞,给恐怖分子留下作案的空间。

(2)体育赛场恐怖主义活动更容易发生在室外赛场。由于室外赛场的准入门槛更低,观看人群比较复杂,再加上赛场面积大,管理难度相对较大,恐怖分子实施的难度相对较低,所以就给恐怖分子留下了足够多的空间进行恐怖主义活动。

(3)实施的手段以爆炸、绑架和刺杀为主,其他手段为辅。

(4)体育赛场恐怖主义活动的性质主要表现为政治极端思潮、种族冲突和宗教极端主义[①]。社会中的政治争执、种族冲突和宗教矛盾容易在体育赛场上被放大。防控和处理不当,政治争执、种族冲突和宗教矛盾积攒到一定程度就会在体育赛场上集中爆发,甚至被扩大化。因此,体育赛场恐怖主义活动多数呈现出政治极端及宗教极端思潮和种族冲突的性质。

(三)体育赛场暴力恐怖行为的成因

体育赛场暴力恐怖行为的形成原因是多种多样的,排除偶然型和激情型恐怖主义活动外,多数恐怖主义活动是有规律可循的,形成的原因也是可以归纳总结的。

通过对大量恐怖主义暴力事件进行分析,笔者认为,体育赛场恐怖主义活动形成的原因主要有两个:第一,宗教极端主义、政权极端主义思潮蔓延和世界种族矛盾尖锐。宗教、政权和种族是人类活动中重要的因素,这些因素影响着世界的发展并指引着世界发展的方向。这些问题牵涉很多人的利益,如果不能得到很好的解决,就会出现社会失衡,激化社会矛盾,进而形成宗教、政权极端主义和种族主义思潮,形成志同道合、利益相关的组织。这些组织被灌输极端狂热的信念,它们信念坚定,组织有序。极端主义和种族主义的形成加速了体育赛场恐怖主义进程,是赛场恐怖主义发生的根本原因。第二,体育赛事影响力大和行动可操作性强。选择在大型体育赛事中作案,能够提高恐怖组织的影响力,让社会知道其威慑力的存在,通过这种方式达到其不可告人的目的。除此之外,也与体育赛场区域广阔,人员密集,实施暴力活动成功率高,易于脱身有关。特别是在室外体育比赛中,观众流动性大,赛场管理难度大,这就为恐怖活动提供了很好的机会。

---

① 参见于晓光、罗嘉司等:《体育领域恐怖事件防范对策》,载《沈阳体育学院学报》2013 年第 5 期,第 1-4 页。

三、对体育赛场暴力恐怖行为的规制

(一)针对体育赛场暴力恐怖行为的立法

近年来,体育赛场暴力恐怖行为已经逐渐增多。它的危害性极大,不但侵犯了人权,而且影响了社会的稳定,威胁了人类的正常的生活,对其进行打击是非常必要的。打击体育赛场恐怖主义活动,需要有序地、合法地进行,这样有利于提高打击效率,避免武断和非法打击,更有利于遏制利用打击恐怖活动之名从事其他攻击活动。鉴于此,笔者认为,通过立法的形式对体育赛场反恐的主体、形式、手段以及审批程序等方式进行规定是必要的。

目前为止,国际社会还没有专门针对体育赛场恐怖主义的专门立法,只有国际社会及地区的普适性立法。体育赛场恐怖主义活动是恐怖主义在体育赛场的一种表现形式,在没有专门针对体育赛场恐怖主义立法的情况下,利用普适性的法律规范对其进行规制也是必要的和可行的。通过对相关法律制度进行考察,笔者认为能够规制体育赛场暴力恐怖行为的法律制度主要有两类,即国际公约和国内立法。

1.国际公约方面

国际公约主要由联合国和国际联盟制定。联合国大会和联合国安理会在世界反恐怖主义斗争中发挥着重要的作用,已经制定了一些规范性文件。

(1)联合国大会方面。联合国大会是联合国中唯一由全体成员参与的机构,截至2002年9月27日共有191个国家和地区进入联合国大会。联合国大会非常关心世界和平,恐怖主义作为对全人类利益有威胁的社会现象,自然成为联合国大会所关注的重点问题之一。为了突出对反恐问题的重视,联合国大会设立有国际恐怖主义委员会,该委员会的成立直接与1972年慕尼黑奥运会的恐怖主义行动有关。针对该恐怖事件,1972年的联合国大会通过了"防止危害或杀害无辜生命或损害基本自由的国际恐怖主义的措施和由于困苦、挫折、怨愤和失望,以致有人不惜牺牲人命,包括自己生命在内,以求实现彻底改革的恐怖主义和暴力行为的根本原因的研究"的3034(ⅩⅩⅧ)号决议[①]。1994年第49届联合国大会通过了《消除国际恐怖主义措施宣言》,该决议论述了恐怖主义的形式、危害性,表明了联合国大会对恐

---

① 刘仁山、尹生等:《国际恐怖主义法律问题研究》,中国法制出版社2011年版,第88-89页。

怖主义的态度①。

（2）联合国安全理事会方面。联合国安全理事会是国际集体安全机制的核心，是公认的多变安全体系中最权威性和合法性的机构。它反恐的法律依据来自《联合国宪章》第六、七章，这两章明确规定了安理会对危急国际安全的活动有处置的权利。为了有效遏制恐怖主义发展的势头，安理会共通过了35个决议，这些决议成为安理会反恐体系下的法律框架。

联合国主要制定的反恐公约还包括以下几个：第一，《预防和惩处侵犯受国际保护人员包括外交代表的罪行的公约》。该公约于1973年12月4日通过，1997年正式生效。它界定了恐怖主义犯罪、各国的管辖权以及国际合作义务等。第二，《反对劫持人质国际公约》。该公约于1979年12月18日由联合国代表大会通过，1983年正式生效。它主要规定了劫持人质的犯罪构成、管辖权、歧视和引渡义务。第三，《制止恐怖主义爆炸的国际公约》。该公约于1997年12月15日由联合国代表大会通过。主要规定：会员国应该重视反恐问题，应该在法律中进行规定；成员国应该对其领域内的恐怖行为实施管辖权；缔约国应该精诚合作，提供必要的司法援助；除政治犯外，缔约国应该对嫌疑人实行引渡原则。第四，《制止向恐怖主义提供资助的国际公约》。该公约颁布于1999年12月9日，是防控恐怖主义的国际法律文件，主要针对"切断恐怖分子的经费来源"进行了详细的规定。第五，《巴勒莫公约》。该公约颁布于2000年12月17日，又称《联合国打击跨国有组织犯罪公约》。它主要规定：国际恐怖主义行为是一种犯罪行为，敦促成员国对其进行入罪立法，并号召跨国合作打击恐怖主义行为②。

另外，联合国附属组织还制定了一些国际公约，如国际民航组织在1970年12月16日通过了《关于制止非法劫持航空器的公约》、国际原子能机构通过了《制止核恐怖主义行为国际公约》等。

（3）区域性国际组织也制定了相关国际公约，如欧盟委员会和美洲国家组织1971年分别通过的《欧洲惩治恐怖主义公约》和《美洲国家组织关于预防和惩治恐怖主义行为的公约》、2001年6月上海合作组织签署的《打击恐怖主义、分裂主义和极端主义的上海公约》等，这些合约对于体育赛场反恐

---

① 《消除国际恐怖主义措施宣言》认为："联合国会员国庄重重申毫无含糊地谴责恐怖主义的一切行为、方法和做法，包括那些危害国家间和民族间友好关系及威胁国家领土完整和安全的行为、方法和做法，不论在何时发生，也不论是何人所为，均为犯罪而不可辩护；恐怖主义的行为、方法和做法严重违反联合国的宗旨和原则，可能威胁国际和平与安全，危害国家间友好关系，妨碍国际合作并企图摧残人权、基本自由和社会的民主基础。"

② 参见阮传胜：《恐怖主义犯罪研究》，北京大学出版社2007年版，第22-25页。

怖主义将发挥重要作用。

国际联盟专门针对恐怖主义制定的第一个国际公约是《防止和惩治恐怖主义公约》。该公约主要规定了恐怖主义的概念、反恐怖主义的国际合作义务,即包括配合执法、司法合作和相互承认各方的判决、敦促缔约国针对恐怖主义立法等。《防止和惩治恐怖主义公约》具有里程碑的作用,理论学界对其进行了高度评价,认为它奠定了国际反恐怖主义犯罪立法的基础①。

2. 各国立法方面

体育比赛是在一个国家和地区进行的,在体育赛事中出现恐怖主义行动后,举办国及时采取应急措施来反恐就显得尤为重要。一国对反恐问题的支持离不开立法,近年来,各国已经认识到反恐问题上的严重性,各国也开展了相关的立法活动。这些立法主要有:

(1)北美洲国家中,美国立法具有典型性。美国颁布了专门的反恐怖主义法令。美国反恐怖主义的专门立法是《美国反恐怖法》,又称《安全法案》,该法案2001年10月24日和1月25日分别被美国参议院和众议院通过,同年10月26日由布什总统签署正式生效。《美国反恐怖法》由条款目录和条款解释与终止条款两部分,宗旨是为了打击美国境内和世界各地的恐怖主义活动,加强执法机构权力并服务其他目的。

(2)南美洲国家中,阿根廷率先垂范。1996年1月,阿根廷众议院刑事立法委员会及阿根廷财政和预算委员会与皮切托、高纳等众议员制定了反恐法律草案。该法案主要规定了执行的范围和权限、建立人员保护计划及其执行制度等内容。

(3)欧洲国家非常重视反恐怖主义,欧洲国家制定了一些专门针对恐怖主义的法令,比较有代表性的是英国、法国、德国和俄罗斯。2001年12月19日《英国反恐怖、犯罪及安全法案》正式生效,该法案得到了英国女王批准,12月14日由议会上、下两院审议通过。该法案主要包括安全条款、财产冻结条款、移民和庇护条款及实施欧盟协定第六条条款等内容。法国没有针对反恐怖主义的专门立法,主要通过在《刑法典》中规定反恐怖主义的条款来对其进行规制。在恐怖主义犯罪的审判中,根据《刑事诉讼法典》的规定,在中央集权的基础上,出台了利于起诉嫌疑人的措施,使规制恐怖主义行为更有针对性。德国对《联邦宪法保卫法》进行修改的基础上,2002年1月9日颁布了《反国际恐怖主义法》。《俄联邦反恐怖主义法》在1998年7月3日由俄罗斯国家杜马通过,该法案在1998年7月9日由俄联邦议会批准。

---

① 赵秉志:《国际恐怖主义犯罪及其防治对策专论》,中国人民公安大学出版社2005年版,第197页。

该法案主要规定了反恐怖主义的法律基础、反恐怖主义的组织原则、反恐怖主义行为、恐怖主义行为造成损害的补偿和参与反恐人员的法律保障等内容。

（4）在亚洲，印度和日本的反恐立法具有一定的特点。印度在1985年通过了《恐怖主义和破坏性活动（预防）法》，该法主要规定了应对恐怖主义的措施和法院管辖等内容。美国"9·11"事件以后，日本开始重视反恐立法，相继颁布了《反恐怖对策特别措施法》《海上保安厅法修正案》《自卫队法修正案节选》《日本国际和平合作法修正案》和《落实反恐怖特措法对策的基本计划》等来规制恐怖主义行为。

（5）在非洲，为了抵制恐怖主义威胁，一些国家开始通过立法来积极打击恐怖主义行为，南非在立法方面行动得相对较早。2000年南非制定了《南非共和国反恐怖法案（草案）》，该法案对国际反恐相关法律文件对南非实施及有效打击南非境内的恐怖主义行为发挥着重要作用[①]。

（6）在大洋洲，澳大利亚和新西兰分别通过了《2004年反恐怖主义法》和《2002年惩治恐怖主义法》，通过其来规制恐怖主义在大洋洲的活动。

3.小结

国际和国内反恐立法显示，反恐立法所涉及的罪行主要有：谋杀、劫持人质、侵害受国际保护人员罪和恐怖主义爆炸罪等[②]。这些罪行在立法中有明确的规定，如法国界定恐怖主义时通过两种途径，一是《刑法典》规定的违法行为包括杀人、伤人、破坏、非战斗团体、制造或拥有炸弹物、窝赃、信息犯罪和洗钱等七类；二是突出强调恐怖主义行为与"旨在通过恐吓或恐怖手段，严重扰乱公共秩序的个人或集体行为"的关联性。在考虑上述两个要素的基础上来界定恐怖主义犯罪。这些罪行在一定程度上也可以应用于体育赛场暴力恐怖行为的规制中，为赛场反恐提供了法律支撑。

（二）体育赛场的反暴力恐怖行为的立法模式

根据立法技术标准不同，国际反恐的立法模式也会有所不同。根据反恐立法的专门化程度，反恐立法模式可以分为分散型、专门型和综合型。从立法的形式上来看，可以分独立式、附属式和复合式[③]。从内容上来看，也可

[①] 中国现代国际关系研究所反恐怖研究中心：《各国及联合国反恐怖主义法规选编》，时事出版社2002年版，第3-396页。

[②] 赵秉志：《惩治恐怖主义犯罪理论与立法》，中国人民公安大学出版社2005年版，第35-37页。

[③] 赵秉志：《国际恐怖主义犯罪及其防治对策研究》，中国人民公安大学出版社2005年版，第102-103页。

以分为攻击型和防卫型。就防御的类型来说,还可以分为立体防御型和平面防御型①。通过对立法模式的分类研究,可以更清楚地认识国际反恐立法的方向和进程,为我国反恐怖主义立法,特别是体育赛场反暴力恐怖行为立法提供借鉴。

为了更清晰地反映世界反恐怖主义立法的基本状况,这里有必要对其进行简单的梳理。

(1)从反恐立法的内容上来说,前者是被动的立法模式,它把立法的重心放在了事后处理,通过事后的支援和救助来规制恐怖主义。如2001年日本颁布的《反恐怖对策特别措施法》就是一个典型的代表。该法案是日本国会在响应联合国打击恐怖主义的号召而进行的立法。该法的基本原则是政府以本法为基础迅速采取适当的救援措施、搜索救助活动、救援灾民活动及其他必要的措施,来防止和消灭恐怖主义。该法主要规定了国会的批准、自卫队的合作、搜索救助和难民救助等事项②。进攻型立法是指法律条款内容反映出积极主动的一面,强调用强硬的态度来抵制和消除恐怖主义。2006年俄罗斯颁布的《反恐怖主义法》是一个典型代表,该法案强调用武装力量坚决打击恐怖主义行为。

(2)从防御的类型来说,可以分为平面防御型立法和立体防御型立法。

平面防御型立法是运用单一类型的法律手段来规制恐怖主义行动的发生。立体防御型立法是指采用多种法律类型的法律制度来规制恐怖主义行为的发生。立体防御型立法将是未来立法的发展方向,与平面防御型立法相比,更突出防御的多元性和防御的层次性,能够更加全面地、系统地规制恐怖主义行动的发生。在世界范围来看,美国的反恐立法具有多元化的特征,它是平面防御型立法的典范。

(3)从反恐立法与其他法律制度的关系来说,可以分为独立式立法、附属式立法和复合式立法③。

独立式立法是针对恐怖主义进行的专门立法,不依附于其他立法,能够更加全面地针对恐怖主义行为进行部署,目标明确,针对性强。俄罗斯、法国和日本等国家有这样的立法。附属式立法是在已存在的法律制度基础上修改而成的立法形式。这种立法形式的优点是节约了立法成本。因为它只

---

① 洪文玲:《国际反恐法制之研究》,载《恐怖主义与国家安全学术研讨暨实务座谈会论文集》,第91-92页。

② 中国现代国际关系研究所反恐怖研究中心:《各国及联合国反恐怖主义法规选编》,时事出版社2002年版,第122-132页。

③ 参见赵秉志:《中国反恐法治问题研究》,中国人民公安大学出版社2010年版,第188-198页。

是对其他法律制度的修改和补充,不用重新进行立法,就节省了成本。2002年德国的《反国际恐怖主义法》是其中的代表。复合式立法指既有条款独立规定主体间的权利、义务的关系,也有对其他法律进行修订和删除的立法模式①。南非颁布的《2004年保卫宪政民主反恐怖主义和相关活动法》就是这一模式的代表。

第三节　针对体育赛场安保人员的暴力行为

一、体育赛场安保人员的界定

安保人员是体育赛场安保工作的重要组成部分,配备一定数量的安保人员来预防体育赛场暴力的发生是当今世界预防体育赛场暴力的主要做法。一般来说,体育赛场安保体系主要包括人防、物防和技术防范。人防主要是指保安警卫人员配备;物防主要是指各种物理性防御设备,如墙体、防盗门窗、钢网、卷闸保险柜锁具防火柜等;技术防范主要是指门禁系统、报警系统、监控系统。一个完善的安全防范体系还应包括日常的员工各项管理的程序性介入,各种标准程序的设立,日常的安全培训演练突发情况处置等。

人防、物防和技术防范等对于维护体育赛场秩序都发挥着重要的作用,它们只有相互配合,才能发挥更大的功效。三者之中,人防担负的责任更大,这样说不单由于人防是体育赛场安保系统的重要组成部分,而且物防和技术防范功能的实现需要人的参与,人防对于物防和技术防范意义重大。从这个意义说,人防对于维护体育赛场的稳定和和谐是重要的。

从上面的讨论可以看出,体育赛场安保工作中的人防主要是指体育赛事中安保人员的配备。体育赛场的安保人员主要由军队、警察和保安组成,如在安保力量组成方面,参照北京奥运会的做法,动用军队参与、介入安保工作,包括军队、武警、公安共投入安保力量10.3万人②。三者之中,军队是国家或政治集团为政治目的而服务的正规武装力量,是国家政权的主要成分,是执行政治任务的武装集团,是对外抵抗或实施侵略、对内巩固政权的主要暴力工具。警察是国家的暴力工具,是国家意志的执行者,它主要用来

---

①　赵秉志:《国际恐怖主义犯罪及其防治对策研究》,中国人民公安大学出版社2005年版,第102-103页。

②　周峰:《大型体育赛事场馆安保策略的探讨——以广州亚运会为例》,湖南师范大学2013年硕士论文,第28页。

维护社会秩序的稳定,解决社会冲突问题,惩治犯罪行为和维护国家安全。根据我国《人民警察法》第2条规定,武警也属于人民警察的范畴①。保安是指保卫治安,防止在生产过程中发生人身事故,从事保卫治安工作的人。保安,即"保一方平安"之意,是一门社会职业,其主要的职责为防火、防盗、保障责任区域内的人身安全。通过保安人员的工作实施来保障,固定区域内安全,保障正常工作秩序、治安秩序,防患于未然。

需要强调的是,近年来,随着体育运动的快速发展,以及受到社会不稳定因素的影响和体育赛事的激烈竞争,袭警事件多有发生,是一种特殊的体育赛场现象,社会的影响较大,所以有必要对警察和袭警进行界定。本部分针对体育赛场安保人员暴力的研究,主要是以暴力袭警为中心展开的。

警察是人类历史发展到一定阶段的产物。它是人类发展到一定阶段而形成的,也会随着历史的发展而消失。在人类历史上,古代社会虽然不存在警察及其称谓,但是具有警察的职能。当时维护社会秩序、解决社会冲突、惩治犯罪和维护国家安全的职责是由军队、审判机关和行政机关共同行使的。随着人类社会的发展,社会分工更加具体明确,在国家和社会的管理中需要一部分人来负责维护国家安宁、维持社会的稳定,预防和惩治犯罪,保障公民的合法权益,运用科学的、行政的和刑事的手段来维护国家安全和社会治安秩序②。为了满足国家和社会的这些需求,就需要成立一支具有上述职能的队伍,警察就应运而生。通常认为,警察是维护国家、社会秩序和治安的武力量成员的总称③。在国家和社会的管理中,警察主要通过指导、服务和强制等手段来履行自己的职责。警察一词最早被运用起始于14世纪,我国警察制度出现于清朝末年④。

警察运用特殊手段来处理国家和社会事务的权力体现在两个方面:其

---

① 我国《人民警察法》第2条规定:人民警察包括公安机关、国家安全机关、监狱、劳动教养管理机关的人民警察和人民法院、人民检察院的司法警察。但是该法第51条同时规定:中国人民武装警察部队执行国家赋予的安全保卫任务。可见,武警部队被法律承认为广义上的人民警察。武装警察,是我国的武装力量组成部分,实行现役军人制度管理。采用将校尉士的警衔授予方式,采用人民解放军军官军衔条例。其警官和警士都是现役军人而不是公务员。武警部队采用人民解放军条例管理。实行人民解放军军事化训练,受总参谋部、总政治部(具体到部队是武警总部司令部、政治部)管理。

② 参见涂水成、刘光明:《公安工作基础知识》,中国人民公安大学出版社2003年版,第29页。

③ 张永生、邓湘树等:《公安基础知识》,人民日报出版社2009年版,第2页。

④ 许韬:《比较视野下的现代警察法基本理论》,中国检察出版社2012年版,第1—4页。

一,警察权力依附于国家权力。警察权力是指警察的职责和权限,简称警察职权。警察职权是国家权力机关赋予的。国家是以军队为后盾的,国家权力具有强制性的特征。警察是以国家的名义来行使权力,因此,警察权力具有权威性。警察是国家的暴力工具,是国家武装的一部分。警察通过国家赋权的形式获得权力,然后依靠国家权力来行使职权。其二,警察权力来自法律规定。法律规定了警察行使权力的范围和行使权力的程序,简而言之,前者规定了警察的权力是什么,后者规定了怎么去行使。国家通过法律的形式来规范警察的相关事务。为了规范警察的行为,日本于 2004 年 6 月 18 日修订了《日本警察法》,该法令明确规定警察担负着保护个人生命、身体、财产安全的责任,以一切预防犯罪、打击犯罪、侦查犯罪等维护公共安全与秩序的任务为自己的职责和义务①。英国、法国、德国和澳大利亚也有警察法令:英国于 2002 年 7 月 24 日颁布了《英国警察改革法》,法国于 1986 年 3 月 18 日公布了《法国国家警察职业道德准则法令》,德国于 1997 年 7 月 7 日公布了《德国联邦警察法》,澳大利亚于 2005 年 3 月 10 日修订了《澳大利亚联邦警察法》等。警察行为是依法执行公务的行为,它应该遵守法律规定②。

袭警是一种危害性的行为,是指攻击正在执行公务中的警察人员的行为。通常认为,袭警行为针对的是警察人员,发生的时间是在警察执行公务时。但这也不是绝对的,一些国家并没有时间的强制性规定,这些国家不强调袭警一定是针对正在执行公务的警察人员,只要针对警察就算是袭警,如美国的部分州和西班牙等国并不强调这一构成要件,凡是行为人明知袭击对象是警察即构成该犯罪③。袭警的内容是妨碍警察行使权力和履行职能④。

袭警运用的手段主要是暴力,包括直接暴力和间接暴力两种手段,前者包括杀人、殴打、捆绑、强奸、拘留等暴力手段,后者主要利用爆炸、放火等手

---

① 刘伯祥:《外国警察法》,中国法制出版社 2007 年版,第 1 页。
② 陈晋胜:《警察法学概论》,高等教育出版社 2002 年版,第 76 页。
③ 高源:《袭警罪刑事立法研究》,华东政法大学 2013 年硕士论文,第 5 页。
④ 有学者将袭警的概念表述为:公安民警在执法过程中遭遇暴力袭击的简称,具体指公安机关的人民警察在依法执行盘查、检查、押解、抓捕、查缉等勤务活动中,受到犯罪嫌疑人及不明真相的群众袭击和围攻而出现伤亡的事件。参见叶希善等:《袭警行为状况及反应调查报告——基于秦皇岛市和台州市的调查问卷》,载《江西警察学院学报》2011 年第 4 期。亦有学者认为袭警是指用威胁、谩骂、殴打及围攻等方式对正在执行警务的人民警察进行言语威胁或者身体上攻击而造成一定危害的行为。参见沈培菊:《浅析袭警事件控制中"破窗理论"的运用》,载《上海公安高等专科学校学报》2011 年第 1 期。

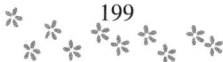

段对警察人员造成伤害。当然,除了暴力以外,袭警还可以通过威胁的方式实现,如通过毁坏财物、侵犯人身健康权来胁迫警察人员,从而对其形成精神强制的作用。从表现的形式来看,袭警行为主要有:对警察处理事务不满进而对其进行报复、出于抢夺枪支的目的、抓捕过程中因拘捕而袭警和在押过程中脱逃而袭警。

袭警是一种犯罪行为。首先,袭警行为具有一定的危害性,侵犯了警察的人身权益,挫伤了警察工作的积极性;其次,袭警事件有一定的社会影响,还会造成社会的恐慌;最后,也是最重要的一点,袭警挑战了法律权威,侵害了国家的公权力。因此,必须对其进行严厉打击,以维护警察的合法权益、维持社会安定和维护国家尊严。

二、针对体育赛场安保人员暴力的表现和成因

(一)针对体育赛场安保人员暴力的表现

体育赛场上袭警行为主要表现为运动员袭警行为和观众袭警行为,在这两种袭警行为之中,观众袭警行为发生得相对比较多,运动员袭警行为发生得相对较少。运动员袭警的事件中,比较典型的是阿根廷足球运动员袭警事件。2013年南美解放者杯小组赛第三轮的比赛在戈维纳多·马加尔海斯·平托球场举行,交战双方是巴西劲旅米内罗竞技队和阿根廷阿森纳队,虽然巴西球星罗纳尔迪尼奥独中两元,但是仍然不能弥补球员袭警所带来的遗憾。比赛开始后,巴西米内罗竞技队利用主场优势,很快建立了强大的优势,他们配合娴熟,传球精准,一直控制着场上的形势,对阿根廷阿森纳队形成一定的压制。虽然客队在场上不占有主动,但是他们的反击也打得有声有色,比赛中多次对米内罗竞技队球门形成威胁。由于实力不济,最后,阿根廷阿森纳队以2∶5输给了主队米内罗竞技队。

输球后的阿根廷阿森纳俱乐部运动员认为裁判有偏袒主队的嫌疑,对判罚不服,于是就和裁判理论并围攻裁判,赛场上即刻火药味十足。为了保护裁判,巴西警察立马出动,来维持赛后的球场秩序并护送裁判离场。此时,恼羞成怒的阿根廷阿森纳球员与警察产生冲突,并围攻当地警察,通过现场视频可以看到多名球员拳打脚踢防暴警察,现场警察手持盾牌和警棍与球员对抗。为了维持警察权威,持枪的防暴警察被及时地调入赛场来维持秩序,球场的混乱才告一段落。阿根廷阿森纳球员被劝回了更衣室,由于阿根廷球员的情绪异常激动,在更衣室里破坏财物,又与警察形成对峙的情形,最后,警察逮捕了8名阿根廷运动员才控制住局势。球队为每人交了

4000 美元的保释金后才被释放。①

体育赛场观众袭警行为发生得较多，并且多数事件与体育赛场观众间的暴力有关，很多是激情型暴力袭警。如 2008 年 10 月 1 日，2008—2009 欧洲冠军联赛小组赛在西班牙的卡尔德隆球场举行，交战双方是法国豪门球队马赛队和西班牙传统豪强马德里竞技队。在比赛进行过程中，双方球迷情绪非常激动，出现了一些不和谐的行为，甚至出现了法国马赛队的球迷与西班牙马德里警察对峙的情况。一些球迷行为过激且涉嫌了袭警，被西班牙警方逮捕。一位名叫米拉塞埃拉的球迷还被马德里法院起诉涉嫌袭警，虽然他极力为自己辩解，称自己只是一名情绪激进的球迷并不是一名犯罪分子，最终被判 3 年半的监禁。另外，他还将被处以一定的罚款和禁止三年内进入球场观看比赛②。

再如 2007 年 2 月 3 日，意大利足球甲级联赛第 22 轮上演西西里德比之战，让人大跌眼镜的是德比之战以悲剧收场，比赛后发生球迷骚乱。骚乱中，球迷发生袭警行为，造成 2 名警察伤亡，其中一死一伤，伤者是 24 岁的警察雷恩达，死者是年仅 38 岁的警察菲利普·拉齐蒂。比赛发生在卡塔尼亚队和巴勒莫队之间，卡塔尼亚队主场作战。事件的发生过程是：首先，赛场上裁判的判罚引起球迷不满。比赛上半场双方都没有进球，进展得还算顺利；下半场风云突变，比赛开始 5 分钟，卡拉乔洛帮助客场作战的巴勒莫队率先进球，裁判认定进球有效。不过，从慢动作回放来看，进球队员显然处于越位位置，这是一个越位位置的进球。越位进球引起了主场球迷的不满。为了发泄自己的不满，卡塔尼亚球迷率先向巴勒莫球迷所在的看台投掷烟火，双方开始发动口水战。在球迷的谩骂中，卡塔尼亚队由卡塞尔塔扳回一球。双方球迷的情绪非常激动，为了控制事态的发展，防暴警察不得不向巴勒莫球迷看台区投掷了催泪瓦斯，球迷情绪慢慢缓和起来。不过，第 83 分钟，巴勒莫队凭借德·曼奇尼的进球 2：1 超出，事实上该进球存在手球嫌疑。主队球迷开始把怨恨发在客队球迷身上，为了维护球队的尊严，两队球迷多人扭打在一起。警察出动后，逮捕了 15 名闹事者。其次，赛场外的袭警。比赛结束后，双方球迷依然不依不饶，继续在场外逗留，希望通过伤害或限制对方来发泄心中的怒火。当然，双方球迷只想把怒火发泄出去，不会估计发泄的对象，甚至开始袭警。警察在控制局势的过程中，受到了攻击。

---

①　《解放者杯 球员"袭警"》，网易体育，http://sports. 163. com/13/0405/13/8RN048SM00051C8U.html，2018 年 1 月 22 日访问。

②　《欧冠赛场涉嫌袭警　马赛队一球迷被判 3 年半监禁》，搜狐体育，http://sports. sohu. com/20081206/n261049402. shtml，2018 年 1 月 22 日访问。

疯狂的球迷向警察抛投自制炸弹,拉齐蒂就是被球迷的自制炸弹击中脸部后身亡的①。这次事件带来了极其严重的后果,意大利足协不得不取消了该轮的其他联赛,意大利国家队的比赛也受到了影响,一些国际比赛被取消。

足球流氓挑唆下的观众袭警行为也是体育赛场暴力袭警的主要表现形式。2007年2月10日,德国的一场低级别联赛在德国中部城市莱比锡举行,交战的双方是莱比锡队和奥厄队。主场球队莱比锡队被对方连灌三球落败后,莱比锡球场看台发生球迷骚乱事件,事后证实这起骚乱是由球迷队伍中的两名足球流氓引起的。在足球流氓的挑拨下,球迷看台发生重大混乱,场面几乎失控,警察在维护球场秩序时与球迷发生冲突,足球流氓带领球迷攻击了执勤的警察,大约800名莱比锡队球迷攻击300名警察和安保人员。这次袭警事件共造成39名警察受伤,莱比锡司法部门被指控对两名足球流氓进行了起诉以严重扰乱秩序和企图造成他人严重身体伤害罪②。

(二)针对体育赛场安保人员暴力的成因

针对体育赛场安保人员暴力的原因是复杂的和多方面的,一些是人为造成的,一些与深刻的社会矛盾有关。笔者认为,深入分析体育赛场袭警行为发生的原因对于维护警察权威和保障警察执法权益,以及寻找规制体育赛场袭警行为的措施和快速地消除袭警行为有着重要的意义。体育赛场袭警行为发生的原因主要有三个。

1.人为因素

体育赛场袭警行为的实施主体和攻击的对象都是人,可见,人为因素是体育赛场袭警行为发生的直接原因。体育赛场袭警的实施主体是运动员和观众,攻击的对象是警察。笔者认为,体育赛场上运动员、观众以及警察的自身因素都可以导致袭警行为的发生。对于袭警实施者来说,不懂法和法律观念淡薄等原因可能导致袭警行为。赛场的运动员和观众的素质参差不齐,一些人不了解警察的职责和职责的法定性,甚至认为体育赛场特殊环境下警察权力有限,从而导致了袭警行为的发生。另外,体育赛场形势瞬息万变,运动员和观众容易受到体育赛场上一些因素的影响,如裁判的误判、运动员和观众的挑衅等因素,运动员和观众的神经处于极其亢奋的状态,容易发生各种冲突行为。警察具有维持社会秩序的责任,当他们介入冲突事件时,会被以为存在偏袒,甚至会成为直接发泄的对象。如上述南美解放者杯

---

① 《足协操纵西西比球迷骚乱》,搜狐新闻,http://news.sohu.com/20070303/n248475938.shtml,2018年1月22日访问。

② 《800球迷PK300警察　德国足球流氓被司法部门起诉》,新浪体育网,http://sports.sina.com.cn/g/2007-03-17/10292805917.shtml,2018年1月22日访问。

戈维纳多·马加尔海斯·平托球场暴力袭警案中,就是因为阿根廷阿森纳球员法治观念淡薄,在围攻裁判时,警察介入了该事件,阿根廷阿森纳球员认为警察存在偏袒,就将警察作为发泄对象,实施了袭警行为。

对于袭警被害人来说,警察对纠纷事件处理方法不得当、执法不规范也可能导致被攻击。在处理球迷冲突过程中,警察处理措施不当也是导致袭警发生的重要原因,如警察在处置冲突中常用对待罪犯的手段对待观众,他们没有人文关怀,如直接用催泪瓦斯,甚至不惜用枪支来制止冲突的发生。在意大利,值班警察斯帕卡罗特拉在制止一群球迷斗殴事件中就枪杀了拉齐奥球迷桑德里,这起案件导致了意大利赛场上球迷与警察的对峙①。警察这些极端的处理办法直接导致了球迷的抵抗和攻击。

2. 社会因素

社会深层次矛盾也是造成体育赛场袭警行为发生的主要原因。20 世纪 70 年代,随着职业联赛的快速发展以及球迷队伍的不断发展,球迷队伍组织更加规范,球迷团队更加有纪律性,但是球迷的组成成员也更加复杂化,赛场的暴力事件也逐步增多,并且出现了从英国向整个欧洲蔓延的趋势。暴力攻击的对象也由运动员和观众逐步发展到了针对警察的攻击。20 世纪 90 年代以后,欧洲经济出现衰退的迹象,失业率大幅升高,社会各界的压力很大,社会的亚文化号召通过激情的手段来发泄情绪并释放压力,赛场上的袭警事件也逐渐增多。令人诧异的是,社会对袭警行为一直采取忍让的态度,对袭警有轻刑化的趋势,甚至不追究法律责任,这也在一定程度助长了袭警者的威风。

3. 制度因素

突出表现为法律制度不健全,各国立法不均衡。目前关于袭警的刑法规制存在三种模式,即显性规制模式、隐性规制模式和双重规制模式②。显性规制模式主要是在刑法中单独规定袭警罪,以此来规制袭警行为的规制模式。采用此种模式比较典型的国家是英国,如 1996 年英国《警察法》中明确规定了袭击、对抗或者恶意妨碍正在执行职务的警察或者正在协助警察执行职务者,构成袭警罪③。隐性规制模式是指在其他犯罪中规定袭警的情

---

① 《意大利警察枪杀球迷引骚乱》,腾讯网,http://sports.qq.com/a/20071112/000036.html,2018 年 1 月 22 日访问。

② 栾莉:《袭警行为刑法规制之比较研究》,载《中国人民公安大学学报》2007 年第 3 期,第 79—85 页。

③ 谢望原:《英国刑事制定法精要(1351—1997)》,中国人民公安大学出版社 2003 年版,第 83—85 页。

况,在妨碍公务罪中包含袭警的内容,当警察受到攻击时,以妨碍公务罪论处,不单独设立袭警罪。德国和日本是该种模式的典型代表①。双重规制模式是既规定了袭警罪又在其他犯罪中规定了袭警内容的模式,这种模式以芬兰为代表。

虽然这些国家的法律规定对于有效规制袭警行为有一定的促进作用,对警察提供了一定的特殊保护,但是还有一些不完善的地方。比如一些国家并没有单独对袭警罪进行明确规定,这需要以后陆续地完善。另外,对袭警犯罪对象限定范围不一致,多数国家将其限定在执行公务的警察,但也有一些将其扩大至执行公务后的警察,一些国家将攻击警察的近亲属也规定在袭警的范围内②。一定程度上,国家法律的权威通过警察的权威予以体现,因此,防控暴力袭警行为的发生需要对袭警进行全面的规定,这样才能维护警察职务的权威,从而达到维护国家权威的目的。

三、对体育赛场安保人员暴力的法律规制

进行法律规制的前提性问题是具有完备的法律规范,如果没有相关的立法就谈不上法律规制。通过对相关法律制度的研究,笔者并没有发现专门针对体育赛场暴力袭警的立法。目前用于体育赛场袭警行为的立法主要来自于一般的刑事立法,正如上面所讨论的一样,主要通过设立专门的袭警罪,抑或妨碍公务罪、故意伤害罪来规制袭警犯罪。囿于不同法系在结构上、形式上、历史传统等外部特征,以及法律实践的特点、法律意识和法在社会生活中的地位等因素的不同,大陆法系和英美法系在规制犯罪方面存在一些不同的地方,这些不同在体育赛场袭警犯罪中也是存在的。鉴于此,本部分主要分析英美法系国家和大陆法系国家的体育赛场袭警的法律规制,以期揭示体育赛场袭警法律规制的真实状态。

(一)英美法系国家的法律规制

作为一种特定场合的袭警行为,体育赛场袭警只是袭警行为在体育赛

---

① 《德国刑法典》第 113 条规定:行为人使用暴力或者通过暴力的威胁对被委托执行法律、法律命令、判决、法院的决定或者规定的公务员或者联邦军队的军人,在其从事这种职务活动时进行抵抗或者此时对他进行暴力性攻击的,构成抵抗执行官员罪。参见冯军:《德国刑法典》,中国政法大学出版社 2000 年版,第 86~87 页。《日本刑法典》第 95 条规定:当公务员执行职务时,对其实施暴力或者胁迫的,构成妨碍执行公务罪。参见张明楷:《日本刑法典》,法律出版社 1998 年版,第 32 页。
② 参见栾莉:《袭警行为刑法规制之比较研究》,载《中国人民公安大学学报》2007年第 3 期,第 84 页。

场的表现形式,它属于袭警相关法律规范规制的范畴,应该受到相应的规制。国家对袭警行为的立法是对警察执行职务的法律保障,这种保障一方面体现了对警察职业的保障,另一方面也是通过保障警察的权威进而保障国家的权威。英美法系的一些国家和地区将威胁、袭击、伤害、杀害警察的行为规定为独立的犯罪,在立法中单独设立"袭警罪"①。具有代表性的是英国和美国的立法:

英国非常重视对警察职业的保障,1964 年就颁布了《警察法》,该法第51 条明确规定殴打执行公务的警察的行为是一种犯罪行为,应该受到下列处罚:简易法庭可以判处 6 个月以下的监禁,情节严重的可以判处 9 个月以下监禁,或 100 英镑以下罚金,也可以监禁和罚金并处;非简易法庭可以审理严重的殴打警察的行为,应处以 2 年以下监禁或处以罚金,也可以监禁和罚金并处②。为了保护警察法律权益,在该法的基础上,1996 年的英国《警察法》直接规定了袭警罪,显示了英国对警察职业保障的重视。受英国法渊源颇深的中国香港地区也在《警察条例》第 63 条中明确规定了殴打警察罪③。

美国《刑法》中单独设立了袭警罪的罪名。美国法律对袭警行为做了扩大化解释,非常重视对警察权威的保护,对袭警罪的处罚也更为严厉。美国法律规定:警察在执行职务时,任何与其身体的接触都可能被认定为袭警罪④。另外,当受到攻击时法律允许美国警察使用枪械。美国纽约州法律规定攻击正在执行公务的警察的行为是 C 级重罪,情节严重的可以判处 B 级重罪⑤。

(二)大陆法系国家的法律规制

大陆法系具有制定成文法的传统,对袭警的法律规制也有独特的地方。比较有代表性的国家是法国、德国、俄罗斯和日本。

法国没有单独设置袭警罪,通过在《法国刑法典》危害国家权威罪范围内设置个人妨碍公共管理罪来规制袭警行为。该法可以规制体育赛场袭警的行为,袭警者可以构成个人妨碍公共管理罪。《法国刑法典》第 3 编第 3 章中明确规定了妨碍公务犯罪的情况,从中可以看出,攻击警察的犯罪行为

① 参见李忠诚:《各国警察执法保障对策比较研究》,载《吉林公安高等专科学校学报》2009 年第 1 期,第 18 页。
② 参见王渤:《发达国家警察管理制度研究》,时事出版社 2001 年版,第 86 页。
③ 参见赵秉志:《香港刑法》,北京大学出版社 1990 年版,第 120–124 页。
④ 参见刘伯祥:《外国警察法》,中国法制出版社 2007 年版,第 78 页。
⑤ 胡彬:《论完善我国袭警犯罪刑事立法的必要性与可行性》,载《犯罪研究》2004 年第 3 期,第 69 页。

可以分为三个级别：一是侮辱警察。对执行公务的警察进行侮辱的，处以六个月监禁并处以罚金。二是威胁警察。对正在执行公务的警察进行人身和财产威胁的，处以两年监禁并处以罚金，威胁其生命安全的，处以五年监禁并处以罚金。三是暴力抗拒。对依法执行公务的警察实施暴力行为或暴力抗拒的，处以六个月或一年监禁并处以罚金①。

德国没有针对袭警的专门立法，主要采用隐性规制模式来规制袭警行为，即主要在刑法典中规定抵制执行官员罪来治理体育赛场暴力袭警行为。《德国刑法典》第113条明确规定，各种法律、法院判例等法律规范中规定的公务员或军人的执法行为受到法律保护的，对其实施暴力或者暴力攻击的，可以构成抵制执行官员罪②。警察属于执行公务的人员，对其进行攻击可以构成本罪。

俄罗斯通过《俄罗斯联邦刑法》来规制体育赛场暴力袭警行为的，该法认为袭警行为属于侵袭权力机关代表的行为。《俄罗斯联邦刑法》第318条和319条规定，袭击权力代表的行为是犯罪行为，应该处以3到6个月的监禁或者剥夺最高5年的自由。使用暴力攻击或者危及生命的情况发生时，可以剥夺5到10年的自由③。

日本主要采用隐性规制模式来规制体育赛场暴力袭警行为，通过设立妨碍执行公务罪来规制妨碍公务的犯罪行为，袭警行为也是妨碍公务的一类行为，当然可以将袭警者以妨碍公务罪论处，可以依据《日本刑法典》第95

---

① 法国刑法将袭警犯罪分为：①威胁警察。警察在履行职务的过程中对其人身或财产以实行重罪或轻罪相进行反复威胁，或者用书面文字等形式来具体表现，处二年监禁并罚金。以死亡进行威胁的，处五年监禁并罚金。②侮辱警察。对行使司法权力的警察侮辱的，处六个月监禁并罚金。③暴力抗拒。对依法执行职务的警察及警察执行权力机构命令等，暴力或聚众暴力抗拒的，相应处六个月或一年监禁并罚金。"参见罗结珍：《法国刑法典》，中国法制出版社2003年版，第156—157页。

② "行为人使用暴力或者通过暴力的威胁对被委托执行法律、法律命令、判决、法院的决定或者规定的公务员或者联邦军队的军人，在其从事这种职务活动时进行抵抗或者此时对他进行暴力性攻击的，构成抵制执行官员罪。"参见冯军：《德国刑法典》，中国政法大学出版社2000年版，第86—87页。

③ 根据《俄罗斯联邦刑法》第318条、319条规定，侵袭权力机关代表可以判处罚金或者3个月以上6个月以下监禁或者5年以下剥夺自由。使用危及生命或健康的暴力，判处5年以上10年以下剥夺自由。侮辱权力机关代表，可以判处罚金或者120小时至180小时强制性工作，或者6个月以上1年以下劳动改造。参见赵微：《俄罗斯联邦刑法》，法律出版社2003年版，第421页。

条规定进行规制①。另外,该法还规定,当触犯妨碍公务罪时,可以判处 3 年以下惩役或监禁。在日本,可以依据该法对体育赛场袭警行为进行规制。

(三)两个法系的比较

上述英美法系国家和大陆法系国家关于袭警的立法有一些不同的地方,英美法系国家主要通过设立专门的袭警罪来对其进行规制,即显性规制模式,这充分说明袭警行为的社会危害性比较大,已经威胁到了国家的权威,英美法系国家非常重视对该行为的打击。大陆法系国家同样重视对袭警行为的打击,只是采用的法律规制模式不同,多数国家主要利用本国刑法中妨害执行公务罪对袭警行为进行规制,即隐性规制模式,虽然不同的国家对该罪的称谓有些许的不同,但是对执行公务人员的保护目的是一样的。大陆法系国家采用该模式主要与大陆法系国家制定成文法的传统有关。

笔者认为,两个法系的法律规制模式虽然有所不同,但规制袭警行为的目的是相同的。应该说,这两种的法律规制模式对于规制体育赛场袭警行为也会起到一定的作用。当然,还存在双重规制模式,即有袭警罪的专门立法和妨碍公众机关的犯罪。如芬兰就是典型的代表,《芬兰刑法典》第 16 章专门对袭警行为进行了规定,同时还规定了抵抗公务行为罪,袭警行为也可以构成本罪②。不过,就目前而言,前两种主要法律规制模式仍然是规制袭警行为的主要模式,采用双重规制模式的国家只是少数。

本章小结

本章主要研究了体育赛场运动员和观众间暴力法律问题,分析了针对体育赛场的暴力恐怖行为的法律问题。探寻了针对体育赛场安保人员暴力的法律问题,通过对上述几个问题的研究,得出了以下三个结论:

(1)体育赛场存在运动员与观众间暴力行为,从司法判决中可以看出:体育赛场观众、体育赛场管理者和体育赛场运动员及其所在俱乐部都可以作为法律责任承担的主体。运动员与观众间暴力诉讼的主要种类有:由体育竞技行为导致观众受伤引起的诉讼、无体育常识的观众提起的诉讼和由运动员鲁莽行为引起的诉讼。当暴力发生时,若受害观众存在过失将可以

---

① 《日本刑法典》第 95 条规定:当公务员执行职务时,对其实施暴行或者胁迫的,构成妨碍执行公务罪。参见张明楷:《日本刑法典》,法律出版社 1998 年版,第 32 页。

② 《芬兰刑法典》第 16 章妨碍公众机关的犯罪中规定了暴力抵抗公共官员、抵抗公共官员和阻碍公共官员三种犯罪,总体上对袭警行为予以隐性规制;但是同时还在本章中规定了拒不服从警察的犯罪行为,对于袭警行为予以一定程度的显性规制。参见肖怡:《芬兰刑法典》,北京大学出版社 2005 年版,第 50—51 页。

减轻加害运动员的责任,若存在重大过失可以免去加害运动员的责任。在无意的状态下,运动员在专注比赛的过程中对观众造成暴力伤害时,此种类型造成的损害通常由观众自己承担,它是利用自甘风险进行抗辩的。在过失的状态下,运动员及雇主应该对损害承担一定的法律责任,这种情况下,运动员及雇主通常运用抗辩事由来规避法律责任。

(2)针对体育赛场的暴力恐怖行为是指体育比赛过程中恐怖分子运用恐怖袭击的方式、手段和方法在体育赛场区域对特定人员或场所进行的,达到影响体育赛事的组织及其正常运行的攻击行为。体育赛场的暴力恐怖行为主要表现为两种形式:暴力性和暴力威胁。体育赛场的暴力恐怖行为形成的原因主要有两个:第一,宗教极端主义、政权极端主义思潮蔓延和世界种族矛盾尖锐。第二,体育赛事影响大和行动可操作性强。规制体育赛场的暴力恐怖行为的国际公约有《消除国际恐怖主义措施宣言》《预防和惩处侵犯受国际保护人员包括外交代表的罪行的公约》《反对劫持人质国际公约》《制止恐怖主义爆炸的国际公约》《制止向恐怖主义提供资助的国际公约》和《巴勒莫公约》。国内立法主要有《美国反恐怖法》《英国反恐怖、犯罪及安全法案》《俄联邦反恐怖主义法》和《南非共和国反恐怖法案(草案)》等。

(3)针对体育赛场安保人员暴力中,袭警是最有典型性的一种,它是一种危害性的行为,指攻击正在执行公务中的警察人员的行为。体育赛场上袭警行为主要表现为运动员袭警行为和观众袭警行为。在这两种袭警行为之中,观众袭警行为发生得相对比较多,运动员袭警行为发生的相对较少。体育赛场袭警行为发生的原因主要有三个,即人为因素、社会因素和制度因素。英美法系国家主要通过设立专门的袭警罪来对其进行规制,即显性规制模式。大陆法系国家主要采用隐性规制模式。

第五章

我国体育赛场暴力法律问题

法律的生命在于经验,而不在于逻辑。

——霍尔姆斯

现有体育项目多数起源于欧洲,我国体育运动的发展相对较晚。但是,随着中国社会的快速发展,尤其是 20 世纪 90 年代,我国体育职业化改革以来,我国竞技体育有了突飞猛进的发展,与之相应,体育赛场暴力现象也开始不断增多。我国体育赛场暴力的主要表现形式有运动员间暴力、观众间暴力、运动员与观众之间的暴力和暴力袭警,其中观众暴力、运动员与观众之间的暴力相对较多,其他两种相对较少。我国体育赛场暴力是由多方面原因共同造成的,尤其是我国体育法治建设速度与竞技体育发展速度不匹配以及法律制度的缺陷,在一定程度上促使了我国体育赛场暴力事件逐渐增多。为了消除体育赛场暴力,我国正在进行着各方面的努力。

第一节　我国体育赛场暴力的表现和成因

一、我国体育赛场暴力的表现

(一)运动员暴力

在中国的体育赛场,运动员暴力事件经常会发生,它是我国体育赛场暴力的常见表现形式。可以肯定的是,随着我国体育市场化和职业化进程的加快,体育赛场上运动员暴力冲突事件会有所增多,有效治理这种暴力行为已经刻不容缓。我国赛场上运动员暴力多发生在比赛进行中,如 2012 年 10 月 23 日,在中华人民共和国第七届城市运动会四人皮划艇决赛中,上演了运

动员的全武行,被媒体形象地描述为"划不过你,就打你"。男子 2000 米四人皮划艇决赛在南昌瑶湖国际水上运动中心举行,有望夺冠的队伍是广州队和南昌队,南昌队有两条艇进入了决赛,一条在 2 道,一条在 5 道。作为预赛成绩小组第一的广州队一马当先,为了发挥比赛"配合作战"优势,南昌队使出了盘外招,该队成绩稍差的第 5 航道赛艇偏离航道,直奔第 4 道广州队的赛艇而去,干扰其比赛的进行。激烈的比赛结束后,南昌队第 2 道的赛艇获得了冠军。赛后,两队发生了激烈的争吵,随后南昌队队员和广州队队员击打了起来,这一暴力冲突导致广州队郑鹏飞的额头被砍出一道 8 厘米长的伤口,顿时血流满面。另一位广州队队员廖振声也被划桨划伤,在医院缝了 7 针①。

另外,激烈的比赛对抗中产生摩擦时,运动员情绪失控易发生暴力冲突。如 2005 年 12 月 6 日,2005—2006 中国女子篮球甲级联赛第 8 轮黑龙江辰能队与吉林澳华队的比赛中发生的运动员暴力事件。双方比赛进行到第 3 节第 5 分 39 秒时,黑龙江队掌握控球权,该队 17 号王微从后场往前场运球过程中,吉林队 7 号杨力对其有一个阻拦,由于阻拦动作过大,裁判立即判处其阻挡犯规,但是黑龙江运动员仍然对杨力不满,认为她有挑衅的意思。情绪激动的黑龙江 14 号运动员苗立杰失去理智,上手殴打了吉林队队员杨力;杨力极为不满,极力进行还击。当时场面非常混乱,两个运动员扭打在一起,运动员之间的殴打使比赛暂停了 4 分钟,在裁判员和双方教练组的配合下,才使事件得以平息。这次运动员暴力事件引起了中国篮球协会的高度重视,分别给予黑龙江运动员苗立杰和吉林队运动员杨力停赛 4 场和 2 场的决定,并给予运动员和俱乐部一定的经济处罚②。

(二)观众暴力

观众暴力是体育赛场上主要的暴力形式之一,它在我国赛场上也普遍存在。我国体育赛场观众暴力主要发生在篮球和足球的职业联赛中,通常由双方球迷的立场对立而引起。体育赛场观众暴力常常会引起人身伤害和

---

① 《总局介入皮划艇打架事件 队员曝幕后有黑手》,腾讯体育,http://sports.qq.com/a/20111025/000248.html,2018 年 1 月 30 日访问。

② 根据《全国篮球竞赛处罚规定》第 3 章第 17 条的规定,给予黑龙江队 14 号苗立杰罚款 6000 元、停赛 4 场的处罚(第 9、10、11、12 轮);给予黑龙江辰能俱乐部罚款 2000 元;给予吉林澳华队运动员杨力罚款 3000 元、停赛 2 场的处罚(第 9、10 轮);给予吉林澳华俱乐部罚款 2000 元。参见《WCBA 赛场女国手斗殴影响恶劣 篮协重罚苗立杰》,网易体育,http://sports.163.com/05/1208/16/24FC4I7O00051CAH.html,2018 年 12 月 30 日访问。

财物损失,也会影响正常的社会秩序。如国足黑色"5·19"事件轰动了世界,媒体调侃道:中国人终于开始与世界接轨了,意指中国足球水平与世界强国足球差别巨大,但是球迷的暴力水平却日益提高。1985 年 5 月 19 日,世界杯预选赛在中国队和中国香港队之间展开,中国队坐镇主场以 1∶2 败北,失去了参加 1986 年墨西哥世界杯的绝佳机会。这样糟糕的战绩伤害了中国球迷的心,部分不理智的球迷围堵双方球员、砸烂公共设施、袭击外国人,要求与足协领导对话。他们袭击球队的大巴,毁坏路边的汽车。"5·19"事件中赛后球迷的反应被定性为"有组织的破坏活动",受到了法新社等国际知名媒体的关注,国际影响极坏①。

另外,2010 年中国足球超级联赛(CLS)第 29 轮的一场比赛在辽宁铁西体育场举行,赛场发生了观众暴力冲突事件。本场比赛交战的双方是辽宁葫芦岛队和北京国安队,比赛以 2∶2 握手言和,双方球迷平静离场。平静的背后并不能掩饰双方球迷赛前的疯狂,就在比赛开始前,双方球迷在入场前发生了一场激烈的搏斗。大部队球迷进入体育场之后,有 5 至 6 个葫芦岛球迷与北京国安的大批球迷发生言语冲突,进而转化为大规模的肢体冲撞。打斗中,红色路障和板砖齐上阵,完全不顾他们是在赛场区域。3 名辽宁球迷受伤较为严重,分别缝了 17 针、8 针和 6 针。而肇事的 4 名北京球迷也被当地派出所带走。事后,双方达成共识,北京球迷在经过道歉和经济赔偿之后,斗殴事件也暂且平息②。

有时也会出现观众攻击裁判的暴力事件。如 2013 年 1 月 29 日晚,WCBA 总决赛浙江稠州银行队主场 92∶96 惜败于山西兴瑞队,球迷赛后拥入赛场并攻击裁判。相关部门介入此事,中国篮协做出处罚决定,浙江义乌赛区被通报批评,取消承办 WCBA 联赛资格一年③。义乌市公安局对 3 名带头闹事的球迷进行了处罚,其中一人被行政拘留,另外两人被罚款 200 元。

(三)其他类型暴力

除了运动员暴力和观众暴力外,我国体育赛场上也经常出现观众与运动员及其球队的暴力事件。如 2007 年 4 月 1 日,2007 年中国足球超级联赛(CLS)第 4 轮河南建业对阵山东鲁能的比赛后,建业球迷攻击了鲁能的球队

---

① 《5·19 事件》,好搜百科,http://baike. haosou. com/doc/5396557. html,2017 年 12 月 30 日访问。

② 《辽宁球迷被殴至重伤缝 17 针 四肇事者被警方带走》,网易体育,http://sports. 163. com/10/1031/22/6KBVN43P00051C89. html,2018 年 2 月 1 日访问。

③ 《篮协公布 WCBA 球迷围殴裁判事件处罚决定》,国新网,http://www. chinadaily. com. cn/hqgj/jryw/2013-01-30/content_8175048. html,2018 年 2 月 1 日访问。

大巴。本轮比赛是双方球队2007赛季的第一次交锋,本轮比赛是在郑州的航海体育场进行的,由于是主场作战,占尽天时地利,主场球迷对球队期望很高,希望在主场大比分拿下对手。然而,比赛结果并没有向球迷预想的方向发展,鲁能队没有束手就擒,比赛打得非常激烈,双方球员拼尽全力,最后建业队和鲁能队1∶1握手言和。主场比赛没有拿下鲁能,比赛结果没有达到河南建业球迷的期望,赛后球迷把怒气发到了鲁能队身上。比赛结束后,大概300名球迷围住了鲁能的球队大巴。很多球迷手拿砖头和石头砸向了鲁能大巴,砸碎玻璃之后,很多小砖头和小石头也顺着空隙飞进了鲁能大巴。鲁能的大巴里面一片狼藉,不过万幸的是球员并没有受伤①。

当然,观众和运动员之间的暴力行为也经常会出现在比赛过程中。2006—2007赛季CBA常规赛第19轮,山东队外援图科走向替补席时不停地向观众席示威,观众用矿泉水和冰块袭击了他,他试图走上看台殴打球迷被警方制止。最后,图科和长春赛区同时被通报批评②。

另外,我国体育赛场也会出现围攻裁判和袭警事件。裁判对球场的判罚具有一定的自由裁量权。虽然裁判是球场上的判官,在球场上有绝对的权威,但裁判在中立的视角进行公正的判决,经常会受到旁观者的怀疑。最有影响力的袭警事件当属西安球迷事件了。2000年7月15日,中国足球甲B联赛第16轮的一场比赛在西安打响,对阵双方是陕西国力队和成都五牛队。少数球迷对当值主裁判执法不满,认为他有吹"黑哨"的嫌疑,在赛后围堵裁判被警方驱赶后,和警方发生冲突,少数球迷还打砸了一辆警车,这是我国职业联赛以来最严重的一次球迷暴力事件③。除此之外,2013年6月17日,中华人民共和国第十二届运动会的网球比赛中,也出现过围攻裁判最终导致袭警的暴力事件。当天的比赛在大连星海网球馆进行,对阵的双方是湖北队和北京队。湖北队对裁判判罚表示不满,和裁判进行理论时,和在场做安保的警察起了冲突,一度大打出手。据国家网球管理中心竞赛部主任张东文称:"两名受伤民警有可见伤,在医院检查,但结果我们还无法掌

---

① 《中国十大球迷冲突:京豫球迷暴力狂? 5·19震惊世界》,凤凰网,http://sports.ifeng.com/gnzq/detail_2010_10/13/2772754_4.shtml,2018年2月1日访问。

② 《CBA历史11大冲突:苑志南废外援 图科险酿奥本山》,搜狐体育,http://sports.sohu.com/20081129/n260924571.shtml,2018年2月1日访问。

③ 刘书云、段博:《"7·15"西安球迷闹事事件始末》,载《记者观察》2000年第9期,第39页。

握,目前,我们正与安保工作的负责人、警方进行沟通。"①可见,我国体育赛场上已经开始出现了袭警行为,即便这不是球员真实目的的反映,但是这种行为已经妨碍了警察执行公务,构成了犯罪。

二、我国体育赛场暴力的成因

(一)我国体育赛场运动员暴力的成因

我国体育赛场运动员暴力的成因主要体现在两个方面:

(1)主观因素方面,主要体现在运动员文化修养较低和球员价值观扭曲。主观因素是体育赛场运动员暴力发生的内在原因,也是运动员暴力发生的根本原因。文化修养是文化气质的内在反映,人通过各种形式的学习后,对自然科学和人文科学的认识和理解。人类常通过生活经历、教育、工作实践和社会锻炼等形式提高个人文化修养水平。一般情况下,体育赛场上实施暴力的运动员文化修养水平较低,法治观念淡薄②。价值观是人认定事物和判定是非的一种思维或取向,对人自身行动的定向和调节起着重要的作用。当运动员的价值观产生歪曲,或者与体育道德有偏差的时候,就容易产生暴力行为。

(2)客观因素方面,主要包括文化氛围和赛场环境。客观因素是体育赛场运动员暴力产生的外在因素,对于运动员暴力的产生具有一定的推动作用。人类非常容易受到周围环境的影响,生活在不同社会环境中的人,其个人心理也会存在差异。运动员容易受到文化氛围和赛场环境的影响,社会亚文化、比赛中谩骂的观众以及裁判不公的判罚等因素可能造成运动员情绪的变化,从而促使其实施暴力。

在两个原因中,主观原因是促使运动员暴力发生的主要原因,客观原因是次要原因,是通过主观原因起作用的。

(二)我国体育赛场观众暴力的成因

体育赛场观众暴力是观众文化中的非理性产物,是由一定的原因造成

---

① 全运会网球赛因雨再次移师大连星海网球馆进行,本来天公已经不作美,可没想到比赛中又发生了不愉快的一幕。在湖北队对阵北京队的首场男单比赛中,因场下队员对主裁判的判罚不满,最终与上来劝阻的安保人员发生冲突。据了解,冲突中两名担任本次比赛安保工作的警察受到轻微伤,在事后已经前往医院进行检查。昨天下午,组委会举行新闻通气会称,"湖北代表团已经通过各种途径向受伤人员表达了歉意。"参见《全运网球赛场不愉快一幕　队员不满判罚打伤警察》,文新传媒,http://www.news365.com.cn/xwzx/gd/201306/t20130618_1242592.html,2018 年 2 月 1 日访问。

② 李正、蔡文利:《"体教结合"培养高水平篮球运动员》,载《体育学刊》2008 年第 10 期,第 65 页。

的。结合我国体育文化发展的状况及现有的研究成果,笔者认为,我国体育赛场观众暴力产生的原因有三种:

(1)宏观方面的原因,主要包括生物机体因素和自然环境因素。应该承认的是,社会中有一些人天生好斗,容易对其他人进行暴力攻击,这种好斗的天性是与遗传有关的。赛场所在地的气候也能引起人们的心情烦躁,如闷热和寒冷,再加上其他因素的助推,会对体育赛场暴力的发生产生一定影响。

(2)中观方面的原因,主要指引起体育赛场观众暴力的社会因素和球场因素。社会因素方面,据统计,80%~90%的参与和从事暴力行为的人来自于受教育水平及收入较低的家庭,这些人生活在社会的底层,其实施暴力有着深层次的社会原因,如面临失业,遭遇社会分配不公,在贫民窟里被亚文化影响等。球场因素方面,主要包括运动员动作过大及挑衅行为、裁判的判罚不公①甚至出现"黑哨"的情况②、场内安保人员与观众关系的紧张、媒体宣传的负面影响、赛场入场审查不严和座位安排不合理等管理的漏洞③。这些因素是观众暴力发生的客观原因。

(3)微观方面的原因,主要是指观众实施暴力的心理因素,包括偏执的民族自尊心和狭隘的地域意识和球迷的从众心理④。一些偏激的观众把比赛的胜负看得非常重,在媒体的过渡渲染下,某些观众甚至认为赛场上的胜利是民族和故乡的胜利,失败是一种耻辱,是不能容忍的行为,当遭受失败时会实施暴力等极端行为。当然,还有一些观众从众心理作祟,他们立场不坚定原则性不强,当赛场发生骚乱时会参与其中。尤其是大批人集聚在一起,加上受到外界环境的感染,他们就会参与到骚乱中,从而引发严重的体育赛场暴力事件。

当然,除了上述几个原因以外,我国规范体育赛场观众暴力的管理制度和法律制度缺陷,以及观众的法律观念淡薄,也是我国体育赛场观众暴力频发的原因。

---

① 参见李婉芳、高怀兵:《足球球迷骚乱心理过程与管理对策》,载《湖北体育科技》1995年第3期,第50-54页。

② 参见王卫荣:《试谈中国足球的暴力隐患》,载《四川体育科学》2001年第3期,第5-7页。

③ 宋凯、卢元镇:《国内外球迷现象研究(综述)》,载《北京体育大学学报》1997年第4期,第5-9页。

④ 张金成、王家宏等:《我国球场暴力研究概述》,载《天津体育学院学报》2005年第3期,第48页。

（三）我国体育赛场其他暴力的成因

我国体育赛场运动员与观众间暴力多数是一种不理智的行为,是暴力参与主体一时不理智所产生的暴力冲突。影响我国体育赛场运动员与观众间暴力产生的直接原因有:第一,观众对场上犯规队员的不满进而实施暴力行为;第二,运动员因观众的挑衅行为而实施报复;第三,观众对比赛结果不满意进而产生暴力。在一定程度上,这些原因促使了体育赛场运动员与观众间暴力的发生。促使我国体育赛场运动员与观众间暴力产生的间接原因是制度缺陷,突出表现在我国缺乏体育赛场运动员与观众间暴力的针对性立法。

另外,我国体育赛场暴力袭警产生的原因主要体现在人为因素、社会因素和制度因素三个方面。人为因素表现在,运动员和观众法律意识淡薄,再加上赛场裁判的误判、观众的挑唆等因素的助推,很容易发生袭警行为;另外,在体育赛场中,警方处理暴力纠纷的方法不当也可能激起观众的不满,这也是暴力袭警不可忽视的原因。社会因素方面,受到媒体舆论的影响、收入分配不公等因素的影响,也会促使暴力袭警的发生。制度因素方面,我国关于袭警的法律制度有一定的缺陷。目前并没有专门规定袭警罪,而只是给予袭警行为行政处罚,或以妨碍公务罪定罪论处。因此,缺乏针对性立法也是导致我国体育赛场暴力袭警行为时有发生的原因。

第二节　我国体育赛场暴力的规制及存在的问题

一、我国体育赛场暴力的规制

（一）我国规制体育赛场暴力的立法

一般而言,制度是指社会共同遵守的办事规程或行动准则,是一系列规范体系的组成体,该体系能够实现社会组织乃至整个社会的某种功能和特定目标。规制违法行为的依据是法律制度,"只有国家制定的法律才具有普遍的元素,只有国家法才可以适用和规范一切活动"[①]。目前,我国规制体育赛场暴力行为的实体法律制度主要有:

1.《中华人民共和国民法通则》《中华人民共和国侵权责任法》和《中华人民共和国合同法》

---

① Dimitrios Panagiotopoulos:《体育法:一门专业性的法律分支》,徐晓鑫译,载梁慧星主编:《民商法论丛》,法律出版社 2006 年版,第 357 页。

我国《民法通则》可以用于规制体育赛场暴力,相关条款包括:第一,该法第5条规定公民和法人的合法民事权益应该受到法律保护,任何组织和个人不得侵犯。第二,第132条规定,"当事人对造成损害都没有过错,可以根据实际情况,由当事人分担民事责任"。该条款主要强调了公平原则,是在双方均无过错又无法定适用无过错原则时才适用的一种归责原则。该原则通常用于运动员暴力纠纷的解决。第三,第106条第2款规定,公民、法人由于过错侵害国家的、集体的财产,侵害他人财产、人身的,应当承担民事责任。第6条规定,行为人因过错侵害他人民事权益,应当承担侵权责任。根据法律规定推定行为人有过错,行为人不能证明自己没有过错的,应当承担侵权责任。另外,我国处理体育伤害法律依据还有《民法通则》第119和131条,该条款是一般侵权行为条款,根据具体情况,可依法运用到我国体育赛场暴力纠纷的解决中。

我国《侵权责任法》及其相关条款是规制体育赛场暴力的直接法律依据。该法第6条第1款重申过错责任原则是侵权责任法的基本归责原则,该款规定:行为人因过错侵害他人民事权益,应当承担侵权责任。过错责任原则是体育赛场暴力伤害,特别是运动员暴力伤害追究民事责任的主要依据。第16条规定造成他人人身损害的,应当赔偿医疗费、护理费、交通费等为治疗和康复支出的合理费用,以及因误工减少的收入。造成残疾的,还应当赔偿残疾生活辅助具费和残疾赔偿金。造成死亡的,还应当赔偿丧葬费和死亡赔偿金。第24条规定受害人和行为人对损害的发生都没有过错的,可以根据实际情况,由双方分担损失。第27条规定损害是因受害人故意造成的,行为人不用承担赔偿责任。

我国《合同法》中第53条包含人身伤害的免责条款。合同中的下列免责条款无效:第一,造成对方人身伤害的;第二,因故意或重大过失造成对方财产损失的。比赛前,双方运动员经常会签署一些人身伤害免责条款,《合同法》第53条可以抵制体育比赛中免责条款的适用。

2.《中华人民共和国刑法》

我国规制体育赛场暴力的《刑法》条款主要有:

(1)第234条规定,故意伤害他人身体的,处三年以下有期徒刑、拘役或者管制。犯前款罪,致人重伤的,处三年以上十年以下有期徒刑;致人死亡或者以特别残忍手段致人重伤造成严重残疾的,处十年以上有期徒刑、无期徒刑或者死刑。该条款能够适用于运动员间暴力、观众间暴力、运动员与观众间暴力和暴力袭警行为的规制。

(2)第291条规定,聚众扰乱车站、码头、民用航空站、商场、公园、影剧院、展览会、运动场或者其他公共场所秩序,聚众堵塞交通或者破坏交通秩

序,抗拒、阻碍国家治安管理工作人员依法执行职务,情节严重的,对首要分子,处五年以下有期徒刑、拘役或者管制。

(3)第293条规定,有下列寻衅滋事行为之一,破坏社会秩序的,处五年以下有期徒刑、拘役或者管制:随意殴打他人,情节恶劣的;追逐、拦截、辱骂、恐吓他人,情节恶劣的;强拿硬要或者任意损毁、占用公私财物,情节严重的;在公共场所起哄闹事,造成公共场所秩序严重混乱的。纠集他人多次实施前款行为,严重破坏社会秩序的,处五年以上十年以下有期徒刑,可以并处罚金。

(4)第120条规定,组织、领导、参加恐怖组织罪、资助恐怖活动罪,该条款规定组织、领导恐怖活动组织的,处十年以上有期徒刑或者无期徒刑;积极参加的,处三年以上十年以下有期徒刑;其他参加的,处三年以下有期徒刑、拘役、管制或者剥夺政治权利。犯前款罪并实施杀人、爆炸、绑架等犯罪的,依照数罪并罚的规定处罚。资助恐怖活动组织或者实施恐怖活动的个人的,处五年以下有期徒刑、拘役、管制或者剥夺政治权利,并处罚金;情节严重的,处五年以上有期徒刑,并处罚金或者没收财产。单位犯前款罪的,对单位判处罚金,并对其直接负责的主管人员和其他直接责任人员,依照前款的规定处罚。该条款是规制体育赛场恐怖主义暴力行为的法律依据。

(5)第277条妨害公务罪中的第1款、第4款。该条款规定以暴力、威胁方法阻碍国家机关工作人员依法执行职务的,处三年以下有期徒刑、拘役、管制或者罚金。故意阻碍国家安全机关、公安机关依法执行国家安全工作任务,未使用暴力、威胁方法,造成严重后果的,依照第1款的规定处罚。该条款是规制体育赛场暴力袭警的法律依据。

3.《中华人民共和国治安管理处罚法》①

我国《治安管理处罚法》于2005年8月28日十届全国人大常委会第17次会议通过,该法第24条规定,有下列行为之一,扰乱文化、体育等大型群众

---

① 《中华人民共和国治安管理处罚法》源于1987年1月1日起正式施行的《中华人民共和国治安管理处罚条例》。1994年5月12日,八届全国人大常委会第七次会议对《中华人民共和国治安管理处罚条例》做了个别内容的修改,在2003年3月6日,任职于中国社会科学院的全国政协委员刘白驹向全国人民代表大会提交提案,认为我国现有《治安管理处罚条例》的一些条文比较笼统,建议进行修改。2004年10月22日召开的十届全国人大常委会第十二次会议,对《中华人民共和国治安管理处罚法(草案)》进行了首次审议,全国人大常委会调研组也在各地进行了调研。2005年8月28日在北京结束的十届全国人大常委会第十七次会议上,通过了《治安管理处罚法》,于2006年3月1日起正式施行。转引自李津蕾:《我国反球场观众暴力立法的可行性和必要性》,山西大学2006年硕士论文,第43页。

性活动秩序的,处警告或者二百元以下罚款;情节严重的,处五日以上十日以下拘留,可以并处五百元以下罚款;强行进入场内的;违反规定,在场内燃放烟花爆竹或者其他物品的;展示侮辱性标语、条幅等物品的;围攻裁判员、运动员或者其他工作人员的;向场内投掷杂物,不听制止的;扰乱大型群众性活动秩序的其他行为。因扰乱体育比赛秩序被处以拘留处罚的,可以同时责令其十二个月内不得进入体育场馆观看同类比赛;违反规定进入体育场馆的,强行带离现场。该条款对规制我国体育赛场观众暴力起到了一定的作用。

该法第50条规定有下列行为之一的,处警告或者二百元以下罚款;情节严重的,处五日以上十日以下拘留,可以并处五百元以下罚款。拒不执行人民政府在紧急状态情况下依法发布的决定、命令的;阻碍国家机关工作人员依法执行职务的;阻碍执行紧急任务的消防车、救护车、工程抢险车、警车等车辆通行的;强行冲闯公安机关设置的警戒带、警戒区的。阻碍人民警察依法执行职务的,从重处罚①。该条款可以适用于体育赛场暴力袭警的规制。

4.《中华人民共和国体育法》和《群众性文化体育活动治安管理办法》

1995年10月1日颁布的《中华人民共和国体育法》是国家为管理体育事业而制定的专门法。该法包含体育赛场观众暴力的规制办法,如第52条规定侵占、破坏公共体育设施的,由体育行政部门责令限期改正,并依法承担民事责任。有前款所列行为,违反治安管理的,由公安机关依照治安管理处罚条例的有关规定给予处罚;构成犯罪的,依法追究刑事责任。第53条规定,在体育活动中,寻衅滋事、扰乱公共秩序的,给予批评、教育并予以制止;违反治安管理的,由公安机关依照治安管理处罚条例的规定给予处罚;构成犯罪的,依法追究刑事责任。同时,也规定了体育赛场暴力纠纷的解决途径,如第33条规定在竞技体育活动中发生纠纷,由体育仲裁机构负责调解、仲裁。体育仲裁机构的设立办法和仲裁范围由国务院另行规定。

《群众性文化体育活动治安管理办法》于1999年11月18日公安部令第44号公布施行。该法第9条规定,公安机关做出许可决定后,应当在活动举行前对活动安全保卫工作方案的落实情况进行必要的实地检查,发现不安全隐患和需调整补充的措施,应当书面通知举办者予以整改,拒不整改的,责令停止举行活动。公安机关对许可举办的活动,可以根据具体情况组织相应警力,协助维持现场秩序,指导督促落实安全保卫措施。第13条规定群众性文化体育活动进行中,发生其他可能导致治安事故紧急情况的,公安机

---

① 参见杨俊东:《国内足球观众暴力的法治研究》,武汉体育学院2006年硕士论文,第19页。

关可以责令其停止活动。第 15 条规定,违反本办法第 12 条、第 13 条规定的人员,公安机关可以责令其退出活动场所或者强行带离现场,构成违反治安管理行为的,依照《中华人民共和国治安管理处罚条例》予以处罚;构成犯罪的,依法追究刑事责任。第 16 条规定,因举办者或者场地管理者失职等原因造成治安事故的,公安机关应当对其负责人和事故主要责任人处一万元以下罚款,法律、法规另有规定的,按有关规定执行;构成犯罪的,依法追究刑事责任。这些条款与体育赛场暴力的规制有紧密的联系。

5.《关于加强反恐怖工作有关问题的决定》

2011 年 10 月 29 日第十一届全国人大常委会第二十三次会议通过了《关于加强反恐怖工作有关问题的决定》(以下简称《决定》)。该法没有针对学界通用的"恐怖主义"进行说明,而是界定了恐怖活动和恐怖活动组织,该《决定》是以此为基础展开的[①]。它规定了我国反恐的领导机构和组织力量,即国家反恐怖工作领导机构统一领导和指挥全国反恐怖工作;确立了恐怖活动组织和人员名单的认定和公布制度。这些为打击我国体育赛场上的恐怖活动提供了依据。

6.《中华人民共和国人民警察法》

全国人大常委会第十二次会议于 1995 年 2 月 28 日审议通过《中华人民共和国人民警察法》。该法第 35 条规定,拒绝或者阻碍人民警察依法执行职务,有下列行为之一的,给予治安管理处罚:公然侮辱正在执行职务的人民警察的;阻碍人民警察调查取证的;拒绝或者阻碍人民警察执行追捕、搜查、救险等任务进入有关住所、场所的;对执行救人、救险、追捕、警卫等紧急任务的警车故意设置障碍的,有拒绝或者阻碍人民警察执行职务的其他行为的。以暴力、威胁方法实施前款规定的行为,构成犯罪的,依法追究刑事责任。

(二)规制我国体育赛场暴力的司法实践

1.运动员暴力的规制

(1)基本案情。

案件一 2014 年 12 月 11 日,2014—2015 赛季 WCBA 联赛 9 至 12 名的一场排位赛在成都温江开打,对阵双方是四川队和浙江队。双方的冲突发生在第 4 节比赛中,由一次犯规引发。双方比分差距很大,落后的浙江队很难追赶四川队的比分,四川队球员在上篮时被浙江队球员恶意推倒,四川队球员摔倒在地并撞翻了广告牌,裁判立即判罚对方夺权犯规被罚出场。浙

① 赵秉志、杜邈:《我国反恐怖主义立法完善研讨》,载《法律科学》2006 年第 3 期,第 141-146 页。

江队球员情绪失控,双方爆发冲突,随之在场上大打出手。个别球员被对手围住后摁在地板上暴打,一些球员不同程度受伤,严重的需要去医院缝针,现场夹杂着打斗声和惨叫声,场面之丑陋令人抓狂。最后,比赛被迫取消。

案件二 2005 年 11 月 27 日 14 时 30 分,江西省九江市体育局举办的 2005 年"川王杯"足球比赛的决赛正式开始,此次决赛的参赛球队分别是东方移动队与清源公司队。本次比赛的举办场地是九江职业技术学院体育场,决赛两队是本届足球赛中最强的两只球队,比赛进行到上半场第 30 分,移动队运动员陈铭对清源队运动员刘某犯规,裁判员果断判罚。但这种判罚并没有使刘某消气,他报复性地踩了陈铭一下,陈铭接着用拳头还击,打了刘某的后脑,见状,裁判把陈铭罚出球场。恼怒的陈铭为了平衡内心的不满,在走下场的过程中,向刘某的胸部端了一脚,后者惨叫一声,在地上痛苦地翻滚了几下后晕倒。后经医院抢救无效死亡,经法医鉴定:受外力致心、肺挫伤死亡。陈铭逃跑后,经过规劝投案自首。

(2)案件审理结论。

案件一中,根据《中国女子篮球联赛纪律处罚规定》(以下简称处罚规定)第 2 章第 9 条之规定,给予四川队龚某、冯某、曹某和吴某,浙江队单某、董某、朱某和厉某等 8 人停赛 5 场的处罚,并核减四川俱乐部、浙江俱乐部联赛经费各 3000 元;根据《处罚规定》第 2 章第 10 条之规定,给予四川队李某、郭某、杨某和袁某等 15 人停赛一场的处罚,并核减每人所在俱乐部联赛经费 3000 元。鉴于以上处罚的结果,核减四川俱乐部联赛经费,共计 24 000 元;核减浙江俱乐部联赛经费,共计 27 000 元①。

案件二中,法院认为,被告人在比赛中故意使用暴力,违反了足球规则,同时造成原告死亡的后果,情节比较严重,该行为已经构成了故意伤害罪。另外,被告属于投案自首,法院也考虑到了这一点,依法对其从轻处罚。2006 年 6 月 15 日九江市中院对本案进行了宣判:陈铭因犯故意伤害罪,被判处无期徒刑,剥夺政治权利终身。为了弥补自己的损失,原告的父母还进行了民事诉讼,追究被告民事责任,因此,该案还附带了民事责任。经过审理,判决被告陈铭赔偿原告父母 372 766.4 元②。被告表示对判罚不服,当庭表示将进行上诉。

(3)法理评析。案件一是因犯规而引起的体育赛场运动员暴力事件,案

---

① 《"川浙女篮群殴事件"处罚结果 23 人遭禁赛》,新华网四川频道,http://www.sc. xinhuanet. com/content/2014-12/17/c_1113673218. html,2018 年 2 月 12 日访问。

② 《九江球员足球场上踢死对手被判无期徒刑》,中国法院网,http://old. chinacourt. org/public/detail. php? id=208559,2018 年 2 月 12 日访问。

件二是体育赛场暴力致运动员死亡的案件,也被媒体称为我国足球运动员暴力被判刑的第一案。判定如何对实施体育赛场暴力的运动员进行规制,需要具体情况具体分析。一般来说,首先,应该查明相关的规则和制度;其次,根据相关的规则和制度确定该行为的性质;再次,根据相关规则和制度的规定,厘清规制主体和具体规制方法,得出处理结果;最后,如果当事人对处理结果不满,可以依据相关法律救济制度进行救济。上述程序中,判定运动员行为的性质是规制该行为的关键环节。

　　具体到体育赛场运动员的暴力行为,判断其行为性质所依据的规范和制度主要有三种:一是项目规则。体育项目规则是运动员体育比赛时所依据的规则,通常情况下,违反体育项目规则的行为称为违规行为,或体育犯规。二是体育行业协会章程、纪律处罚条例和行为准则,这些规范统称为体育行业内部规范。体育行业内部规范是开展体育活动的管理规范或纪律规范。违反体育行业内部规范的行为称为违纪行为。如《中国足球协会纪律准则及处罚办法》对运动员暴力进行了明确的规定,即在比赛中,运动员、官员故意实施暴力行为、拉扯对方受伤倒地运动员,但未造成身体伤害或健康损害,或故意实施暴力行为并损害他人健康,视不同情形,分别给予下列处罚:实施暴力,但没有造成身体伤害或健康损害,将被停赛至少4场,并处以至少20 000元的罚款;故意实施暴力行为并损害他人健康,将被停赛至少6场,并处以至少30 000元的罚款。三是国家法律。一般来讲,国家法律是指管理国家事务的法律制度规范。违反国家法律的行为称为违法行为,它是行为人所实施的违反法律规范的内容要求、应受惩罚的行为[①]。

　　从上述分析可以看出,根据相关规则和制度的规定,体育赛场运动员暴力行为的性质有三种,即违规行为、违纪行为和违法行为。在运动员暴力行为的判定中,判定其为违规行为所依据的规范是各体育单项的项目规则,判罚者是体育赛场裁判和比赛官员;判定其为违纪行为所依据的规范是体育行业协会章程、纪律处罚条例和行为准则,判罚者是相关体育行业组织的纪律委员会;判定其为违法行为的规范是国家法律,判罚者是国家司法机构。另外,在救济方面,对于违规行为的救济可以诉诸裁判委员会,对事实认定具有自由裁量权;对于违纪行为的救济可以通过体育行业内、外部救济方式进行救济;对于违法行为的救济要根据法律规定进行救济。

　　体育赛场运动员暴力行为可以构成违法。根据不同的法律规定,违反的法律不同,法律责任也会有所不同。当实施体育赛场暴力的运动员违反我国《民法通则》和《侵权责任法》时,此时的违法行为是一种侵权行为,应该

---

① 参见张文显:《法理学》,高等教育出版社2003年版,第128页。

承担相应的民事侵权责任；当实施体育赛场暴力的运动员违反我国《刑法》时，此时的违法行为就是一种犯罪行为，应当承担相应的刑事责任。

首先，是否构成侵权？追究体育赛场暴力实施者的侵权责任时，首先应该证成运动员暴力行为是侵权行为，即满足侵权行为的构成要件；其次论证侵权行为者是否具有侵权责任，即证成侵权行为的基础上排除其抗辩事由。具体来说，对于前者，从法律的角度讲，证成运动员暴力行为是侵权行为必须满足一般侵权行为的构成要件。运动员暴力行为侵权责任的构成要件主要有：

第一，运动员暴力行为是一种违法行为。在判断加害行为有无违法性时，必须在保护被侵害人的利益和加害人的意思自由两种角度进行探讨①。前面在界定暴力的概念时已经提到，暴力是一种强制力，它是人们的一种行为方式。在体育赛场上，运动员通过实施暴力达到一定的目的。暴力行为侵害了人格权，也侵犯了被害人的人身健康权。在意思自由的情况下，加害运动员可以选择合理的动作，但却选择了侵害的行为。可见，运动员暴力具有违法性。

第二，运动员主观方面存在过错。这里的过错表现为故意或过失。故意方面，是指虽然运动员认识到暴力行为的危害结果，但是仍然故意侵害或放任该行为的发生。过失方面，是指运动员违反注意义务，能够遇见损害发生，却没有采取预防措施。体育赛场上，运动员在体育规则范围之内的行为本身是一种正当行为，但如果运动员的行为超越了建立在道德基础上的体育规则，没有尽到基本的注意义务，这本身就是一种过错。

第三，运动员实施暴力会给受害运动员造成伤害。无论纯粹的运动员暴力，还是非纯粹的运动员暴力都能造成损害。上述案例一和案例二就反映了这一点，案例一是纯粹的运动员暴力行为，案例二是非纯粹的运动员暴力行为，两个案例中都有严重的伤害行为。再如我们常见拳击比赛中，运动员的后脑和裆部都是禁止击打的部位，如果运动员对这些部位实施暴力，极易造成运动员重伤，严重的会导致死亡。

第四，运动员暴力行为与伤害结果具有因果关系。一般认为，运动员暴力是可控的行为。经验丰富的运动员经过几年甚至更长时间的运动实践，对运动规则和行为实施的后果具有一定的预见能力，明知暴力行为是体育规则所不允许的，明知可控而不控，显然，运动员实施暴力具有故意的成分。在故意的心理状态下，运动员实施了暴力行为，造成了伤害的结果，在排除

---

① ［日］田山辉明著：《日本侵权行为法》，顾祝轩、丁相顺译，北京大学出版社 2011 年版，第 55 页。

对方运动员过错的情况下,运动员暴力行为与伤害结果是有因果关系的。

除此之外,在法律实务中,追究运动员是否具有民事侵权责任,还应该排除免责事由的存在。侵权法中并没有直接针对体育运动的免责事由,但是,在我国的法律实务中,体育规则范畴内的行为所造成的伤害是可以通过受害人同意和自甘风险等事由进行抗辩的。如果免责事由被法院采纳,将免除其民事侵权责任,否则,将追究当事人的民事侵权责任。

应该说,这些抗辩事由的存在为运动员的行动自由提供了理论支撑,同时也促进了体育运动的快速发展。需要注意的是,这些抗辩事由能否适用于运动员暴力是值得思考的。事实上,受害人同意事由和自甘风险事由强调的是体育规则范围之内的伤害,这种同意或者"自甘"是有限度的,即便是体育赛场上的运动员也不可能同意自己的身体随意受到伤害,更不要说承受暴力行为。笔者认为,运动员暴力的侵权责任是不能运用这些事由进行抗辩的。另外,侵权行为是侵权责任的基础,就归责来说,我国采用的归责原则是过错责任原则。综上所述,在一定的条件下,在体育赛场上施暴运动员是具有侵权责任的。

从体育伤害纠纷司法解决的实践来看,行为人在体育运动中造成对方身体伤害的,有3种判决结果,即受害人自行承担损失、侵害人赔偿受害人损失和当事人双方分担损失。这3种迥异的判决结果反映出,司法机关在体育伤害纠纷利益权衡中所持有的立场不同。

第一,受害人自行承担损失。亦是指侵害人提出抗辩事由来对抗其违法性,进而免除其法律责任,由受害人自行承担损失的情形。此类判决揭示,与受害人利益相比,法院更注重保护侵害人利益。

从法理上来说,侵害人主要运用受害人同意或自甘风险等抗辩事由,对可能的赔偿请求进行抗辩,对抗其行为违法性,请求法院免除其对体育伤害损失的赔偿。具体来说:受害人同意方面,如彭志与林某、林祥水等生命权、健康权、身体权纠纷案①中,原告彭某与被告林某等人一起在所在村广场打篮球,打球过程中,原告三步上篮时,被告林某上前盖帽将原告彭某撞倒,原告彭某受伤,入院诊断为左股骨颈骨折。原告彭某与被告林某就伤害赔偿沟通未果后,向法院寻求司法救济。法院审理认为,篮球运动是一项具有群体性和激烈对抗性的体育运动,在活动中,每一位参与者都具有潜在致他人受伤或被他人致伤的危险。原、被告明知篮球运动具有危险的情况下,还选择参与到其中,表明已经同意致伤情形,因此,驳回了原告的诉讼请求。自

---

① 参见山东省宁阳县人民法院民事判决书(2014)宁民初字第2149号。

甘风险方面,如唐露杰与黎某某生命权、健康权、身体权纠纷案①中,原告唐露杰和他人组队与黎某某所在的邵阳市第二中学足球校队进行友谊比赛,比赛过程中,唐露杰与黎某某相撞,唐露杰因此受伤,正大邵阳骨伤科医院诊断为左锁骨骨折。一审法院认为,足球比赛中球员之间合理范围内的身体接触或冲撞是足球运动的特点,只要不违反比赛规则,因争抢而发生的冲撞均属合理冲撞,亦是体育运动固有风险。这种风险是可以预见的,受害人能够预见体育运动中的风险,并选择参与进来,可以推定其甘愿承担这种风险。据此,故唐露杰要求黎某某等人承担80%的赔偿责任,法院不予支持。

上述判决揭示,与其说保护了侵害人的利益,不如说当地法院更注重维护体育参与的利益。可见,除非对方有严重违规行为或故意加害,体育运动中的合理冲撞行为不能以过错论处,侵害人不应该承担责任。

第二,侵害人赔偿受害人损失。它是指法院以侵害人存在过错(故意和过失)为由,责令其承担赔偿责任,赔偿受害人损失的情形。该类判决结果揭示,法院注重对受害人利益的保护。如张龙与王某健康权纠纷案②中,原告王某利用课余时间与张龙在武侯中学操场一起踢足球。本次活动中,王某是守门员,张龙是对方球队前锋,一次攻防中,张龙在距离球门5米的地方射门时,踢出的足球直接击中原告左臂,导致原告左尺桡骨干骨折。两人协商未果,王某向法院寻求救济。法庭审理认为,作为正值壮年的成年人,张龙在身体素质、判断能力、运动经验等方面具有明显优势情况下,疏忽大意,未尽到合理的注意义务,导致对方受伤,所以应承担赔偿责任。

上述判决显示,当地法院保护受害人利益的依据是:侵害人存在过错,其行为是侵权行为。该案中,侵害人是否存在过错直接影响判决结果,侵害人存在过错将构成侵权,否则不构成侵权。因此,具体操作中,排除行为的违法性以后,当地法院仅针对"有过错"(故意和过失)进行了认定。过错认定时,当地法院按照一般伤害纠纷的处理原则来解决体育运动中的特殊伤害问题。审理认为,被诉人张龙射门的目的是得分,而不是故意伤害王某,因此,造成王某受伤的行为不是故意行为,是一种未尽到注意义务的过失行为。鉴于此,当地法院选择保护受害人的利益,责令侵害人赔偿受害人损失。那么,侵害人的行为能否被认定为过失行为呢? 在英美法上,认定过失侵权应该符合下列要件:①侵害人要对受害人负有注意义务;②侵害人违反了该注意义务;③侵害人违反注意义务的行为导致损害的发生,即具备了因

① 参见湖南省邵阳市中级人民法院民事判决书(2017)湘05民终481号。
② 参见陕西省汉中市中级人民法院民事判决书(2017)陕07民终785号。

果关系①。笔者认为,在体育运动中,虽然体育参与者对于其他参与者负有一定的注意义务,但是,正常的射门行为是合乎体育规则的正当体育行为,违反注意义务不会发生在当事人正当体育行为的行使过程中,因此,侵害人射门导致的伤害是不应视为过失行为②。据此,当地法院的判罚是存在争议的。

第三,当事人双方分担损失。它是指双方当事人都没有过错,但又造成了客观损失,可以根据实际情况,由双方当事人分担损失的情形。如吴某与杨某、株洲景炎学校健康权纠纷案③中,在株洲景炎学校组织的体育课篮球活动中,被告杨某带球进攻,与防守的原告吴某相撞,致原告吴某倒地受伤,之后,株洲市湘江司法鉴定中心鉴定认为原告吴某左腕舟骨骨折,构成十级伤残。根据案件事实,当地法院酌定由被告株洲景炎中学分担原告吴某损失的30%;原告吴某及被告杨某均系未成年人,由其监护人各分担原告吴某损失的40%、30%。

本案中,当地法院不再纠缠于行为人责任的有无,而是注重判决结果的公平、正义。该判罚一方面给体育参与者减轻了压力,有利于体育运动价值的发挥;另一方面也减轻了受害人的经济损失,调和了双方的矛盾。就当事人利益的司法衡量来说,损失分担可以看作侵害人对受害人的一种补偿,兼顾了双方的利益。

其次,是否构成犯罪? 在我国,犯罪构成是行为人承担刑事责任的唯一依据,因此,体育赛场实施暴力的运动员是否应该具有刑事责任主要证成该行为能否符合犯罪构成要件。体育赛场观众和运动员暴力行为可能构成故意伤害罪,两者之中,运动员暴力较为特殊,能否构成该罪值得深入探讨。笔者认为,按照法律规定,如果体育赛场运动员暴力行为能够满足故意伤害罪的构成要件,就可以以故意伤害罪论处,具体来说:

第一,客观方面,运动员实施了非法损害他人身体的行为。首先,体育赛场运动员暴力行为是损害了他人身体健康的行为,并且这种损害行为造成了轻伤以上的损害后果。在手段方面,表现为作为和不作为。其中,多数情况下具有作为的表现,如我国第七届城市运动会四人皮划艇决赛中南昌队队员用船桨殴打广州队队员郑鹏飞的行为,就造成了额头8厘米的伤口。

---

① 李倩:《英美侵权法上的过失体育伤害研究》,武汉大学 2012 年博士论文,第 13 页。

② 赵毅:《体育伤害自甘风险与过失关系之解释论——由上海新径公园篮球伤害案展开》,载《体育成人教育学刊》2015 年第 3 期,第 9 页。

③ 参见湖南省株洲市荷塘区人民法院民事判决书(2015)株荷法民一初字第 1630 号。

当然,也有不作为的情况,如在铲球时,明明知道这样的动作会造成对方受伤,而不收腿,就是一种不作为。其次,损害他人身体的行为是非法行为[①]。体育竞技中的合理冲撞行为虽然也是"暴力性"行为,但它是体育规则和体育行业纪律规范所允许的,因此可以通过正当业务制度、被害人同意制度等事由进行免责。而运动员暴力行为不利于体育运动的正常发展,无益于社会的目的,因此不能通过上述事由阻止其非法性。

第二,就主体和客体而言,运动员能够符合故意伤害罪的具体规定。故意伤害罪的主体为一般主体。凡达到刑事责任年龄并具备刑事责任能力的自然人均能构成故意伤害罪,其中,已满 14 周岁未满 16 周岁的自然人有故意伤害致人重伤或死亡行为的,应当负刑事责任;致人轻伤的,则须已满 16 周岁才能构成故意伤害罪。可见,运动员造成他人轻伤、重伤和故意伤害致死情况都应该承担刑事责任。侵犯的客体是他人的身体健康权,所谓身体权是指自然人以保持其肢体、器官和其他组织的完整性为内容的人格权。应注意的是,侵害的是他人的身体权,因此,故意伤害自己的身体,一般不认为是犯罪。恶意犯规行为会给对方造成严重伤害,因此,该行为同样符合故意伤害罪的客体要件。

第三,体育赛场运动员暴力时,运动员的主观方面表现为故意。具体表现在运动员明知自己的行为能够导致损害他人健康的后果,而希望或放任这种结果的发生。在体育赛场上,可以按照运动员暴力伤害结果的不同,来确定是故意轻伤、故意重伤还是故意伤害致死。当然,根据暴力目的的不同,体育赛场运动员暴力可以分为纯粹的运动员暴力和不纯粹的运动员暴力,但无论运动员的目的如何,都具有一定的主观犯意。

2. 观众暴力的规制

(1)基本案情。

案件一 2013 年 10 月 27 日下午,2013 年中国足球乙级联赛半决赛的赛场上发生了严重的球迷暴力事件,该观众暴力事件发生在山东省滕州市体育场。本场比赛对阵球队是河北中基队和山东滕鼎队。比赛结束后,获胜的河北中基队为了表达喜悦的心情和释放漫长联赛的压力而尽情地欢呼,客队球员和球迷疯狂的庆祝和挑衅行为刺激了主队球迷的神经,滕鼎队球迷为了发泄心中的怒火,对河北中基队及其球迷进行了攻击。山东球迷主要采用了两种方式进行攻击,一是辱骂,通过此种方式发泄情绪;二是进入足球赛场对庆祝和挑衅的运动员和球迷进行暴力殴打。开始时几个人进行打击,后来上来数人一起进行群殴。球场的安保姗姗来迟,现场极其惨

---

① 参见于志刚:《案例刑法学各论》,中国法制出版社 2010 年版,第 186–191 页。

烈,该次事件造成了近50人受伤。

案件二 2013年1月29日,2012—2013年度WCBA总决赛浙江稠州银行队主场以92比96负于山西兴瑞队中,出现了令人震惊的一幕,主场球迷把心中的怒火都发泄到裁判身上,他们冲进球场群殴裁判。事件的经过是:赛后裁判员准备退场时,看台上不时有饮料瓶扔向球场,还有几个球迷冲进场地里指责辱骂裁判杨某,并对其进行殴打。杨某四处躲闪,球迷们紧抓住不放,此后越来越多球迷冲进了场内,裁判杨某被球迷推到主席台下的贵宾席,对其拳打脚踢。杨某推开球迷,试图离开球场,此时安保冲上前阻止了球迷的行为。

案件三 2010年8月18日21时50分许,被告人张某、庞某、徐某在郑州航海体育场看完球赛之后,因不满意建业队现状和管理,结伙来到建业俱乐部进行闹事和挑衅。他们的行为已经超越了一般球迷的做法。他们走进俱乐部大厅,破坏了俱乐部的玻璃门。其中,徐某挑唆他人使用矿泉水瓶和铝合金灯箱砸执勤民警;张某用矿泉水瓶砸执勤民警,并以"警察打人"口号煽动球迷闹事。除了煽动其他球迷以外,被告人庞某和张某还拿着泡沫灭火器向执勤民警喷泡沫,并用灭火器攻击执勤民警。后来,被告人庞某、徐某伙同其他球迷一起将球场东大门卷闸门推倒,庞某毁坏球场灯箱和球场其他设施。此次暴力活动中,被告人张某、庞某、徐某等行为造成球场玻璃门、门头灯箱、电子伸缩门等物品损坏,经鉴定电子伸缩门等被损物品价值共计人民币8789元。同时,该起暴力事件严重影响了球场的正常秩序,在维持秩序过程中,执勤民警杨东右前臂等部位受伤。

(2)案件审理结论。

案件一中,比赛结束后,中国足协纪委会通过核查事件事实,认为滕州赛区在赛场管理上尤其是安保存在漏洞,赛场的管理者应该对此次体育赛场暴力事件负责,除此之外,由于俱乐部疏于对观众的引导,也存在一定的过失,应该负一定的责任。经过认真的审议,中国足协纪委会对负有责任的山东滕州赛区进行了通报,并罚款人民币8万元,取消1年山东滕鼎的主场资格①。

案件二中,根据《中国女子篮球联赛纪律处罚规定》,中国篮协为了维护赛场秩序,严肃纪律,取消了浙江稠州银行队一年的义乌主场资格,并对此事进行了通报;另外,根据《中华人民共和国治安管理处罚法》,义乌市公安局对在体育赛场上实施暴力的观众进行了处理,被抓的3人中,对其中一人

① 《足协处罚中乙骚乱 山东队遭罚款8万赛区禁赛1年》,东方网,http://sports.eastday.com/s/20131101/u1a7747950.html,2018年2月10日访问。

给予行政拘留,对另外两人进行了罚款①。

案件三中,公诉机关认为,三位被告人肆意妄为,不遵守法律,到处打砸公私财物,给受害人造成了巨大的经济损失,同时还破坏了社会秩序,影响了社会安定,行为构成了寻衅滋事罪。通过举证和激烈的辩论,本案事实清楚,证据充分,郑州法院支持了公诉机关的观点。在共同犯罪过程中,三被告人行为积极,均系主犯。鉴于被告人张某、庞某、徐某认罪态度较好,具有悔罪表现,对其判处缓刑。依照《中华人民共和国刑法》第25条第1款、第4款,第72条,第293条,第73条,第26条第1款之规定,法院对本案做出判决,三位被告人的行为构成了犯寻衅滋事罪,判处被告人有期徒刑9个月,缓刑一年执行②。

(3)法理评析。上述三个案例是我国观众暴力的典型案例,由于暴力行为的实际情况不同,处理办法也有所不同。三个案例中,案件一是体育行业内部处罚,案件二是体育行业内部处罚和行政处罚,案件三是按犯罪行为处理。

目前,我国对体育赛场观众间暴力的规制主要有两种方式,即体育行业纪律处罚和法律规制。具体来说,体育行业纪律处罚方面,当体育赛事发生观众暴力事件后,体育行业组织依据体育行业纪律规范追究体育赛区或体育俱乐部的管理责任,对其进行纪律处罚;法律规制方面,我国执法部门和司法部门根据相关法律规定对暴力实施者进行处理。就规制的方式而言,前者是一种间接规制,即体育行业内部组织通过对体育组织进行纪律处罚的方式,促使其预防和解决体育赛场观众暴力问题,以达到对体育赛场进行管理的目的;后者是一种直接规制,执法部门和司法部门依据法律处理体育赛场观众暴力问题,达到解决纠纷、恢复受害人利益,维持体育运动秩序、社会秩序和维护法律权威的目的。

笔者认为,行为人在实施聚众扰乱公共场所秩序的犯罪过程中,如果在犯罪手段或者犯罪结果上又触犯了其他罪名的,应按照处理牵连犯的原则,择一重罪处罚。按照刑法的规定,只有骚乱的首要分子才构成本罪。一般性的球迷参与者可以通过《治安管理处罚条例》进行行政处罚,刑法则只追究在骚乱事件中起组织、策划、指挥作用的人。而且,这种追究只限于故意③。

---

① 《WCBA总决赛打裁判球迷被处罚1人行政拘留2人罚款》,新浪竞技风暴,http://sports.sina.com.cn/cba/2013-02-01/11036406549.shtml,2018年2月10日访问。
② 《球迷闹事被判刑》,网易体育,http://news.163.com/10/1127/14/6MGM6BGU00014AED.html,2018年2月12日访问。
③ 石泉:《竞技体育刑法制约论》,吉林大学2004年博士论文,第120页。

　　虽然体育赛场观众暴力是体育赛场一种特有的现象,并且与体育运动有一定的关系,但是观众并不参与到具体的体育运动中去,作为一个普通公民,观看体育比赛只是一种活动方式,不受体育特殊的规则直接限制。与运动员暴力的规制相比,观众暴力与体育竞技没有直接的关系,它不具有一定的特殊性,仅仅是一般社会治安问题。

　　综上所述,我国对体育赛场观众暴力进行规制的制度主要是体育赛场管理制度和法律制度。观众进入体育场馆观看比赛,要遵守体育赛场管理规范的管理,否则将会受到主办方的处罚;作为一个普通公民,扰乱社会治安,会受到法律规范的制约。

　　体育赛场管理制度是规制体育赛场观众行为的管理制度,它对体育比赛顺利进行发挥着重要作用。以体育赛场管理制度的性质为分类标准,可以分为体育行业的自治制度和行政管理制度。前者是体育行业内部的制度,制定的主体是体育行业内部组织,就中国篮球协会而言,它通过制定体育赛场的管理规范和纪律规范,来维护赛场观众的秩序,服务于体育赛事的正常开展。如中国篮球协会制定和颁布了《中国男子篮球甲A联赛纪律处罚规定》《联赛手册》《CBA联赛赛场观众须知》,这些规定都是规范体育场行为的行为规范。后者是我国政府为规范体育赛场行为而制定的行政管理制度,制定的主体是我国各级政府的体育主管部门和公安部门,如我国体育总局篮球管理中心通过制定《关于加强CBA赛场管理和对观众进行宣传引导的通知》和《从我做起净化赛场空气共创CBA的美好家园》来管理体育赛场秩序①,以及2004年公安部颁布《全国足球赛区安全秩序规定》来维护足球赛场秩序。

　　体育赛场管理制度对观众暴力行为持否定态度,当出现体育赛场观众暴力时,相关管理部门主要利用体育赛场管理规范进行一定的控制和疏导,防治观众暴力的发展和蔓延。体育赛场管理制度的执行主体主要包括体育协会和政府公安部门。具体而言:第一,体育协会主要是根据中国各体育协会制定的有关比赛管理规定对赛区组委会或俱乐部进行罚款,最重的处罚是取消主场比赛资格;第二,作为执法部门,我国公安部门有权对体育赛场内的观众暴力进行管制和监督。公安部门通常采用的管制方式是拘留,对在体育赛场上实施暴力行为的观众进行拘留,以维护体育赛场秩序和社会秩序的稳定。另外,我国公安部门还可以监督体育赛事的举办,主要监督体育协会的管理行为,敦促其遵守法律规定并有效规制体育赛场观众暴力

---

　　①　参见张成云:《CBA球场暴力分析》,载《体育文化导刊》2012年第8期,第66页。

行为。

事实上,与国外观众暴力相比,我国体育赛场观众暴力发生的数量和影响范围还比较小,但这并不能掩盖一个事实,我国体育赛场观众暴力已经有了一定程度的发展。相关报道称,2000年公安部和中国足协负责人首次公开承认中国足球观众中也有足球流氓[①]。可见,利用法律手段对体育赛场暴力进行控制已经非常必要。国家法律对观众暴力做出了否定性的评价,通过法律制度来规制体育赛场观众暴力的行为,这实际是国家利用法律手段来规制观众暴力的一种方式。作为公民,观众应该遵守国家的法律,否则将会受到法律的惩罚。依据法律规定,体育赛场上观众暴力行为构成犯罪的,应该受到刑法规制;体育赛场上观众暴力行为构成侵权的,应该受到民法和侵权法规制;违反我国行政法和体育法的,将会受到行政法和体育法的约束[②]。总之,在我国,刑法、民法和行政法能够运用到体育赛场观众暴力的规制中,这些法律规范是观众暴力事件中执法和事后司法的主要法律依据。

体育赛场观众暴力能给社会造成巨大的影响,侵犯受害人的人身和财产权益,对体育设施在内的公共体育设施造成一定的破坏,对社会秩序造成一定的破坏,影响社会的稳定。这些沉重的代价告诉我们,与其说只注重事后的救济,不如注重事前预防和事后救济并重。特别是在体育赛场观众暴力未发生之前,更要以预防为主。事实上,我国已经开始重视体育赛场观众暴力的预防和疏导工作。目标的改变必然会促进体育赛场规制方式的内部调整,我国已从重视观众暴力事件的赛中管理和赛后处理,到赛前预防和赛中管理、赛后处理并重的方向发展。

3.其他类型暴力的规制

(1)基本案情。

案件一 2005年1月2日,广东省体育场举办了第27届省港杯足球比赛。比赛吸引了大量新闻媒体人关注,王世儒就是其中的一位。经过广东省足协的批准,王世儒以中国体育记协摄影记者的身份获得了该项赛事的

---

① 石岩:《我国足球场观众暴力:现状与问题》,载《北京体育大学学报》2004年第8期,第1014页。

② 体育法是由国家权力机关制定的调整体育活动中各种社会关系的法律规范的总称。我国的体育法律体系,是指调整体育社会关系、分配体育法律责任、解决体育纠纷的各种法律规范组成的相对统一的有机整体,在结构上可分为纵向和横向两方面:纵向方面表现为不同位阶的各种有关体育的法律法规、条文和规范性文件,横向方面表现为多角度的不同内容的有关体育的法律法规、条文和规范性文件。在中国现行体育法律体系中,《中华人民共和国体育法》居于核心地位,是中国体育基本法,起着基础性作用。从它的内容和性质来看,它属于行政法的范畴。

报道资格,进场在角旗区附近进行拍摄。在下半场第19分钟时,广东队2号球员赵乐在快速奔跑中下底线传中后冲出底线,撞到了正在拍照的王世儒,后者当即被撞晕,手中的照相设备同时被撞飞。这次碰撞共造成5件器材损坏,损失约7万元。在与主办单位多次协商未果后,2005年7月26日,王世儒一纸诉状,将广东省足协和广东省体育局告上了法庭,要求它们对自己的损失进行赔偿,赔偿金额为10万元。

案件二 2007—2008年度CBA联赛第19轮,陕西东盛队主场迎战云南红河队的比赛中,云南队得分王琼斯因挑衅主场球迷而与球迷发生冲突。事情的经过是:比赛刚结束,琼斯为了发泄自己的不满,将篮球一脚踢开,这一举动引起球迷大声斥责,也直接引爆了他与球迷间的矛盾。为了回击琼斯的挑衅,现场观众把大量的杂物从看台上抛下来,砸向琼斯,以表达对他的不满。恼羞成怒的琼斯也不甘示弱,他将这些杂物抛向现场观众,双方进行了拉锯战,他与球迷通过抛投的方式互相攻击。在体育赛场执勤的安保人员也未能幸免,双方互相抛投矿泉水等物品的行为还误伤了他们。赛后,有200多名球迷围在云南队大巴前面,要求琼斯道歉,场面一度失控。

案件三 2007年中超第18轮,长春亚泰主场对阵浙江绿城,长春亚泰暂列积分榜第一,浙江绿城实力不强,属于中下游球队,因此,长春球迷对取胜对手抱有很大希望,希望球队能够拿下比赛巩固榜首的位置。在整场比赛中亚泰队中都占尽优势,技术统计也反映了这样一点,球队控球率高达70.3%,射门数也达17次之多。由于对手防守顽强和本方运气欠佳,主场被对手逼平,仅收获1分。本希望大胜对手保持领头羊的优势但却遭遇平局,满怀希望的亚泰球迷难以接受平局的事实,赛后大量球迷聚集在亚泰经开体育场外不愿离去。球迷情绪激动,通过辱骂的方式宣泄着心中的怒气,希望从球队主教练那里讨个说法。在人群中,部分情绪激动的球迷实施了过激行为,开始煽动其他球迷闹事,希望把事情闹大,给俱乐部施压。当时的赛场秩序非常混乱,为了防止场面失控,警方果断采取行动逮捕了5名观众,制止了事态的进一步发展。

(2)案件审理结论。

案件一中,法院判定,广东省足协应赔偿全部损失46 048.78元的70%,即32 234.15元;原告自负全部损失46 048.78元的30%,即13 814.63元。法院对原告要求广东省体育局对其损失进行赔偿的要求未予支持①。

案件二中,2007年12月7日,中国篮协依据《中国足球协会纪律准则及

---

① 《球员冲出场撞晕记者案续:广东足协需赔3万》,信息时报,http://news.xinhuanet.com/legal/2007-09/20/content_6758164.html,2018年2月12日访问。

处罚办法》公布了对该事件的处罚结果,决定对琼斯和云南红河奔牛俱乐部各罚款 10 000 元,同时对西安赛区给予警告及罚款 5000 元①。

案件三中,按照《中华人民共和国治安管理处罚法》,长春市南关区公安分局对此事进行了处理,他们认为这五名观众的行为扰乱赛场秩序,构成了不好的社会影响,违反了治安处罚法。鉴于此,给予 5 人 5 至 10 天的行政拘留,责令其一年内不得进入球场观看比赛②。

(3)法理评析。第一个案件中,作为赛事的主办方,广东省足球协会未依国际足联等机构制定的相关规定,对赛场疏于管理,未尽到合理的安全保障义务。如未合理设置安全设施、摄影记者区域以及未划定摄影人员限制线,并且这些过错造成了运动员与原告发生碰撞,因此,应承担主要责任。同时,法院认为原告作为资深体育记者,熟悉体育比赛的摄影规则,明知有损害风险还主动靠近比赛场地,对其损失应负次要责任。体育局属机关法人,足球协会属社会团体法人,根据相关规定,可以独立承担民事法律责任,鉴于第27届省港杯的主办单位是广东省足球协会而非广东省体育局,因此没有支持原告对体育局的赔偿要求。第二个案件与运动员与观众间暴力有关,由于没有造成太大的损害,没有追究被告的法律责任,只对运动员和俱乐部进行了纪律处分。第三个案件是带有暴力袭警性质的事件,最后对肇事者进行行政处罚,笔者认为判罚过轻。需要强调的是,运动员与观众间暴力侵犯了被害人的人身权,扰乱了正常的体育秩序和社会秩序,造成了恶略的社会影响。暴力袭警行为直接挑战国家的权威,同时也侵犯了警察个体的人身权,具有严重的社会影响。我国非常重视对两类暴力行为的规制,对这两类行为的治理进行了大量的实践,也积累了一定的经验。

我国规制体育赛场运动员与观众暴力行为主要通过三种方式:

第一,在体育赛场运动员与观众暴力纠纷的处理中,对参与暴力的运动员的规制,主要有两种途径:首先,体育赛场的裁判员对其进行判罚。作为赛场的"执法者",体育裁判员在比赛中具有绝对权力,当运动员与现场观众有一定冲突的时候,通常会对运动员进行处理,如驱除运动员离场、将教练席成员罚上看台等。裁判员对运动员进行判罚所依据的规范是体育竞赛规则,裁判员的判罚一般不能改判。其次,体育行业进行规制。体育赛场上运动员暴力行为是比较大的违规行为,具有一定的危害性,对体育运动的长远

① 《云南红河外援再闹事 得分王琼斯不满处罚竟走人》,搜狐体育,http://sports.sohu.com/20071211/n253964997.shtml,2018 年 2 月 12 日访问。
② 《亚泰球迷追打警车 带头闹事者被行政拘留》,腾讯网,http://sports.qq.com/a/20070824/000632.html,2018 年 2 月 12 日访问。

发展是不利的,所以,赛后,体育协会将会对运动员追加处罚。这种追加处罚所依据的规范是体育行业内部纪律处罚规定。实施处罚的主体是体育行业的纪律委员会。处罚的形式包括警告、红黄牌和驱除出场。

第二,在体育赛场运动员与观众暴力纠纷的处理中,对施暴观众的处罚主要由我国公安部门来实施。体育赛场是社会秩序的一部分,观众与运动员在赛场实施暴力,扰乱了赛场秩序,公安部门可以直接对其进行规制。作为执法部门,公安部门执法所依据的法律是《中华人民共和国治安处罚法》。处罚方式主要是拘留和罚款。如果出现严重伤害后果的,根据相关法律规定,观众可能承担民事侵权责任和刑事责任。

第三,体育赛场上出现运动员与观众之间暴力,造成严重后果的,体育俱乐部或体育赛区也应该承担相应的管理责任。体育俱乐部或体育赛区有维护赛场秩序,为赛事顺利进行保驾护航的任务,负有管理职责。暴力事件的发生说明体育赛场管理者的失职,因此应该对其进行一定的处罚。《中国足球协会纪律准则及处罚办法》第 52 条规定,在比赛中,运动员、官员以指责、谩骂、向他人吐唾沫、打手势等非道德方式侮辱、侵犯对方运动员、官员或观众的,视不同情形,分别给予下列处罚:①在比赛中,运动员、官员以指责、谩骂等非道德方式侮辱、侵犯对方运动员、官员或观众的,将被停赛至少2 场,并处至少 10 000 元的罚款。②在比赛中,运动员、官员以向他人吐唾沫、打手势等非道德方式侮辱、侵犯对方运动员、官员或观众的,将被停赛至少 5 场,并处至少 25 000 元的罚款。对体育俱乐部或体育赛区进行处罚的性质是体育行业内部处罚。处罚的方式包括进行无观众的比赛、在中立场地进行比赛、禁止在某体育场(馆)比赛、取消比赛结果、比分作废、扣分、取消比赛资格、禁止转会和降级等。

暴力袭警在我国的体育赛场上也时有发生,处理的办法有两种:体育俱乐部或体育代表团内部人员,如运动员、教练组、俱乐部管理人员和体育官员等发生袭警行为的,通常要接受体育纪律处罚;扰乱社会治安的观众,由公安机关和司法机关依法进行处理。以暴力、威胁方法在体育赛场上拒绝或阻碍警察执行公务的,应该给予治安管理处罚,构成犯罪的,依法追究刑事责任。事实上,由于袭警事件并不严重,我国对体育赛场暴力袭警行为的处理还比较宽容,一般都是以批评教育为主,最多是对肇事者进行行政拘留。如上述的中华人民共和国第十二届运动会上运动员由于一时的不冷静打伤了警察,比赛官员称,"湖北代表团已经通过各种途径向受伤人员表达了歉意",赛后并没有对其进行任何处罚。

二、我国体育赛场暴力的规制中存在的问题

(一)缺乏针对性的立法

总体而言,我国已经形成了完备的体育法律体系,在结构上,它可以分为纵向和横向:纵向包括不同位阶各种相关的法律法规、条文和规范性文件,横向包括多角度不同内容的法律法规、条文和规范性文件,这些法律制度对体育法治的发展起到很大的推动作用①。同时,我国各种部门法如《刑法》《民法通则》和《侵权法》等法律制度,为解决体育纠纷提供了更多的选择。总之,这些法律制度为我国体育赛场暴力的规制奠定了基础。

我国体育法律制度建设的主要问题是,缺少规制体育赛场暴力的专门立法,抑或缺乏规制体育赛场暴力的针对性立法。就法律属性而言,目前我国体育赛场暴力规制的立法主要归属于行政法范畴,这些法律包括《中华人民共和国体育法》(以下简称《体育法》)、《中华人民共和国治安管理处罚法》(以下简称《治安管理处罚法》)和《群众性文化体育活动治安管理办法》。如我国《体育法》中的第 52 条和第 53 条、《治安管理处罚法》中的第 24 条和第 50 条,以及《群众性文化体育活动治安管理办法》中的第 12 条、第 13 条和第 50 条。上述这些法律多是一些原则性规定,缺乏对体育赛场运动员暴力、暴力袭警以及恐怖暴力活动的明确规定,这不利于司法机关的适用,也影响司法实效。因此,缺乏规制体育赛场暴力的针对性立法是我国有效规制体育赛场暴力行为的障碍。

在目前没有法律规定的情况下,对这些行为的规制只能依靠我国的部门法。而各部门法中反暴力条款相对较为分散,一些立法还只是片面模仿外国立法,还处于萧规曹随阶段。甚至没有涉及反暴力工作的重大问题,难以为体育赛场反暴力工作提供更完备、更具针对性的立法保障。如是说,运动员暴力具有特殊性,一些动作是体育暴力行为还是一般体育犯规动作,司法机关很难判断。这就需要立法机关针对性立法,在立法中对其进行明确的规定。

(二)执法不规范

根据我国相关法律规定,我国体育赛场暴力的主要执法部门是体育管理部门和公安部门,前者是指国家各级体育局及其下属机构,后者是指各级公安机关。作为我国社会公共安全的管理部门,公安部门是我国主要的执

---

① Kang Junxin, Xia Jing, *Sports law in China*, Wolters Kluwer Law & Business, 2012, pp. 32-36.

法部门,它对于体育赛场秩序的维护有不可推卸的责任。我国体育管理部门的执法主要是通过体育协会来进行的,而体育管理部门只负责监督。就目前我国体育管理的体制而言,体育协会主要是分担了政府对体育行业管理的责任,它们代表政府(这里指政府体育管理部门)来管理体育事业。

针对我国体育赛场暴力的执法存在的主要问题有三个,即执法时机把握不准确、执法不公平和粗暴执法。

(1)执法时机把握不准确方面。公安部门执法不准确的原因有两个:一是体育赛场暴力具有偶然性,虽然也有一定规律可循,但具体发生时间是不确定的,这就给公安部门执法造成困难;二是判断体育赛场行为是不是暴力行为需要一定的专业知识,警察在这方面是存在欠缺的,因此,会造成判断不准,延误了执法时机。

(2)执法不公平方面。执法人员有自己的体育爱好,有的有狭隘的地域观念,在这些因素的干扰下,很容易造成执法不公平。特别是,现代的职业联赛采用的是主客场制,主场作战的赛场由当地警察来负责管理,当出现观众赛场暴力时很容易对其进行包庇,甚至针对主客场球队、球迷实行不公平执法。

(3)粗暴执法方面。文明执法和按照程序执法能够提高执法效率,节约执法成本;粗暴执法则会出现相反的效果。在一些体育赛场暴力事件的处理中,粗暴执法不仅不能很好地控制赛场的形势,而且会扩大暴力的范围和程度,甚至出现暴力袭警事件。

(三)司法处理存在困难

司法如何介入体育行业纠纷的处理以及介入的程度一直是学界探讨的热点问题。作为一个行业协会,体育协会的存在与发展,从根本上说,源自行业及其成员的需要,它的一切活动是为了行业及其成员利益服务。

一方面,为了提高解决纠纷的效率,体育行业协会希望通过内部纠纷解决机构来解决纠纷,不希望外界干扰纠纷的解决,甚至是司法部门[①]。换言之,体育协会具有一定的行业自治权,制定行业的纪律处罚规范,期望对体育行业实行绝对的控制。其实施"控制"的主要方式是契约,通过契约的形式明确双方关系,并要求契约成员必须遵守行业制度,否则将会受到体育协会的处罚。另一方面,司法部门是国家的审判机关,它对社会上纠纷具有管

[①] Aaron N. Wise and Bruce S. Meyer, *International Sports Law and Business*, Hague, Netherlands:Wolters Kluwer International,1997,p. 1196.

辖权,体育纠纷也不例外,司法介入显得尤为重要①。一般认为,司法部门应该尊重体育协会的自治权,有限度地介入行业纠纷的处理。可见,如何在行业行为自由与司法有限介入中取得平衡,一直是体育伤害纠纷处理的关键问题。

我国司法机关处理体育赛场暴力纠纷存在一定的困难,除去法制不健全、没有针对性立法以外,还包括:第一,司法介入存在一定劣势。职业体育的快速发展,需要快速地解决体育赛场的暴力纠纷,而通过诉讼来解决纠纷花费时间比较长,这在一定程度上影响了当事人职业发展。第二,司法处理过程中也面临困难。体育赛场暴力尤其是运动员暴力的判断需要极强的专业知识,法官不具有专业知识,法院的处理存在一定的困难。另外,体育赛场运动员暴力发生在比赛中,时间非常短暂,抑或比赛依然继续进行,也会给法院取证带来困难。

(四)过分依赖体育协会规制,法律监管缺乏

由于我国对行业协会管理的经验不足,一般采用先使其发展起来,然后再进行管理的模式。换言之,先让其发展到一定程度,再对其进行规范;在规范时,先由行业制定行业规章,随后国家再制定法律规范。我国对体育行业的管理一直采用的是这种模式。源于这样的行业协会管理模式,又加之我国体育法律制度的建设相对滞后,在这样的情况下,我国体育行业纠纷的解决实际上主要依靠体育行业协会。这就造成了过分依赖体育行业协会的情况。上述案例中,体育行业协会对体育赛场暴力的规制也充分说明了这一点。

虽然体育行业协会在规制体育赛场暴力过程中发挥着很大的作用,对赛场暴力进行必要的规制也是应当的,但是过分夸大它的作用,过分依赖体育行业协会是不妥的,会使我国执法部门和司法部门产生一定的惰性,甚至不敢介入。另外,过度依赖体育行业也不利于受害人利益的维护,甚至影响社会利益的维护,毕竟一些体育暴力行为是违法行为,如体育赛场上的观众暴力、暴力袭警及恐怖主义暴力,仅仅靠体育行业处理,也有违背现代法治精神之嫌,同时也不能妥当地解决这些问题。

我国体育行业协会的管理职能主要来自政府的委托和法律的授权。在委托和授权下,体育行业协会分担政府的某些职能,这些职能体现在对体育行业的监管和服务。其实,对体育行业的管理和对行业内纠纷的解决就是

---

① Matthieu Reeb,*The Role of The Court of Arbitration for Sport. In W. P. Heere*,(ed.),*International Law and the Hague's 750th Anniversary*,Hague,Netherlands:T. M. C. Asser Press,1999,p.233.

这些职能的具体实施。即使是这样,它也不能代表国家司法机关权威,更不能阻止法律介入。笔者认为,我国司法机关尊重体育行业协会的自治权是必要的,但是体育行业协会的自治权一定要在法律的监管下进行。在体育赛场暴力规制中缺乏法律监管,会出现肆意妄为,不利于纠纷的解决,长远来说不利于我国体育事业发展。

第三节 我国体育赛场反暴力制度的完善

一、完善体育行业内部反暴力制度

作为行业协会,中国的体育协会具有一定的自治权,这种自治权主要体现在体育协会的纪律处罚权和纠纷解决权。其中,前者类似于"行政管理"性质的权力,体育协会通过对协会成员的管理,来保持其健康的运转;后者具有"监督权"的性质,对行业协会处罚不满的可以进行申诉,体育行业协会内部纠纷解决机构提供了解决纠纷的一种方式,使其能够和谐地发展。体育行业协会的自治权来源于三种形式,即行政委托、法律直接授权和会员之间的契约。而自治权仅仅产生于会员的契约。美国、加拿大反对体育过度暴力行为犯罪化的人士认为,联盟内部的制裁是最适合的[1]。相对法律制度规制来说,体育行业自治管理具有一定的优势:第一,体育行业协会更加熟悉体育运动的特点和规则,具有专业的优势;第二,在规制体育行业行为时,体育协会的针对性更强,有利于提高规制的效率[2]。体育赛场暴力行为具有很大的伤害性,影响了体育运动的正常发展,体育行业协会正在利用行业内部制度来规范体育赛场暴力行为以及解决相关纠纷,虽然也取得了一定的效果,但近年来体育赛场暴力事件仍然出现了频发的情况,这充分说明体育行业内部反暴力制度还有需要完善的地方。

(一)完善反暴力的实体制度

体育比赛规则和行业规范是处理及安排体育赛事和裁判判罚的准则,由国际单项体育联合会颁布,它是判断体育赛场运动员暴力的主要依据,也是裁判员和体育行业协会规制运动员暴力的主要标准。毋容置疑,体育比赛规则和行业规范对于规制体育赛场观众暴力是非常重要的,具有精确、合

---

[1] Regina V. Bradshaw, "A Criminal Prosecution for a Death in a Soccer Game," *Cox Crim Cas*, 1878, No. 1, p. 83.

[2] 参见王水明、叶剑锋:《美国和加拿大竞技体育中的过度暴力问题》,载《体育学刊》2011年第4期,第82页。

理的体育比赛规则和行业规范对防范和规制体育赛场暴力至关重要。

目前,我国并不缺乏规制体育赛场运动员暴力的体育比赛规则和行业规范,这些规范虽然在规制体育赛场暴力过程中发挥了重要的作用,但它存在的主要问题是:规定过于含糊且缺乏针对性。如《足球竞赛规则》在补充说明部分对严重犯规和暴力行为进行了规定,2014年2月新修订的《中国足球协会纪律准则》第54条和《足球竞赛规则》进行了衔接,规定对球场上实施严重犯规和暴力行为的运动员给予红牌警告和追究行业内部处罚。另外,还规定了对打架、斗殴行为、挑起敌意和暴力和挑衅公众等行为的处罚办法,如第59条规定,运动员或官员公开煽动他人的敌意和暴力,至少停赛12个月,并处罚款至少50 000元。但是,对于该行为的构成要件并没有具体的规定。

笔者认为,缺乏对构成要件的详细规定至少会产生两个问题:一是判罚体育赛场暴力行为,缺乏明确的规范;二是会增加判罚机构的自由裁量权。因此,完善反暴力的实体制度变得尤为必要。

完善反暴力的实体制度需要做好以下工作:第一,加强竞技规制和行业规范的科学性研究。精确、合理的体育比赛规则和行业规范能够为体育赛场暴力的判罚提供强有力的支持,为合理判罚及解决运动员暴力提供基础性依据。缺乏精确、合理的体育比赛规则和行业规范,将会增加裁判的自由裁量权,也会给相应纠纷的解决带来困难。加强竞技规制和行业规范的科学性研究是必要的。在研究中要区别对待一般犯规行为与严重犯规和暴力行为、严重犯规和暴力行为的构成和规制原则、严重犯规和暴力行为罚则等,这样才能为竞技规制和行业规范的完善提供理论支撑。第二,做好实体规范的修改和完善。目前反暴力规范过于抽象且不全面,如上述国际足联的《足球竞赛规则》和我国《中国足球协会纪律准则》中对严重犯规和暴力行为进行了界定,严重犯规是指队员在比赛抢球的过程中对对方队员施加的故意的暴力性犯规行为;暴力行为是指比赛进行中或比赛成死球时队员目的不是在球,而对对方队员施加的暴力性犯规行为。但是缺乏对实体制度实施范围、严重犯规和暴力行为的构成要件、判罚的具体标准、体育赛场暴力行为的罚则等方面进行具体规定,这几个方面的缺乏将直接影响制度运行的实效。因此,在修改时应该突出四点:一是限定体育赛场反暴力实体制度适用的范围,如主体要件、时空要件等;二是具体规定严重犯规和暴力行为的构成要件;三是说明对该行为进行判罚的具体标准;四是详细制订体育赛场暴力行为的罚则。另外,还要做到反暴力的实体制度体系内各实体规范的衔接,确保反暴力的实体制度的统一性。

(二)完善反暴力的程序制度

简单而言,程序制度是指做事情的流程及过程程序。程序制度的功能是辅助性的和保障性的,它服务于实体制度,可以辅助实体制度功能的实现。只有依靠程序公正,权力才可能变得让人容忍①。在制度的构建的过程中,我国具有重实体、轻程序的传统,这种传统很难实现"程序公正",也不符合现代法治理念,因此,应该在反暴力实践中及时纠正。

我国反暴力程序制度存在的主要问题有:体育行业协会的权力过于集中,处理机构的职责不清,内部监督制度存在缺陷,内部处理程序的效力过大等,应该对其进行完善。

(1)对体育行业协会的权力进行适度分流。目前我国体育协会存在的最大问题是权力过于集中,如拥有规则的制定权、管理权、经营权和监督权这四大权力等。权力过于集中会导致规则的滥用,影响行业的正常发展,让权力适度的分流变得非常必要。权力的分流能够使权责更加明确,能够更好地发挥制度的作用。在体育赛场反暴力行为的规制中,主要牵涉到处罚权和纠纷解决权。笔者建议,建立单项体育联盟或公司直接负责赛事的运营和管理,通过协议的形式赋予纪律处罚权,体育行业协会负责监督、监管行业制度的执行,解决由其引起的纠纷。

(2)厘清暴力行为处理机构的职责。首先,纪律处罚方面。体育联盟或负责联赛运营的公司按照行业协会的章程规定具有管理权,它们可以针对体育赛场暴力行为进行处罚。遇到对处罚不服的情况时,体育协会纠纷解决机构可以介入,对处罚纠纷进行复议。在协会章程规定的范围内,体育协会纠纷解决委员会对其进行审查。其次,纠纷解决方面。先由体育协会纠纷解决机构进行解决,然后由体育协会委员会进行复议。当然,对处理结果不满的可以向包括体育仲裁机构在内的外部机构进行申诉,向外部申述的前提是用尽体育行业内部救济。

(3)完善内部监督制度。内部监督制度是程序正义和结果正义的保障,在监督时,应该做到:程序无偏私地对待相对人、在行使权力可能对相对人权利义务产生不利影响时,必须提供某种形式的表达意见和为自己利益辩护的机会以及说明理由②。具体来说,应健全听证、回避、辩护制度。听证安排在做出处罚决定之前进行,这样做充分尊重了相对人的知情权、陈述权和申辩权。在操作过程中,要给予相对人请律师代表出席听证的权利,让其传

---

① 参见[英]威廉·韦德:《行政法》,徐炳等译,中国大百科全书出版社 1997 年版,第 93 页。

② James E. Clapp, *Random House Legal Dictionary*, Random house Inc, 1996, p. 50.

唤证人和交叉质证;做到信息公开,处理机构应及时告知与被处罚相对人利益相关的充分信息,并给被处罚者预留足够时间准备听证。另外,听证者身份应独立。在回避制度方面,给予相对人要求与案件有利益关系的裁判者回避的权利。

(4)提高内部处理程序的法律效力①。在体育活动的管理中,为了提高管理效率,法律和政府让渡了一部分权力给予体育协会,在此基础上,它具有管理体育公共事务的权力;同时,通过契约,体育协会会员让渡了一定的权力给协会,在此基础上,体育协会拥有了管理行业内部事务的权力。因此,体育协会自治权具有公法和私法两种性质。体育社团自治权主要是指体育社团自身为了其目标和宗旨的实现,进而对内部成员或事务自由裁决的权力,该权力不受外部机构或个人的非法干涉②。体育社团自治权就属于体育社团自治权中自主治理的权力。

鉴于体育社团的自主治理权力的渊源是国家、社会和行业成员的需要,体育社团对其内部成员是一种管理关系的存在,其中涉及某些特殊的管理职能,主要包括履行政府体育管理职能中形成的宏观调控、间接管理权力,以及体育社团执行体育政策法规的角度对体育行业内部进行中观或微观的管理权力。如是说,以体育社会团体内部自治权的内容为分类标准,它主要包括规则制定自治权、组织管理自治权和体育纠纷解决自治权③。

为了维护私人自治,司法也做到了有限度的介入,但这并不代表它不受国家司法权的管辖。毕竟,它存在被滥用的可能。因此,对其行业行为进行监管,让其在国家法律框架内活动是必要的。事实上,实践中已经出现了一些问题,如中国足协管理人员就认为体育行业协会的裁决是最终裁决④。《中国足协章程》第62条第1款规定,排除仲裁和法院的管辖,成员的纠纷

---

① 参见郭树理:《体育组织内部纪律处罚与纠纷处理机制的完善——以中国足球协会为例》,载《法学论丛》2003年第3期,第79页。

② 徐家良:《互益性组织:中国行业协会研究》,北京师范大学出版社2010年版,第117页。

③ 张文闻、吴义华:《程序正义与权利保障:国际体育组织处罚权行使的原则及实现机制》,载《上海体育学院学报》2018年第3期,第39页。

④ 中国足协负责人向媒体介绍说:"建立听证会制度是职业联赛诉讼制度的补充。如果有的俱乐部或运动员、教练员在联赛中受到纪律处罚,并对裁判工作评议委员会评议结果持有异议,可向中国足协提出举行听证会,听证会的裁决与中国足协诉讼委员会的裁决具有同等效力,为最终裁决。"参见《加强足球比赛管理,树立体育道德新风——中国足协负责人答记者问》,《中国体育报》2002年3月29日。

只能向本会的仲裁委员会提出申诉①。提高其效力时应该强调,行业内部处理的优先权,在用尽内部救济的情况下,可以选择向仲裁机构和法院进行申诉。

二、完善反暴力法律制度体系

(一)完善相关立法

正如上面所言,我国虽然已经有了一套规制体育赛场暴力的法律体系,在实践中也发挥了重要的作用,但是仍然缺乏针对性的专门立法。专门法律制度在规制体育赛场暴力行为时将更有针对性,运用专门法律制度规制赛场暴力有利于提高规制的效率和效果,所以针对赛场暴力进行专门立法是必要的。

笔者认为,在反暴力法制建设方面,应该以在相关立法中增加体育赛场暴力规制的条款为主,不易建立单独的法律规范。其原因是,我国体育赛场暴力虽然有一定的发展,但是与欧洲赛场暴力的规模、频度和强度相比,还比较小,进行单独立法会造成法律资源的浪费。另外,依附于我国法治体系,我国已经具有相对完整的法律体系,并且在规制赛场暴力的实践中也发挥了一定的作用,无须单独立法。当前,需要解决的问题是提高法律实效和针对性,提高法律实效和针对性完全可以通过增加专门的条款来进行弥补。

具体来说,完善反暴力法律制度体系需要从以下几个方面着手:

(1)在我国《刑法》中增加反体育赛场暴力的条款。可以通过两种方式来进行完善,即:一是在我国《刑法》第234条中加入反体育赛场运动员暴力的内容、第291条和第293条中加入反体育赛场观众暴力、暴力袭警和恐怖主义暴力的内容;二是单独设置体育赛场暴力罪,明确规定体育赛场暴力犯罪的各种类型、构成要件和惩罚。

(2)在我国《侵权责任法》中增加体育损害责任新章节,其中规定反体育赛场暴力的条款。体育运动是技术性非常强的活动,且体育运动中容易造成暴力伤害行为,当然容易产生纠纷,在纠纷的解决过程中,按照一般的侵权行为来解决,会有一定的不合理性。体育赛场暴力具有一定的特殊性,应该进行特殊对待,事实上,把特殊的侵权行为进行特殊的规定,在我国《侵权责任法》中也有一定先例可循,如近年来医疗纠纷逐年上升,引起了社会各界的重视,我国就对此单独设立了医疗损伤责任专章。在设立体育损害责

---

① 《中国足协章程》第62条:本会规定,会员协会、注册俱乐部及其成员,应保证不得将他们与本会、其他会员协会、会员俱乐部及其成员的业内争议提交法院,而只能向本会的仲裁委员会提出申诉。

任专章时,应该增加体育赛场暴力责任章节,具体规定体育竞技中实施暴力的运动员责任范围、赔偿标准及认定机构。

(3)在我国《体育法》中增加反体育赛场暴力的条款。在中国现行体育法律体系中,《体育法》居于核心地位,是中国体育基本法,起着基础性作用。它由总则和分则组成。分则共六章,包括社会体育、学校体育、竞技体育、体育社会团体、保障条件、法律责任。该法是在20世纪90年代中期颁布的,到目前为止已经实施20余年了,已经不能适应体育发展的需要。尤其是20世纪90年代,我国的经济发展水平相对还比较低,以及体育职业化发展才刚刚开始,举办体育比赛的频率及公众的参与度也比较低,体育赛场暴力冲突相对较少,体育赛场暴力并没有在我国《体育法》中被针对性的规定。作为体育基本法,应该明确规定体育赛场暴力的类型、形态、治理办法和惩罚方式,并且要和我国《刑法》《侵权责任法》等法规中体育赛场暴力的相关条款做好法律衔接,只有这样才能起到一定的效果。

(4)完善我国《治安管理法》和《群众性文化体育活动治安管理办法》。前者的第24条和后者的第12、13条是规定体育赛场观众暴力的条款,这些条款虽然明确了体育赛场观众暴力的表现形式、规制办法、规制主体和惩罚措施,但是缺乏对运动员纯粹暴力的规定,赛场上的运动员会出现殴打裁判员和双方互殴的情况,如果情节严重,影响了社会秩序,是可以对其进行行政处罚的。

(5)要完善观众暴力黑名单制度和反暴合作制度。我国没有黑名单制度,虽然我国也在实行"足球流氓登记制"的试点工作,但仅是流于形式,足球流氓制度还存在很大的缺陷,需要进一步完善,然后向全国进行推广。2011年云南省昆明市警方在足球流氓规制方面进行了改革,在全国率先开展了足球流氓登记制度试点。这种试点仅仅对发生暴力行为的球迷进行登记,记录在案,并没有深入地开展下去。原因是"足球流氓登记制"还有很多缺陷,如怎么衔接球场管理制度和流氓登记制度、公安部门与球场管理部门怎样开展合作等事宜都没有进行明确规定。这样的规定只是在试点阶段,希望成熟以后能够制定具体可行的标准,然后适当的时候上升为法律。

(二)进行针对性立法

随着体育赛事的国际化及流氓球迷活动范围的加大,当前的体育赛场暴力已经不是单一体育项目和一个国家的事情了,因此,及时建立反暴合作制度已经势在必行,通过合作能扩大打击范围,提高反暴效率。

体育赛场恐怖活动和暴力袭警是特殊的暴力形式,应该根据我国法律传统对其进行特殊规定。目前我国并没有体育赛场反恐怖主义行为的专门立法,打击体育赛场恐怖主义行为依靠的是国际性、区域性反恐公约和国内

法规定。在我国已经加入的国际反恐公约中,有一些可以在规制体育赛场恐怖主义暴力行为中发挥重要作用,它们是:1973 年颁布的《关于防止和惩处侵害应受国际保护人员包括外交代表的罪行的公约》、1979 年颁布的《反对劫持人质国际公约》和 1997 年颁布的《制止恐怖主义炸弹的国际公约》。在区域反恐合作中,我国签署了《打击恐怖主义、分裂主义和极端主义上海公约》①。它也将在打击恐怖主义行为中发挥作用。为了配合和支持国际反恐工作,表明反恐的决心,我国还修改了国内相关法律制度。如《中华人民共和国宪法》第 1 条明确规定:禁止任何组织和个人破坏社会主义制度;《中华人民共和国刑法》通过明示和隐含的方式规定了恐怖主义犯罪行为,主要规定了恐怖主义行为罪、组织罪和关联罪②。除此之外,我国其他法律也对此有过规定,如 1994 年的《中华人民共和国国家安全法实施细则》。

我国体育赛场反恐应该在法治的基本原则下完成,只有这样才能更有效、更合法地打击恐怖主义行为。相反,如果反恐行为脱离法制轨道,搞以暴制暴甚至用国家恐怖主义对付恐怖分子,也许能取得一时之效,却不能长治久安③。虽然上述立法在打击恐怖主义行为的过程中发挥了重要的作用,但是为了更好地规制体育赛场的恐怖主义行为,对此进行专门立法是必要的。体育赛场反恐怖主义的专门立法应该采用合理的立法模式,具体来说:

(1)立法内容取向上,我国应该选择防卫型的立法模式。我国正处于中华民族伟大复兴的历史时期,发展经济是我国的第一要务,因此,我国需要和平的发展环境。我国所处的发展阶段决定了在对恐怖主义立法的过程中只能采用防卫型的立法模式,这种立法模式能够为体育产业的发展提供良好的国际环境。当然,采用防卫型立法模式并不代表不动用军队和使用武力,当体育赛场恐怖主义具有严峻的形势时,我国可以用强硬的方式进行回击,从而确保国家和人民的权益。

(2)从防御的类型方面,我国应该选择立体防御型的立法模式。与平面防御型立法模式相比,立体防御型的立法模式摆脱了单一层面立法的束缚,它能够用多层次的法律制度来规制恐怖主义行为。这种立法模式下的法律制度更加全面,各部门法能够发挥各自的优势,健全反恐工作机制,才能使

---

① 刘仁山、尹生等:《国际恐怖主义法律问题研究》,中国法制出版社 2011 年版,第 243-247 页。
② 参见莫洪宪、王明星:《论恐怖主义犯罪及其法律控制》,载北京师范大学刑事法律科学研究院编:《反恐立法问题学术研讨会论文集》,2005 年 12 月刊印,第 32-37 页。
③ 参见陈泽宪、黄芳:《惩治恐怖犯罪与依法保障人权》,载《刑法评论(第 3 卷)》,法律出版社 2004 年版,第 174-175 页。

国家机关在反恐斗争中各司其职、权责明确。

（3）在立法模式的选择中，我国应该选择独立式的立法模式①。选择独立式的立法模式是由我国法制基本情况和我国面临的反恐基本形势决定的。首先，我国没有专门的反恐立法，在体育赛场反恐怖主义立法中就没有可以依赖的法律规范。这种实际情况决定了我国不能进行附属式立法和复合式立法。其次，近年来，受各方面原因的影响，世界恐怖主义行动频繁发生。特别是随着我国体育职业化和产业化的进一步发展，体育运动的开展将更加广泛。尤其是随着我国国际影响力和体育实力的增强，将吸引更多的体育赛事来中国举办。结合世界恐怖主义的发展趋势，我国体育赛场上的恐怖主义形势将会更加严峻，制定独立的体育赛场反恐法律制度将变得越来越重要。

（三）增设袭警罪

目前我国并没有对袭警行为进行特殊的立法，既没有专门设立袭警罪，也没有在刑法中对袭警行为增设独立的罪名。目前我国对袭警行为的规制主要还是行政法而不是刑法。这种情况不利于对体育赛场袭警行为的预防和惩治，不利于国家权威和警察权益的保护，长远来说，不利于人民权益的保护。

综上所述，笔者认为采用显性规制模式独立设置袭警罪是必要的。我国刑法分则对犯罪的规定长期遵循的思想是针对相同或者相似的行为因犯罪对象的不同而规定成不同的犯罪。这在我国立法实践中已经有充分的体现，如扰乱法庭秩序罪和抗税罪，两者虽然都是妨害公务的行为，但是因犯罪对象的不同而设置成了不同的罪名。袭警罪也应该根据我国上述的立法思想对其进行单独立法，以体现对警察的区别保护。事实上，我国立法机关已经开始重视袭警行为了，并且已经付诸立法实践中，如冒充警察罪，该罪直接侵犯的是国家的权威和警察的根本利益。国家既然已经开始关注到对国家权威和警察权益的保护，就不应该忽略袭警行为对国家权威和警察权益更大的损害。总而言之，应该独立增设袭警罪以体现刑法更加准确和更细致的发展方向。在具体的立法过程中，应该关注以下四个问题：

（1）限定袭警罪保护对象。设置袭警罪的目的是保护国家权威，保护人民警察依法履行职务。因此，袭警罪的保护对象应该是正规编制的警察，体育竞赛中维持秩序的安保人员和协警不应该是该规范保护的对象，当然观看比赛的家属也不应该成为保护的对象。另外，袭警罪保护的范围应该扩

---

① 参见赵秉志：《中国反恐法治问题研究》，中国人民公安大学出版社 2010 年版，第 199 页。

大至执行公务后的警察,警察是国家权威的象征,袭警罪应该对其全面保护。

(2)斟酌袭警行为的范围。刑法中规制的袭警行为应该有一定的限度,不能太狭窄,也不能过分扩大,只有把它限定到一定范围之内才能更好地对其进行规制。应受到规制的袭警行为包括暴力、威胁、对抗和恶意妨碍。侮辱及不服从警察的行为不属于袭警行为,它们应该用行政法进行规制。

(3)袭警罪构成的主观上存在故意。袭警行为是明知自己的行为会发生袭警的结果,还故意放任这种结果发生,因此,应该存在主观上的故意。

(4)袭警罪的定罪量刑应该灵活。袭警行为可能产生不同的后果,有的会出现轻伤,有的会出现重伤甚至会出现警察死亡的情况,因此,在立法时要体现出不同犯罪情节进行不同的处理,以期做到公正立法。袭警行为造成轻微伤害的一般袭警行为,可以判处 3 年以下有期徒刑、拘役、管制或者罚金。对于情节较为严重的袭警行为,可判处 3 年以上 7 年以下有期徒刑。袭警行为导致警察人重伤、死亡的,可以根据故意伤害罪和故意杀人罪定罪处罚。体育赛场上的暴力袭警行为没有特殊性,可依照上述立法进行规制。当然,在具体的规制过程中,要根据具体的情况进行操作,不可以随意而为,对于一些没有主观犯意的体育赛场暴力行为可以不依照此法进行规制。

三、建立和完善反暴力法律实施机制

(一)分析与借鉴国外经验

体育实践中,体育行为具有致伤风险,国外法院及学术界针对体育致伤行为进行了大量探索,其成果主要体现在体育伤害的判例中。兼顾体育致伤行为和国外受害者诉求的客观情况,本部分主要分析体育正当行为、一般过失行为、重大过失行为和故意伤害行为致伤的处理方法。

1.体育正当行为致伤

一场足球比赛中,足球守门员纳博兹尼被对方前锋巴恩希尔撞伤,重伤离场。为了维护权益,其父代为诉讼,将巴恩希尔告上了库克君法院。库克君的巡回法庭审理认为,足球运动具有激烈的对抗性,有一定的运动风险,原告既然选择参与其中,就已经表明具有自甘风险的准备,因此,侵害人巴恩希尔不需要承担法律责任[1]。

2.一般过失行为致伤

Gaspard v. GrainDealers Mutual Ins. Co 案中,侵害人击打棒球时,手中的

---

[1] 李智:《体育争端解决法律与仲裁实务》,对外经济贸易大学出版社 2012 年版,第 92-93 页。

棒球棒不慎甩出,击中了受害人,导致了受害人受伤。当地法院经过审理,做出了有利于侵害人的判罚。判决理由是:体育运动风险具有可预见性,受害人主动参与到危险性运动中来,说明已经预见到该运动的风险,愿意承担该风险,因此,受害人应该独自承担运动伤害损失。另外,侵害人是未成年人,与成年人和运动员相比,具有更低的注意义务,所以不存在赔偿责任之诉①。

3.重大过失行为致伤

Knight v. Jewett 案中,原告 Knight 在橄榄球运动中被 Jewett 撞伤,且伤势严重。法院认为被告虽然行为鲁莽,但是已经尽到了一定的注意义务,原告明知体育运动存在风险还主动参与进来,该行为属于自甘风险行为,因此,应该对自己的受伤负主要责任,被告仅需负次要责任。据此,当地法院驳回了原告全额赔偿损失的诉求。该案还显示,随着社会的发展,在美国,比例过失原则在运动员伤害侵权行为的归责中也得到一定的应用②。

4.故意伤害行为致伤

2010 年 10 月,在英国低级别足球联赛中,运动员特里·约翰逊运球中对球失去控制,为了防止被对方断球,准备运用滑铲动作将球踢出边线。此时,对方运动员马克·查普曼快速赶到,与其争夺控球权,在明知足球已经滚出边线,不能得到控球权情况下,仍然利用超越体育范畴的动作进行滑铲。连续两次粗暴滑铲,致使特里·约翰逊小腿骨断裂。法院审理认为,虽然足球比赛中有一定的暴力性,但这种暴力性是有一定的限度的,运动员不能接受强加给他的暴力伤害,因此,判罚查普曼被判入狱 6 个月,附带民事赔偿③。

国外判例对我国的启示体现在两个方面:首先,重视对体育运动特殊性的考量。上述判例显示,国外法院根据致伤行为的特征,针对性地去开展利益衡量。体育正当行为和一般过失致伤情况下,选择尊重体育行业自治和行业惯例,坚定维护侵害人利益、社会利益及公平参与体育运动的利益。在重大过失行为致伤情况下,国外法院选择给予伤害行为最大限度的绕让,维护了侵害人利益和社会利益。实质上,这也是对体育行业的尊重。其次,依

---

① 韩勇:《同场竞技运动员间伤害的侵权责任》,载《体育学刊》2013 年第 1 期,第 49-50 页。

② 郭树理:《体育判例对美国法律制度发展的促进》,载《天津体育学院学报》2007 年第 5 期,第 412 页。

③ 《一条颠覆足坛历史的断腿 足坛首现铲球伤人获刑案例》,新浪体育,http://sports. sina. com. cn/g/2010-03-10/02224876858. shtml,2018 年 10 月 6 日访问。

法保障体育运动中的合法权益。以特里·约翰逊被铲案为例,当地法院果断运用司法手段对特里·约翰逊进行救济,依法保障了受害人的合法权益。该判例揭示,侵害人行为严重超出比赛范畴,造成重大伤害的,应该承担相关违法后果。事实上,体育运动伤害不仅侵犯了受害人的人身健康权,还干扰了受害人经济利益的实现。对职业运动员而言,体育运动是一种职业,运动员通过打球赚钱,进而养家糊口,身体受伤后,自己的经济利益将受到严重影响。另外,职业体育俱乐部是具有公司性质的企业法人,运动员是俱乐部的主要"财产"之一,运动员受伤后,不能为球队获胜做贡献,身价会大跌,俱乐部也会有利益损失。因此,依法保障体育运动中的合法权益是非常必要的。

由此可见,与国内司法实践不同,国外法院在解决体育伤害纠纷时,在充分考量体育运动特殊性的基础上,更加注重去保障体育运动中的合法权益。

(二)加强反暴力法律制度之间的衔接和协调

与我国体育事业发展速度和规模相比,中国体育法治化进程还比较欠缺。专门性的立法较少,体育赛场反暴力的法律制度偏少就是例证,当然,缺少专门立法的情况下,反暴力法律制度之间的衔接和协调更是无从谈起。笔者认为,在实践的过程中,一方面对体育赛场暴力进行专门的立法,另一方面要注重各部门法之间的衔接和协调。因此,在完善相关立法的同时,注重反暴力法律制度体系内部的衔接和协调也同样必要。

这种必要性主要体现在以下两个方面:首先,做到了有法可依。中共十八大以来,习总书记进一步强调了依法治国的重要性。我国的改革和反腐都要在法治的框架下进行,"依法"的前提是首先要有法,足可见有法可依的重要作用。在法治中国的背景下,打击体育赛场暴力行为,建立反暴力法律制度体系,做到有法可依是必要的。其次,可以提高反暴力法治效率。做到有法是重要的,它解决了有法可依的问题,但这仅仅是静态的防控。由于体育赛场暴力形式是多样的,应该采用更加灵活的方式进行防控,建立动静结合的防控模式将更有利于提高防控效率。通过衔接和协调反暴力法律制度使之能够成体系化,形成动态化的联动模式,增加了制度可操作性,这样也提高了规制体育赛场暴力的效率。在具体的操作过程中,需要注意以下几点:

(1)完善体育行业协会的规章制度的基础上,我国立法机关应该对其加以确认,将其纳入法律规范。体育赛场反暴力仅仅依靠法律进行规制是远远不够的,特别是一些暴力行为与体育技术有着紧密的联系,如运动员的恶意犯规行为和体育运动中的暴力性行为,之间具有相似的地方,需要具有专

业能力的体育协会进行界分。体育协会可以把体育暴力进行制度化规定，立法机关可以在考虑相关因素的基础上对其进行确认。

（2）做到我国体育基本法与部门法之间的衔接和协调。我国刑法、侵权法和行政法应该关注体育赛场暴力的现象，将严重的暴力行为加以规定。《中华人民共和国体育法》修改的过程中应该时刻关注部门法的变化，根据部门法的相关规定，做好法律衔接和协调，这样就会减少法律冲突，做到制度统一性，形成一体化的反暴力法律体系。

（3）强调部门法之间的衔接和协调。根据情节不同，体育赛场暴力行为可能对行为人进行行政处罚，暴力行为人也可能被追究民事侵权责任和刑事责任。在立法过程中，应该充分考虑暴力行为不同情节，结合竞技体育的不同特点，厘清部门法的规制范围，为司法实践提供基础。

（三）建立反暴力部门之间的联动机制

近年来，我国体育事业取得了突飞猛进的发展，职业体育也取得突破，每年都有精彩的比赛上演，如中国足球甲级和超级联赛、中国篮球职业联赛以及中国乒乓球超级联赛等。这些体育运动项目随着中国经济的发展而逐渐繁荣起来，满足广大人民群众对高端体育比赛的需要同时，也推动了全面健身事业的发展，提高了国民的素质。更为重要的是，作为一种新兴产业，职业体育推动了中国经济的发展，解决了一部分人就业问题。与此同时，也出现类似体育赛场暴力这样的问题，影响了体育运动的健康发展，也阻碍了体育产业的发展；一些暴力行为还侵犯了人权，对其进行规制已经刻不容缓。

如上所述，体育赛场暴力问题是一个复杂的社会问题，对它的规制牵涉多个部门，需要各部门共同努力去解决，建立反暴力部门之间的联动机制是必要的。通过联动机制来规制体育赛场暴力行为，集中各部门力量去规制该行为，具有针对性，提高了规制效果。同时，通过可以发挥各部门的优势，规避劣势，节约了反暴力的法治成本。以反暴力法律制度体系为依据，行政部门主导下，做到反暴力部门之间的联动。

（1）统一思想认识，通过政策协调各部门之间的关系。各个部门统一思想，认识到规制体育赛场暴力的重要性。在此思想的指导下，协商规制不同类型赛场暴力的原则和方式，指导执法和司法实践。如运动员暴力方面，充分认识竞技体育的特殊性，以体育运动持续健康发展为目的，对于以比赛为目的的暴力性行为要适度容忍；观众暴力及运动员与观众暴力方面，以预防为主，妥善解决纠纷；暴力袭警和恐怖活动方面，以保护和谐的社会秩序为目标，做到预防和打击并重。

（2）操作中，要做到相互沟通和协同运作。规制体育赛场暴力牵涉不同

的部门,各部门之间只有精诚合作,才能做到有效规制。具体来说,运动员暴力的规制过程中,警察要与体育俱乐部、赛场管理部门及体育协会做好沟通,做到合理执法和公正司法,解决现场冲突。观众暴力的规制中,公安部门要与赛场管理部门和体育协会做好沟通,圈定可疑人员,限制其入场观看比赛或重点监管。同时要配合赛场管理部门及俱乐部严格把关观众准入和维护赛场秩序,规范执法,把隐患消灭在萌芽状态。其他暴力规制方面,特别是规制暴力袭警和恐怖活动中,取证和诉讼工作中,司法部门要与检察部门、警察部门及体育协会方面合作,做到纠纷的公正解决。

(四)在人民法院设立体育专门法庭

随着体育纠纷的进一步增多,包括体育赛场暴力在内的纠纷需要得到适当的解决,为了维护社会公平正义,设立专门的体育法庭是一种趋势。在人民法院设立体育专门法庭解决体育赛场暴力纠纷有其必要性和可行性。

(1)从必要性方面来讲,主要体现在两个方面:首先,设立体育专门法庭体现了司法专业化。司法的专业化是指法官具备基本的法律知识,在审理案件的时候充分听取各方的意见,秉公执法,公正处理案件。当前我国法院改革的方向是司法专业化,它也是现代司法的基本价值追求,设立体育专门法庭是符合司法改革方向的。通过司法专业化改革,能够实现法律的统一适用。其次,设立体育专门法庭是现实的需要。我国体育事业蓬勃发展的同时,也产生了很多问题,解决这些问题不但需要体育行业纠纷处理机构和外部仲裁机构的参与,还需要司法部门的贡献。通过设立体育专门法庭来解决体育赛场暴力纠纷,能够体现社会公平正义,在一定程度上也提高了办案的质量。

(2)从可行性方面来讲,我国具有在人民法院设立体育专门法庭的法律依据,它们是我国宪法和人民法院组织法规定。我国《宪法》第124条规定,我国设立专门人民法院处理纠纷。除此之外,《中华人民共和国人民法院组织法》第24条规定:中级人民法院设刑事审判庭、民事审判庭、经济审判庭,根据需要可以设其他审判庭。

设立体育专门法庭管辖体育赛场暴力案件有着重要的意义:一是实现了体制上的突破,创新了体育诉讼管辖模式。这样的模式是对体育赛场纠纷解决的制度保障,制度保障维护了受害者的利益,保持了体育运动健康发展,维持了稳定的社会秩序。二是丰富了体育赛场暴力纠纷多元化的解决方式。从侧重体育行业内部纠纷解决到采用多元化手段解决暴力纠纷,更加注重法律规范的运用,从而让体育参与者有明确的行为预期,预防和降低风险。当然,由于体育赛场暴力纠纷案件的专业性和技术性强,处理难度较大,这是社会各界一直诟病的地方。为了解决这个问题,对当前体育赛场暴

力案件的审理应该采用两种办法:其一,从体育领域聘请体育专业人士担任陪审员,参与审理相关体育案件的审理;其二,敦促法官学习法律知识和体育知识或招聘兼具两种知识的人才。两种办法之中,笔者认为,第一种较为可取。法官不可能也没有必要成为体育领域的专家,法官在审理体育案件的时候,聘请体育专业人士担任陪审员,充分听取体育领域专家的意见,这样可以节约司法成本。

(五) 完善法律监督体系

法律监督可以分为狭义的法律监督和广义的法律监督,前者是指有关国家机关依照法定职权和程序,对立法、执法和司法工作的合法性所进行的监察和督促;后者是指由国家机关、社会组织和公民对各种法律活动的合法性进行的监察和督促。我国法律监督体系是由我国各种形式的法律监督构成的有机联系的系统。

对体育赛场暴力法律规制的法律监督体系分为两个部分:一是国家监督,二是社会监督。国家完善法律监督体系既要重视国家监督,又不能忽略社会监督的作用。国家监督是有关国家机关对法律活动的监督,社会监督是社会个体和组织对国家法律活动的监督。

具体来说,体育赛场反暴力活动中,我国国家监督分为权力机关的监督、行政机关的监督和司法机关的监督。权力机关监督的主体是全国人大及其常委会,客体是对体育反暴力立法和宪法相关条款及其实施活动。行政机关监督是以国家行政机关为主体的监督,客体主要是公安机关和体育行政机关执法的合法性和合理性,以及体育行业组织、社团和公民行为的合法性。司法机关监督包括检察机关的监督和审判机关的监督,两者之中,前者的监督是主要的监督,是我国的专门法律监督机关,后者主要通过自我监督和程序保障等形式来完成监督。

社会监督将在法律监督中发挥着越来越重要的作用。社会监督的主体具有广泛性,可以是社会组织的监督,主要包括中国共产党、人们政协、民主党派和社会团体,如体育行业协会及其会员、球迷团体,也可以是社会舆论,当然也包括人民群众的直接监督,特别是体育从业者、球迷协会及个人等。

本章小结

开展体育赛场暴力法律问题的本土化研究,对于合理和合法规制我国体育赛场暴力具有重要的理论意义和实践意义。本部分主要分析了中国体育赛场暴力现象及形成的原因,讨论了我国体育赛场暴力的规制及存在的问题,探讨了中国体育赛场反暴力法律制度和体育制度的完善。具体来说:

（1）影响我国体育赛场运动员暴力产生的因素有：主观因素方面，主要体现在运动员文化修养较低和球员价值观扭曲；客观因素方面，主要体现在文化氛围和赛场环境的影响。我国体育赛场观众暴力产生的原因体现在宏观、中观和微观等三个方面。影响我国体育赛场运动员与观众间暴力产生的直接原因有：第一，观众对场上犯规队员的不满进而实施暴力行为。第二，队员对观众的挑衅行为实施的报复。第三，观众对比赛结果不满意进而产生暴力。我国体育赛场暴力袭警产生的原因主要有人为因素、社会因素和制度因素三个方面。

（2）我国规制体育赛场暴力的立法主要有《民法通则》《侵权责任法》《合同法》《刑法》《治安管理处罚法》《体育法》《群众性文化体育活动治安管理办法》《关于加强反恐怖工作有关问题的决定》和《警察法》等。我国体育赛场暴力的规制中存在的问题主要有：缺乏针对性的立法，执法不规范，司法处理存在困难，过分依赖体育协会规制，法律监管缺乏。

（3）立法上，在我国《刑法》中增加反体育赛场暴力的条款；在我国《侵权责任法》中增加体育损害责任新章节，其中规定反体育赛场暴力的条款；我国《体育法》应该对体育赛场暴力进行特殊的规定；完善我国《治安管理法》和《群众性文化体育活动治安管理办法》。体育赛场恐怖活动和暴力袭警是特殊的暴力形式，应该根据我国法律传统对其进行特殊规定。建立和完善反暴力法律实施机制，应该加强反暴力法律制度之间的衔接和协调，建立反暴力部门之间的联动机制，在人民法院设立体育专门法庭，完善法律监督体系。完善体育内部反暴力制度，主要完善反暴力的实体制度和程序制度。

结　语

　　对个人而言,体育运动只是人类的一种活动方式,人类通过体育运动愉悦身心,锻炼了身体。对群体而言,参与体育活动就成为一种社会活动。体育活动的正常开展必须依靠"规矩",这里的"规矩"主要是指包括社会管理制度、司法制度和体育行业内部管理制度及纠纷处理制度在内的制度体系,它们在防控和规制体育赛场暴力行为中发挥着重要的作用。

　　具体来说,在这三者之中,体育行业内部管理制度及纠纷处理制度是处理体育赛场暴力的优选制度。为了规范体育活动中的行为,维护体育运动秩序,体育规则和体育行业规范发挥着重要作用,但是随着人类对体育活动的发展及大量经济因素的进入,体育规则和体育行业规范已经很难维护体育运动正常的秩序;政府开始介入体育活动,并管理体育行业的发展,政府对体育运动的管理主要通过各种规章、制度和法律等制度化规范来进行,使用的主要方式是管理、法律监管和执法;当出现体育赛场暴力纠纷时,除了体育行业内部纠纷解决机构和其他纠纷解决机构外(前者如体育纠纷解决委员会或诉讼委员会,后者如国际体育仲裁院),主要依靠国家司法部门来解决。司法部门是国家的审判机关,依法解决诸如体育赛场暴力纠纷等争议问题是它们的职责。

　　从社会学的角度来讲,体育赛场暴力行为是一种偏差行为,有一定的危害性,侵犯了他人的权益,严重影响了体育活动的有序开展和职业体育的和谐发展,严重的体育赛场暴力还会对社会秩序造成影响。这些问题的存在,需要体育行业协会和政府部门对其进行管理,主要采用防控的方法为主;同时也需要国家司法部门和行业内外的其他纠纷解决机构来解决体育赛场暴力纠纷,主要以规制为主。

　　正是考虑到这些情况,笔者以体育赛场反暴力法律问题研究为题,研究了体育赛场暴力的防控和规制问题。本书主要从法律视角研究了体育赛场

暴力的一般问题,探究了体育赛场运动员暴力法律问题,解析了体育赛场观众暴力法律问题,探索了体育赛场其他类型暴力法律问题,最后把研究拉回我国本土,主要研究了中国体育赛场暴力的法律问题。围绕着这些研究,笔者的主要观点可以归纳为以下几点:

(1)古代希腊罗马时期的竞技会是人类体育活动的初始状态,古代的竞技会对希腊和罗马人们的生活有着非常重大的影响。古代希腊罗马时期已经出现了调整体育赛会行为的制度规范,分别是"神圣休战"制度和《阿奎硫斯法》。它们是规制体育赛场暴力的法律雏形。《阿奎硫斯法》是罗马法中规制体育暴力的基本法律规范,主要规定了体育伤害侵权的责任及其免责事由。法学意义上,体育赛场暴力(行为)是指自然人(或其群体)在体育赛场区域针对被害人人身或者具体财物实施侵害性或控制性的强制力量的行为。体育赛场暴力的类型包括运动员暴力、观众暴力,以及运动员与观众间暴力、针对体育赛场的暴力恐怖行为和针对体育赛场安保人员的暴力行为等。体育赛场暴力具有一定的危害性,它在扰乱了正常的体育和社会秩序的同时,也侵害了人的人身权、财产权、消费权、发展权。体育赛场暴力的治理机制包括社会控制机制和法律治理机制。

(2)运动员暴力是发生在特定时间、地点及特定主体之间且产生一定损害结果的行为。由于体育行业规制存在一定的缺陷,运用法律手段规制运动员暴力具有必要性和可行性。运动员暴力的侵权责任是一种人身伤害赔偿责任,归责原则是过错责任原则。侵权责任的构成要件是暴力行为的不法性、主客观过错的存在、损害事实的存在和暴力行为与损害事实的因果关系。侵权责任的抗辩事由主要有受害人同意、自甘风险和受害人过错。侵权责任承担的方式主要是以赔偿损失为主,其他方式为辅;在排除受害人同意的基础上,构成犯罪的,追究其刑事责任。界分运动员暴力罪与非罪的具体标准是故意伤害罪或过失重伤罪的犯罪构成要件。对其进行刑法规制的基本原则是谦抑主义原则和促进竞技体育健康发展原则。刑法规制的范围包括体育赛场的纯粹暴力和非纯粹暴力,规制的具体路径是刑事司法的方式和刑事立法的方式。在司法实践中,可以运用递进式识别程序进行识别,首先考察体育行业自治规范的违反性;其次考察犯罪构成理论的应用。体育赛场运动员暴力诉讼的主要种类包括与体育技战术有关的暴力引起的诉讼和与体育技战术无关的暴力引起的诉讼。在司法实践中,运动员存在一般过失的,可以使用风险自负原则进行免责;运动员暴力具有重大过失情节和故意的,说明加害人违反了合理的注意义务,根据具体情况追究其侵权责任。

(3)体育赛场观众暴力是指体育赛场上观众对特定对象实施的包括身

体、精神和财产等方面的,妨碍体育比赛的组织管理和进行,对正常社会秩序造成一定影响的不法侵害行为。体育赛场观众暴力预防的理论依据是情景预防理论。体育赛场观众暴力预防的原则有制度化原则、应急性原则、差别化对待原则、自主性原则和公正性原则。预防观众暴力的措施有:增加观众实施暴力的难度、增加观众实施暴力的风险、减少观众暴力实施者的收益、排除观众实施暴力的借口和减少观众实施暴力的刺激。为了有效规制体育赛场观众暴力,世界各国进行了针对性的立法,这些立法主要包括:英国的《足球犯罪及骚乱法案》《足球观众法》和《反足球骚乱法案》;意大利的《反足球暴力法案》;西班牙的《西班牙体育法》和《反体育种族歧视和暴力法》;法国的《阿可里奥特·玛丽法案》;比利时的《比利时足球法》;巴西和阿根廷的《体育粉丝保护法案》和《体育活动安全法》。另外,瑞士的《瑞士安全法令》也增设了体育赛场反暴力的条款。欧洲理事会和欧盟在促进反观众暴力合作中发挥了重要作用。欧洲反观众暴力的合作主要通过《打击体育比赛中的观众暴力和不当行为欧洲公约》《反对足球流氓的联合行动》和2002年的欧盟理事会决议来实现。合作的四个途径是:通过建立足球信息站,进行信息交换;建立国际警务合作制度,加强警务交流;通过足球禁令制度,做到禁令通用;依据欧洲公约,进行司法协助。在司法实践中,体育赛场观众暴力诉讼的主要种类有:第一,因判罚过重引起的诉讼;第二,申请撤销足球禁止令的诉讼;第三,无过错体育俱乐部提起的诉讼。申请撤销足球禁止令的诉讼中主要关注的问题是:一是足球禁止令设置的合理性问题,二是足球禁止令实施制度存在的缺陷。

(4)通过对体育赛场运动员与观众间暴力纠纷的司法案例分析,笔者认为,体育赛场观众、体育赛场管理者和体育赛场运动员及其所在俱乐部都可以作为法律责任承担的主体。体育赛场运动员与观众间暴力诉讼的主要种类有:由体育竞技行为导致观众受伤引起的诉讼、无体育常识的观众提起的诉讼和由运动员鲁莽行为引起的诉讼。规制体育赛场运动员与观众间暴力的司法实践中,若受害观众存在过失的,可以减轻和免除加害运动员的责任;运动员不存在过错的,可以利用自甘风险进行抗辩的,由观众承担;在过失的状态下,运动员及雇主应该对损害承担一定的法律责任,当然,运动员及雇主可以通过抗辩来规避法律责任。针对体育赛场的暴力恐怖行为的表现形式是暴力和暴力威胁。规制体育赛场的暴力恐怖行为的国际公约有《消除国际恐怖主义措施宣言》《预防和惩处侵犯受国际保护人员包括外交代表的罪行的公约》《反对劫持人质国际公约》和《制止恐怖主义爆炸的国际公约》等。国内立法主要有《美国反恐怖法》《英国反恐怖、犯罪及安全法案》和《俄联邦反恐怖主义法》等。针对体育赛场安保人员暴力的主要形式

是暴力袭警。体育赛场暴力袭警的主要表现为运动员袭警行为和观众袭警行为。英美法系国家主要通过设立专门的袭警罪来对其进行规制,即显性规制模式;大陆法系国家主要采用隐性规制模式。

(5)直接规制我国体育赛场暴力的立法有《体育法》《治安管理处罚法》和《群众性文化体育活动治安管理办法》。规制我国体育赛场暴力的其他立法还有《民法通则》《侵权责任法》《合同法》《刑法》《关于加强反恐怖工作有关问题的决定》和《警察法》等。我国体育赛场暴力的规制中存在的主要问题是:缺乏针对性的立法,执法不规范,司法处理存在困难,过分依赖体育协会规制,法律监管缺乏。完善我国体育赛场反暴力立法,在对《治安管理法》和《群众性文化体育活动治安管理办法》修改的基础上,还要在我国《刑法》中增加反体育赛场暴力的条款;在我国《侵权责任法》中增加体育损害责任新章节;我国《体育法》应该对体育赛场暴力进行特殊的规定。我国应该根据法律传统对体育赛场恐怖活动和暴力袭警进行特殊规定。通过加强反暴力法律制度之间的衔接和协调,建立反暴力部门之间的联动机制,在人民法院设立体育专门法庭,完善法律监督体系等措施,建立和完善反暴力法律实施机制。另外,完善体育内部反暴力制度,主要完善反暴力的实体制度和程序制度。

笔者从上述五个方面对体育赛场暴力法律问题进行一定的探索,虽然尽了最大努力,但由于才疏学浅,还不能完全穷尽体育赛场所有类型暴力的法律问题。如体育赛场上俱乐部工作人员与裁判员之间的暴力以及体育赛场管理人员与俱乐部工作人员之间的暴力等,这些暴力的法律问题在本书中并没有论述到。主要原因有两个:一是上述暴力类型出现的概率小,影响的范围很小,不具有代表性;二是上述暴力类型不具有体育的特殊性,与普通人之间的暴力纠纷并无二致,可以把它们当成一般法律问题进行处理,在此进行研究略显啰唆。正是考虑到上述两点,才没有将其归入本书的框架。另外,由于受研究材料的限制,本书只重点探讨了有代表性的法律问题,采用了部分案例。运动员暴力纠纷和运动员与观众之间的暴力纠纷主要运用的是美国的案例,观众暴力法律问题方面主要研究欧洲的立法和司法实践。由于体育赛场暴力法律问题较为复杂及相关案例众多,本书只关注了其中的重要法律问题和对典型案例进行了解析。

另外,体育赛场暴力对社会的影响很大,笔者只做了部分探索,还有很多问题值得继续去研究:一是对体育赛场各种类型暴力进行深入研究,研究各国规制体育赛场暴力的做法,尤其是诉讼中的法律问题,为规范体育赛场暴力行为服务;二是深入研究不同国家针对体育赛场暴力的立法模式,取其精华,去其糟粕,为我国体育赛场暴力纠纷的合理解决服务;三是开展实证

研究,分析体育赛场暴力法律规制在规范体育赛场暴力行为中所起的作用,探索体育赛场暴力法律规制的优势和缺陷,为针对性的规制和提高规制效率服务。这些问题都有待在以后的研究中予以关注,以便使本课题的研究更加全面和深入。本书对体育赛场暴力法律问题做的些许探索只是研究的开始,笔者将把它作为一个长期的研究课题。

参考文献

一、中文文献

（一）中文著作类

[1] 梁慧星.民商法论丛:第 26 卷[M].香港:金桥文化出版(香港)有限公司,2003.

[2] 格吉诺夫·瓦西尔,董进霞.奥运会的起源与发展:解读奥林匹克运动会[M].北京:北京体育大学出版社,2008.

[3] 郭树理.体育纠纷的多元化救济机制探讨:比较法与国际法的视野[M].北京:法律出版社,2004.

[4] 黄世席.国际体育争议解决机制研究[M].武汉:武汉大学出版社,2007.

[5] 王以欣.神话与竞技[M].天津:天津人民出版社,2008.

[6] 米歇尔·贝洛夫,蒂姆·克尔,玛丽·德梅特里欧.体育法[M].郭树理,译.武汉:武汉大学出版社,2008.

[7] 赵建军.人类文明史·体育卷·野蛮与文明[M].长沙:湖南人民出版社,2001.

[8] 罗嘉司.竞技体育犯罪研究:以犯罪学为视角[M].沈阳:辽宁教育出版社,2007.

[9] 范益思,丁忠元.古代奥林匹克运动会[M].济南:山东教育出版社,1982.

[10] 约瑟夫·马奎尔,凯文·杨.理论阐释:体育与社会[M].陆小聪,主译.重庆:重庆大学出版社,2012.

[11] 瓦·利·施泰因巴赫.奥运会通史[M].张永全,王友玉,李之基,译.济南:山东画报出版社,2007.

[12] 韩勇.体育与法律:体育纠纷案例评析[M].北京:人民体育出版社,2006.

[13] 朱文光,姜丽,朱丽.奥运社会学概论:五环走向辉煌的历程[M].济南:山东人民出版社,2010.

[14]学说汇纂:第1卷[M].罗智敏,译.北京:中国政法大学出版社,2008.

[15]塞莫斯·古里奥尼斯.原生态的奥林匹克运动[M].沈建,译.上海:上海人民出版社,2008.

[16]巴里·尼古拉斯.罗马法概论[M].北京:法律出版社,2004.

[17]学说汇纂:第九卷:私犯、准私犯与不法行为之诉[M].米健,李均,译.北京:中国政法大学出版社,2012.

[18]赵岷,李翠霞,王平.体育:身体的表演[M].北京:知识产权出版社,2011.

[19]黄晓亮.暴力犯罪死刑问题研究[M].北京:中国人民公安大学出版社,2008.

[20]朱力,肖萍,翟进.社会学原理[M].北京:社会科学文献出版社,2003.

[21]李智.体育争端解决法律与仲裁事物[M].北京:对外经济贸易出版社,2012.

[22]皮艺军.越轨社会学概论[M].北京:中国政法大学出版社,2004.

[23]张明楷.刑法学[M].2版.北京:法律出版社,2003.

[24]魏振瀛.民法学[M].北京:北京大学出版社,2000.

[25]韩勇.体育法的理论与实践[M].北京:北京体育大学出版社,2009.

[26]休谟.人性论[M].关文运,译.北京:商务印书馆,1980.

[27]黑格尔.美学[M].朱光潜,译.北京:商务印书馆,1979.

[28]汪习根.法治社会的基本人权:发展权法律制度研究[M].北京:中国人民公安大学出版社,2002.

[29]刘少杰.现代西方社会学理论[M].长春:吉林大学出版社,2002.

[30]郑杭生.社会学概论新修[M].北京:中国人民大学出版社,2003.

[31]费孝通.社会学概论[M].天津:天津人民出版社,1984.

[32]爱德华·罗斯.社会控制[M].秦志勇,毛永政,等译.北京:华夏出版社,1989.

[33]马丁·因尼斯.解读社会控制:越轨行为、犯罪与社会控制[M].陈天本,译.北京:中国人民公安大学出版社,2009.

[34]黄世席.欧洲体育法研究[M].武汉:武汉大学出版社,2010.

[35]詹姆斯·克里斯.社会控制[M].纳雪沙,译.北京:电子工业出版社,2012.

[36]罗斯科·庞德.通过法律的社会控制[M].沈宗灵,译.北京:商务印书馆,1984.

[37]张文显.法理学[M].北京:高等教育出版社,北京大学出版社,2007.

[38]杨春洗,高铭暄,马克昌,等.刑事法学大辞书[M].南京:南京大学出版

社,1990.

[39]宋继新.竞技教育学新论[M].北京:人民出版社,2012.

[40]卢元镇.体育社会学[M].北京:高等教育出版社,2010.

[41]章淑慧.竞技体育伦理基础理论和核心价值观研究[M].长沙:湖南师范大学出版社,2012.

[42]古立峰,刘畅.体育法治论[M].成都:四川科学技术出版社,2008.

[43]张文显.法理学[M].北京:高等教育出版社,北京大学出版社,2007.

[44]熊欢.身体、社会与体育:西方社会学理论视角下的体育[M].北京:当代中国出版社,2011.

[45]韩德培,肖永平.国际私法[M].北京:高等教育出版社,北京大学出版社,2007.

[46]黄进,宋连斌,徐前权.仲裁法学[M].北京:中国政法大学出版社,2002.

[47]亚里士多德.政治学[M].吴寿彭,译.北京:商务印书馆,1965.

[48]洛克.政府论[M].叶启芳,瞿菊农,译.北京:商务印书馆,1964.

[49]王利明.侵权责任法归责原则研究[M].北京:中国人民大学出版社,2004.

[50]冯·巴尔,张新宝.欧洲比较侵权行为法[M].北京:法律出版社,2001.

[51]王卫国.过错责任原则:第三次勃兴[M].北京:中国法制出版社,2000.

[52]饶广平,麻雪田.世界足球大全[M].北京:人民体育出版社,2001.

[53]克雷斯蒂安·冯·巴尔.欧洲比较侵权行为法[M].焦美华,译.北京:法律出版社,2001.

[54]格里巴诺夫,科尔涅耶夫.苏联民法[M].北京:法律出版社,1984.

[55]李响.美国侵权法原理及案例研究[M].北京:中国政法大学出版社,2004.

[56]曾世雄.损害赔偿法原理[M].北京:中国政法出版社,2001.

[57]杨立新.侵权法论[M].北京:法律出版社,2004.

[58]张明楷.外国刑法纲要[M].北京:清华大学出版社,2007.

[59]陈兴良.刑法学[M].上海:复旦大学出版社,2003.

[60]牧野英.日本刑法通义[M].陈承泽,译.北京:中国政法大学出版社,2003.

[61]大谷实.刑法总论[M].黎宏,译.北京:法律出版社,2003.

[62]高铭暄,马克昌.刑法学[M].北京:北京大学出版社,高等教育出版社,2000.

[63]高铭暄.新中国刑法学研究综述[M].郑州:河南人民出版社,1986.

[64]马克昌.犯罪通论[M].武汉:武汉大学出版社,1999.

[65]陈金钊.法律方法论[M].北京:中国政法大学出版社,2007.

[66]周晓红.现代社会心理学[M].上海:上海人民出版社,1997.

[67]徐俊文.集群行为研究[M].武汉:武汉出版社,2001.

[68]乐国安,汪新建.社会心理学理论与体系[M].北京:北京师范大学出版社,2011.

[69]布莱克本.犯罪行为心理学:理论、研究和实践[M].吴宗宪,刘邦惠等译.北京:中国轻工业出版社,2000.

[70]汉斯·约阿希姆·施奈德.犯罪学[M].吴鑫涛,马君玉,译.北京:中国人民公安大学出版社,1990.

[71]赵可.犯罪学概论[M].徐州:中国矿业大学出版社,1989.

[72]高和荣.越轨社会学[M].长春:吉林大学出版社,2007.

[73]许春金.犯罪学[M].台北:三民书局,1991.

[74]张雄,王晶雄.新编现代西方社会思潮[M].上海:上海社会科学院出版社,1999.

[75]杰克·道格拉斯,弗兰西斯·瓦克斯勒.越轨社会学概论[M].石家庄:河北人民出版社,1986.

[76]吴忠宪.西方犯罪学史[M].北京:警官教育出版社,1997.

[77]杜军.犯罪行为控制论[M].北京:中国检查出版社,2002.

[78]孟庆顺.恐怖主义与中东政治[M].西安:西北大学出版社,1991.

[79]王逸舟.恐怖主义渊源[M].北京:社会科学文献出版社,2002.

[80]刘仁山,尹生,简基松,等.国际恐怖主义法律问题研究[M].北京:中国法制出版社,2011.

[81]高叶峰.集团犯罪对策研究[M].北京:中国检察出版社,2001.

[82]阮传胜.恐怖主义犯罪研究[M].北京:北京大学出版社,2007.

[83]赵秉志.国际恐怖主义犯罪及其防治对策专论[M].北京:中国人民公安大学出版社,2005.

[84]赵秉志.惩治恐怖主义犯罪理论与立法[M].北京:中国人民公安大学出版社,2005.

[85]涂水成,刘光明.公安工作基础知识[M].北京:中国人民公安大学出版社,2003.

[86]李永新.公安基础知识[M].北京:人民日报出版社,2009.

[87]许韬.比较视野下的现代警察法基本理论[M].北京:中国检察出版社,2012.

[88]刘伯祥.外国警察法[M].北京:中国法制出版社,2007.

[89]陈晋胜.警察法学概论[M].北京:高等教育出版社,2002.

[90]谢望原.英国刑事制定法精要(1351—1997)[M].北京:中国人民公安大学出版社,2003.

[91]冯军.德国刑法典[M].北京:中国政法大学出版社,2000.

[92]张明楷.日本刑法典[M].北京:法律出版社,1998.

[93]王渤.发达国家警察管理制度研究[M].北京:时事出版社,2001.

[94]赵秉志.香港刑法[M].北京:北京大学出版社,1990.

[95]刘伯祥.外国警察法[M].北京:中国法制出版社,2007.

[96]罗结珍.法国刑法典[M].北京:中国法制出版社,2003.

[97]赵微.俄罗斯联邦刑法[M].北京:法律出版社,2003.

[98]肖怡.芬兰刑法典[M].北京:北京大学出版社,2005.

[99]田山辉明.日本侵权行为法[M].顾祝轩,丁相顺,译.北京:北京大学出版社,2011.

[100]于志刚.案例刑法学各论[M].北京:中国法制出版社,2010.

[101]韦德.行政法[M].楚建,译.北京:中国大百科全书出版社,1997.

[102]沈宗灵.现代西方法理学[M].北京:北京大学出版社,1992.

(二)中文期刊论文类

[1]王晨宇.运动员暴力的发生机制及控制策略[J].体育文化导刊,2011(5):147-149.

[2]孙先洪.NBA零忍让规则与球场暴力遏制的关系[J].广州体育学院学报,2008(3):42-44,51.

[3]侯迎锋,郭振.西方竞技体育身体暴力的演变[J].体育学刊,2010,17(11):46-50.

[4]牛杰冠.中美竞技体育运动伤害侵权典型案例对比分析[J].山东体育科技,2012(3):70-73.

[5]曲伶俐,吴玉萍.竞技体育暴力行为的刑法解读[J].山东社会科学,2010(3):84-88.

[6]石岩.球场观众暴力的理论阐释和因素分析[J].西安体育学院学报,2004,21(1):1-5.

[7]沈炯.球场观众暴力的效应与产生原因分析[J].北京体育大学学报,2007,30(11):95-96.

[8]赵建安,张鲲.足球赛场球迷骚乱和暴力成因的社会心理学探析[J].西安体育学院学报,2003,20(6):112-114.

[9]石岩,王莹,赵阳,等.球场观众暴力的发展趋势、研究进展与遏制策略[J].体育科学,2007,27(1):24-40.

[10]康均心,刘水庆.体育运动中合理冲撞的法律解析[J].成都体育学院学报,2013,39(1):27-31.

[11]石岩.国内外反球场观众暴力的立法[J].体育学刊,2004(2):14-17.

[12]黄世席.足球暴力法律规制之比较研究:以英意西为例[J].体育与科学,2008,29(1):33-36

[13]石岩,吴洋.我国球场观众暴力风险发生模型及风险管理研究[J].体育科学,2009,29(12):19-26.

[14]康均心.我国体育犯罪研究综述[J].武汉体育学院学报,2010,44(4):5-11.

[15]石岩.我国球场观众暴力遏制策略的研究[J].体育与科学,2003,24(5):13-16.

[16]吴畏,闫永生.CBA球场暴力构成因素研究[J].广州体育学院学报,2012,32(2):50-53.

[17]赵毅.驳"体育法近代产生说"[J].成都体育学院学报,2013,39(7):6-10.

[18]刘水庆.竞技体育恶意伤害行为罪与非罪的研究[J].体育文化导刊,2013(8):5-8.

[19]赵毅.论古罗马的体育法[J].体育科学,2013(2):85-91.

[20]赵毅.《阿奎硫斯法》:体育伤害责任的历史之源[J].上海体育学院学报,2013(4):26-30.

[21]熊文.竞技体育发展中的新理念:更真、更善、更美[J].西安体育学院学报,2004,21(5):29-32.

[22]张阳.论"暴力"的刑法学考量[J].河南社会科学,2008,16(5):57-60.

[23]马敏跃.从雅典奥运会看北京奥运会的安保[J].体育文化导刊,2005(9):21-23.

[24]秦旸.恐怖袭击的体育蔓延:体育中的政治、民族与宗教冲突[J].南京体育学院学报(社会科学版),2014(1):57-60.

[25]王世洲.我国刑法人身权保护现状和问题[J].河北法学,2006(11):24-54.

[26]方世荣.论人身权、财产权的行政法属性[J].湖北行政学院学报,2003(4):26-32.

[27]易继明.财产权的三维价值:论财产之于人生的幸福[J].法学研究,2011,33(4):74-85.

[28]张翔.中外宪法私有财产权保护比较研究[J].科学社会主义,2011(2):70-72.

[29]刘剑文,王桦宇.公共财产权的概念及其法治逻辑[J].中国社会科学,
2014(8):129-146,206-207.

[30]王莹,石岩.Heysel球场观众暴力事件的理性分析[J].成都体育学院学
报,2007,33(3):12-16.

[31]王利明.消费者的概念及消费者权益保护法的调整范围[J].政治与法
律,2002(2):3-12.

[32]冯宏伟.商业体育赛事中观众消费权益的侵犯与保护[J].西安体育学
院学报,2010(4):416-418.

[33]张康之.道德化的政府与良好的社会秩序[J].社会科学战线,2003(1):
181-188.

[34]孙向阳.程序法和实体法的关系[J].河北法学,2001(3):70-72.

[35]林亚刚.暴力犯罪的内涵与外延[J].河北法学,2001(6):138-142.

[36]谭红春,彭兆荣.对体育"暴力"的人类学解释[J].北京体育大学学报,
2009,32(8):18-22.

[37]谭红春.对体育"暴力"的文化人类学解读[J].天津体育学院学报,
2009,24(3):227-231.

[38]赵龙.竞技体育的刑法基础价值理念探析[J].山东体育学院学报,2008
(10):15-17.

[39]石岩.竞技体育中的攻击与暴力:运动心理学界的一次争论[J].天津体
育学院学报,2003,18(4):1-4.

[40]张金成,王家宏,舒钧.我国球场暴力研究概述[J].天津体育学院学报,
2005,20(3):47-50.

[41]阎小良,王家力,邓仕琳.从体育学与法学的视角对球场暴力概念的重
构[J].沈阳体育学院学报,2007,26(2):10-12.

[42]于善旭,张剑,陈岩,等.建立我国体育仲裁制度的研究[J].体育科学,
2005,25(2):4-11.

[43]牛杰冠.中美竞技体育运动伤害侵权典型案例对比分析[J].山东体育
科技,2012(3):70-73.

[44]王利明.侵权行为概念之研究[J].法学家,2003(3):62-71.

[45]小口彦太.日中侵权行为法的比较[J].法制与社会发展,1999(3):
60-36.

[46]张新宝.侵权行为法的一般条款[J].法学研究,2001,23(4):42-54.

[47]郭树理.体育判例对美国法律制度发展的促进[J].天津体育学院学报,
2007(5):408-412.

[48]张平,孟令忠.中美两国体育保险现状的比较分析[J].体育与科学,

2009(3):54-56.

[49]毛伟民.国外体育保险制度模式及其对我国的启示[J].体育学刊,2008
    (7):33-37.

[50]郑丽萍,于晓楠.正当化事由基本问题探讨[J].法治研究,2011(10):
    29-34.

[51]林亚刚,赵慧.竞技体育中伤害行为的刑法评价[J].政治与法律,2005
    (2):88-93.

[52]朱小平.足球暴力作为产生的原因及对策[J].武汉体育学院学报,1998
    (2).

[53]刘晖,侯本华.球迷骚乱行为成因探析及管理对策[J].吉林体育学院学
    报,2004,20(2):91-92.

[54]徐群,雷宏.体育迷暴力行为之心理初探[J].武汉体育学院学报,1993
    (4):59-62,105.

[55]石岩,高进.欧洲球场观众暴力问题的研究进展[J].天津体育学院学
    报,2003,22(1):12-17.

[56]李津蕾,石岩.英国反足球观众暴力立法的变迁历程与内容透视[J].中
    国体育科技,2005,41(4):55-59.

[57]姜世波,彭蕴琪.巴西《体育粉丝保护法案》对中国体育粉丝权利保护的
    启示[J].武汉体育学院学报,2014,48(3):38-42.

[58]肯特·罗彻.论加拿大新恐怖法[J].周露露,郑延谱,译.新加坡法律研
    究,2002(4).

[59]于晓光,罗嘉司,温天时.体育领域恐怖事件防范对策[J].沈阳体育学
    院学报,2013(5):1-4.

[60]栾莉.袭警行为刑法规制之比较研究[J].中国人民公安大学学报(社会
    科学版),2007,23(3):79-85.

[61]刘水庆.奥运休战协议研究[J].首都体育学院学报,2014(5):460-464.

[62]胡彬.论完善我国袭警犯罪刑事立法的必要性与可行性[J].犯罪研究,
    2004(3):67-69.

[63]王卫荣.试谈中国足球的暴力隐患[J].四川体育科学,2001(3):5-7.

[64]宋凯,卢元镇.国内外球迷现象研究(综述)[J].北京体育大学学报,
    1997,20(4):5-10.

[65]李正,蔡文利."体教结合"培养高水平篮球运动员[J].体育学刊,2008,
    15(10):65-68.

[66]张成云.CBA球场暴力分析[J].体育文化导刊,2012(8):64-72.

[67]石岩.我国足球场观众暴力:现状与问题[J].北京体育大学学报,2004,

27(8):1013-1015.

[68]王水明,叶剑锋.美国和加拿大竞技体育中的过度暴力问题[J].体育学刊,2011(4):78-83.

[69]郭树理.体育组织内部纪律处罚与纠纷处理机制的完善:以中国足球协会为例[J].法学论丛,2003(3):71-75.

[70]翟继勇,刘一民,贾学明.对体育暴力概念的探讨[J].辽宁体育科技,2003(1):67-68.

[71]王大庆.从奥林匹亚赛会看古希腊人的平等观念[J].史学理论研究,2011(2):44-54,158.

[72]李忠诚.各国警察执法保障对策比较研究[J].吉林公安高等专科学校学报,2009(1):18-22.

[73]夏勇.犯罪本质特征新论[J].法学研究,2001,23(6):3-21.

[74]刘水庆.论体育伤害纠纷司法解决中的利益衡量[J].中国体育科技,2018,54(4):27-36.

(三)中文学位论文类

[1]吉慧.公共安全视角下的体育场馆设计研究[D].广州:华南理工大学,2013.

[2]兰薇.体育发展权研究[D].武汉:武汉大学,2012.

[3]段荣芳.体育运动伤害侵权责任研究[D].济南:山东大学,2011.

[4]罗嘉司.竞技体育犯罪研究:以犯罪学为视角[D].长春:吉林大学,2006.

[5]黄文煌.《阿奎硫斯法》研究:大陆法系侵权法的罗马法基础[D].厦门:厦门大学,2011.

[6]张彩虹.竞技体育犯罪法律治理研究[D].北京:北京体育大学,2011.

[7]周亮.社会治安综合治理制度完善研究:以犯罪防控论为切入[D].武汉:武汉大学,2010.

[8]石泉.竞技体育刑法制约论[D].长春:吉林大学,2004.

[9]杨俊东.国内足球观众暴力的法治研究[D].武汉:武汉体育学院,2006.

[10]司慧颖.论刑法中的暴力[D].北京:中国政法大学,2010.

[11]胡绍宝.刑法中的暴力相关基础理论梳议[D].上海:华东政法大学,2012.

[12]钟晴晴.法学视角下的竞技体育伤害问题研究[D].南京:南京师范大学,2011.

[13]黄佳鑫.竞技体育伤害行为的刑法规制问题研究[D].石家庄:河北师范大学,2014.

［14］鄂晓梅.竞技体育人身伤害侵权行为研究［D］.呼和浩特:内蒙古大学,2011.

［15］楚晋.体育竞技伤害行为正当化的依据及限界研究［D］.长春:吉林大学,2007.

［16］李津蕾.我国反球场观众暴力立法的可行性和必要性［D］.太原:山西大学,2006.

［17］黄鑫.CBA联赛球场观众暴力突发事件应急管理研究:以山西汾酒队主场为例［D］.太原:山西大学,2006.

［18］汪怡婷.体育暴力的预防与控制［D］.重庆:西南大学,2012.

［19］高源.袭警罪刑事立法研究［D］.上海:华东政法大学,2013.

二、英文文献

（一）英文著作类

［1］KANG J,XIA J,WU F,et al. Sports law in China［M］. Netherlands:Wolters Kluwer Law & Business,2012.

［2］LEWIS J. Sport fan violence in North America［M］. Lanham Maryland:Bowman & Littlefeld Publishers Inc,2007.

［3］WISE A N,MEYER B S. International sports law and business hague［M］. Netherlands:Wolters Kluwer International,1997.

［4］EPSTEIN A. Sports law［M］. New York:Thomson/Delmar Learning,2003.

［5］EITZEN D S. Sport in contemporary society［M］. New York:St. Martin Press,1979.

［6］DUNNING E. "Figuring" modern sport:autobiographical and reflections on sport, violence and civilization［C］. UK:A report of Chester Centre for Research into Sport and Society of University College Chester,2004.

［7］LEUNES A D,NATION J R. Sport psychology:introduction［M］. Chicago:Nelson-Hall Publishers,1989.

［8］COAKLEY J J. Sport in society:issues and controversies［M］. St Louis:Times Mirror/Mosby,1990.

［9］YALE D,JOHNSON A C,COLEMAN-NORTON P R,et al. Ancient Roman statutes［M］. New Jersey:The Lawbook Exchange LtD,2003.

［10］REINHARD Z. The law of obligations:roman foundations of the civilian tradition［M］. Oxford:Oxford University Press,1996.

［11］WATSON A. The digest of justinian［M］. Philadelphia:University of Pennsylvania Press,1998.

［12］WILLIAM R. Key words［M］. New York:Oxford University Press,1983.

[13]CLARKE R V. Situational crime prevention:successful case studies[M].
New York:Harrow and Hesston,1997.

[14]OSBORN G. Football's legal legacy:recreation,protest and disorder,law and
sport in contemporary society[M]. London:Frank Cass Publishers,2000.

[15]SIEKMANN R. EU,sport,law and policy:regulation,re-regulation and rep-
resentation[M]. The Hague:Cambridge University Press,2005.

[16]FRIEDMAN L,PEREZ-PERDOMO R,GOMEZ M. Law in many societies:a
reader[M]. Stanford:Stanford University Press,2011.

[17]SCHMID A P,JONGMAN A J. Political terrorism[M]. Amsterdam:North-
Holland Publishing Company,1988.

[18]HEERE W P. International law and the Hague's 750th anniversary[M].
The Hague:T. M. C. Asser Press,1999.

[19]CLAPP J E. Random house legal dictionary[M]. New York:Random House
Inc,1996.

[20]THORPE D. Sports law[M]. Oxford:Oxford University Press,2009.

(二)英文论文类

[1]YOUNG K. Standard deviations:an update on North American sports crowd
disorder[J]. Sociology of sport journal,2002(3):237-239.

[2]WARD R. Fan violence:social violence of moral panic[J]. Aggressive and
violent behavior,2002(7):453-475.

[3]REY J M,GRIJELMO D P. Football hooliganism-national and international/
transnational aspects[J]. The international sports law journal,2004(4):33.

[4]ADAIR D,VAMPLEW W. Not so far from the madding crowd:spectator
violence in Britain and Australia[J]. Sporting traditions,2013(5):26-31.

[5]DUNNING E,MURPHY P,WILLIAMS J. Spectator violence at football
matches:towards a sociological explanations[J]. British journal of sociology,
1986(37):221-244.

[6]TENENBAUN G,STEWART E,SINGER R N,et al. Aggression and violence
in sport:an ISSP position stand[J]. International journal of sport psychology,
1996(2):4.

[7]KERR J H. The role of aggression and violence in sport:a rejoinder to the
1SSY position stand[J]. The sport psychology,1999(3):83-88.

[8]KAUFMAN S A. Issues in international sports arbitration[J]. Boston
university international law journal,1995(3):527.

[9]MURPHY A. North star on ice:Minnesota's Dino Ciccarelli went to jail for

assaulting a player during a NHL game[J]. Sports illustrated,1988(1):44.

[10]O'REILLY S. World cup 2006? an examination of the policing of risk in the context of major football events [J]. Risk management: an international journal,1999:21−33.

[11]PRICE S. When fans attack[J]. Sports illustrated,2003(3):21.

[12]PILZ G A. Social facxors influencing sport and violence:on the"problem" of football hooliganism in Germany[J]. International review for the sociology of sport,1996(1):31.

[13]ERIKSON K. Notes on the sciology of deviance[J]. Social problems,1962, 9(4):307−314.

[14]PETERSILIA J. Racial disparities in the criminal justice system:a summary [J]. Crime and delinquency,1985(31):15−34.

[15]RONAND C,GALVIN J. Race,crime and criminal justice[J]. Crime and delinquency,1985,31(1):3−10.

[16]BLACKSHAW I. The 'English disease':tackling football hooliganism in England[J]. The international sports law journal,2005(112):95.

[17]DUNNE T. The road to contemporary terrorism [J]. Ottawa, Canadian security intelligence service public report,1999(6):7−23.

[18]TREISMAN. The causes of corruption:a cross−national study[J]. Journal of public economics,2000(3):299−457.

[19]SPENGLER J O,ANDERSON P,CONNAUGHTON D,et al. Introduction to sport law[J]. Human kinetics,2009(5):3−22.